KB234729

선문답의 비밀

Books

선문답의 비밀

김호귀 지음

머리말

선문답은 선의 질문과 선의 답변이다. 제삼자가 단순히 선에 대하여 문답하는 것만도 아니고, 선을 문답으로 드러낸 것만도 아니며, 선과 문답이라는 것만도 아니다. 따라서 선문답은 직접 선에 참여한 사람들이 수행과 깨침과 교화 등에 대하여 주고받은 문답이어야 한다. 이 경우 선에 참여한 사람이란 스승과 제자의 관계일 수도 있고, 선지식과 일반의 납자일 수도 있다. 이 가운데는 반드시 선에 대한 안목을 구비한 사람이 포함되어 있어야 한다. 또한 문답이라고 해서 굳이 묻고 답변하는 형식으로 제한되는 것은 아니다. 선인들의 법어 내지 문답에 대한 코멘트의 형식일 수도 있다. 그리고 이와 같은 선문답은 반드시 어떤 결과를 목표로 하지는 않는다. 형식으로는 동일한 선문답일지라도 그 결과는 전적으로 문답에 참여하는 당사자들의 몫이기 때문이다. 그래서 선문답에는 정답(定畓)이 없다. 그렇다고 정답(正畓)까지 없는 것은 아니다. 납자로 하여금 선공부에 대한 격려 내지 깨침과 보람으로 나아가게 해 주는 경우라면 정답(正畓)으로 통한다.

이런 점에서 선문답은 선공부를 하는 사람에게 깨침을 지향하는 수단이고 도구로서 화두(話頭)이기도 하면서, 더불어 진리를 드러내는 현성공안(現成公案)이기도 하다. 화두의 기능으로서는 의정을 일으키는 매개체이면서 의정 자체이기도 하다. 나아가서 현성공안의 기능으로서는 선문답 그대로가 깨침이고 깨침의 모습이다. 때문에 선문답은 그것을 이해하는 사람에게는 선문답(善問答)이고 선법어(善法語)이지만, 그것을 이해하지 못하는 사람에게는 도무지 수수께끼와도 같은 일종의 언어유희에 불과할 수도 있다. 그래서 선문답을 이해하는 한 가지 방법은 그 문답이 발생하게 된 배경과 문답에 참여하는 사람에 대하여 어느 정도 이해를 구비하고 그 문답이 발생했던 현장을 들여다보는 것이다. 다행스럽게도 많은 경우 선문답을 집대성한 소위 공안집에는 그와 같은 설명 곧 평창(評唱)이 더불어 기록되어 있다.

본 『선문답의 비밀』은 단하자순의 『단하송고』 100칙에 대하여 몇 년에 걸쳐서 한 칙씩 천천히 음미하면서 공부의 주제로 활용했던 것을 엮은 것이다. 아울러 이미 『굉지송고』에 해설을 붙인 『선문답의 세계』와 『굉지염고』에 대하여 설명을 붙인 『선문답강화』 등과도 무관하지 않다. 때문에 여기에 풀어 놓은 설명은 어디까지나 참고자료에 불과하다. 이에 『선문답의 비밀』을 읽어 가는 사람의 보다 심도 있는 이해를 위해서는 『단하송고』에 대하여 간략한 대의를 설한 수시(垂示)와 자세하게 그 배경에 대하여 설명한 평창(評唱)과 곳곳에 짤막한 주식을 김한 착어(著語)를 붙여 둔 임천종륜(林泉從倫)의 『허당집(虛堂集)』 6권을 더불어 참고할 수가 있다.

　여기에 소개한 100칙의 선문답이 그 차례가 정해져 있는 것은 아니다. 그러나 대체적으로 소위 조동종에 속하는 선사들을 중심으로 시대의 추이를 따라서 선별되었기 때문에 선문답과 더불어 선종사의 이해에도 도움이 될 것이다. 개인에 따라서 특별히 선호하는 선문답이 있을 경우에는 100칙의 문답에 붙어 있는 부제를 활용할 수도 있을 것이다.

2012년 7월

차례

⭐ 해제

1. 『단하자순송고(丹霞子淳頌古)』

중국 북송 말기에 조동종의 단하자순 선사가 100칙의 공안을 집대성하고 거기에 각각 송(頌)을 붙어서『송고백칙(頌古百則)』을 편찬하였다. 이에 대하여 원대에 만송행수의 제자인 임천종륜(林泉從倫)이 주석을 가하여『허당집(虛堂集)』이라는 제목을 붙였다.

『허당집』6권은 임천종륜이 평창(評唱)한 것으로 원나라 원정(元貞) 원년(1295)에 출간되었다. 본 명칭은『임천종륜노인평창단하순선사송고허당집(林泉從倫老人評唱丹霞淳禪師頌古虛堂集)』이다. 북송 말기의 단하자순이 편찬한 고칙공안(古則公案) 100칙에 대하여 송(頌)을 붙인 것으로 학인을 교화하기 위한 지침으로 삼은 것이다. 각 고칙마다『단하어록(丹霞語錄)』권하에 수록되어 있는 송고에서 100칙을 채용하여 거기에 임천종륜이 시중(示衆)을 붙이고, 단하의 고칙 및 송에 각각 착어(著語)를 붙이고 아울러 평창을 가한 것이다.

이 경우 이전의 어떤 선문답을 본칙(本則) 혹은 고칙(古則)이라 한다. 그 고칙에 대하여 편자가 자신의 견해를 게송으로 붙이기도 하고, 산문으로 붙이기도 한다. 고칙에 대하여 게송으로 나타내는 것을 송

(頌)이라 하는데 이 경우 고칙과 송을 합하여 송고(頌古)라 한다. 곧 고칙에 송을 붙였다는 뜻이다. 그리고 고칙에 대하여 산문으로 나타내는 것을 염(拈)이라 하는데 이 경우 고칙과 염을 합하여 염고(拈古)라 한다. 곧 고칙에 산문으로 해석을 붙였다는 뜻이다. 이 송고와 염고에 대하여 후대인이 다시 주석을 가하기도 하였다. 이 경우 송고나 염고에 대하여 전체적인 의미를 맨 앞에 제시한 짤막한 산문을 시중(示衆) 혹은 수시(垂示)라 한다. 그리고 송고나 염고의 각 어구마다 아주 짤막한 촌주를 붙였는데 이것을 착어(著語)라 한다. 송고나 염고를 들고 전체적으로 그에 얽힌 일화나 그에 관련된 내용을 장황하게 설명으로 풀어 낸 것을 평창(評唱)이라 한다. 따라서 여기에서는 단하자순의 송고를 중심으로 전개된 문답에 대하여 엿보고자 한다.

수시와 착어와 평창을 붙인 임천종륜(林泉從倫)은 중국 조동종 제15세로 법맥은 다음과 같다.

동산양개(洞山良价: 807~869)―운거도응(雲居道膺: 835~902)―동안도비(同安道丕)―동안관지(同安觀志)―양산연관(梁山緣觀)―대양경현(大陽警玄: 943~1027)―투자의청(投子義靑: 1032~1083)―부용도해(芙蓉道楷: 1043~1118)―녹문자각(鹿門自覺: ?~1117)―청주일변(靑州一辨, 希辨)―대명 보(大明 寶)―왕산 체(王山 體)―설암 만(雪巖 滿)―만송행수(萬松行秀: 1166~1246)―임천종륜(林泉從倫)

임천종륜은 호가 임천(林泉)이고 연경 보은선사에 주석한 만송행수(萬松行秀: 1166~1246)에게 참문하여 깨침을 인가받고 사법하였다. 만수사에서 출세하였고 만송을 이어 보은선사를 계승하고 발전시켰다. 원나라 세조 9년(1268) 조칙을 받아 입내(入內)하여 제사(帝師)와 도를 논하여 선학의 대요(大要)를 발휘하였다. 종밀의 『도서』에 대하여 자세한 설명으로 상주(上奏)하였다. 세조 18년(1277)에는 대도(大都) 연경의 민충사(憫忠寺)에서 도장(道藏)의 위경이 철저하게 소각되었는데 이때 종륜에게 불을 붙이도록 하였다. 종륜은 투자의청의 송고 100칙 및 단하자순의 송고 100칙에 대하여 각각 수시·착어·평창을 가하여 『공곡집(空谷集)』 및 『허당집(虛堂集)』을 편찬하였다.

녹문자각(鹿門自覺: ?~1117)은 산동성 청주 사람으로 속성은 왕(王) 씨이다. 소성 연간(1094~1098)에 부용도해에게 출가하고, 후에 그 법을 이었다. 숭녕 4년(1105) 하남성 남양부 유주 대승산 보엄사에 주석하고, 이어서 시방정인선원의 주지가 되었다. 정화 5년(1115) 녹문산으로 옮겼다. 그곳에서 1117년에 입적하였다. 녹문산에 탑이 있다. 시호는 정혜선사(定慧禪師)이다.

만송행수(萬松行秀: 1166~1246)는 만송노인(萬松老人)이라고도 불린다. 하남성 하내현 해량 출신으로 속성은 채(蔡)씨이다. 하북성 형주 정토사 윤(贇) 공에게 낙발하였다. 후에 승묵광(勝黙光)에게 참문하고, 하북성 자주 대명사의 설암만(雪巖滿)을 참문하여 2년 동안 모시고 정토사로 돌아왔다. 암자를 새로 지어 만송헌(萬松軒)이라 하였다. 27세 때 소희 4년(1192) 금나라 장종황제의 부름을 받아 법요를 하고, 후에 앙산서은사, 순천부의 보은홍제사에 주석하였다.

원나라 태종 때(1230) 중도(中都) 만수사에 주석토록 부탁받았지만 곧 종용암(從容庵, 萬松庵)으로 옮겼다. 『종용록』은 송나라 영종 가정 16년(1223)에 표(表)한 천동정각의 송고 100칙을 염롱한 것이다. 또 문인의 청을 받아 천동정각의 염고 100칙을 염롱하여 『청익록』을 편찬하였다. 원나라 정종 원년(1246) 윤 4월 7일 입적하였다. 유교와 도교에도 통달하였고, 대장경을 2회나 통람하였다. 그리고 항상 『화엄경』

을 공부하였다. 『조등록(祖燈錄)』, 『석씨신문(釋氏新聞)』, 『명도집(鳴道集)』, 『변종기(辨宗記)』, 『심경풍명(心經風鳴)』, 『선열법희집(禪悅法喜集)』 등 저술이 있었다고 전한다.

단하자순(丹霞子淳, 德淳: 1064~1117)은 녹문자각과 함께 부용도해의 제자이다. 속성은 가(賈)씨이고 사천성 검주 재동현 출신이다. 27세 때 구족계를 받고 진여모철·진정극문·대홍보은 등을 역참하였다. 후에 대양산 도해에게 참문하고 그 법을 이었다. 숭녕 3년(1104) 남양의 단하산에 주석하였다. 이후 당주의 대승산 및 수주 대홍산에서 선풍을 진작하였다. 정화 7년(1117) 3월 11일 입적하였다. 문하에 진헐청료·천동정각·대승이승·대홍경예 등이 뛰어났다. 『단하자순선사어록』 2권이 널리 유포되었다.

2. 『단하자순송고』의 구조와 분석

『단하송고』 100칙은 다음과 같이 내용에 따른 48가지 부제로 나누어져 있다. 부제는 임천종륜이 붙인 것으로 간주된다. 그에 대한 빈도의 순서로는 대기(對機) 11회, 불조(佛祖) 8회, 시중(示衆) 6회, 가풍(家風) 5회, 성방(省訪) 4회, 조교(祖敎) 4회, 경교(經敎) 3회, 교로(橋路) 3회, 법신(法身) 3회, 비주(飛走) 3회, 주즙(舟楫) 3회, 대도(大道) 2회, 법촉(法屬) 2회, 선정(禪定) 2회, 심안(心眼) 2회, 우록(牛鹿) 2회, 인경(人境) 2회, 진보(眞寶) 2회, 참학(參學) 2회, 천화(遷化) 2회, 화과(花菓) 2회, 그리고 기타 경선(鏡扇), 골동(骨董), 기용(器用), 목욕(沐浴), 묘견(猫犬), 문법(問法), 문호(門戶), 법기(法器), 병석(瓶錫), 복식(服飾), 빈주(賓主), 성명(姓

名), 세시(歲時), 양식(糧食), 예배(禮拜), 우설(雨雪), 유산(遊山), 장립(杖笠), 재죽(齋粥), 전당(殿堂), 제왕(帝王), 조의(祖意), 진상(眞像), 탑묘(塔廟), 우사(兎蛇), 해결(解結), 향등(香燈) 등은 1회이다.

『단하송고』에 등장하는 인물에 대한 빈도의 순서로는 낙포원안 9회, 동산양개 6회, 구봉도건 5회, 석상경제 5회, 도오원지(도오종지) 4회, 대양경현(대양명안) 3회, 신라백암 3회, 약산유엄 3회, 양산연관 3회, 운암담성 3회, 조산본적 3회, 천녕도해(부용도해) 3회, 투자의청 3회, 청림사건 2회, 청원행사 2회, 광덕의 2회, 대홍보수(대홍보은) 2회, 동안도비 2회, 석두희천 2회, 소산광인 2회, 소산환보 2회, 호국수징 2회, 어떤 사미와 어떤 수좌와 어떤 좌주를 포함하여 기타 1회, 그리고 一제석으로 이름이 밝혀져 있지 않은 경우의 어떤 승 70명 등의 순서이다. 이로써 고칙의 문답에 등장한 인물은 중복을 제외하면 149명이고, 연인원은 203명이다. 『단하송고』의 100칙에 대한 명칭과 부제 및 등장하는 인물은 다음과 같다.

번호	제목	부제	등장인물
제1칙	靑原堦級	參學	청원행사, 육조혜능
제2칙	石頭曹溪	對機	석두희천, 청원행사
제3칙	藥山坐次	禪定	약산유엄, 석두희천
제4칙	船子夾山	舟楫	강자덕성(선자덕성), 협산선회
제5칙	稗樹洞山	參學	패수혜성, 동산양개
제6칙	沙彌住庵	雨雪	고사미, 약산유엄, 운암담성, 도오원지
제7칙	道吾五峰	對機	도오원지(도오종지), 오봉상관
제8칙	洞山廊幕	姓名	동산양개, 북암명철(백암명철)
제9칙	雲巖巾餅	香燈	어떤 승, 운암담성, 구봉도건
제10칙	南泉異類	省訪	운암담성, 도오원지, 약산유엄
제11칙	夾山示境	人境	어떤 승, 협산선회
제12칙	夾山不會	門戶	어떤 승, 협산선회
제13칙	夾山上堂	示衆	협산선회
제14칙	夾山撥塵	佛祖	어떤 승, 협산선회, 석상경제
제15칙	石霜觸目	餅錫	석상경제, 도오원지, 사미
제16칙	漸源持鍬	遷化	점원중흥, 석상경제
제17칙	洞山初秋	解結	동산양개, 석상경제, 대양경현(대양명안)
제18칙	洞山大事	服飾	동산양개, 어떤 승
제19칙	洞山鳥道	橋路	어떤 승, 동산양개
제20칙	神山過橋	橋路	신산승밀, 동산양개
제21칙	洛浦淘金	珍寶	어떤 승, 낙포원안
제22칙	洛浦祖意	祖敎	어떤 승, 낙포원안
제23칙	洛浦供養	佛祖	어떤 승, 낙포원안
제24칙	蛤溪相看	省訪	합계, 낙포원안
제25칙	洛浦一毫	飛走	어떤 승, 낙포원안
제26칙	洛浦佛法	問法	어떤 승, 낙포원안
제27칙	洛浦歸鄕	省訪	어떤 승, 낙포원안
제28칙	洛浦祖敎	祖敎	어떤 승, 낙포원안
제29칙	韶山禮拜	禮拜	어떤 승, 소산환보
제30칙	韶山家風	家風	어떤 승, 소산환보
제31칙	黃山米賈	糧食	황산월륜, 협산선회
제32칙	上藍本分	對機	어떤 승, 상람영초
제33칙	四禪入井	橋路	어떤 승, 운주사선
제34칙	海胡行道	大道	태원해호, 좌주
제35칙	天盖浴室	沐浴	어떤 승, 천개산유
제36칙	九峯有言	佛祖	어떤 승, 구봉도건
제37칙	九峰相傳	佛祖	어떤 승, 구봉도건
제38칙	九峰侍者	遷化	구봉도건, 석상경제, 수좌
제39칙	大光達磨	佛祖	어떤 승, 대광거회

번호	제목	부제	등장인물
제40칙	强德上座	牛鹿	강상좌, 덕상좌, 구봉도건, 용천경흔
제41칙	文殊僧繇	眞像	어떤 승, 흠산문수
제42칙	鳳翔石柱	人境	봉상석주, 청림사건
제43칙	僧問曹山	賓主	어떤 승, 조산본적
제44칙	曹辭洞山	遊山	조산본적, 동산양개
제45칙	甚物寂貴	猫犬	어떤 승, 조산본적
제46칙	枯木花開	花菓	영천귀인, 소산광인
제47칙	疎山壽塔	塔廟	어떤 승, 소산광인, 나산도한
제48칙	雲居上堂	示衆	운거도응
제49칙	靑林逕往	兎蛇	어떤 승, 청림사건
제50칙	二鼠侵藤	飛走	어떤 승, 용아거둔
제51칙	白水聲色	示衆	백수본인, 어떤 승
제52칙	白馬法身	法身	어떤 승, 백마돈유
제53칙	九峰擧一	示衆	월주건봉, 운문문언
제54칙	天童應用	心眼	어떤 승, 천동계
제55칙	淸淨行者	經敎	어떤 승, 동산도전
제56칙	北院牛頭	佛祖	어떤 승, 북원선정
제57칙	靑峰大事	對機	어떤 승, 청봉전초
제58칙	木平一漚	舟楫	목평선도, 낙포원안, 반룡가문
제59칙	潼泉相傳	骨董	어떤 승, 동천(황산)
제60칙	問百巖禪	禪定	어떤 승, 신라백암
제61칙	問百巖道	大道	어떤 승, 신라백암
제62칙	問百巖敎	經敎	어떤 승, 신라백암
제63칙	泐潭碓搗	器用	어떤 승, 늑담명
제64칙	同安人師	佛祖	어떤 승, 동안상찰
제65칙	谷山祖意	祖意	어떤 승, 곡산도연
제66칙	白雲深處	對機	어떤 승, 백운선장
제67칙	大嶺淸淨	眞實	어떤 승, 신라대령
제68칙	同安家風	家風	어떤 승, 동안도비
제69칙	依經解義	經敎	어떤 승, 동안도비
제70칙	問諸佛師	佛祖	어떤 승, 신라운주
제71칙	孤峰獨宿	殿堂	어떤 승, 운거도간
제72칙	問本來心	心眼	어떤 승, 호국수징
제73칙	本來父母	省訪	어떤 승, 호국수징
제74칙	西來的意	祖敎	어떤 승, 하옥광혜
제75칙	阿育家風	家風	어떤 승, 육왕홍통
제76칙	四海晏淸	對機	금봉종지
제77칙	非思量處	對機	어떤 승, 촉주서선(촉천서선)
제78칙	白眉曬熱	歲時	어떤 승, 조산혜하(백미혜하)

번호	제목	부제	등장인물
제79칙	透法身句	法身	어떤 승, 광덕연
제80칙	石門家風	家風	어떤 승, 석문헌온
제81칙	淨衆蓮花	花菓	어떤 승, 정중귀진
제82칙	同安二機	對機	어떤 승, 동안관지
제83칙	廣德言語	對機	어떤 승, 광덕의
제84칙	廣德久負	鏡扇	어떤 승, 광덕의
제85칙	廣德波浪	舟楫	어떤 승, 광덕주
제86칙	雲光作牛	牛鹿	어떤 승, 석문혜철
제87칙	太原數家	齋粥	어떤 승, 태원은
제88칙	梁山日用	對機	어떤 승, 양산연관
제89칙	梁山祖意	祖敎	어떤 승, 양산연관
제90칙	梁山空劫	法器	어떤 승, 양산연관
제91칙	大陽上堂	示衆	대양경현
제92칙	大陽家風	家風	어떤 승, 대양경현
제93칙	投子宗風	法屬	어떤 승, 투자의청
제94칙	投子示衆	飛走	투자의청
제95칙	投子拈香	帝王	어떤 승, 투자의청
제96칙	天寧誰家	法屬	어떤 승, 천녕도해(부용도해)
제97칙	天寧夜半	對機	어떤 승, 천녕도해
제98칙	天寧上堂	法身	천녕도해
제99칙	保壽上堂	杖笠	대홍보수(대홍보은)
제100칙	三界唯心	示衆	대홍보수

이들 등장인물에 대하여 소속된 법맥을 기준으로 분류하면 모두 다음과 같이 청원행사―석두의 법맥으로 조동종의 계통과 관련되어 있다. 다만 태원해호 34, 천동계 54, 태원선사 87 등은 그 법계가 불분명하다. 선사의 이름 뒤에 붙인 숫자는 고칙의 일련번호를 나타낸다.

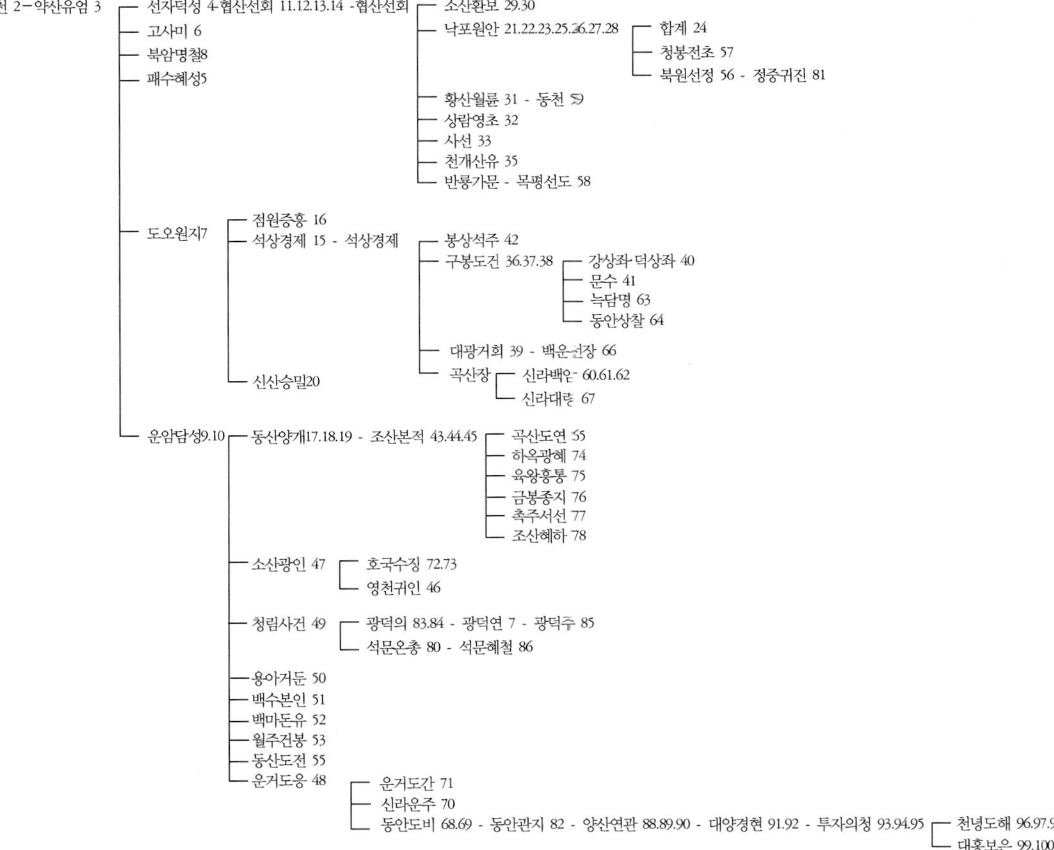

청원행사 1 - 석두희천 2 - 약산유엄 3
선자덕성 4 협산선회 11.12.13.14 - 협산선회
소산환보 29.30
낙포원안 21.22.23.25.26.27.28
합계 24
청봉전초 57
북원선정 56 - 정중귀진 81
고사미 6
북암명철8
패수혜성5
황산월륜 31 - 동천 59
상람영초 32
사선 33
천개산유 35
반룡가문 - 목평선도 58
도오원지7
점원증흥 16
석상경제 15 - 석상경제
봉상석주 42
구봉도건 36.37.38
강상좌 덕상좌 40
문수 41
늑담명 63
동안상찰 64
대광거회 39 - 백운선장 66
곡산장
신라백운 60.61.62
신라대령 67
신산승밀20
운암담성9.10
동산양개17.18.19 - 조산본적 43.44.45
곡산도연 55
하옥광혜 74
육왕홍통 75
금봉종지 76
촉주서선 77
조산혜하 78
소산광인 47
호국수징 72.73
영천귀인 46
청림사건 49
광덕의 83.84 - 광덕연 7 - 광덕주 85
석문온총 80 - 석문혜철 86
용아거둔 50
백수본인 51
백마돈유 52
월주건봉 53
동산도전 55
운거도응 48
운거도간 71
신라운주 70
동안도비 68.69 - 동안관지 82 - 양산연관 88.89.90 - 대양경현 91.92 - 투자의청 93.94.95
천녕도해 96.97.98
대홍보은 99.100

제1칙
청원계급(靑原堦級) – 참학(參學) –

청원의 행사선사가 육조에게 물었다. "어떤 수행을 해야만 계급을 초월할 수 있는 겁니까."
육조가 되물었다. "그대는 어떤 수행을 해왔는가."
행사가 말했다. "성제조차 수행한 적이 없습니다."
육조가 물었다. "그러면 어떤 계급을 터득했는가."
행사가 말했다. "성제조차 수행하지 않았는데 어찌 터득된 계급인들 있겠습니까."
육조가 말했다. "그래, 잘했다. 앞으로 잘 호지하거라. 내 게송을 들어 보라."

마음에 모든 종자 머금으니
단비에 모두 싹이 피어나네
꽃의 마음 단번에 깨친다면
보리의 열매 저절로 맺히네

擧 靑原思禪師問六祖大師 當何所務卽得不落階級 祖云 汝曾作什麼 思云 聖諦尙不爲落何階級 祖云 如是如是 善自護持 吾當有偈 心地含諸種 普雨悉皆明 頓悟花情已 菩提果自成

청원행사(靑原行思: ?~740)는 강서성 길주 안성 사람으로 성은 유(劉)씨였다. 어려서 출가하여 육조혜능을 참문하고 그 법을 이었다. 강서성 길주의 청원산 정거사(靜居寺)에 주석하자 문도들이 운집하였다. 그 문하에서 후에 소위 조동종(曹洞宗)·운문종(雲門宗)·법안종(法眼宗) 등이 출현하였다. 희종은 홍제대사(洪濟大師)라는 시호를 내렸다.

일찍이 육조혜능 대사를 뵙고 여쭈었다. "마땅히 어떻게 수행해야 수행의 지위에 집착하지 않을 수 있습니까." 혜능대사가 물었다. "그대는 이전에 어떤 수행을 했는가." "성제제일의(聖諦第一義)의 수행에조차 집착이 없습니다." "그래서 그대는 어떤 지위에 올랐는가." "성제제일의(聖諦第一義)의 수행에조차 집착이 없는데 무슨 지위에 머물러 있겠습니까." 이에 혜능대사는 행사가 법기(法器)임을 알아보고 언제나 대중의 우두머리로 삼았다. 이것은 마치 혜가가 아무런 말을 하지 않아도 달마대사가 자신의 골수를 얻었다고 인가한 것과 마찬가지였다.

일상에서 중생을 교화하는 방편문에서는 좋다 나쁘다 이렇다 저렇다 하는 비평과 등급이 없을 수 없다. 그러나 진리의 본래 모습의 경지에서는 아무런 계차 내지 등급이 있을 수가 없다. 이와 같은 건화문(建化門)과 실제이지(實際理地)의 속성을 파악하고 그로부터 벗어나 집착하지 않는 것이 본 문답의 안목이다. 처음부터 끝까지 그리고 반본환원(返本還源)하도록 아승지겁을 거치지 않고 곧바로 법신을 획득한 자는 자신이 돈점의 이치를 알아 오묘하고 현극한 도리를 초월한다. 그것은 어떤 것이 방편이고 어떤 것이 실제인지를 가늠하는 안목이 구비되지 않으면 불가능하다. 또한 그것을 대상에 따라 적절하게 구사하는 능력이 없어서는 안 된다. 그것에 대하여 여기에서 혜능과 행사는 분별 곧 계급과 성제제일의(聖諦第一義)를 대비시켜 문답하고 있다.

육조가 어느 날 대중에게 다음과 같이 말했다.

"그대들은 모두 그대들 마음 그대로가 곧 부처이다. 그러므로 다시는 그것을 눈곱만치도 의심해서는 안 된다. 그밖에 달리 어떤 거시기도 특별히 내세울 것이 없다. 모두 그대들이 지니고 있는 청정본심으로부터 갖가지 법이 생겨난다. 만약 일체종지(一切種智)를 성취하고자 하면 모름지기 일상삼매(一相三昧)와 일행삼매(一行三昧)에 통달해야 한다. 만약 일체처에서 형상에 집착하지 않으면 그 형상에서 증애(憎愛)가 일어나지 않고 또 취사분별도 없으며 이익과 손해 및 성취와 파괴 등의 분별도 생겨나지 않아서 편안하고 태평하며 고요한 경지가 되는데 그것을 일상삼매라 말한다. 그리고 일체처에서 행주좌와(行住坐臥)에 순일한 직심(直心)으로 도량에서 부동의 경지를 터득하여 진정으로 정토를 성취하면 그것을 일행삼매라 이름한다. 어떤 사람이 이 두 가지 삼매를 구비했다면 그것은 마치 땅에 종자가 있어 그것이 피어나고 자라나서 열매를 맺듯이 일상삼매와 일행삼매도 마찬가지이다. 그대들의 불성은 마치 모든 종자가 우순풍조의 인연을 만나면 저절로 발아되는 것과 같다. 내 뜻을 알아듣는 자는 반드시 보리를 획득할 것이고, 내 수행에 의거하는 자는 결정코 묘과를 증득할 것이다."

이것은 수행과 깨침에 관한 법문으로 분별이 없는 수행이 곧 그대로 깨침의 터득임을 말하고 있다. 이것은 이후 지속적으로 발전하고 전개되어 소위 조사선(祖師禪)의 기본적인 성격이 되었다. 때문에 여기에서는 그와 같은 계급차별 내지 취사분별을 초월하여 계급이 없는 절대경지가 되는 것이야말로 대자유를 터득하는 것으로 간주하고 있다. 대승불교에서는 일반적으로 소위 10신(信)·10주(住)·10행(行)·10회향(廻向)·10지(地)·등각(等覺)·묘각(妙覺) 등 52위의 수행계위를 설정한다. 이 경우에는 행사가 말한 성제(聖諦) 곧 10지 이상의 경지에서 터득하는 수행이 별도로 설정되어 있다. 그러나 그것마저 초월한 절대계에는 수행(修行)과 성제(聖諦)와 속제(俗諦) 등도 없다. 때문에 행사의 답변은 이와 같이 수행과 성제와 속제 등의 분별을 지양한 절대계의 모습을 자신이 직접 체험했다는 것을 나타낸다. 때문에 혜능은 그것을 인가하고 자신의 법을 잇도록 하였다.

행사는 참으로 타고난 선자였다. 본래의 청정한 마음을 깨치고 그것이 어떤 것에도 물들지 않는다는 것을 갈파한 것이다. 이에 혜능은 그 마음을 알아차리고서 게송으로 마음이 인연을 만나면 온갖 꽃이 피듯이 보리가 성취될 것을 부촉하고 있다. 과연 행사는 스승의 기대에 충실하게 보답이라도 하듯이 수많은 제자를 배출하여 혜능의 자성법문(自性法門)의 성통을 계승시켰다.

제2칙
석두조계(石頭曹溪) – 대기(對機) –

석두희천 선사가 청원행사에게 여쭈었다. "화상께서는 조계를 떠난 후 언제부터 여기에 주석하신 겁니까."
청원이 말했다. "나는 그대가 언제 조계를 떠났는지도 모른다."
석두가 말씀드렸다. "저는 조계에서 온 것이 아닙니다."
청원이 말했다. "나는 그대가 온 곳을 벌써부터 알고 있다."
석두가 말씀드렸다. "화상께서 대인이시라면 함부로 경거망동하지 마십시오."

擧 石頭遷禪師問靑原云 和尙自離曹溪甚時到此間 原云 我却不知汝甚時離曹溪來 頭云 某甲不從曹溪來 原云 我已知汝來處了也 頭云 和尙幸是大人 且莫造次

　　석두는 석두희천(石頭希遷: 700~790)으로 광동성 단주(端州) 고요(高要) 출신으로 성은 진(陳)씨이다. 혜능에게 득도하였으니 혜능이 곧 입적하자 사형인 청원행사에게 사사하였다. 40대 초반에 형주의 형산(衡山) 남사(南寺)에 가서 절의 동쪽에 있는 큰 바위에 암자를 짓고 좌선수행에 몰두하였기 때문에 석두(石頭)라는 별명이 붙었다. 호남지방에서 큰 활약을 했기 때문에 호남(湖南) 진금포(眞金鋪)라 불렸는데 당시에 강서에서 활약했던 마조도일의 강서 잡화포(雜貨鋪)와 더불어 널리 회자되었다. 시호는 무제대사(無際大師)였으며, 청원행사와의 문답에서 기린의 뿔 하나면 충족하다는 의미로 일린족(一麟足)이라 불렸다.

청원행사(靑原行思: ?~740)는 강서성 길주(吉州)의 안성(安城) 출신으로 속성은 유(劉)씨이다. 동진출가하여 육조혜능에게 참문하고 그 법을 이어 남악회양(南嶽懷讓: 677~744)과 더불어 혜능의 양족(兩足) 제자가 되었다. 강서성 길주의 청원산(靑原山) 정거사(靜居寺)에 주석하면서 많은 제자를 배출하였다. 그 문하에서 후에 선종오가(禪宗五家) 가운데 조동종·운문종·법안종이 출현하였다. 후에 희종(僖宗) 황제는 홍제대사(洪濟大師)라는 시호를 내렸다.

청원행사와 석두희천은 처음에는 모두 조계혜능의 제자였다. 그러나 나이가 어린 석두는 참문한 지 얼마 안 되어 조계혜능이 입적하였다. 이런 까닭에 조계혜능은 행사에게 석두를 거두어 줄 것을 부탁하여 석두는 행사의 제자가 되었다. 이것은 마치 가섭과 아난이 함께 부처님의 제자였으나 부처님은 가섭에게 아난을 거두어 줄 것을 부탁하여 아난이 가섭의 제자가 된 것과 같은 상황이었다.

여기에서 주목해야 할 점은 조계대사와 언제 작별했는가, 또 조계를 언제 참문했는가를 통하여 조계의 법을 정통으로 터득하였는가를 파악하는 것이다. 육조가 입멸에 즈음하여 희천이라는 사미가 참문하여 육조에게 물었다. "화상께서 입적하시면 저는 누구에게 의탁해야 합니까." 육조가 말했다. "사를 찾거라[尋思]." 그러고는 육조가 입적하시자 숲 속에 단정히 앉아 고요하게 마음을 다스리고 사(思)를 찾는 일에 몰두하였다. 어느 날 제일수좌가 물었다. "육조께서 입적하신 지가 오래되었는데 그대는 공연히 앉아서 무얼 하는가." 희천이 말했다. "저는 화상으로부터 사(思)를 찾으라는 유계(遺誡)를 받았습니다.
그래서 지금 앉아서 사(思)를 찾고 있는 것입니다." 제일좌가 말했다.
"그대에게는 행사(行思)라는 사형이 있지 않은가. 대사께서 사(思)를
찾으라는 것은 행사를 찾아가라는 말이라네. 행사스님은 지금 길주에
주석하고 있다. 그대의 인연은 그곳에 있는 것 같으니 그리로 가 보
게나. 화상의 말은 단도직입적이었는데 그대가 스스로 미혹하여 알지
못했을 뿐이라네." 희천은 그 말을 듣고서 곧 화상의 탑에 예배드리
고 청원산 정거사로 행사를 찾아갔다. 행사가 물었다. "그대는 어디
에 있다가 왔는가."

희천이 말했다. "조계에 있었습니다."

행사: "그래, 여기는 뭣 하러 왔는가."

희천: "조계에는 간 적도 없고 그곳을 떠난 적도 없습니다."

행사: "만약 그렇다면 조계를 떠나서 뭘 하겠다는 건가."

희천: "조계에 간 적도 없다는데 어찌 그곳을 떠난 줄을 아는 겁니까."

그러고는 희천이 다시 말했다.

희천: "그런데 조계대사께서는 스님을 알고 계신 겁니까."

행사: "그러면 그대는 지금 나를 알고 있는가."

희천: "알고 있습니다. 그런데 또 어찌 안다고 하겠습니까."

행사: "여러 동물 가운데 뿔이 비록 많다지만 기린의 뿔 하나면 충
　　　분하다."

희천이 다시 물었다.

"스님께서는 조계대사를 떠나서 언제 여기에 오신 겁니까."

행사: "나는 그대가 조만간에 조계를 떠나 이리로 올 것을 알고 있었다."

희천: "저는 조계를 떠난 적도 없습니다."

행사: "나는 또 그대가 그곳에 머물렀던 것도 알고 있다."

희천: "스님께서는 대인이십니다. 경거망동하지 마십시오."

행사와 희천의 문답은 본분사의 입장에 서 있다. 조계라는 지명을 들어 보리달마의 정통선법을 계승한 혜능의 정법안장(正法眼藏)으로 문답하고 있다. 정법안장은 누구나 본래부터 지니고 있는 청정심(淸淨心)이요 본래심(本來心)이며 열반묘심(涅槃妙心)이고 실상무상(實相無相)이다. 때문에 그것을 일찍이 잃어버린 적도 없고 그것을 새롭게 추가한 적도 없이 애초부터 그대로임을 자각하는 것이 주제가 되어 있다.

일찍이 석두는 조계혜능을 참문했으면서도 그 진의를 파악하지 못하고 청원행사의 주도면밀한 가르침을 통하여 비로소 자각하였다. 비록 석두가 자각한 정법안장이 혜능을 통해서는 파악하지 못하고 행사를 통하여 파악했다고 해서 혜능에게는 없고 행사에게만 있다는 것은 아니다. 본래부터 언제나 어디에나 누구에게나 편만하지만 어디까지나 그것을 자각하고 자각하지 못하는 것은 전적으로 참구하는 당사자에 달려 있다는 것은 부정할 수 없다. 때문에 조계에 간 적도 없다는 것은 조계혜능을 참문하기 이전부터 그대로였다는 것이고, 조계혜능을 떠난 적도 없다는 것은 본래부터 똑같은 본래심을 구비하고 있다는 것을 의미한다. 따라서 행사는 그와 같은 석두의 진면목을 알아차리고는 많은 동물의 뿔 가운데 기린의 뿔 하나에다 석두를 비유하였다. 기린의 뿔 하나는 조계혜능의 정통을 계승했다는 상징적인 의미로 이후에 전개되는 청원행사 계통의 선풍이야말로 정법안장의 계승임을 천명한 것이었다.

제3칙
약산좌차(藥山坐次) - 선정(禪定) -

약산유엄 선사가 어느 날 바위에 앉아 좌선을 하고 있었다. 석두화
상이 그 모습을 보고 다음과 같이 물었다. "거기에서 뭣을 하는가."
약산이 말씀드렸다. "아무것도 하지 않습니다."
석두가 말했다. "그렇다면 멍청하게 앉아만 있는 게로군."
그러고 나서 석두가 다시 말했다. "그대는 아무것도 하지 않는다고
말했는데 아무것도 하지 않는다는 것은 도대체 무엇인가."
약산이 말씀드렸다. "그 도리는 삼세제불도 알지 못합니다."
이에 석두가 다음과 같은 게송으로 말했다.
지금까지 함께 살면서 이름도 몰랐는데
마음대로 노는 것이 이토록 지극했던가
예로부터 삼세의 제불도 몰랐다는 도리
범부의 소견으로 어찌 짐작인들 했을까

擧 藥山惟儼禪師一日在石上坐次　石頭和尚見乃問云　在這裏作甚麼
山云　一物不爲　頭云　恁麼則閑坐也　頭云　汝道不爲　不爲箇甚麼　山云
千聖亦不識　石頭因以偈贊曰　從來共住不知名　任運相將祇麼行　自古
上賢猶不識　造次凡流豈可明

석두는 석두희천(石頭希遷: 700~790)으로 광동성 단주(端州) 고요(高
要) 출신으로 성은 진(陳)씨이다. 혜능에게 득도하였으니 혜능이 곧 입

적하자 사형인 청원행사에게 사사하였다. 40대 초반에 형주의 형산(衡山) 남사(南寺)에 가서 절의 동쪽에 있는 큰 바위에 암자를 짓고 좌선수행에 몰두하였기 때문에 석두(石頭)라는 별명이 붙었다. 호남지방에서 큰 활약을 했기 때문에 호남(湖南)이라 불렸고, 시호는 무제대사(無際大師)였으며, 청원행사와의 문답에서 기린의 뿔 하나면 충분하다는 의미로 일린족(一麟足)이라 불렸다.

약산유엄(藥山惟儼: 745~828)은 산서성 신강현의 강주(絳州) 출신으로 속성은 한(韓)씨이다. 17세 때 광동성 조양의 서산에 주석하고 있던 혜조(慧照)에게 출가하고, 29세 때 형악사의 희조(希澡)율사에게 구족계를 받았다. 그리고 널리 경론에 통달하고 지율이 청정하였다. 어느 날 탄식을 하면서 말했다. "대장부라면 법을 미땅히 벗어나 자정(自淨)해야 하거늘 어찌 소소한 일에 얽매여 있을쏜가."

그러고는 호남의 석두희천에게 참하여 물었다. "삼승십이분교(三乘十二分敎)에 대해서는 저도 약간은 알고 있습니다. 그런데 일찍이 들었던 남방의 직지인심(直指人心) 견성성불(見性成佛)에 대해서는 까맣게 모르고 있습니다. 바라건대 화상께서 자비로써 가르쳐 주시길 바랍니다." 석두가 물었다. "이리 해도 안 되고 저리 해도 안 되며 이리 저리 해도 모두 안 된다면 이런 경우에 그대는 어찌하겠는가." 약산이 어쩔 줄 모르고 있자니까 석두가 말했다. "그대는 나하고는 인연이 없는 듯하다. 그러니 이제 마조대사에게 찾아가거라." 약산이 그 말씀을 받들고 마조에게 가서 공손하게 예를 드리고 석두화상에게 했던 똑같은 질문을 하였다.

그러자 마조가 말했다. "나는 어떤 경우에는 사람들을 양미순목(揚眉瞬目)으로 가르치고, 어떤 경우에는 양미순목으로 가르치지 않는다.

그런데 어떤 경우에는 양미순목의 가르침이 옳고, 어떤 경우에는 양미순목의 가르침이 틀리다. 자, 그대는 어쩌겠는가.” 약산이 그 말을 듣고는 곧바로 깨치고 나서 큰절을 올렸다. 마조가 말했다. “그대는 무슨 도리를 깨쳤기에 이렇게 나한테 절을 하는가.” 약산이 말했다. “제가 석두화상의 문하에 있을 때는 마치 무쇠소 등에 앉아 있는 모기와 같은 신세였습니다.” 마조가 말했다. “그대가 이미 그렇다면 그 마음을 잘 호지하거라.”

이로써 그곳에서 3년 동안 시봉을 하였는데 어느 날 마조가 물었다. “요즈음 그대의 마음은 어떤가.” 약산이 말했다. “피부가 탈락하고 마지막 남은 하나의 진실마저 타파해 버렸습니다.” 마조가 말했다. “그대의 깨침은 가히 심체(心體)가 사지에까지 완전히 통하는 것과 같구나. 그러니 이제 삼조잠(三條箴)으로 사지의 피부를 벗겨내야 하니 깊은 산으로 들어가거라.” 약산이 물었다. “제가 어떤 사람인데 감히 다시 산에 들어가라는 겁니까.” 마조가 말했다. “그렇지 않으면 상행(常行)하면서 부주(不住)하고, 상주(常住)하면서 불행(不行)하며, 더하고자[益] 하면서 더하는 바가 없고, 하고자[爲] 하면서 하는 바가 없다고는 결코 말할 수가 없다. 그러니 마땅히 배를 만들었거든 여기에 머물러서는 안 된다. 저 멀리까지 배를 저어가야 할 것이다.” 이에 약산은 마조에게 작별을 하고 석두한테 돌아갔다.

위의 문답은 바로 약산유엄이 석두 문하에서 수행하고 있을 때의 상황이다. 좌선을 하되 ‘아무것도 하지 않는다’는 약산의 답변은 말 그대로 아무것도 하지 않는다는 것이 아니다. 단지 번뇌가 없고 분별심이 없이 청정한 마음으로 호젓하게 좌선에 매진하고 있는 것을 의미한다. 때문에 이런 것을 두고 한가하다, 일이 없다, 세월이 가는 줄 모른다, 게으르다, 바보와 같다고도 말한다. 참으로 무심한도인(無心閑道人)의 경지를 표현한 말이다. 때문에 "그대는 아무것도 하지 않는다고 말했는데 아무것도 하지 않는다는 것은 도대체 무엇인가"라는 석두의 질문에 약산은 "그 도리는 삼세제불도 알지 못합니다"라고 답변한다.

석두는 그와 같은 약산의 진면목을 보고서 "지금까지 함께 살면서 이름도 몰랐는데 마음대로 노는 것이 이토록 지극했던가. 예로부터 삼세의 제불도 몰랐다는 도리를 범부의 소견으로 어찌 짐작인들 할 수 있겠는가"라고 찬탄하여 인가하였다.

이것은 좌선하는 당체는 좌선하는 사람만이 맛보고 알 수 있는 경지임을 피력한 것이다. 이를 계기로 약산은 깨침을 얻고 석두의 법을 이었다. 다시 호남성 풍주의 작약산(苟藥山)에 주석하여 선풍을 크게 드날렸다. 저술 내지 어록조차 남기지 않고 오로지 좌선수행으로 일관하여 운암담성(782~841)을 비롯한 많은 제자를 배출하였다. 때문에 이에 대하여 후에 약산은 비사량(非思量)이라는 말로 제자를 교화하였다.

비사량은 좌선에서 의식의 존재방식으로 그 중요성이 강조되는 말로서 단순히 사량이 없다는 의미가 아니다. 번뇌와 분별과 집착이 없는[非] 사량이라는 의미이다. 그래서 비사량은 좌선을 전제한 비사량이다. 좌선 속의 비사량이야말로 사량이 없다는 의미가 아니라 비(非)의 사량, 탈락의 사량, 불염오의 사량이라는 의미이기 때문이다. 그래서 비사량의 경지는 믿는 주체의 신(信)과 믿어야 할 객체의 심(心)이 원래 불이일체(不二一體)의 입장에 서 있기 때문에 상대적인 지식과 조작된 분별로는 헤아릴 수 없는 좌선으로 맛보는 것으로 본래깨침[本證]의 경지이다. 그것은 곧 무분별의 사량으로서 좌선을 통해 현성

한다. 이 문답에 대하여 임천종륜(林泉從倫)은 다음과 같이 시중(示衆)
하였다.

> 行住坐臥가 모두 신통과 묘용 아님이 없고
> 語默離微가 모두 불사와 법문 아님이 없다
> 설령 空劫已前에서 알아차렸다고 치더라도
> 땅을 깎아 길을 내는 것으로는 불가능하다
> 아직 그 경지에 도달하지도 못하는데 어찌
> 주둥아리 놀리는 것으로 인정을 받을 건가

이런 상황에 도달한 약산에게는 참으로 일상의 행주좌와가 신통이
고 묘용이며, 어묵동정과 자유롭게 출몰하는[離微] 낱낱의 행위가 불
사이고 법문으로 다가온 것이다. 때문에 약산은 철저한 좌선삼매로
일관한 선자로서 스승이었던 석두의 진금포(眞金鋪)의 선풍을 충실하
게 계승한 사람이었다. 진금포는 호남지방의 석두희천이 순수한 좌선
수행으로 일관한 것을 가리키는 말이었다. 이에 상대하여 강서지방의
마조도일의 온갖 잡다한 수행을 사람에 맞춤식으로 전개한 선풍을
잡화포(雜貨鋪)라 불렀다. 이 진금포의 가르침은 이후 조동종(曹洞宗)
의 가풍으로 후세에 전승되는 전통을 형성하기에 이르렀다.

제4칙
선자협산(船子夾山) - 주즙(舟楫) -

강자성 선사가 협산에게 부촉하여 말했다.
"모름지기 몸을 삼추는 곳에서 종저음 낙기지 말아야지 종적이 없
는 곳에서 몸을 감추어서는 안 된다. 내가 평생 동안 약산 문하에
있으면서 터득한 것은 단지 이것뿐이다."

擧 舡子誠禪師囑夾山云 直須藏身處沒蹤跡 沒蹤跡處莫藏身 吾三十
年在藥山只明斯事

선자덕성(船子德誠)은 강자덕성(舡子德誠)이라고도 불렸는데 생몰
연대와 고향 및 속성이 모두 알려져 있지 않다. 다만 약산유엄(藥山惟
儼: 745~828)에게 30년 동안 참문하여 그 법을 이었다. 후에 절강성
수주(秀州)의 화정(華亭)에서 뱃사공 노릇을 하면서 왕래하는 사람들
을 상대로 많은 설법을 하였다. 때문에 화정의 선자화상(船子和尙)이
라 불렸다. 협산에게 법을 전한 후에는 강물에 스스로 배를 뒤집어
입적하였다.

협산선회(夾山善會: 805~881)는 하남성 한광(漢廣) 현정(峴亭) 출신으
로 속성은 요(廖)씨이다. 호남성 담주(潭州) 용아산(龍牙山)으로 출가하

였다. 후에 강소성 진강부 경구(京口)에 주석하였다. 약산의 제자인 도오원지(道吾圓智: 769~835)의 권유에 따라 강소성 제중(澌中) 화정현(華亭縣)의 오강(吳江)에서 뱃사공으로 살아가는 선자덕성(船子德誠)에게 참문하고 그 법을 이었다. 법맥은 약산유엄－선자덕성－협산선회이다. 그 후로 호남성 풍주(澧州)의 협산에 주석하면서 선풍을 가양하였다. 시호는 전명대사(傳明大師)이다.

어느 날 강에 배를 띄우고 한가롭게 앉아 있었다. 배를 타러 온 한 관원이 물었다. "스님은 무얼 하며 지내는 겁니까." 덕성선사가 노를 치켜세우고 물었다. "알겠습니까." "모르겠습니다." "노를 젓는다만 좀처럼 금빛 잉어는 볼 수가 없습니다."

배를 저으면서 사람들을 건네주는 것을 교화행으로 일삼고 있는 그 모습을 직접 보고서도 관원은 덕선선사의 일용사를 알지 못했다. 참으로 답답한 일이었다. 이에 덕성은 친절하게도 직접 노를 들어 자신이 이런 일을 하는 사람이라는 것을 다시 보여 주었는데도 관원은 역시 먹통이었다.

때문에 관원을 향하여 덕성이 내던진 말은 금빛 잉어는 만날 수가 없고 관원과 같은 까막눈을 가진 사람만 상대하고 있는 것이 안타깝다는 뜻이었다. 덕성이 평생을 사공 노릇으로 살아간 것도 중생을 피안으로 안내하는 행위였다. 그러나 덕성은 참으로 오랜만에 한 사람을 만날 수 있었다. 그 사람이 곧 협산이었다.

어느 날 협산이 선자덕성을 찾아가자 선자덕성이 물었다. "천 자나 되는 낚싯줄을 드리운 것은 깊은 물속에 뜻을 두었기 때문이다. 그러니 세 치의 갈고리를 벗어난 경지를 그대가 말해 보지 않겠는가." 협산이 뭐라고 말하려고 하자 선자덕성이 밀쳐서 물속에 빠뜨려 버렸다. 협산이 겨우 헤엄쳐 나오자 다시 밀치면서 말했다. "자, 말해 보라. 어서 말해 보라." 협산이 뭐라고 말하려고 하자 선자덕성이 또 밀쳐 버렸다. 이에 협산이 활연대오하였다. 그러고는 고개를 세 번이나 끄덕여 보였다. 그러자 선자덕성이 말했다. "낚싯줄을 드리우는 것은 그대 마음이지만 맑은 물 흐리지 않아야 뜻대로 성취된다." 그러자 협산이 마침내 정식으로 물었다. "떡밥을 꿰어 낚싯줄을 드리우는 스님의 뜻은 무엇입니까." 선자덕성이 말했다. "낚싯줄에 부표를 붙여 푸른 물에 드리우는 것은 물고기가 있나 없나 살피려는 것이다. 자, 말해 보라. 어서 말해 보라." 그러자 협산이 말했다. "말뜻은 깊지만 방도가 없고 혓바닥은 놀리지만 아무런 말도 없습니다." 선자덕성이 응수했다. "모든 강물에 낚싯줄을 던져 봐야 비로소 금빛 잉어를 낚는다네." 그러자 협산은 자신의 귀를 틀어막았다. 그 모습을 보고 선자덕성이 말했다. "그래, 모름지기 그래야지."

위의 상황은 조그만 배를 타고 노를 저으면서 주고받는 문답이다. 선자덕성과 도오원지(道吾圓智: 769~835)는 같이 약산의 법을 이은 도반이다. 일찍이 선자덕성은 도오원지에게 똑똑한 놈을 만나거든 자기에게로 보내 달라고 부탁을 해 두었다. 도오원지는 어느 때 우연히 협산의 법회에 참석하게 되었다. 한 승이 협산에게 물었다. "법신이란 무엇입니까." "법신에는 형상이 없다." "법안이란 무엇입니까." "법안에는 티가 없다." 그 말을 듣고 있던 도오원지는 기가 차다는 듯이 웃고는 말했다. "스님은 품성은 타고났지만 아직 진정한 스승을 만나지 못했군요. 그러니 화정의 선자화상을 한번 찾아가 보시오. 화정선자는 위로는 지붕도 없고 아래로는 송곳 꽂을 만한 주처도 없답니다." 이에 협산은 그길로 화정선자를 찾아 떠났다.

스스로 뱃사공 노릇으로 삶을 살았던 선자덕성이 드리운 낚싯줄은 자신의 법을 이을 제자를 찾는 수단이었다. 깊이 흐르는 강물에 물고기의 유무를 확인할 때는 부표가 필요하다. 따라서 모든 사람을 공짜로 건네주면서 기회가 있을 때마다 누구에게나 선법을 설하여 그 깜냥을 살펴보았다. 마침 도오원지로부터 소식을 듣고는 협산을 기다렸다가 갈고리를 벗어난 경지에 대하여 물었다.

갈고리는 그대로 온갖 수단과 방법과 절차를 상징한다. 그 모든 방식을 벗어나 단도직입적으로 협산의 속내를 말해 보라는 것이다. 질문을 받은 그 찰나에 협산은 보기 좋게 이미 선자덕성의 낚싯바늘에 제대로 걸려들었다. 무어라 한마디 답변을 건네 보기도 전에 벌써 물에 꼬꾸라져 버렸다. 갑자기 물에 빠진 순간 협산은 자신의 모든 분별심과 어설픈 지식을 몽땅 내려놓고 오로지 죽지 않으려고 버둥거리는 바로 그 순간의 경험으로 활연대오할 수 있었다.

'낚싯줄을 드리우는 것은 그대 마음이지만 맑은 물 흐리지 않아야 뜻대로 성취된다'라는 말은 수행은 물론이고 깨침과 부처라는 개념에 대해서도 어떠한 집착이 없어야 한다는 것을 가리킨다. 따라서 협산은 모든 강물에 낚싯줄을 드리우듯이 모든 종류의 사람을 겪으면서 온갖 수행을 터득한 스승의 가르침조차도 번거로워 스스로 귀를 틀어막는 시늉을 하였다.

이로써 선자덕성은 그토록 기다리던 제자를 만나 법을 전할 수 있었다. 마치 달마대사가 중국에 도래한 까닭과 다를 바 없었다. '말뜻은 깊지만 방도가 없고 혓바닥은 놀리지만 아무런 말도 없습니다'는 말대로 이후로 협산은 20년 넘도록 불조의 가르침마저도 번거로운 장애가 되어서는 안 된다는 것을 강조하였다.

그런 점에서 협산에게 상근기의 사람은 말을 듣는 순간 깨침을 터득하지만 중하근기의 사람은 바람에 이는 물결 따라 이리 흔들리고 저리 흔들리는 부평초와 같은 존재로 간주되었다. 이에 협산은 심지가 굳은 납자를 스스로 미오(迷悟)와 생사(生死)의 분별을 직절(直截)하는 지혜의 보검으로 드러냈다. 그 지혜의 보검이 스승에게는 황금잉어였다. 여기에서 선자덕성이 낚았던 금빛 잉어란 다름 아닌 협산선회였다. 황금잉어는 어떤 개념과 수단에도 집착의 그물을 벗어난 활달불기(豁達不羈)한 선기를 상징한다.

강자성 선사가 협산에게 부촉한 말은 협산의 선기를 인가하고 자신의 선법을 계승할 것을 주문한 것이 곧 '모름지기 몸을 감추는 곳에서 종적을 남기지 말아야지 송적이 없는 곳에서 몸을 감추어서는 안 된다'라는 것이었다. 몸을 감추는 곳이란 덕성 자신이 살아가는 방식이었다.

일반적으로 선자의 모습이란 산속에서 좌선으로 일관하면서 찾아오는 제자를 교화하는 것이다. 그러나 덕성은 일상의 모습을 그대로 선의 모습으로 보여 준 것이었다. 때문에 일용사에서조차 자신이 살아가는 모습을 굳이 나타내려 하지 않고 그것을 남에게 강조하려고도 하지 않았다. 강의 이 언덕과 저 언덕을 오고 가는 사람들이야말로 이 세상 사람들의 진솔한 삶의 모습이었다. 덕성에게는 그들을 건네주는 것이야말로 일체의 중생을 일깨우고 제도하는 일이었다.

때문에 여기에서 협산에게 제시한 것은 어떤 상(相)도 남기지 않는 몰종적(沒蹤跡)과 무분별(無分別)의 삶의 모습이었다. 그래서 '종적이 없는 곳에서 몸을 감추어서는 안 된다'라는 것은 고고한 수행을 핑계 삼아 자신만의 안락을 추구하는 삶이 되어서는 안 된다는 것을 경계

한 말이었다. 수행자라는 흔히 자신의 본분에 충실한다는 것을 잘못
이해하여 오직 자신만의 문제에만 국한시키고 일체의 사회적인 외부
문제를 도외시하는 잘못을 범하지 말라는 것이었다.

그에 걸맞은 입장은 다음과 같다. '아직 무심의 경지에 도달하지
못했거든 모름지기 무심을 터득해야 한다. 이리하여 무심의 경지에
도달하고 나면 더 이상 벗어나야 할 번뇌조차 없게 된다.' 이런 즈음
에야 비로소 몸을 감추는 도리[藏身處]와 종적을 남기지 않는 행위[沒
蹤跡]의 진정한 도리를 실현하는 것이다.

제5칙
패수동산(稗樹洞山) – 참학(參學) –

패수성 선사가 동산에게 물었다. "뭣 하러 왔는가."
동산이 말씀드렸다. "화상을 찾아뵙기 위해서 왔습니다."
패수가 말했다. "나를 만났으면 됐지, 두 입술은 움직여 뭐에 쓰겠
는가."
훗날 조산이 그 말을 듣고서 말했다. "아들을 하나 얻은 셈이었군요."

擧 稗樹省禪師問洞山 甚麼處來 山云 親近來 樹云 若是親近用動這
兩片皮作甚麼 後曹山聞擧乃云 一子親得

　　패수성(稗樹省)은 선주(宣州)의 패수혜성(稗樹慧省)을 가리킨다. 간혹
어떤 기록에는 비수혜성(稗樹慧省)이라고 기록한 것도 있다. 약산유엄
(藥山惟儼: 745~828)의 제자라는 것 이외 자세한 기록이 없다. 법맥으
로 보자면 패수는 동산에게 사숙뻘 되는 인물이고 동산은 조산의 스
승이다.

　　동산이 만행하던 중 패수혜성을 참문했을 때 패수가 물었다. "여기
는 뭣 하러 왔는가." 동산양개(洞山良价: 807~869)가 말씀드렸다. "제
가 여기까지 애써 뭣 하러 왔겠습니까. 다름이 아니라 화상을 찾아뵙

기 위해서 왔습니다." 패수가 말했다. "그래? 그렇다면 나를 만났으면 그만이지 굳이 그 찢어진 입이라고 맹랑하게 답변은 잘도 둘러대는 구나." 이에 동산이 아무런 말이 없었다.

먼 훗날에 스승 동산양개로부터 그 이야기를 들은 조산본적(曹山本寂: 840~901)이 말씀드렸다. "오랜만에 제대로 자란 아들을 하나 얻은 셈이었군요."

조산의 이 말은 군대를 보내 놓고 참으로 오랫동안 만나지 못하다가 모처럼 만난 아버지의 애틋한 부성애와도 같은 것이었다. 그동안 아버지가 아들을 만나고 싶었지만 만나고 싶은 마음을 애써 감추면서 만나지 않은 것은 곧 부자간에 비밀을 지켜 준 셈이었다. 마찬가지로 아들도 아버지를 위해 일부러 비밀을 누설하지 않은 것처럼 그동안의 회포를 잘도 견뎌 낸 택이었다. 이것은 동산양개의 선풍을 지칭했던 동상종(洞上宗)에서 늘 가르쳐 왔듯이 어느 것 하나 모자람이 없는 완전한 것을 꺼리는 것이기도 하다. 그 대신 항상 모자람이 완전한 것을 대신하고 완전한 것이 모자란 것을 보충하는 택이다. 수행과 깨침의 완성을 앞두고 약간은 아쉬운 듯이 그대로 남겨 두고 살아가는 모습이기도 하다.

동산이 패수의 물음에 대꾸하지 않고 침묵을 지킨 것이야말로 곧 어떤 분별도 용납되지 않는 공겁이전사(空劫已前事)의 소식이었고, 어떤 언설로도 표현하지 못하는 불미출세시(佛未出世時)의 기별이었다. 때문에 그와 같은 동산스승의 행동에 대하여 참으로 겸손의 양보를 보여 준 것이라 찬탄하였다.

이런 점에서 '아들을 하나 얻은 셈이었군요'라는 것은 공왕불의 보배도장으로서 천 부처님이 출현한다 해도 언설로 전해 주지 못할 소

식으로 등장한 것이다. 조산의 이와 같은 선기(禪機)는 동산의 안목에
걸맞은 제자의 몫이었다. 참으로 그 스승에 그 제자였다. 이것을 가리
켜 사람들은 임금과 신하가 함께 어울려 정사를 돌보고 백성을 사랑
하는 모습으로 간주하였다. 부자의 정은 천연적인 것처럼 패수의 소
식을 동산이 알아차렸는가 하면, 그와 같은 동산의 가풍을 조산은 착
실하게 발전시키고 계승시켰다. 이런 모습에 대하여 단하자순은 다음
과 같이 노래하였다.

  예로부터 부자는 떼어놓을 수 없는 것이요
  석녀에게는 언제 애 낳느냐고 묻지 않았다
  까만 밤 차가운 바위 또 그림자 없는 나무
  흰 구름 몰려드는 곳에 나뭇가지 드리우네

부자의 정과 석녀의 아들, 까만 밤과 흰 구름, 그림자 없는 나무에
드리워진 나뭇가지 등은 모두 상반된 모습을 통하여 극적인 대비를
나타낸다. 이것이야말로 바로 패수의 물음과 동산의 침묵, 그리고 동
산의 이야기와 조산의 평가 등이 함께 어우러진 형국을 조화로운 필
치로 드러내 보인 것이다.

제6칙
사미주암(沙彌住庵) – 우설(雨雪) –

고사미가 암자에 머물고 있었다. 하루는 돌아오는 길에 비를 만났다.
약산이 물었다. "무엇을 하다 왔는가."
고사미가 말했다. "우묵한 곳에 있었습니다."
약산이 말했다. "흠뻑 젖었구나."
고사미가 말했다. "북부터 치지 마십시오."
운암이 말했다. "가죽도 없는데 어찌 북을 치겠는가."
도오가 말했다. "북도 없는데 어찌 가죽을 치겠는가."
약산이 말했다. "한바탕 잘 놀았구나."

擧高沙彌住庵 一日歸來值雨 藥山云 什麽處來 彌云 窊裏來 山云 可
殺濕 彌云 不打這鼓笛 雲巖云 皮也無打甚麽鼓 道吾云 鼓也無打甚
麽皮 山云 一場好曲調

고사미(高沙彌)는 약산고(藥山高)로서 도오원지(道吾圓智)와 운암담성
(雲岩曇晟)과 더불어 약산유엄(藥山惟儼)의 제자이다. 후에 약산의 휘하
를 떠나서 초암을 짓고 머물면서 오고 가는 길손들을 교화하였다.

도오원지(769~835)는 도오종지(道吾宗智)라고도 하는데 강서성 예
장(預章)의 해혼(海昏) 출신으로 속성은 장(張)씨이다. 어려서 열반화상
(涅槃和尙)에게 출가하고 약산유엄을 참문하고 그 법을 이었다. 후에

제방을 유행하고 호남성 장사부(長沙府) 도오산(道吾山)에 주석하면서 선풍을 진작하였다. 시호는 수일대사(修一大師)이다.

운암담성(雲巖曇晟: 782~841)은 강서성 종릉(鐘陵)의 건창(建昌) 출신으로 속성은 왕(王)씨이다. 석문(石門)에 출가하고 백장회해(百丈懷海: 749~814)에게 20년 동안 참문하였으나 백장의 배려로 약산유엄(藥山惟儼: 751~834)의 법을 이었다. 호남성 담주(潭州)의 운암산(雲巖山)에 주석하며 선풍을 진작하였다. 시호는 무주대사(無住大師)이다.

약산유엄(745~828)은 산서성 신강현의 강주(絳州) 출신으로 속성은 한(韓)씨이다. 후에 강서성 남강(南康) 신풍현(信豊縣)에 주석하였다. 17세 때 광동성 조양의 서산에 주석하고 있던 혜조(慧照)에게 출가하고, 29세 때 형악사의 희조율사(希澡律師)에게 구족계를 받았다. 후에 호남의 석두희천에게 참하여 깨침을 얻고 그 법을 이었다. 다시 호남성 풍주의 약산(藥山, 芍藥山)에 주석하여 선풍을 크게 드날렸다. 저술 내지 어록조차 남기지 않고 오로지 좌선수행으로 일관하여 운암담성(雲巖曇晟: 782~841)을 비롯한 많은 제자를 배출하였다. 시호는 홍도대사(弘道大師)이다.

고사미는 일찍이 약산의 지시를 받아 암자에 머물고 있었다. 어느 날 오랜만에 암자를 떠나 약산에게 인사를 드리러 오는 길에 비를 만났다. 그러자 약산이 물었다. "무엇을 하다 왔는가." 곧 그대는 지금까지 내가 지시한 가르침을 얼마나 충실하게 이행했는지 참으로 궁금하구나. 그래, 어디 한번 말해 보려무나. 그러나 고사미가 말했다. "저는 우묵한 곳에서 갑자기 내리는 비를 좀 긋고 있었습니다." 그동안 휩싸여 있던 번뇌를 잠시나마 벗어날 수 있게 되었습니다. 그러나 아직도 여전히 번뇌 속에서 헤매고 있습니다. 부디 스승의 가르침을 청하겠습니다.

그러자 약산이 말했다. "그렇지만 그런 노력에 효과도 없이 몸이 흠뻑 젖었구나." 그대가 아무리 번뇌를 없애려고 의도적으로 노력한다고 해서 그 번뇌가 어디로 사라지겠는가. 차라리 번뇌로부터 그대가 떠나는 것이 좋을 것이다. 번뇌를 제거의 대상으로 간주하거나 그것으로부터 벗어나려는 노력으로는 끝내 한 걸음도 벗어날 수 없다는 것을 말한다. 이에 고사미가 말했다. "아무리 도가 높은 스승이라 하더라도 제자에 대하여 곧 지레짐작으로 그렇게 쉽게 넘겨짚지 마십시오." 수행과 깨침은 철저하게 개인적인 경험이다. 때문에 그 누가 대신 해 줄 수 있는 것이 아니다. 그렇다고 제자 자신이 무작정 혼자 해결할 수 있는 것도 아니다. 더욱더 스승의 가르침과 격려가 필요하다.

때문에 운암이 말했다. "국물도 없는데 무슨 떡이란 말인가." 그대가 조금 진전이 있었다고 해서 여기 와서 이러쿵저러쿵 자랑하지 말게나. 그 따위 깜냥으로는 허공에 나무를 심는 것처럼 무모한 일이다. 그러니 어디 속 시원하게 다시 한마디 일러 보라.

옆에서 이 말을 듣고 있던 도오원지가 약산에게 한술 떠서 말했다. "떡이 없는데 무슨 국물이란 말입니까." 일찍부터 싹수가 노란 놈인데 그렇게 다그친다고 어떤 해결책이 나오겠습니까. 앞으로 몇 년은 더 썩어야 할 놈입니다. 그러니 괜한 수고하지 마시고 다시 암자로 돌려보내 주시지요. 그러나 약산은 고사미와 도오원지의 선기를 흔쾌하게 받아들였던지 다음과 같이 말했다. "한바탕 잘 놀았구나." 제자는 자신의 경지를 있는 그대로 스승에게 노출시킨다. 그리고 스승은 제자가 감당할 수 있는 처방전을 다시 내려 준다. 고사미는 자신이

비에 맞은 사실에 대해서 그대로 보여 줄 수밖에 없었다. 흠뻑 둘러
쓴 그 비는 자신에게 온 정성을 쏟아 주는 스승의 자비의 가르침이었
다. 가르침을 온몸으로 받아들이는 고사미와 이후에 보림해야 할 것
을 주문하는 도오원지는 모두 약산의 마음을 흡족하게 만들었다.

제7칙
도오오봉(道吾五峰) – 대기(對機) –

도오원지 선사가 오봉을 참문하였다. 오봉이 물었다. "약산을 알고
있는가."
도오가 말했다. "모릅니다."
오봉이 물었다. "어째 약산도 모르는가."
도오가 말했다. "모른다는 것조차 모릅니다."

擧 道吾智禪師 到五峰 峰問 還識藥山麼 吾云 不識 峰云 爲甚麼不
識 吾云 不識不識

도오는 도오원지(道吾圓智: 769~835)로 도오종지(道吾宗智)라고도
한다. 강서성 예장현 해혼 출신이다. 속성은 장(張)씨이고 어려서 열
반화상(涅槃和尙)에게 출가하였다. 후에 약산유엄(藥山惟儼)에게 가서
참문하고 인가를 받아 그 법을 이었다. 호남성 장사부 도오산에서 선
풍을 크게 드날렸다. 수일대사(修一大師)라는 시호를 받았다.

오봉은 오봉상관(五峰常觀)으로 강서성 고안현 서주(瑞州) 출신이다.
후에 강서성 균주(筠州) 오봉산(五峯山)에 주석하였다. 도오와 오봉은
다 함께 약산의 제자이다.

어느 날 약산이 상당설법하였다. "내가 가지고 있는 일구는 일찍이 그 어느 누구에게도 설해 본 적이 없다. 그것이 무엇인지 그대들은 무척이나 궁금할 것이다." 도오가 말했다. "저는 그 일구를 이미 알고 있습니다." 그러나 그게 무엇인지 모르고 있던 한 승이 약산에게 물었다. "그 일구는 도대체 어떤 설입니까." 약산이 말했다. "언설로 설해지는 것이 아니다. 그러니 내가 그대에게 설할 필요가 없으니 스스로 터득하도록 하라." 이에 도오가 말했다. "벌써 언설로 설해 버렸습니다."

그런 일이 있은 후에 도오는 오봉을 참문하였다. 오봉이 물었다. "약산의 노인을 아는가." 도오가 말했다. "저는 그런 사람을 모릅니다." 이런 상황이야말로 뻔히 알고 있는 것을 능청스럽게 잡아떼는 일이다. 그러나 진정으로 알고 있기에 모른다고 말할 수 있음을 간파해야 한다.

일찍이 달마가 처음에 무제를 알현했을 때 무제가 물었다. "불법의 근본적인 뜻[聖諦第一義]이란 어떤 것입니까." 달마가 말했다. "그냥 그대로의 모습이야말로 불법의 근본적인 뜻입니다[廓然無聖]." 무제가 물었다. "그러면 지금 이 앞에 계시는 대사는 누구입니까." 달마가 말했다. "저도 모르겠습니다."

그러면 달마와 무제의 대화에서 제시된 모르겠다는 것[不識]과 도오와 오봉의 대화에서 제시된 모르겠다는 것[不識]은 과연 같은가 다른가. 어쨌든 불식(不識)이 핵심적인 주제이다. 약산은 천연선자이면서도 착실하게 좌선수행으로 일관한 납승이었다. 그의 본래면목은 원만하기가 마치 태허(太虛)와 같아 모자람도 없고 넘치는 것도 없으며 아무런 흠도 없고 특별히 성스러울 것도 없는 그대로였다. 그래서 그것에 대하여 길고 짧은 것 내지 살찌고 메마른 것으로 그 품격을 재고 따지고 헤아리고 비교할 수가 없었다. 삼천대천세계의 광명으로 비출 수도 없고 오안(五眼)으로도 감히 엿볼 수 없는 경지였다. 때문에 설령 그것을 눈앞에서 직접 보고 있다손 치더라도 어느샌가 홀연히 등 뒤에 가 서 있는 꼴이었다.

이에 도오는 오봉의 질문을 받고 부득불 "저도 모르겠습니다"라고 말했을 뿐이다. 그렇게밖에 말할 수 없다는 줄을 알고 있는 도오는 이미 그와 같은 약산의 마음을 꿰뚫어보고 있기도 하다. 참으로 스승과 제자 사이에 이루어지는 치밀한 의기투합(意氣投合)이요 몰종적(沒蹤跡)한 가풍을 그대로 담아내고 있다. 오봉은 도오에게서 일찍부터 그와 같은 답변을 기대하고 있었다. 오봉은 이미 약산과 모종의 교감을 소통해 두고 도오를 교화했기 때문이다. 약산 스승과 오봉 제자가 합작하여 도오를 일깨워 주려는 자비의 정성이 갸륵하다.

그런데 오봉은 이미 약산의 마음을 파악해 버린 도오를 보고서 집안에 큰 도둑을 키워 왔다고 생각하였다. 그러면서 그와 같이 대견스러운 도반이 곁에 있다는 것을 약산과 더불어 퍽이나 기뻐하였다. 그러나 아직은 2%가 부족했다. 때문에 노파심에서 다시 "그대는 약산의 문하에 있으면서 어째서 그 유명한 약산도 모르고 지내고 있는가"라고 물었다. 도오는 마치 그 질문을 예견하고 먼저 기다리고 있었다는 듯이 "모른다는 것조차 모릅니다"라고 답변하였다.

이것이야말로 여기 문답에서 단연 압권이다. 그것을 알아차린 오봉은 그저 고개만 끄덕일 뿐이었다. 답변에 굳이 코멘트를 할 필요가 없었다. 왜냐하면 더 이상 물어보았자 그 이상의 답변을 기대할 수 없었고, 괜히 긁어 부스럼이나 만드는 것이라고 판단했었으며, 이미 끝나 버린 주제를 붙들고 서로 간에 불필요한 문답으로 연명할 이유가 없었기 때문이다.

제8칙
동산낭막(洞山廊幕) - 성명(姓名) -

동산이 북암명철 선사가 계시는 곳에 찾아왔다. 북암이 물었다.
"어디서 오는가."
동산이 말했다. "호남에서 왔습니다."
북암이 물었다. "그곳 관찰사의 성은 무엇인가."
동산이 말했다. "성이 없습니다."
북암이 물었다. "그러면 이름은 무엇인가."
동산이 말했다. "이름도 없습니다."
북암이 물었다. "그래, 관찰사가 업무는 보던가."
동산이 말했다. "부하직원들이 있습디다."
북암이 물었다. "출근은 하던가."
동산이 말했다. "출근을 하지 않습니다."
북암이 물었다. "출근을 하지 않는 이유가 뭔가."
그러자 동산은 소매를 떨치고 나가 버렸다. 북암이 다음 날 일찌감
치 승당에 들어가 동산을 불러 말했다. 동산이 가까이 다가오자 북
암이 물었다. "어제 그대와 나눈 이야기가 내게는 흡족하지 못해
밤새 마음이 불편했었네. 그래서 지금 그대에게 특별히 한마디를
요구하겠는데 만약 그 답변이 노승을 만족시킨다면 더불어 죽을
먹으면서 한철 나고 싶구나."
동산이 말했다. "질문해 주십시오."
북암이 물었다. "왜 출근하지 않던가."
동산이 말했다. "너무나 존귀하신 분이기 때문입니다."
이에 북암이 동산과 함께 죽을 먹으면서 한철 나게 되었다.

擧 洞山到北巖哲禪師處 巖問 什處來 山云 湖南來 巖云 觀察使姓什
麼 山云 不得姓 巖云 名什麼 山云 不得名 巖云 還理事也無 山云 自
有廓幕在 巖云 還出入否 山云 不出入 巖云 豈不出入 山便拂袖出去
巖來日侵早入堂召洞山 山近前 巖云 昨日祗對上座話 不愜老僧意 一
夜不安 今請上座別下一轉語 若愜老僧意 便開粥相伴過夏 山云 却請
和尚問 巖云 不出入是如何 山云 太尊貴生 巖乃開粥同過夏

북암은 악주(鄂州)의 북암명철(北巖明哲) 선사인데 백암(栢巖)이라고
도 하며 약산유엄(藥山惟儼: 751~834)의 법을 이었다.

신산승밀(神山僧密)이 동산양개(洞山良价: 807~869)와 오랫동안 절
차탁마(切磋啄磨)했기 때문에 동산의 제자들은 신산승밀을 밀사백(密
師伯)이라 불렀다.

동산이 밀사백과 함께 북암을 친견하러 갔다. 그런데 북암은 인사
를 받는 순간부터 조금의 틈도 주지 않고 동산을 점검하고 있다. 여
기에 등장하는 호남의 관찰사는 두 사람 사이를 매개하는 수단이다.
수단이면서 동시에 두 사람의 선기를 상징한다. 출근을 하지 않는다
는 호남의 관찰사는 조동종의 근본적인 교의로 말하면 오위(五位) 가
운데 정위(正位)에 해당하고, 관찰사의 업무를 대신하는 그의 부하직
원들은 편위(偏位)에 해당한다.

정위는 늘 변함없이 애초부터 그 자리에 그렇게 있으면서 모든 것
을 관장하고 있다. 편위는 모든 행위에 가담하여 직접 관장하면서도
그 자리를 고수하지 않는다. 정위는 편위를 머금은 정위이고 편위는
정위에 바탕을 둔 편위이다. 그래서 둘 사이에는 작용은 개별적이면
서 정작 그 바탕은 개별적이지 않다. 일종의 정중편(正中偏)이고 편중
정(偏中正)의 관계에 있다. 이런 까닭에 정위에 해당하는 관찰사는 뭐
라 이름 붙일 거시기도 없고, 편위는 온갖 이름으로 불러도 무방한

모습이다. 성도 없고 이름도 없는 관찰사는 무위법신을 상징하는 것으로 너무나 존귀한 모습이다. 그래서 뭐라 말할라 치면 곧 어긋나 버린다. 감히 언설과 심행을 초월해 있다. 언설로 표현할 수 없다기보다 언설로 표현할 필요가 없다.

일찍이 동산의 제자 조산본적은 안목을 갖춘 자라면 모름지기 세 가지 무애자재[三種墮]를 구비해야 한다고 말했다. 첫째는 피모대각(披毛戴角)으로서 중생교화에 앞장서 어떤 종류의 중생과도 더불어 어울리면서 보살도를 실천하는 행위인 유타(類墮, 沙門墮)이다. 둘째는 부단성색(不斷聲色)으로서 일체에 집착을 끊고 오로지 깨침만을 추구하는 수타(隨墮, 隨類墮)이다. 셋째는 불수식(不受食, 尊貴墮)으로서 식(食) 곧 본분사 내지 본래면목에조자 십착하지 않고 추구하지 않는 자유로움이다.

관찰사가 성과 이름이 없는 것은 불수식에 해당하는 존귀타를 의미한다. 북암에게 동산은 그것을 여쭙고 있다. 그러자 다음 날 북암은 다시 한 번 동산에게 왜 출근하지 않느냐고 묻는 것으로 동산의 견처(見處)를 확인하고 있다. 동산은 그에 걸맞게 너무나 존귀한 것이므로 감히 뭐라 여쭐 수조차 없다는 것으로 답변한다. 관찰사는 정작 동산의 본지풍광을 가리키고 부하직원들은 수행납자의 수행행위를 가리킨다. 때문에 북암은 동산과 함께 안거를 하였다. 동산과 북암의 의기투합(意機投合)은 마치 궁전에 왕이 따로 없고 시중드는 사람도 따로 없는 택으로 스승과 제자의 분별이 없다.

제9칙
운암건병(雲巖巾缾) – 향등(香燈) –

한 승이 운암담성 선사에게 물었다. "20년 동안이나 백장의 물을
마셨으면서 백장의 법등을 계승하지 못한 것은 무슨 까닭입니까."
운암이 말했다. "머리에 보배화관을 쓰고 있었기 때문이다."
승이 물었다. "머리에 보배화관을 쓰고 있었다는 것은 무슨 뜻입니까."
운암이 말했다. "그것은 대당국의 천자와 염라대왕만 쓸 수 있는
것이거든."
승이 구봉도건 선사에게 물었다. "대당국의 천자와 염라대왕은 무
엇을 가리키는 겁니까."
구봉이 말했다. "동상의 말을 생각해 보거라."

擧 僧問雲岩晟禪師 二十年在百丈巾缾爲甚麼心燈不續 巖云 頭上寶
花冠 僧云 頭上寶花冠意旨如何 巖云 大唐天子及冥王 僧問九峰虔禪
師 大唐天子及冥王意旨如何 峰云 憶洞上之言

　담주 운암담성(雲岩曇晟: 782~841) 선사는 종릉(鐘陵) 건창(建昌) 출
신으로 속성은 왕(王)씨이다. 석문(石門)에게 출가하고 백장회해(百丈
懷海)에게 20년 동안 참문하였지만 인연이 없었던 탓인지 깨치지 못
하였다. 후에 다시 약산유암에게 참문하여 그 법을 이었다. 위의 문답
은 법을 잇게 된 계기와 관련된 것이다. 호남성 담주(潭州) 운암산(雲

嚴山)에 주석하면서 선풍을 진작하였다.

구봉도건(九峰道虔)은 당말 오대의 선자로서 복건성 후관현(候官縣) 출신으로 속성은 유(劉)씨이다. 제방을 편력한 후에 석상경제(石霜慶諸)로부터 인가를 받았다. 후에 강서성 균주(筠州)의 구봉산에 주석하였다가 강서성의 늑담(泐潭)의 보봉선원(寶峰禪院)으로 옮겼다. 시호는 대각선사(大覺禪師)이다. 그 법계는 약산유엄-도오원지-석상경제-구봉도건이다.

승은 일찍이 운암이 깨치지 못했다는 것을 들어 질문을 한다. 벌써 깨친다는 것과 못 깨친다는 피차(彼此)의 계차(階差)를 벗어나지 못하고 있다. 거기에다 백장의 문하라든가 약산의 문하라든가 하는 문풍의 분별을 덧붙이고 있다. 때문에 운암은 그와 같은 분별의 보습을 비유하여 머리에 보배화관을 쓰고 있다고 말한다. 머리에 얹어 놓은 보배화관은 순수하고 청정한 평상심(平常心)과는 아득히 거리가 먼 분별에 분별을 더하는 설상가상의 모습을 의미한다. 제아무리 금가루가 좋다고는 하나 눈 속에 들어가면 눈병을 야기하는 것과 마찬가지이다. 그러나 승은 아직도 눈치를 채지 못하고 다시 머리에 보배화관을 쓰고 있었다는 것은 무슨 뜻인가를 묻는다. 마치 승 자신이 아닌 운암이 보배화관을 쓰고 있는 것으로 착각을 하고 있다.

이제까지는 운암 자신의 입장에서 답변을 제시했지만 이제는 입장을 바꾸어 운암이 승의 입장에서 답변을 제시한다. 곧 그대가 묻고 있는 보배화관은 단지 대당국의 천자와 염라대왕만 쓸 수 있는 것으로만 작용을 하지 군더더기라는 것은 꿈에도 생각하지 못하고 있구나 하고 핀잔을 주는 말이다. 이에 승은 아무런 답변도 하지 못했다. 운암은 질문을 받는 자신의 입장과 질문을 하는 승의 입장을 교묘하게 바꾸어 가면서 노파친절하게 답변을 하지만 승에게는 그것이 도리어 무척이나 헷갈렸던 모양이다.

운암이 일찍이 백장의 문하에서 인연이 계합되지 못한 것은 의심이라는 것과 믿음이라는 것을 때로는 의심으로만 이해하고 때로는 믿음으로만 이해하는 담판한(擔板漢)과 같은 어리석음 때문이었다. 백장은 그것을 알아차리고 마침내 운암의 인연이 자기에게 있지 않고 약산에게 있는 줄을 알고서 약산에게 편지를 전하라는 방편을 구사하여 그 제자가 되도록 하였다. 그 편지 속에는 편지를 전하는 납자를 제자로 만들어 다듬으면 제법 쓸 만한 그릇이 될 것이라는 내용이었다. 백장의 기지대로 운암은 약산의 문하에 둥지를 틀고 인연이 계합되는 시절을 만나게 되었다.

훗날 이 물음과 관련하여 한 승이 구봉도건에게 "대당국의 천자와 염라대왕은 무엇을 가리키는 겁니까"라고 물었다. 구봉은 그 승에게 동상(洞上)의 가풍을 먼저 공부한 뒤에 생각해 보라고 말했다. 동상은 동산양개(洞山良价)의 가풍이다. 동산양개는 법맥의 항렬로 보자면 구봉도건의 숙부뻘에 해당한다. 이미 동산의 선풍이 천하를 풍미하고 있었는데 그것은 마치 나무로 만든 닭이 밤중에 홰를 치면서 꼬끼오! 하고 울고, 돌로 만든 개가 느닷없이 새벽에 짖어대는 꼴이었다. 일반의 분별사식(分別事識)으로 접근해서는 안 된다는 선법의 도리를 단적으로 드러낸 말이다. 구봉의 답변은 승의 질문에 대하여 '그대도 이전에 운암에게 질문한 승과 마찬가지의 분별을 아직도 벗어나지 못하고 있구나' 하는 핀잔이었다. 그러면 과연 어찌해야 운암과 구봉의 속뜻을 파악할 수 있는가. 먼저 손톱 밑의 가시처럼 보배화관을 멀리 벗어던져 버리는 행위가 필요하다.

제10칙
남전이류(南泉異類) - 성방(省訪) -

운암과 도오는 남전의 문하에서 공부하다가 약산으로 돌아왔다. 운암이 약산에게 여쭈었다. "이류중행이란 무엇입니까."
약산이 말했다. "내가 오늘은 피곤하니까. 다음에 찾아오거라."
운암이 말씀드렸다. "저는 이 질문을 하기 위해서 우정 여기까지 찾아왔습니다."
약산이 말했다. "그만 돌아가래도 그러네."
운암이 곧장 밖으로 나왔다. 방장실 밖에 있던 도오는 운암이 깨치지 못한 것을 듣고는 손가락을 깨물자 피가 흘렀다. 도오는 곧바로 운암을 따라가서 물었다. "약산화상이 그렇게 말한 이유가 무엇인가."
운암이 말했다. "저한테 말한 것이 아닙니다."
이에 도오가 머리를 숙였다.

擧 雲巖道吾自南泉回藥山 巖問藥山 如何是異類中行 山云 吾今困倦 且待別時來 巖云 某甲特爲此事來 山云 且去 巖便出 道吾在方丈外 聞雲巖不薦不覺 咬得指頭血出 吾却下來問巖兄云問 和尙那因緣作麼生 巖云 不爲某甲說 吾便低頭

도오종지(道吾宗智, 道吾圓智: 769~835)는 강서성 예장(預章)의 해혼(海昏) 출신으로 속성은 장(張)씨이다. 열반화상(涅槃和尙, 百丈法正, 惟政)에게 출가하고 후에 약산으로 가서 약산유엄(藥山惟儼: 751~834)의 법을 이었다. 열반화상은 백장회해의 제자로서 백장산의 제2세이다. 선사이면서도 늘『열반경』을 독송하였기 때문에 붙은 이름이다. 제방을 역참하고 호남성 장사부(長沙府) 도오산(道吾山)에 주석하면서 선풍을 거양하였다. 시호는 수일대사(修一大師)이다.

운암담성(雲岩曇晟: 782~841)은 강서성 종릉(鐘陵)의 건창(建昌) 출신으로 속성은 왕(王)씨이다. 석문(石門)에 출가하고 백장회해(百丈懷海: 749~814)에게 20년 동안 참문하였으나 백장의 배려로 약산유엄(藥山惟儼: 751~834)의 법을 이었다. 호남성 담주(潭州)의 운암산(雲巖山)에 주석하며 선풍을 진작하였다. 시호는 무주대사(無住大師)이다.

남전보원(南泉普願: 748~834)은 하남성 정주(鄭州) 신정(新鄭) 출신으로 속성은 왕(王)씨이다. 율과 경학을 공부한 후에 마조도일을 참문하여 그 법을 이었다. 48세부터 안휘성 지양(池陽)의 남전산에 주석하여 선원을 구축하고 소를 키우며 나무를 하고 밭을 개간하면서 섭법을 고취하였다. 스스로 왕노사(王老師)라 칭하면서 30년 동안 산을 내려오지 않았다. 지양의 태수를 지냈던 육긍(陸亘) 대부(大夫)가 스승으로 예우하였다. 마조도일의 제자로서 백장회해와 서당지장과 더불어 마조의 삼대사(三大士)로 알려진 인물이다.

운암은 일찍이 남전과 도반이었던 백장회해의 문하에서 20년 동안 참구하였다. 여기의 내용은 어느 날 도오원지와 함께 남전사숙을 참문하고 약산으로 돌아왔을 때의 문답이다. 이류중행(異類中行)이란 보살이 중생을 교화하기 위하여 사람뿐만 아니라 축생 및 천신 등 다른 부류에 환생하여 교화하는 보살행을 말한다. 남전은 제자들에게 다음 생에 시주의 은혜에 보답하기 위하여 열심히 쟁기를 끄는 소가 되리라는 말을 자주 하였다. 그것이야말로 수행을 하고 깨치는 궁극적인 목적이라는 것을 가르친 것이다. 이에 운암이 약산에게 그 이류중행이란 구체적으로 어떻게 해야 하는 것인가를 여쭈었다. 약산은 그와 같은 운암에게 머리가 아프다고 일침을 가해 주었다. 이류중행이란 그처럼 이해를 통해서 성취하는 것이 아니라 지금의 일상생활에서 착실하게 최선을 다하여 살아가는 것이라고 말했다. 그러나 운암은 그것을 알아차리지 못했다. 단순히 피곤하기에 다음 날 일러 주려나 보다 하고 생각하였다. 때문에 더 이상 질문하지 않고 물러났다.

　도오원지는 운암의 그와 같은 행위가 아직은 덜 떨어진 것인 줄 알고서 자신의 손가락을 깨물어 보임으로써 약산의 역할을 대신할 것을 결심하였다. 이것은 약산의 가르침을 대신 이어받아 운암을 일깨워 주려는 제스처였다. 도오는 이미 약산과 의기투합이 되어 있었다. 이에 밖에서 따로 만나 물었다. "약산화상이 그렇게 친절하게 가르쳐 주신 것을 그대는 어째서 알아차리지 못한 것인가." 이 말에 운암은 정신이 번쩍 들었다. 그러고는 곧장 말했다. "약산화상께서 하신 말씀은 저를 위해 가르침을 주시면서도 직접적으로 저한테 언급하지 않으셨습니다. 이것이 무슨 이유겠습니까. 이미 저의 마음을 간파하고 있었던 겁니다. 그것을 통하여 지금 저는 이류중행의 의미를 알아차리게 된 겁니다. 이 어찌 기쁜 일이 아니겠습니까." 이에 도오가 운암의 말에 긍정하고는 흔쾌하게 웃으면서 더불어 차를 마셨다. 그 차 맛은 어떠했을까.

제1칙
협산시경(夾山示境) – 인경(人境) –

승이 협산에게 물었다. "협산의 경계는 어떤 것입니까."
협산이 말했다. "원숭이는 새끼를 안고 푸른 산으로 돌아가고 새는
꽃을 물어다 푸른 바위에 쌓아 둔다."

擧 僧問夾山會禪師 如何是夾山境 山云 猿抱子歸靑嶂後 鳥銜花落碧
巖前

협산선회(夾山善會: 805~881)는 하남성 한광(漢廣) 현정(峴亭) 출신으로 속성은 요(廖)씨이다. 호남성 담주(潭州) 용아산(龍牙山)으로 출가하였다. 후에 강소성 진강부 경구(京口)에 주석하였다. 약산의 제자인 도오원지(道吾圓智: 769~835)의 권유에 따라 강소성 제중(澔中) 화정현(華亭縣)의 오강(吳江)에서 뱃사공으로 살아가는 선자덕성(船子德誠)에게 참문하고 그 법을 이었다. 법맥은 약산유엄-선자덕성-협산선회이다. 그 후로 호남성 풍주(澧州)의 협산에 주석하면서 선풍을 가양하였다. 시호는 전명대사(傳明大師)이다.

승이 조주에게 물었다. "달마조사께서 서쪽에서 오신 뜻이 무엇입니까." 조주가 말했다. "뜨락에 있는 잣나무로다." 그러자 승이 말했

다. "화상께서는 경계[境]를 가지고 사람[人]에게 이해시키려고 하지 마십시오." 그러고 나서 승이 다시 물었다. "달마조사께서 서쪽에서 오신 뜻이 무엇입니까." 조주가 말했다. "뜨락에 있는 잣나무라니까 그러네."

승은 구체적이고 실질적인 답변을 요구하고 있다. 그러나 조주는 상징적인 잣나무로 답변을 제시한다. 이에 승은 그 뜻을 알아차리지 못한다. 조주는 참으로 노파친절한 자비심에서 일부러 승의 수준으로 내려가서 자신의 신분과 체면을 모두 벗어던지고 승이 이해할 수 있는 내용으로 답변하고 있다. 이와 같은 보살의 방편행을 낙초담(落草談)·횡설수설(橫說竪說)·입전수수(入鄽垂手)·화광동진(和光同塵) 내지 타니대수(拖泥帶水)라 한다. 지금 그 자리에서 눈에 보이고 얼굴에 스쳐 지나는 바람결을 느끼면서 마시는 차 맛은 그 자리에서만 맛볼 수 있다.

승은 현재 그 자리를 벗어나 이론적인 답변을 추구하고 있다. 이에 조주는 그와 같은 승의 행위를 마치 진짜 나귀 똥이 되어 버린 것으로 간주한다. 그래서 다시 한 번 기회를 주어 '뜨락의 잣나무라고 말해도 여전히 잣나무를 보지 못하고 허공만 바라보고 있는 꼴이로구나' 하고 나무란다. 조주는 승을 향하여 마치 사람을 만나서는 얼굴을 돌려 버리는 꼴이 아니고서야 어찌 그렇게 철저하게 망가질 수 있겠는가 하는 코멘트를 가한다.

경계[境]와 주관[人]의 문제는 선문답에서 늘 제시되는 유형이다. 경계를 벗어난 주관이 있을 수 없고 주관이 배제된 경계는 의미가 없다. 망상이 흥기하면 열반이 나타나고 번뇌가 일어나면 불도가 성취된다는 말이 있다. 오히려 망상이 흥기해야 비로소 열반이 터득되는 단서가 되고 번뇌가 발생해야 궁극에 불도가 성취되는 이유가 된다고 해석해야 보다 자연스럽다. '협산의 경계는 어떤 것입니까'라는 질문은 '협산의 가르침이 무엇인지 제가 배우고 싶습니다. 그러므로 제가 알아들을 수 있는 수준에서 한 수 지도해 주시기 바랍니다'라는 말이었다. 이에 협산은 눈은 얼굴에 가로로 붙어 있고 코는 세로로 붙어 있는 것만큼이나 자연스럽고 지당한 가르침으로 응수해 준다. 그 비유가 곧 원숭이는 새끼를 안고 자신이 살고 있는 터전으로 돌아가는 격이고 새는 꽃을 물어다 둥지를 만드는 데 활용하기 위하여 바위에 쌓아 둔다는 말이었다.

원숭이가 청산으로 돌아간 뒤[後]와 새가 바위 앞[前]에 꽃을 물어다 저장하는 것은 굳이 앞과 뒤를 가리키는 것이 아니다. 원숭이의 행위와 새의 행위가 단절이 없이 자연스럽게 이어지는 모습을 나타낸다. 이와 같이 원숭이와 새의 자연스러운 행위는 승이 배우기 위하여 찾아온 것이나 그 열정에 대하여 스승이 응대해 준 것이나 피장파장이다. 스승이 제자를 부르면 제자가 "예!" 하고 답변하는 것과 다름이 없음을 보여 준 것이다. 푸른 산과 푸른 바위는 일찍이 어느 누구의 손도 거치지 않은 천연스러운 모습으로 제자와 스승의 청정심을 상징한다. 반대로 원숭이와 새는 일상에 깃들어 살고 있는 모든 사람의 삶을 의미한다. 이제 세간적인 번거로움을 벗어나 아무도 앞서 간 적이 없는 길을 찾아가는 것이다. 그것이 곧 협산의 경계라는 것이다. 이런 점에서 협산선회는 한평생 뱃사공으로 보살행을 실천했던 그의 스승 선자덕성(船子德誠)의 삶을 누구보다도 충실하게 계승하였다.

제12칙
협산불회(夾山不會) – 문호(門戶) –

승이 협산에게 물었다. "판단이 가능한 도리에 대해서는 묻지 않겠습니다. 청컨대 화상께서는 판단이 불가능한 도리에 대하여 한 말씀 해 주시기 바랍니다."
협산이 말했다. "문설주처럼 말라비틀어진 나무의 그림자 밑에서도 불가능한 판단의 도리를 알아차려야 한다."

擧 僧問夾山 會處即不問 不會處請師一言 山云 戶拄凋林影中辨取

판단이 불가능한 도리는 그 어떤 언설로도 표현할 수가 없다. 그럼에도 불구하고 모순을 무릅쓰고 언설을 통하여 굳이 그것을 점검하고자 하는 것이 이 문답의 안목이다. 여기에서 승이 질문한 내용 곧 판단이 불가능한 도리에 대하여 표현된 말 그대로 판단이 불가능한 목석과 같은 뜻으로 받아들인다면 그것은 잘못되어도 한참 잘못된 행위이다. 왜냐하면 일체의 분별을 벗어난 본래적인 평상심(平常心)의 입장을 의미하기 때문이다. 그래서 판단이 불가능한 도리를 단순하게 몰인정하고 감정도 없는 허수아비와 같은 것쯤으로 간주해서는 안 된다. 왜냐하면 너무 감정에 치우친다든가 또 너무 무감각하다든가

하는 것은 모두 편견에 빠져 버린 것이기 때문이다. 그러나 협산은
그 질문에 대하여 문설주와 같은 고목의 그림자라는 무감각의 사물
을 들이밀어 답변의 형식을 제시하여 질문에 응수한다.

그것이 설령 문설주와 같은 것이라 할지라도 그것을 바라보는 사
람에 따라서는 생명을 지닌 것으로 둔갑하기도 한다. 나아가서 말라
비틀어진 나무라든가, 싸늘하게 식어 버린 재라든가, 더욱이 마른 나
뭇등걸의 그림자와 같은 몰감정의 상황에다가 억지로 어떤 감정을
부여하려고 해서도 안 된다. 그것은 모두 편견에 불과하기 때문이다.
감정이 없는 그대로를 부정해서는 안 된다. 여기에서 협산은 편견에
치우친 견해를 두려워할 인물이 아니었다. 단지 질문한 승으로 하여
금 판단이 불가능한 경지로 몰아서 철저하게 압박하여 마침내 제대
로 숨도 쉬지 못하는 단계로 밀어붙이고 있다. 그런 진퇴유곡의 상황
에서도 올바른 판단을 이끌어 내는 납자로 살아갈 것을 요구하고 있
다. 그것이 곧 '문설주처럼 말라비틀어진 나무의 그림자 밑에서도 알
아차려야 한다'는 답변형식의 응대였다.

후에 위의 문답은 그 제자인 낙포가 설법에서 인용한 것으로 더욱더
유명해졌다. 낙포원안(落浦元安: 834~898)의 속성은 담(淡)씨로서 협서
성 봉상현 인유(麟遊) 출신이다. 20세 때 출가하여 회은사(懷恩寺)의 우
율사(祐律師)에게 출가하였다. 취미(翠微)와 임제(臨濟)를 참문하였고, 후
에 협산선회의 문하에서 깨치고 그 법을 이었다. 후에 호남성 풍주(澧
州)의 낙포(落浦 혹은 樂普)에 주석하였다. 호남성 낭주(朗州)의 소계(蘇
谿)에 주석할 때 납자가 운집하였다. 협산은 풍주의 협산선회로서 처음
에 천황도오를 참하였으나 선자덕성에게 인가를 받았다. 그 법계는 청
원행사－석두희천－약산유엄－선자덕성－협산선회－낙포원안이다.

낙포가 임종을 맞이하여 설법하였다. "여기에 어떤 한 가지[一事]에 대하여 그대들에게 묻겠다. 그것에 대하여 옳다고 말하면 머리 위에 다시 머리를 얹는 격이고, 틀리다고 말하면 목이 잘리고서 살기를 바라는 꼴과 마찬가지이다."

이렇다 저렇다 하는 분별견해를 떠나서 진리에 계합되는 한마디를 말해 보라고 주문한다. 그러나 정작 그 한마디조차도 말로 표현해서는 안 된다는 것을 은근히 암시하고 있다. 이에 한 수좌가 말했다. "청산이 항상 움직이는 대낮에는 굳이 등불이 필요가 없습니다." 낙포가 말했다. "지금이 어느 때인데 그런 말을 되뇌는가." 언종상좌가 나서서 말했다. "스님께 청하건대 옳다 틀리다 하는 것을 벗어난 것에 대해서는 더 이상 묻지 마시기 바랍니다." 그러지 낙포가 말했다. "그게 아니다. 다시 묻거라." 언종이 말했다. "제 입으로는 더 이상 말씀드릴 수가 없습니다." 낙포가 말했다. "나는 그대가 말로 표현하든 표현하지 못하든 상관하지 않는다." 언종이 말했다. "저한테는 스님께 여쭙게 할 만한 시자가 없습니다."

이것은 이전부터 숱하게 인구에 회자되는 전형적인 문구이다. 자신의 말이 아니라 앵무새처럼 되뇌는 것으로 알맹이가 없는 군소리에 불과하다. 그러나 언종상좌는 다르다. 낙포의 마음을 알아차렸다. 그래서 이렇다 저렇다 하는 것은 분별심에 불과하지만 그렇다고 그것을 여의고서 진리의 한 말씀 곧 거시기를 드러낸다 해도 다시 쓸데없는 언설의 놀음에 불과하다는 것을 알고 있기에 단지 모른다고만 답변한다. 언설로는 그대로를 표현할 수도 없지만, 설령 표현한다 해도 하나의 말씀이라는 형식에 지나지 않기 때문이다. 낙포는 그래도 어떤 표현으로 드러내야 하지 않겠는가 하고 한마디를 다그친다. 이에 언종은 끝내 말로써는 불가능하다는 것을 시자가 없다는 말로 응수하고 만다. 본인이 시자에게 해 줄 수 없는 것처럼 감히 화상에게 드릴 말씀이 없다는 것이다.

이윽고 저녁 시간이 되었을 때 낙포가 언종상좌를 불렀다. "오늘 그대의 답변에는 무언가 다시 살펴주어야 할 만한 것이 있기에 다시 말해 주고자 한다. 협산화상께서는 일찍이 '목전에 객체가 없는데도 주체는 여전히 목전에 있다. 거시기는 목전의 법이 아니므로 귀나 눈으로 듣거나 볼 수 있는 것이 아니다'라고 말했었다. 자, 그러면 여기에서 어떤 것이 객체이고 어떤 것이 주체인가. 이것을 간별해 낸다면 그대에게 법을 전하겠다." 언종이 말했다. "모르겠습니다. 왜냐하면 그것은 간별을 초월해 있기 때문입니다." 낙포가 다그쳤다. "꼭 답변을 해야 한다. 그래야만 내가 그대에게 법을 전할 수가 있다." 언종이 말했다. "정말 모르겠습니다. 왜냐하면 그것은 진실로 언설을 초월해 있기 때문입니다." 낙포가 할을 하고 탄식하였다. "아이고 내 팔자야. 평생 가르친 노력이 물거품이 되었구나."

그날 밤에 낙포는 특별히 언종을 불러 제자의 견해를 확실하게 챙겨 주고자 하는 마음으로 다른 질문을 던진다. 낙포는 일찍이 스승인 협산선회가 말한 객체와 주체의 관계를 가지고 그 도리에 계합하게끔 언종을 몰아치고 있다. 주객의 분별을 여의어야 하겠지만 그렇다고 분별적인 견해를 여의고는 어떤 진리의 언설도 드러내지 못한다. 달을 가리키는 손가락이 달은 아니지만 그 손가락이 아니면 달을 보도록 할 방법이 없는 것이다. 때문에 석존은 49년 동안 혓바닥이 닳도록 설법을 해댔는가 하면, 보리달마는 이빨에 곰팡이가 피도록 기나긴 침묵을 고수하였다.

설법이나 침묵이나 별반 다를 게 없다. 설법한다고 진리가 늘어나는 것도 아니고 침묵한다고 진리가 줄어드는 것도 아니다. 석존의 설법은 제대로 도리를 알아듣는 사람에게는 철저한 침묵의 설법이었고 달마의 침묵은 제대로 마음을 터득한 사람에게는 철저한 설법의 침묵이었다. 때문에 제자들에게 임종을 맞이하여 마지막 설법을 앞두고 있는 낙포에게는 무엇인가 중생을 제도해 주는 선교방편이라는 자비의 배가 절실하였다. 이에 언종상좌를 마치 어린아이를 달래듯이 고구정녕하게 답변을 요구하였다. 그런데도 불구하고 언종은 끝내 방편은 한낱 방편일 뿐이라면서 자신의 신념을 밀고 나아간다. 언종상좌가 마지못해 답변하는 제스처라도 취했더라면 차라리 나았을 것이다.

그러자 낙포는 어썰 수 없이 자신이 먼저 언종상좌의 침묵을 인정할 수밖에 없는 처지가 되었다. 임종을 맞이하면서 낙포는 흔쾌하게 제대로 기른 제자를 거두어들이는 기쁨으로 자신이 미처 띄우지 못한 자비의 배를 부촉하고 있었다. 그러나 끝내 언종은 스승을 저버렸다. 그와는 달리 언종은 철저하게 자신의 언설로 표현되는 답변을 부정함으로써 스승의 자비에 응답하고 있었는지도 모른다.

온갖 교의와 이론을 벗어나 근본적인 본래의 종취를 밝히려는 것은 선자의 본분이다. 그래서 때로는 선교방편마저도 스스로 거부해야 하는 지엄한 깨침의 체험과 그 징험이야말로 언설을 초월하고 방편을 탈락한 선미(禪味)의 진정한 풍모이다. 방련적인 제이의(第二義)에서만 방편이 필요하다. 본질적인 제일의(第一義)에서는 방편(方便)도 선교(善巧)도 진실(眞實)도 필요치 않다. 두 눈을 똑바로 뜨고서 낙포가 제시한 제이의(第二義)의 방편시설과 제일의(第一義)의 향상문(向上門)을 간택할 줄 알아야 한다. 자신이 움직이지 않으면 끝내 청산이 움직인다. 이것이야말로 협산이 승에게 언설로 제시한 방식은 질문자에 대한 응수의 답변형식으로서 그 가르침은 곧 깨침으로 향하는 문호(門戶)란 다름 아닌 스승의 안목이 아니라 납자 자신의 안목이 필요하다는 것을 피력한 것이다.

제13칙
협산상당(夾山上堂) - 시중(示衆) -

협산이 상당설법하였다.

"밝은 곳에서는 문을 열어 두지도 않고, 어두운 곳에서는 방에 갇혀 있지도 않다. 그 까닭은 눈으로는 다른 상변[實際]을 엿볼 필요가 없고, 발로는 다른 지역[實際]을 넘나들 필요가 없기 때문이다.
여섯 개의 문호를 열어두고서 바깥 세상에 나서지도 않다네
수행하여 걸림이 다 없어지고 진리에도 마음 머물지 않다네
천겁도록 수행하여 얻은 경지 말로 표현은 안해도 분명하고
만겁의 수행으로 터득한 입은 눈으로 보지 않아도 계합되네
이처럼 크게 뛰어난 사람이면 굳이 방편까지도 필요가 없네
그런 경지에 막상 이르러서는 과연 이걸 어찌해야 하겠는가
선지식들이여, 막대기 끄트머리에 달려 있는 한가닥 실이 그대들 희롱하나 맑은 물결에 어려비친 모습을 자기라고 자칫 착각하지 말라"

擧 夾山上堂云 明不越戶 穴不栖巢 目不顧他位裏 脚不踏地位裏 六戶不掩 四衢無蹤 學不停午 意不立玄 千劫眼不借舌頭底 萬劫舌頭不顧眼中明 峻機不假鋒鋩事 到這裏有甚麽事 闍黎 竿頭絲線從君弄 不犯淸波意自殊

'여섯 개의 문호를 널리 열어두고도 바깥 세상에 한 번도 나서지도 않는 것'은 감각의 경계를 완전히 초월한 수다원의 경지를 가리킨다. 수다원은 분별감각의 색·성·향·미·촉·법의 경계에 일체의 반

연을 일으키지 않고 분별을 벗어나 늘 편안한 삶으로 충만한 경우이다. 혹 색진삼매(色塵三昧)라고도 하여 욕망을 벗어난 초선정(初禪定)의 경지에 해당한다. '수행하여 어디에도 걸림이 다 없어지고 진리에 마저도 마음이 머물지 않는 것'은 감각의 반연을 벗어난 모습 그대로를 일상의 생활에서 구현하는 것으로 사다함의 경지를 가리킨다.

사다함은 색에 대한 집착을 초월하여 순수한 선정을 일상에서 구현하는 제2선정의 경지에 해당한다. '천겁도록 쉼 없이 수행하여 터득한 경지로서 일체의 언설로 표현할 수 없지만 마음에 분명하게 드러나는 것'은 자신이 터득한 법열에마저 집착하지 않고 평소의 수행을 지속적으로 유지하는 것으로 아나함의 경지를 가리킨다.

아나함은 색계를 초월하여 무색계에 노니는 것으로 제3선정의 경지에 해당한다. '만겁의 오랜 수행으로 터득한 변재(辯才)는 굳이 눈으로 보지 않아도 도리에 한 치의 어긋남도 없이 계합되는 것'은 일체의 번뇌와 집착과 분별을 벗어난 아라한의 경지를 가리킨다.

아라한은 공(空)과 평등(平等)과 청정(淸淨)을 바탕으로 살아가는 최고의 성인으로서 재재처처 사사물물이 불사이고 불공으로 일상생활이 깨침의 현성으로 전개되는 제4선정의 경지에 해당한다.

'이처럼 크게 중생계와 삼계를 벗어나 멀리 뛰어난 사람이라면 굳이 팔만 사천 가지의 방편까지도 애쓸 필요가 없는 것'은 헌헌대장부의 삶의 모습이다. 때문에 '그런 경지에 막상 이르러서는 과연 이걸 어찌해야 하겠는가' 하는 고민도 벗어던지고 주리면 밥을 먹고 곤하면 잠을 자는 택이다. 그래서 협산은 '막대기 끄트머리에 달려 있는 한 가닥 실이 그대들 희롱하나 맑은 물결에 어려 비친 모습을 자기라고 자칫 착각하지 말라'고 당부한다. 이와 같은 협산의 부촉은 정녕

스승으로서 평생을 뱃사공으로 살아갔던 선자덕성의 무애한 보살의
삶을 자신에게 다짐하는 것이기도 하다.

이와 같은 가르침은 참선납자가 수행을 진행하는 네 가지 방식으
로 정형화되어 후대에 내려와서 굉지정각의 사차송(四借頌)으로 정립
되었다. 곧 차위명공(借位明功)·차공명위(借功明位)·차차불차차(借借
不借借)·전초불차차(全超不借借)이다. 여기에서 위(位)는 근본 및 본질
을 의미하는 것으로 정(正)이고, 공(功)은 정(正)에 바탕을 두어 현상
곧 만물을 의미하는 것으로 편(扁)이다.

굉지정각이 사차(四借)를 가지고 학인수행의 요로(要路)를 보여 준
것이다. 차공명위(借功明位)는 현상계의 만물작용[功]에 의거하여 각각
의 본체[位]를 설명하는 것이다. 차위명공(借位明功)은 만물의 본위[位]
에 의거하여 그 작용[功]을 설명하는 것이다. 차차불차차(借借不借借)
는 만물의 작용 및 그 본체를 모두 잊어 일물도 존재하지 않는 것이
다. 곧 공위(空位)를 말한다. 전초불차차(全超不借借)는 공위(空位)까지
도 초월하여 공에도 집착하지 않는 것이다.

진실로 숨을 들이키면서도[入息] 일상의 삶에 집착이 없고 숨을 내
쉬면서도[出息] 일체의 반연에 걸림이 없이 살아가야 하는 수행납자의
본연의 자세를 보여 준 것이다. 곧 입식과 출식의 어느 상황에서도 자
유자재하게 살아가는 모습이다. 바로 그와 같은 경지에서는 안·이·
비·설·신·의가 어떤 것에 관계되어 있으며, 견·문·각·지가 무
엇을 말미암은 것인지 알아차려야 한다. 설령 수행을 하여 어떤 것에
도 걸림이 없어야 한다는 것이다.

그러므로 마음이 깨침의 진리에조차 머물지 않게 되어 이미 칠통
(漆桶)처럼 무분별한 상태가 되었다면 굳이 천겁·만겁도록 미주알고

주알 이러쿵저러쿵한다든가 눈동자를 깜박인다든가 눈썹을 치켜뜬
다든가 하는 태도로 어둠을 밝혀 지혜를 일으키고 미혹을 없애는 것
을 애써 지향할 필요가 없다는 것을 의미한다. 단적으로 말하여 뛰어
난 상근기라면 깨침을 설명하는 데 일부러 칼과 창과 같은 방편을 활
용할 필요가 없다. 곧장 핵심을 찌르는 말과 행동만을 제시해 주면
그만이다. 그리하여 깨침을 완성하고 나면 흔적도 없어야 한다는 것
은 곧 이를 두고 하는 말이다.

그러므로 ‘그런 경지에 이르러서는 과연 어찌해야 하겠는가’라고
말한 것이다. 이쯤 되고 보면 비록 무사(無事)의 심정이 되었다손 치
더라도 일찍이 고인이 말한 다음과 같은 모습으로 살아가지 않으면
안 된다. ‘무사(無事)를 가지고 무사(無事)로 간주하지 말라. 종종 사(事)
는 무사(無事)로부터 생겨난다. 만약 명백하다고 꼭 짚어서 보여 줄
수가 없다면 오로지 언(言)만을 찾고 구(句)만을 좇는 분별조작의 태도
를 바꾸어 볼 필요가 있을 것이다.’ 이것이야말로 곧 저 협산이 일찍
이 화정강에 배를 띄우고 살면서 나뭇잎을 깁고 꽃잎을 엮어서 옷으
로 삼아 걸치고 지내는 모습이다.

달이 깊은 바다에 잠겨드니 용은 몸을 숨길 필요가 없고
짙은 안개 푸른 오동나무 감추니 봉이 앉을 자리 모르네
겁외 멀리 벗어나 널리 펼쳐져 있는 그림자 없는 나무가
자신의 그림자 드리우니 저절로 없던 가지 드러나보이네
유구는 우리네 종지가 아니고 무언일랑 聖凡을 여의었네
어둠에 한가닥 실이 보이고 구름 빛 동쪽 바위에 비추네

제14칙
협산발진(夾山撥塵) - 불조(佛祖) -

한 승이 협산에게 물었다. "번뇌를 벗어나 부처와 마주칠 때는 어찌해야 합니까."

협산이 말했다. "곧바로 칼을 휘둘러 베어 버려야 한다. 만약 칼을 휘둘러 베어 버리지 못한다면 마치 어부가 둥지에 깃들어 있는 꼴과 같다."

그 승이 후에 석상에게 물었다. "번뇌를 벗어나 부처와 마주칠 때는 어찌해야 합니까."

석상이 말했다. "부처는 딱히 머무는 국토가 없는데 어데서 부처와 마주친단 말인가."

그 승이 후에 석상과 나누었던 이야기를 협산에게 말씀드렸다. 그러자 협산은 곧 상당하여 석상의 답변을 제시하고 다음과 같이 말했다. "우리네 가풍은 저 노승의 가풍을 따르지 못하겠구나. 도리를 따지면서 제아무리 깊은 법담을 나눈다 한들 석상과는 큰 차이만 날 뿐이다."

擧 僧問夾山 撥塵見佛時如何 山云 直須揮劍 若不揮劍 漁父栖巢 後
僧問石霜 撥塵見佛時如何 霜云 渠無國土何處逢渠 僧後擧似夾山 山
乃上堂擧了云 門庭施設不與老僧 入理深談猶較石霜百步

선수행의 목표는 깨침이다. 깨침은 지혜의 계발이다. 이에 모종의 수행을 통하여 깨치는가 하면 이미 깨쳐 있는 줄을 자각하여 깨치는 방식이 있다. 어쨌든 간에 깨침을 목표로 한다는 것에는 차이가 없다. 바로 그런 입장에서 번뇌를 제거하고 부처를 성취하는 입장이라면 그 부처는 당연히 존중받는 대상이어야 한다. 그런데 협산은 질문하는 승에게 칼을 휘둘러 당장에 두 동강을 내버려야 할 것을 말한다.

질문한 승은 의아하게 여겼을지도 모른다. 이리저리 궁구해도 자기 딴에는 쉽사리 긍정할 수가 없었다. 이에 석상에게 가서 그대로 질문하였다. 그런데 설상가상이다. 이미 터득한 부처를 부정하는 것으로도 모자란 듯이 그런 부처의 존재를 아예 처음부터 부정하고 있지 않은가. 부처가 머물 곳이 없는 것은 질문을 하는 승에게 질문의 자세를 깡그리 부정한 셈이다. 때문에 승은 더욱더 미궁으로 빠져드는 기분을 맛보았다. 그러나 승은 참으로 진지한 납자였다.

그래도 포기하지 않고 처음에 질문한 협산을 다시 찾아가 물었다. 협산은 터득된 부처를 부정하는 것으로 답변을 주었지만 석상은 애초의 부처마저도 깡그리 부정하고 있음을 보여 주고 있다. 때문에 이제 승도 어느 정도 말귀를 알아들을 줄 알고 있기에 처음과는 다르게 답변을 해 준다. 협산의 답변이 결과의 부정이었다면 역시 석상의 답변은 보다 철저하게 원인까지도 부정하는 것이었다. 이에 협산은 석상의 답변을 찬탄하는 것에 그치지 않고 승에게도 은근히 장족의 발전이 있었음을 시사한다. 그것은 도리를 따지는 단계를 넘어 이제 그 체험을 토로할 것을 주문하는 것이다. 과연 그 승은 어떤 체험을 했던 것일까.

승의 체험은 수행을 통하여 쳐부수는 대상 곧 번뇌와 종횡무진하게 정진하는 수행이 다르지 않다는 것을 아는 것이었다. 그래서 산하대지가 모두 법신의 현현일 뿐인데 사람들은 각자의 깜냥에 따라서 이둔(利鈍)이 있고 심천(深淺)이 있을 뿐이다. 때문에 세존은 사람들의 근기를 관찰하여 깨침을 주고 법을 설하며 방편을 베풀었다. 이런 즈음에는 망념을 벗어나 부처를 보고 번뇌를 떨치고 경전을 끌어내며 몇 겹으로 담장을 쌓고 몇 겹으로 자물쇠를 채우는 것은 모두 망상을 제거하여 진불을 보려는 방편일 뿐이다. 그래서 천동정각은 조문유(趙文孺)의 시를 인용하는 것으로 대신한다.

> 망상은 애초부터 본래 그대로 진리였으므로
> 망상을 제거한다면 다시 번뇌가 일어난다네
> 言思動靜은 어떤 사람에 의하여 일어나는가
> 자세히 살펴보면 자기 외에 다른 사람 없네

이 선문답은 승에 대하여 협산과 석상의 답변이 순조롭게 정리되어 있는 것으로 유명하다. 특히 승에게 일러 준 답변은 『금강경』의 긍정−부정−대긍정의 논리인 『금강반야경』의 논리방식으로 이루어져 있다. 긍정과 부정과 대긍정을 각각 초·중·후의 답변에 배대하여 승을 이끌어 준다. 곧 긍정[初]의 답변은 질문한 승으로 하여금 질문과 협산의 답변 곧 '곧 바로 칼을 휘둘러 베어 버려야 한다. 만약 칼을 휘둘러 베어 버리지 못한다면 마치 어부가 둥지에 깃들어 있는 꼴과 같다'는 것으로 자신이 안고 있는 번뇌에도 그리고 깨침의 부처에게도 치우치지 말아야 할 것을 드러낸 것이다.

그러나 여전히 번뇌를 제거하지 못하면 부처를 볼 수 없다는 것은 변함이 없다. 그래서 다음으로 석상의 답변은 부정[中]으로 제시되어 있다. 곧 부처라는 개념에도 머물지 말라는 것이다. 여기에서는 번뇌의 단절이 문제가 아니다. 번뇌를 단절한 이후에 마음을 어떻게 지녀야 하는가의 수행 문제이다. 수행은 일반적으로 깨침을 터득하는 행위이면서 나아가서 터득한 그 깨침을 제대로 유지하는 문제이기도 하다. 때문에 온 우주법계가 그대로 깨침이고 깨침의 작용이며 자신이 깨침의 존재로 살아가고 있음을 파악하는 것이 필요하다. 이에 이와 같은 대긍정[後]을 통하여 비로소 수행이 수행으로 끝나지 않고 깨침의 수행으로 드러난다.

이를테면 묘수(妙修) 내지 본수(本修)가 그것이다. 협산과 석상의 답변이 비록 처음에는 두 가지로서 동일하지는 않았지만 마침내 일치점으로 귀일되기 때문에 운문은 '일구는 삼구를 설명한 것이고 삼구는 일구를 설명한 것이니 삼과 일은 관계가 없는 듯하지만 모두 향상일로를 드러낸 것이 분명한 줄을 알라'라고 말하였다. 이쯤 되고 보면 그 질문은 답변에 있고 그 답변은 질문에 있다. 마치 주빈이 호환하고 내외가 영롱한 모습이다. 이제는 심중이 쇄락하여 부처니 번뇌니 하는 것에 의심이 들지 않는다.

이런 경지가 바로 불국토에도 머물지 않고 달빛에 나타난 꽃 그림자마냥 자연스럽다. 번분별심이 일어나는 곳에는 삼라만상이 펼쳐져 있지만 안목이 열릴 때에는 어떤 집착꺼리조차 없다. 봄날의 난초와 가을의 국화는 그대로 향기롭고 꽃다울 뿐이다. 특별히 누구는 강하고 나는 약하다고 분별할 필요가 없다. 시절인연이 맞으면 굳이 봄바람이 불지 않아도 꽃은 피지만 아직 꽃이 피지 않는다고 해서 꽃봉오리를 일부러 벌려 놓으면 어찌 되겠는가.

그 승은 이미 도량이 넓은 납자가 되었고 안목을 갖춘 선자였기에 특별히 번뇌를 떨치고 망념을 벗어나 부처와 경전을 추구할 필요가 없었다. 단지 서로 다르게 답변하는 협산과 석상의 말을 질문형식으로 제시했을 뿐이다. 석상이 말한 '부처에 대하여 딱히 머무는 국토가 없는데 어데서 감히 부처를 대면한단 말인가'라는 것과 협산이 말한 '곧바로 칼을 휘둘러 베어 버려야 한다. 만약 칼을 휘둘러 베어 버리지 못한다면 마치 어부가 둥지에 깃들어 있는 꼴과 같다'는 것은 나름대로 이유가 되었음을 파악하였다. 어부는 바닷가에 나가야 함에도 불구하고 둥지에 깃들어 있다면 영영 물고기를 잡지 못한다. 깨침의 공능에마저 집착하지 말아야 비로소 올바른 깨침을 맛보는 것이다. 이에 일찍이 영가현각은 『증도가』에서 다음과 같이 말했다.

수행을 완성한 무위법의 한가한 도인은
망상을 끊지도 참됨을 구하지도 않는다
무명의 본래 성품이 그대로 참불성이고
허깨비 텅빈 몸뚱아리 그대로 법신이다
법신을 깨치고보면 본래부터 집착 없고
애초의 근원자리 성품이 곧 천진불이다
사대오음의 뜬구름 부질없이 오고 가며
탐진치 물거품처럼 하릴없이 뜨고 진다

더럽다, 성스럽다, 좋다, 나쁘다 하는 관념은 분별로부터 유래된 개념이다. 임제의현은 이에 대하여 설령 부처나 조사를 만난다 할지라도 좌선수행에 나타나면 모두 번뇌에 불과하다고 간주하여 그것을 초월할 것을 강조하였다. 정녕 허공을 나는 데에는 사자보다 새가 낫고 땅속을 기는 데에는 두더지가 코끼리보다 나으며 물속을 헤엄치는 데에는 송사리가 호랑이보다 낫다. 좌선수행에서는 명상의 주제 이외에는 모두가 망념이고 잡념에 불과하다. 그것이 설령 불조라 해도 마찬가지이다. 때문에 번뇌는 과감하게 제거해야 한다. 칼로 베어 버리든 채찍으로 후려치든 벗어나는 것이 중요하다.

제15칙
석상촉목(石霜觸目) - 병석(缾錫) -

석상경제 선사가 처음 도오원지 선사를 방문하였을 때 다음과 같이 물었다. "촉목보리란 어떤 것을 말하는 겁니까."
도오가 사미를 부르자 사미가 '예!' 하고 답했다.
그러자 도오가 말했다. "정병에다 물을 채우거라."
그러고는 양구하고 나서 도오가 석상에게 물었다. "그대가 아까 전에 뭐라고 물었었지."
석상이 말씀을 드리려 하자 도오는 그냥 방장실로 돌아가 버렸다. 이에 곧 석상이 깨침을 터득하였다.

擧 石霜諸禪師初參道吾問 如何是觸目菩提 吾乃喚沙彌彌應諾 吾云 添淨缾水著 良久吾却問霜 汝適來問甚麼 霜擬擧 吾便歸方丈 霜乃有省

석상의 법맥은 청원행사-석두희천-약산유엄-도오원지-석상경제-구봉도건으로 전승되었다. 도오원지(769~835)는 도오종지(道吾宗智)라고도 하는데 강서성 예장(預章)의 해혼(海昏) 출신으로 속성은 장(張)씨이다. 어려서 열반화상(涅槃和尙)에게 출가하고 약산유엄을 참문하고 그 법을 이었다. 후에 제방을 유행하고 호남성 장사부(長沙府) 도오산(道吾山)에 주석하면서 선풍을 진작하였다. 시호는 수일대사(修一大師)이다.

석상경제(石霜慶諸: 807~888)는 강서성 길주 신감(新淦) 출신으로 속성은 진(陳)씨이다. 강서성 남창현 홍주의 서산소감(西山紹鑑) 곧 서산소란(西山紹鑾)에게 출가하고 숭악에 가서 구족계를 받고 계율을 익혔다. 도오원지(道吾圓智)에게 참문하여 그 법을 이었다. 20년 동안 석상산에 주석하면서 오로지 좌선수행으로 일관하였다. 많은 대중들이 장좌불와(長坐不臥)의 수행을 했기 때문에 그 모습이 마치 고자배기와 같다고 해서 고목중(枯木衆)이라 불렸다. 또 장사성(長沙城)의 유양현의 도가방(陶家坊)에 숨어살았기 때문에 유양수(瀏陽叟)라고도 불렸다. 시호는 보회대사(普會大師)이다.

담주 석상산의 경제선사는 처음에 위산의 문하에 양식을 담당하는 소임을 맡고 있었다. 어느 닐 쓸을 일면서 행한 문답을 통해서 스승과 이심전심하는 경험을 하였다. 위산은 그날 저녁에 상당하여 "쌀 속에 벌레가 들어 있다. 그대들은 잘들 살펴보거라"라고 말했다. 석상은 후에 도오를 참문하여 위의 '촉목보리란 어떤 것을 말하는 겁니까'라는 문답을 하였다. 촉목보리는 일체의 모든 경험과 사실이 깨침이라는 뜻으로서 소위 조사선의 가풍을 고스란히 드러낸 표현이기도 하다.

동산양개가 [玄中銘]에서 "일거수일투족에 몰종적한 가풍은 아무런 차이가 없다. 앉아 있거나 누워 있거나 경행을 하거나 모두 진리 아님이 없다"고 말한 것과, 『화엄경』에서 "법성은 일체처와 일체중생 및 일체국토에 편재하다. 삼세가 모두 법성 아님이 없는데 형상으로 얻을 바가 아니다"고 말한 것도 촉목보리의 내용을 가리킨다. 소동파도 "계곡의 물소리 곧 광장설이고, 산색도 청정법신 아님이 없네. 지난밤 들은 팔만사천 가르침, 훗날 남에게 어떻게 설명할꼬"라고 말했다. 이로써 보자면 촉목보리는 허공처럼 없는 곳이 없다.

바로 이런 사실에 대하여 도오는 석상의 물음에도 불구하고 사미를 불러 정병에 물을 가득히 채워 놓으라고 말한다. 마침 정병에는 물이 동이 나 있었기 때문이다. 석상이 질문을 하던 참에 도오는 막 손을 씻으려고 했는지도 모른다. 때문에 물이 필요했던 도오는 사미에게 물을 떠오라는 심부름을 시켰다. 그러고 난 후에 석상의 질문에 대하여 '그대가 아까 전에 뭐라고 물었었지'라고 되묻는다. 석상은 지극히 착실한 선자였다. 자신의 질문에 대하여 다시 말씀드리려고 하자 도오는 이미 그 질문에 대하여 그 자리에서 답변을 보여 주었다.

촉목보리에 대한 답변이란 물이 필요하면 물을 길어 오고 손이 더러우면 손을 씻는 것임을 보여 준 것이다. 때문에 이미 석상의 질문에 대한 답변을 썩 훌륭하게 마쳐 버렸기 때문에 도오는 용무가 끝나자 방장실로 돌아간 것이다. 그 스승에 그 제자이다. 석상은 재차 질문을 말씀드리지도 않았고 스승의 뒤를 따라가지도 않았다. 도오의 마음이 석상의 마음에 그대로 투영된 것이다. 이에 석상은 촉목보리에 대하여 자신이 관념적으로만 이해하고 있던 사실을 체험으로 터득한 것이다.

제16칙
점원지초(漸源持鍬) – 천화(遷化) –

점원중흥 선사가 어느 날 가래를 들고 석상의 법당에 올라갔다. 그러더니 동쪽을 돌아보고 서쪽을 돌아보며 무얼 찾는지 두리번거렸다. 이에 석상이 물었다. "무엇을 하는가."
점원이 답했다. "약산화상의 영골을 찾고 있는 중입니다."
석상이 물었다. "파도가 높고 바다가 아득하여 물결이 하늘까지 닿을 듯한데 도대체 어디에서 약산화상의 영골을 찾는단 말인가."
점원이 말했다. "그렇다면 영골을 찾기에 딱 좋겠습니다."
석상이 말했다. "일물도 없는데 무얼 찾겠다고 힘을 들이는 건가."
점원이 가래를 어깨에 걸쳐 메고 곧장 밖으로 나가 버렸다. 태원부가 말했다. "약산화상의 영골이 바로 그 자리에 있었다네."

擧 漸源興禪師一日持鍬上石霜法堂東顧四顧 霜見乃云 作麼生 源云
覓先師靈骨 霜云 洪派浩渺 白浪滔天 覓甚麼先師靈骨 源云 正好著力
霜云 一物也無 著甚麼力 源持鍬肩上 便行 太原孚云 先師靈骨猶在

도오원지(道吾圓智: 769~835)는 도오종지(道吾宗智)라고도 한다. 강서성 예장현 해혼 출신이다. 속성은 장(張)씨이고 어려서 열반화상(涅槃和尙)에게 출가하였다. 후에 약산유엄(藥山惟儼)에게 가서 참문하고 인가를 받아 그 법을 이었다. 호남성 장사부 도오산에서 선풍을 크게 드날렸다. 수일대사(修一大師)라는 시호를 받았다.

석상경제(石霜慶諸: 807~888)는 보회대사(普會大師) 또는 유양수(瀏陽叟)라고도 불렸다. 강서성 길주의 신금(新淦) 출신으로 성은 진(陳)씨이다. 강서성 남창현의 홍주에서 서산소감(西山紹鑑)에게 출가하였다. 먼저 계율을 익혔으나 도오원지(道吾圓智)에게 참문하여 그 법을 이었다. 이후 20년 동안 석상산에 주석하며 오로지 좌선수행으로 일관했다. 그 모습이 마치 고자배기와 같다고 하여 고목중(枯木衆)이라 불렸다.

점원중흥(漸源仲興)은 처음에 도오원지(道吾圓智: 769~835)의 문하에서 전좌(典座)였다고도 하고 혹 그 시자였다고도 하는데 자세한 기록은 없다. 호남성 담주(潭州)의 점원산(漸源山)에 주석하였다. 점원의 법계는 다음과 같다. 청원행사-석두희천-약산유엄-도오원지-석경제·점원중흥이다.

태원부상좌는 당대 및 오대 무렵 설봉의존의 제자이다. 출가한 후에 제방을 유행하였는데 경산법흠에게도 참문하였다. 설봉산에서 해원(廨院)으로 있던 장경혜릉의 질문을 받고 설봉의존에게 답변하여 인정을 받아 그 법을 이었다. 그러나 끝내 욕실(浴室)을 지키면서 철저하게 수행으로 일관하면서 출세하지 않았다. 이에 태원부상좌(太原孚上座)로 불렸다.

점원이 어느 때 도오원지 아래서 시자로 있었을 때 차를 내다 도오에게 드렸다. 도오가 찻잔을 들고 물었다. "이것이 사(邪)인가 정(正)인가." 점원이 차수하고 가까이 다가가서 도오를 빤히 쳐다보았다. 그러자 도오가 말했다. "사(邪)라면 몽땅 사(邪)이고 정(正)이라면 전체가 정(正)일 뿐이다." 그러자 점원이 말했다. "저 같으면 그렇게 말하지 않을 겁니다." 도오가 물었다. "그대는 뭐라고 말할 건가." 점원이 도오의 손에 있는 찻잔을 빼앗아 들고는 말했다. "이것이 사(邪)입니까 정(正)입니까." 도오가 말했다. "그대는 내 시자임에 틀림없구나." 이에 점원이 곧 예배를 드렸다.

여기에서 사와 정에 특별한 의미는 없다. 다만 이것과 저것이라는 분별과 그에 따른 집착을 벗어나게 해 주는 도구에 불과하다. 선과 악이라고 하든지 남과 여라고 하든지 노와 소라고 하든지 부와 모라고 하든지 마찬가지이다. 때문에 사와 정은 그대로 사이고 정일 뿐이다. 달리 몽땅이라든가 전체라든가 하는 것은 그것을 체험하여 자기 것으로 소화시키느냐에 따른 표현이다. 따라서 똑같은 상황에 대하여 묘사한 말 자체는 스승의 경우와 제자의 경우가 다를 수는 없다. 그러나 그 말이 담고 있는 의미는 하늘과 땅 차이가 난다.

도오가 말한 사와 정은 제자에게 도오 자신의 면목을 아무런 가식도 없이 그대로 드러내 주는 말이었다. 그러나 시자가 말한 사와 정은 스승과 자신이 온전하게 그것을 수용하고 소화하여 작용시키고 있음을 표현한 것이었다. 때문에 본래의 바탕을 표현한 도오와 그 작용을 표현한 시자 사이에는 지극히 당연한 문답이었다. 그럼에도 똑같은 표현은 언제나 똑같은 표현으로만 전개되는 것이 아니다. 그 순간을 벗어난 곳에서는 전혀 다른 모습으로 작용하기 때문이다.

점원이 어느 날 도오를 모시고 시주 집에 조문을 하러 들렀다. 점원이 관을 어루만지면서 말했다. "살아 있는가, 죽어 있는가. 어디 한마디 말해 보시오." 그러자 도오가 말했다. "살아 있어도 말이 없고 죽어 있어도 말이 없다네." 점원이 물었다. "어째서 말을 하지 못하는 겁니까." 도오가 말했다. "말을 할 수가 없고 또 말을 할 줄 모르기 때문이지.” 조문을 마치고 돌아오는 길에 큰길에 이르렀을 때 점원이 물었다. “스님, 오늘은 저한테 한 말씀을 꼭 해 주셔야만 합니다. 만약 말씀해 주시지 않으시면 한 방 쳐 버리겠습니다.” 이에 도오가 말했다. “때리고 싶으면 어디 네 맘대로 때려 보거라. 그래도 나는 그대에게 말해 주지 않을 거다.” 그 말을 듣는 순간 점원이 스승을 힘껏 때려 버렸다.

선원에 도착해서 도오가 말했다. “그대는 이제 이곳을 떠나거라. 지사(知事)가 오늘의 일을 알게 되면 서로가 많이 불편할 것이다.” 그래서 점원은 스승에게 예배를 드리고 그곳을 떠나 시골에 은거하면서 이럭저럭 3년을 보냈다. 후에 문득 동자가 『관음경』을 염불하는데 ‘마땅히 비구의 몸으로 제도할 자는 비구의 몸을 나타내 제도해 준다’는 대목의 소리를 듣고는 홀연히 크게 깨쳤다. 그러고는 향을 사르면서 멀리 계시는 도오스승을 향해 감사의 예를 드리고는 말했다. “진실로 스승의 유언이 끝내 헛되지 않았다는 것을 알았습니다. 지금까지 저는 그런 줄도 모르고 도리어 스승을 원망해 왔습니다. 스승께서는 이미 입적하셨지만 오직 석상상좌만이 그 적자이기에 반드시 그리로 가서 증명을 받겠습니다.” 그러고는 이에 석상을 찾아뵈었다.

이에 석상이 물었다. “도오스승의 곁을 떠나서 어디에 있다가 지금 왔는가.” 점원이 답했다. “시골 선원에 기숙하고 있었습니다.” 석상이 물었다. “전에 그대가 스승을 때렸다는 인연을 지금도 기억하고 있는가.” 그러자 점원이 몸을 일으켜 앞으로 바싹 나아가 말했다. “청컨대 스님께서 스승을 대신하여 한 말씀 내려주시기 바랍니다.” 석상이 말했다. “다음과 같은 말을 들어 보지 못했는가. 살아서는 말하지 않고 죽어서는 말할 수 없다네.” 그러자 점원은 자신이 시골의 선원에 있을 때 터득했던 인연에 대하여 말씀드리고 마침내 석상에게 예배드렸다.

재를 베풀고 참회하는 어느 날 점원은 가래를 손에 들고 다시 석상에 도착하여 법당에 올라가 동서 사방으로 왔다 갔다 하면서 법석을 떨었다. 이에 석상이 물었다. "지금 법당에서 뭐하는 건가." 점원이 말했다. "오늘이 잿날이니까 스승께서 오셨을 것 아닙니까. 저는 스승의 영골을 찾고 있는 중입니다." 석상이 말했다. "가없이 넓은 바다처럼 자유를 터득한 스승께서 뭐가 아쉽다고 여기까지 와서 놀고 계시겠는가. 그러니 여기에 영골일랑은 없다네." 점원이 말했다. "그렇습니까. 그렇다면 더욱더 영골을 찾기가 딱 좋군요." 석상이 물었다. "일물도 없는데 무엇을 찾는다고 힘을 들이는가." 그러자 점원은 가래를 어깨에 벅하니 걸쳐 메고 곧장 법당을 나가 버렸다

훗날 태원부상좌가 다음과 같이 말했다. "과연 뛰어난 선기로서 보통 사람의 입으로는 어쩔 수가 없는 인물이로다." 그러고는 다음과 같이 대어(代語)하였다. "스승의 영골이란 바로 점원 그 사람이었도다." 점원은 도오의 시자에 머물러 있는 것이 아니라 점원 자신이 이제 도오가 된 것이다. 그런 모습을 보여 주고 있는 행위가 가래를 메고 법당에 들어간 것으로 나타나 있다.

점원중흥은 어느 날 가래를 들고 석상의 법당에 올라갔다. 그러더니 동쪽을 돌아보고 서쪽을 돌아보며 무얼 찾는지 두리번거렸다. 이에 석상이 물었다. "무엇을 하는가." 점원이 답했다. "도오화상의 영골을 찾고 있는 중입니다." 석상이 물었다. "파도가 높고 바다가 아득하여 물결이 하늘까지 닿을 듯한데 도대체 어디에서 도오화상의 영골을 찾는단 말인가." 점원이 말했다. "그렇다면 영골을 찾기에 딱 좋겠습니다." 석상이 말했다. "일물도 없는데 무얼 찾겠다고 힘을 들이

는 건가." 점원이 가래를 어깨에 걸쳐 메고 곧장 밖으로 나가 버렸다. 태원부가 말했다. "도오화상의 영골이 바로 그 자리에 있었다네."

여기에서 주제로 등장하고 있는 약산유엄 스승의 영골에 대하여 단하자순은 게송으로 다음과 같이 말했다.

본지풍광 허명하여 집착할게 없는데
그 누가 굳이 황금 영골이라 말하랴
가래를 어깨에 메고 밖으로 나갈 때
그토록 달변가들도 말 한마디 못하네

本地虛明無一物
幾人認得黃金骨
持鍬肩上便行時
太辯從來還若訥

제17칙
동산초추(洞山初秋) – 해결(解結) –

동산양개 선사가 하안거의 해제를 맞이하여 상당법문을 하였다.
"형제들이여, 이제 그대들은 각각 동쪽이나 서쪽으로 떠날 것이다.
그런데 모름지기 만 리에 풀 한 포기 없는 곳으로 떠나서라."
양구하고 말했다. "그러면 만 리에 풀 한 포기도 없는 곳으로 어떻
게 떠나야 하겠는가."
동산이 좌우를 돌아보고 다시 말했다. "이것을 알고자 하는가. 모
름지기 고목에 꽃이 피어야 바야흐로 이해할 수 있을 것이다."
석상경제가 말했다. "문을 나서면 곧 풀밭입니다."
대양명안이 말했다. "문을 나서지 않아도 그대로 풀이 무성합니다."

擧 洞山价禪師解夏上堂云 兄弟或東或西 直須向萬里無寸草處去 良久
云 只如萬里無寸草處作麼生去 顧視左右云 欲知此事 直須如枯木上花
開 方與他合 石霜云 出門便是草 明安云 直得不出門 亦是漫漫地

동산양개(洞山良价: 807~869)는 절강성 월주 출신으로 속성은 유
(兪)씨이다. 오설영묵(五洩靈黙)에게 출가하고 숭산의 예(睿)율사에게
구족계를 받았다. 남전보원(南泉普願) 및 위산영우(潙山靈祐) 등을 참
방하고 운암담성(雲岩曇晟)의 문하에서 공부하였다. 운암을 떠나서 길
을 가다가 개울을 건너는 인연으로 깨침을 터득하고는 다시 운암으

로 돌아와 그 법을 이었다. 회창파불(會昌破佛) 때는 신분을 일시적으로 감추었으나 이후 강서성 예장현 고안의 동산 신풍동에 들어가 주석하여 신풍노인(新豊老人)이라 불렸다. 이때 뇌형(雷衡)이 귀의하고 동산광복사 곧 보리선원을 건립하여 시주하였다. 시호는 오본대사(悟本大師)이다. 훗날 그 조산본적이 동산의 정편회호(正偏回互)와 도합군신(道合君臣)의 도리를 계승하고 발전시켰는데 동산과 조산 부자의 선풍을 일컬어 조동종(曹洞宗)이라 하였다. 동산은 조동종의 개조인 동산양개로서 오위(五位)·삼종삼루(三種滲漏)·동산삼구(洞山三句)·삼종강요(三種綱要) 등 많은 방편을 제시하여 주도면밀하고 용의주도하게 학인을 교화하였다.

석상경제(石霜慶諸: 807~888)는 보회대사(普會大師) 또는 유양수(瀏陽叟)라고도 불렸다. 강서성 길주의 신금(新淦) 출신으로 성은 진(陳)씨이다. 강서성 남창현의 홍주에서 서산소감(西山紹鑑)에게 출가하였다. 먼저 계율을 익혔으나 도오원지(道吾圓智)에게 참문하여 그 법을 이었다. 이후 20년 동안 석상산에 주석하며 오로지 좌선수행으로 일관했다. 그 모습이 마치 고자배기와 같다고 하여 고목중(枯木衆)이라 불렸다.

명안대사 대양경현(大陽警玄: 943~1027)은 호북성 강하 출신으로 속성은 장(張)씨이다. 속가의 숙부였던 금릉 숭효사의 지통(智通)에게 출가하였다. 여러 곳을 유행하다 호남성 정주의 양산에 도착하여 연관선사를 참문하고 그 법을 받았다. 후에 호북성 영주의 대양산이 혜견에게 참문하여 그 법석을 이었다. 대중상부 연간(1008~1016)에 국휘를 피하여 경연(警延)으로 바꿨다. 이후 약 30년 동안 대양산에 주석하였다. 후계자를 찾지 못하여 이미 섭현귀성의 법을 이은 부산법원에게 피리(皮履)와 직철(直裰)을 맡기면서 후사를 부탁하였다. 명안대사(明安大師)라 불렸다.

동산의 법맥은 약산유엄-운암담성-동산양개(동산오본)-운거도응-동안도비-동안관지-대양경현(대양경연)이다. 석상은 약산유엄-도오원지-석상경제로서 같은 약산의 법계이다. 하안거의 해제 무렵은 초가을 늦여름으로 음력 7월 15일이다. 동쪽이나 서쪽은 제각기 만행을 떠나는 곳이다. 여기의 내용은 동산의 하안거 해제법문이다.

풀은 번뇌초 내지 무명초로서 온갖 분별망상이다. 무명이라는 근본번뇌가 없으면 그것으로 자신의 본래성품이라 할 만한 것조차 없다. 풀 한 포기 없는 그곳이야말로 운수납자의 진면목에 어울리는 자리이다. 안거 후에 낮이하는 반행도 안거와 조금도 다름없이 어전히 수행을 하고 여전히 깨침을 구가하며 여전히 교화를 지속한다. 개개인이 행하는 일체의 행지가 참으로 주도면밀해야 함을 말한다. 이것은 안거를 마치고 만행을 떠나는 마음자세를 일러 주고 있다.

이에 대하여 석상은 문을 나서기만 하면 번뇌를 벗어날 길이 없다고 말한다. 문은 육근이다. 육근을 통해서 감지하고 판단하는 견문각지와 행주좌와와 어묵동정의 일체행위가 곧 만 리에 펼쳐져 있는 무명초이다. 그러나 정작 그 무명초는 아예 뿌리가 없고 가지도 없으며 잎도 없고 꽃도 없다. 따라서 어느 한 가지 대상이 마음을 머물러 둘 필요가 없다. 전념(前念)이 없으니 후념(後念)이 없고 후념이 없으니 전념이 그대로 본래념이다. 석상은 진대지(盡大地) 그대로가 진리의 현성임을 말하고 있다. 대양은 한술 더 떠서 육근의 문을 열기도 전에 그대로가 무명초라고 말한다. 곧 입식과 출식 내지 일거수일투족이 그대로 번뇌이고 무명일 뿐이다. 소위 문리출신(門裡出身)이요, 회호완전(回互宛轉)하는 묵조(黙照)의 도리이다.

　그러므로 육근의 문을 처음부터 부정하지 않으면 안 된다. 육근이라는 문의 내면이 청정과 평등의 세계라면, 육근이라는 문의 외부는 온갖 차별과 업보의 세계이다. 그러므로 청정이니 평등이니 차별이니 업보이니 하는 자체를 전체 부정하지 않으면 안 된다. 번뇌라고 생각하는 그것이 진리로 간주되는 순간이다. 긍정과 부정을 전체 부정하는 것이 대긍정이고 그대로 전체 긍정이다. 선은 모름지기 무봉탑(無縫塔)이다. 조작과 분별과 긍정과 부정을 일합상으로 뭉뚱그려 놓고 그것을 초월한다. 온갖 강물이 바다에 흘러들면 강물은 없다. 그러나 그 바다는 강물을 포함한 바다이다. 이런 점에서 바다는 다시 강물로 스며들어간다.

제18칙
동산대사(洞山大事) - 복식(服飾) -

동산양개가 한 승에게 물었다. "세간에서 가장 괴로운 것은 무엇인가."
승이 답했다. "지옥의 고통입니다."
동산이 말했다. "그게 아니다. 이 가사를 걸치고도 일대사를 해결
하지 못하는 것이야말로 진정 최고의 고통이다."

擧 洞山問僧 世間甚麼物最苦 僧云 地獄最苦 山云 不然 向此衣線下
不明大事始是苦

여래는 자비희사의 사무량심으로 중생을 제도하였고, 조사는 계정
혜의 삼무루학에 의거하여 납자들을 개발시켜 주었다. 동산은 높고 높
은 산꼭대기를 향해서 손을 잡고 그 승을 이끌어 주고 있다. 그 깊고
깊은 바다 밑을 향해서 머리를 들이밀어 길을 안내하고 있다. 그 승의
경우 사탕이 최고 달다고 말하지 않고 지옥이 가장 괴로운 곳이라고
말한 것이 그나마 천만다행이다. 뜨거운 지옥의 맛을 본 사람은 그 경
험을 결코 잊지 못하여 꿈에서조차 지옥의 사자와 마주칠 것이다.

제바달다는 부처님을 비방한 죄로 지옥에 떨어졌다. 그러나 부처
님은 아난을 시켜 지옥의 고초를 받고 있는 제바달다를 향해 '그대의

고초는 진정한 고초가 아니다'라고 위문하도록 하였다. 이에 제바달다가 "내가 거주하고 있는 이 무간지옥이야말로 마치 색계의 제3선천의 즐거움과 똑같다"라고 말했다.

그런데 승은 지옥의 고통이 가장 큰 고통이라고 동산에게 답변하였다. 그 기량으로 판단하자면 참으로 하늘과 땅만큼의 현격한 차이가 나타난다. 때문에 동산은 "그렇지가 않다. 소위 출가한 납자로서 이 거룩한 가사를 걸치고도 평생 동안 생사일대사를 해결하지 못하는 것이야말로 진정 최고의 고통이다. 그것은 시주자를 배반하는 것이고 부처님을 거스른 것이며 스승을 농락한 것이기 때문이다. 참으로 부끄러운 줄을 알아야 한다"라고 말한다.

모든 업장은 망상으로부터 일어난다. 그래서 설령 지옥고를 받는 것으로 대신하려 해도 어림 반 푼어치도 없는 노릇이다. 그렇게라도 보상받으려는 것이 또한 망상일 뿐이다. 그 망상은 마음을 돌이키는 것으로부터 벗어나야 한다. 마음을 돌이키는 첫걸음은 집착을 하지 않는 것이다. 집착을 벗어나려면 애착을 갖지 말아야 한다. 애착을 벗어나려면 탐욕심을 버려야 한다. 탐욕심을 벗어나려면 구하는 바가 없어야 한다. 구하는 바를 벗어나려면 만족을 알아야 한다. 만족을 알려면 열심히 노력해야 한다. 열심히 노력하려면 제대로 알아야 한다. 제대로 알려면 열심히 공부해야 한다. 열심히 공부하려면 눈 밝은 선지식을 만나야 한다. 그 선지식은 과연 누구인가. 주변의 모든 사람이 선지식이다. 나를 타이르는 사람, 이끌어 주는 사람, 도와주는 사람, 가르치는 사람, 같이 여행하는 사람 등등. 지금의 그 자리에서 최선을 다하여 살아가는 사람이야말로 망상을 벗어나는 길이다.

때문에 한 승이 동산에게 물었다. "선사께서는 깨치신 분이라고들 합디다. 그래서 묻겠습니다. 더울 때는 어찌해야 합니까." 이에 동산은 "더울 때는 시원한 곳으로 가거라"라고 말했다. 다시 "그러면 추울 때는 어찌해야 하는 겁니까"라고 묻자, "추울 때는 몸을 따뜻하게 해야지"라고 답변하였다. 이것은 일상의 삶을 벗어나지도 않고 삶에 매몰되지 않을 것을 가르쳐 준 것이다. 번뇌 속에서 번뇌를 초월해서 살아갈 것을 일러 준 것이다. 그러나 승은 다시 시원한 곳이 어디인지, 몸을 따뜻하게 하는 것이 무엇인지 고민하고 있다. 아직 시원한 곳과 몸을 따뜻하게 해 보지도 않고 고민하는 것이야말로 머리 위에 또 하나의 머리를 얹으려는 망상 그것이다. 승이 지옥고를 경험하지 못하고도 그 경험에 얽매여 살고 있는 모습에 대하여 동산은 따끔한 충고를 주고 있다. 그런 경험일랑은 그대가 이후 죽은 뒤에라도 충분히 경험할 것이다. 굳이 지금 건강하고 살아 있을 때 왜 앞당겨서 고민하고 망상을 피우느냐고 꾸짖는다. 그래서 단하자순은 다음과 같이 말하였다.

확탕지옥 및 노탄지옥이 무엇인가
삼악도가 진정한 고통이 아니라네
동산양개의 친절한 가르침을 믿고
가사 걸치고 나와 남 속이지 말라

동산조도(洞山鳥道) – 교로(橋路) –

한 승이 동산에게 물었다. "화상께서는 평소에 학인들에게 조도를 향해 가라고 하시는데 도대체 그 조도란 무엇입니까."
동산이 말했다. "아무도 상대하지 않는 것이지."
승이 물었다. "그러면 어찌하면 그 길로 갈 수 있는 겁니까."
동산이 말했다. "일말의 사심도 없이 가는 것이지."
승이 물었다. "그러면 조도로 가기만 하면 그대로 본래면목이 되는 겁니까."
동산이 말했다. "그대는 어째서 그리 답답한가."
승이 물었다. "제 잘못이 무엇입니까."
동산이 말했다. "잘못이 없다면 어째서 노비를 제 자식으로 착각하는가."
승이 물었다. "본래면목이란 무엇입니까."
동산이 말했다. "조도를 향해 가지 않는 것이지."

擧 僧問洞山 和尙尋常令學人行鳥道 如何是鳥道 山云 不逢一人 僧云 如何行 山云 直須足下無私去 僧云 只如(行＋?)鳥道莫便是本來面目麽<否＝?> 山云 闍黎爲<因?>甚麽却顚倒 僧云 甚麽處是學人顚倒處<處－?> 山云 若不顚倒爲<因?>甚麽却認奴作郞 僧云 如何是本來面目 山云 不行鳥道

　여기에서는 동산양개의 수완이 무엇인지 파악하는 것이 중요하다.

동산은 일상에서 주도면밀하고 용의주도한 방식으로 학인을 교화하였기 때문에 학인으로서는 늘 정신을 바짝 차리지 않으면 그 가르침을 간과하기 일쑤였다. 같은 말을 표현하는 데 있어 사람마다 다르다는 것은 여기의 언구에도 잘 나타나 있다. 그것이 소위 조도(鳥道)에 대한 응용방식이다.

승은 일찍부터 동산의 가르침에 대하여 꾸준히 수행을 계속해 왔다. 학인들 속에는 자신이 포함되어 있으면서도 능청을 떤다. 그것이야말로 아직 조도에 대한 긍정이 부족하다는 증거였다. 때문에 동산은 굳이 남의 이름을 거들먹거릴 필요가 없이 순수한 자신의 수행으로 일관할 것을 말하였다. 남을 만날 필요가 없는 것은 부단히 상대를 내하면시도 자신의 본분을 잊지 않는 것이다. 숱한 번뇌에 부딪히면서도 번뇌에 얽매이지 않는 초연한 자세를 말한 것이다. 나아가서 오히려 남들과의 관계에서 자신의 정체성을 파악하는 것이 중요함을 피력한 것이다.

그런데 정작 동산의 답변에 대하여 아무도 만나지 않아야 한다는 것쯤으로 이해한다면 그것이야말로 앞뒤가 꽉 막힌 노릇이다. 승이 그렇다. 아무도 상대하지 않는 길을 묻고 있다. 이에 동산은 그것은 아무런 사심이 없이 상을 벗어나 수행하는 것이라 말한다. 마치 추울 때는 몸을 따뜻하게 하고 더울 때는 몸을 시원하게 해 주는 꼴이다. 그러자 승은 가르쳐 주신 말씀 그대로 아무도 상대하지 않고 사심을 벗어나면 그대로 본래면목을 터득한 것이라는 착각에 빠져 있다. 동산이 제시한 가르침은 승의 그와 같은 집착을 벗겨 주려는 언설이었다.

그런데 그 언설에 걸려 있는 까닭에 참으로 답답하다고 핀잔을 먹인다. 그것을 그것은 마치 노비를 자신의 자식으로 착각하는 것으로 비유한다. 이처럼 전도된 생각에 젖어 있는 경우에는 피장파장으로 응수하는 것이다. 때문에 동산은 상황을 급반전시켜 승의 전도된 생각을 다시 뒤집어 조도를 향해 가지 않는 것이야말로 조도를 향해 가는 것이라 말한다.

이와 같은 동산의 행위는 불법수행의 존재방식을 어떻게 구사해야 하는가를 교묘하게 보여 주고 있다. 동산양개는 학인을 접득하기 위하여 시설한 수단으로 삼로(三路)를 제시하였다. 조도(鳥道)는 새가 허공을 비상할 때의 길과 같다는 뜻이다. 새가 허공을 날아가더라도 그 흔적을 남기지 않듯이 몰종적(沒蹤跡)하고 단소식(斷消息)하는 경지가 되지 않으면 안 된다는 것이다. 현로(玄路)는 현현미묘한 길이라는 뜻이다. 유무, 미오 등 일체의 견해를 비워 공적한 곳을 왕래하지 않으면 안 된다는 것이다. 전수(展手)는 수수(垂手)라고도 하는데 향상일로(向上一路)에조차 머물지 않고 나아가서 중생제도를 위하여 힘쓰지 않으면 안 된다는 것이다. 곧 조도는 불염오의 행을 비유한 것으로 마치 번뇌에 있으면서도 번뇌가 없고 속진에 있으면서도 속진에 물들지 않는 것이다. 한결같이 어떤 흔적도 남기지 않는 자유무애한 행위이다. 새가 허공을 날아가면서 허공에 그 흔적을 전혀 남기지 않는 것과 물고기가 헤엄쳐 가면서도 물속에 그 흔적을 전혀 남기지 않는 것이다. 따라서 동산은 조도에 집착하면 조도가 아니라는 것에 대해서는 조도를 향해 가지 않는 것이라 답변하였다. 이것은 조도에도 집착하지 않고 탈각해야 할 것을 말한 것이다.

제20칙
신산과교(神山過橋) – 교로(橋路) –

신산승밀 선사가 동산과 함께 외나무다리를 건너게 되었다. 동산이
먼저 건너가서 외나무다리를 손으로 붙들고는 말했다. "빨리 건너
오게나."
신산이 "동산수좌!" 하고 부르자, 동산은 붙들고 있던 외나무다리
를 엉겁결에 놓아 버렸다.

擧 神山密禪師與洞山過獨木橋 洞山先過了拈起木橋云 過來 神山云
价闍梨 洞山乃放下木橋

　　호남성 담주의 신산승밀(神山僧密)은 당대의 선승으로 운암담성의
법을 이었다. 동산양개와 더불어 20여 년을 행각하면서 수많은 문답
을 남겼다. 이에 동산의 제자들은 신산승밀을 밀사백(密師伯)이라 존
칭하였다. 남전보원의 문하에 있을 때 담요를 털고 있자니 남전이 물
었다. "뭘 하고 있는가." 승밀이 말했다. "담요를 털고 있습니다." 남
전이 물었다. "담요를 손으로 털고 있는가 아니면 발로 털고 있는가."
승밀이 말했다. "그러면 화상께서는 무어로 터는지 한 말씀 해 주시
기 바랍니다." 남전이 말했다. "똑똑히 명심하거라. 그대가 만약 훗날

에 눈 밝은 사람을 만나거든 그한테도 지금처럼 그리 하거라."

담요의 먼지를 손으로 털건 발로 털건 방식이 문제가 되는 것은 아니다. 다만 담요의 먼지를 턴다는 사실에 대한 문답이다. 나아가서 밀사백이 터는 것과 남전이 터는 것은 그 행위가 똑같이 담요의 먼지를 털어낸다는 점에서는 다를 게 없다. 마찬가지로 밀사백이 남전에게 한 말씀 해 달라고 반문한 것은 먼지를 터는 행위에 있어서 피장파장이라는 점이다. 때문에 남전은 밀사백에게 어떤 선지식이나 승이 와서 묻더라도 그와 같은 태도로 응수하라는 것이다. 이것으로 남전은 밀사백의 선기를 인정해 주었다.

밀사백은 이처럼 자신의 입장을 곧바로 상대방으로 바꾸어 자신의 행위와 똑같은 경험으로 상대방에게 답변을 구한다. 때문에 상대방이 하는 답변은 곧 밀사백의 답변으로 승화된다. 이런 상황에서는 설령 답변을 들을 수 없는 경우에도 밀사백의 허물이 아니다. 답변을 해야 하는 경우는 상대방이기 때문이다. 이와 같은 용의주도한 밀사백의 선기는 동산양개와 나눈 다음의 문답에서도 찾아볼 수 있다.

위의 문답은 같은 도반이었던 동산양개와 더불어 절차탁마하고 있을 때의 일로 외나무다리는 진리를 구하는 방편이다. 동산이 방편을 구사하여 밀사백과 법거량을 나누고 있다. 동산이 밀사백과 더불어 산책을 하다가 개울을 만났다. 동산이 먼저 다리를 건너고는 밀사백한테 건너오라는 신호를 보낸다. 외나무다리가 안전하다는 시늉으로 마치 어린이를 품 안으로 안으려는 태도를 취했다. 승밀은 그와 같은 동산의 제스처에 자기도 모르게 웃음 치면서 동산양개를 향해 "동산, 자네 참 웃기는구먼." 그러자 동산은 자신이 그렇게 웃음 짓는 짓을 했던가 하는 생각에 덩달아 웃다가 잡고 있던 외나무다리를 놓아 버렸다. 그 순간 다리를 건너오던 승밀은 물에 풍덩 나자빠져 버렸다.

동산은 자신이 구사하고 있던 방편마저 놓아 버리는 천연의 선자였다. 그러자 밀사백은 더불어 그에 동의한다는 뜻으로 물속에 빠져 버렸다. 아니 일부러 뛰어든 것이다. 밀사백 또한 동산의 그와 같은 제스처를 이미 터득하고 있었다. 때문에 밀사백은 '동산, 자네 참 웃기는구먼'이라는 말 한마디로 동산의 선기를 인정하였다. 밀사백은 동산과 자신의 역할을 바꿈으로써 물속에 빠진 사람은 밀사백 자신이 아닌 동산임을 암시해 주었다. 그런데 동산은 그와 같은 밀사백의 입장을 이해나 하고 있는지 모르는지 천연덕스럽게 물 밖에서 박수를 치면서 웃어 주었다. "그것 보게나. 그러니까 그대가 먼저 다리를 선너가시 왜 나를 민지 보냈단 말인가."

도반끼리 때로는 스승과 제자 사이에서 역할 바꾸기의 행위는 수행자를 제접하는 경우에 곧잘 등장하는 메뉴이기도 하였다. 이 일화에 대하여 훗날 임천종륜은 "신산승밀이 아니라면 그 역할을 맡길 수가 없도다"라고 말했다. 운암은 "손발이 없어야 비로소 담요를 터는 의미를 알아차릴 것이다"라고 말했다. 손과 발은 정해진 위치가 따로 없는 것을 말한다. 『금강경』에는 '정해진 법이 없는 것을 아누다라삼먁삼보리라 말한다'라는 대목이 있다.

제21칙
낙포도금(洛浦淘金) — 진보(珍寶) —

한 승이 낙포원안 선사에게 물었다. "많은 사람이 사금을 찾고 있는데 그것을 얻을 자 누구이겠습니까."
낙포가 말했다. "본래 손아귀에 있던 보배인데 그것을 어찌 밖에서 찾겠는가."
승이 물었다. "그런데 손을 펴 보아도 보배는 보이지 않습니다. 왜 그런가요."
낙포가 말했다. "그대는 학 울음소리를 가지고 해오라기 울음으로 착각하지 말라."

舉 僧問洛浦安禪師 衆手淘金誰是得者 浦云 拳中舊寶豈假披沙 僧云 恁麼則展手不逢也 浦云 莫將鶴唳擬當鷺啼

풍주의 낙포원안(洛浦元安, 落浦, 樂普, 蘇谿: 834~898)은 청원행사 계통의 선사이다. 속성은 담(淡)씨이고 협서성 봉상현 인유(麟遊) 출신이다. 20세 때 출가하여 생국(生國)의 회은사(懷恩寺) 우(祐)율사에게 구족계를 받았다. 취미무학과 임제의현에게 참문하고 협산선회의 법을 이었다. 후에 호남성 풍주의 낙포(洛浦, 樂普) 및 호남성 낭주(朗州)의 소계(蘇谿)에 주석하면서 선풍을 진작하였다. 임종 무렵에 언종상좌(彦從上座)를 제접하고 고고(苦苦)라 칭했던 공안은 예로부터 총림에 널리 알려졌다. 법맥은 청원행사-석두희천-약산유엄-선자덕성-협산선회-낙포원안이다.

낙포가 협산선회에게 참문했을 때이다. 선회가 제시한 기어(機語)를 터득하지 못하고 면전에서 차수하고 우두커니 서 있을 뿐이었다. 이에 선회는 그와 같은 무례한 행위는 진실한 학도자가 할 일이 아니라고 핀잔을 주었다. 여기에서 낙포의 무례한 행위란 선회의 기어를 터득하지 못한 것을 가리킨다. 낙포는 스승이 자신을 깨우쳐 주리라고 막연하게 기대했던 자기의 부끄러운 과오를 뉘우치고 그로부터 겸허하고 착실하게 문법하여 깨침을 터득하였다. 곧 학도자는 모름지기 사기의 에의를 디히어 지기를 잇고 문법하지 않으면 안 된다는 도리를 터득한 것이다.

위의 문답도 이와 유사하다. 본래성불(本來成佛)을 강조하는 조사선에서 수행과 깨침은 다른 것이 아닐뿐더러 본래부터 누구에게나 구비되어 있다는 주장은 상식이다. 때문에 어떤 선자는 스승이 제시한 최소한도의 행위만 성취하면 그대로 깨침을 터득한다는 안이한 자세로 선수행에 덤벼들기도 하였다. 여기에서 한 승은 그와 같은 게으른 제자로 등장한다. 많은 참학자들이 추구하는 깨침 곧 사금은 본래부터 모래 속에 그렇게 존재해 있었다. 다만 모래를 일어서 찾아내는 것이 요구될 뿐이다.

이에 승은 과연 그와 같은 사금을 찾는 사람은 누구이고 어찌하면 쉽게 찾아낼 수 있는가를 묻는다. 그러자 낙포는 그와 같은 사금은 본래부터 그 자리에 있었던 것인데 굳이 물속의 모래에서만 찾을 필요가 없다는 것을 말해 준다. 그러나 승은 능청을 떨면서 자신의 손을 펴보아도 사금은 보이지 않는 그 이유를 말해 달라고 보챈다. 낙포는 모래를 헤쳐서 사금을 찾는 승의 수행의 행위에 대한 꾸지람과 사금을 사금으로 인식하지 못하는 깨침의 오해에 대하여 '그대는 학 울음소리를 가지고 해오라기 울음으로 착각하지 말라'라고 핀잔을 가한다. 학은 진정한 불성이고 올바른 깨침으로 정오(正悟)이고 해오라기는 그와 비슷하지만 그것은 아닌 해오(解悟)이다. 학은 처음부터 학이었기 때문에 해오라기일 수가 없다.

마찬가지로 예로부터 오늘에 이르기까지 본래의 진성(眞性)과 묘각의 명심(明心)은 일찍이 자기로부터 한순간도 벗어난 적이 없고 한 치도 벗어난 적도 없으며 자기를 저버린 적도 없다. 그러나 그 본래성은 저절로 자각되는 것이 아니다. 그에 상응하는 문·사·수(聞·思·修)의 세 가지 지혜를 통하여 계·정·혜(戒·定·慧)의 세 가지 무루학을 신심(身心)에 온전하게 자각하여 지니는 것이야말로 모래를 일어 사금을 찾아내는 도리임을 말하였다. 이에 단하자순은 다음과 같이 말하였다.

어찌 모래를 헤쳐야만 사금을 찾겠는가
자각하지 못하면 괜히 기운만 낭비한다
야반삼경에 노주가 홀연히 방광을 하니
그 도리를 뉘라서 알아차릴지 궁금하다

淘金豈假披沙得
不觸波瀾猶費力
露柱三更忽放光
此時未審何人識

제22칙
낙포조의(洛浦祖意) – 조교(祖敎) –

한 승이 낙포에게 물었다. "달마조사께서 서쪽에서 오신 뜻이 무엇입니까."
낙포가 게송으로 말했다.
푸른 남기 가뭇없이 사라진 곳에
숨어 있던 산봉우리 우뚝 보이고
휘영청 둥근 달빛 밝게 비추는데
깊고 푸른 연못엔 그림자도 없네

擧 僧問洛浦 如何是祖師西來意 浦云 靑嵐覆處出岫藏峰 白月輝時碧
潭無影

한 승이 서주 천주산 숭혜선사에게 물었다. "달마조사께서 이 땅에 오시기 전에도 이 땅에 불법이 있었습니까." 숭혜가 말했다. "오기 이전은 접어두고 지금은 어떤지 그대가 말해 보게나." 승이 말했다. "저는 그것을 통 모르겠습니다. 그러니 선사께서 제발 가르쳐 주시기 바랍니다." 숭혜가 말했다. "굳이 말하자면 태곳적부터 휑하니 열려 있는 하늘가에 갑자기 바람이 불어와 구름 걷히니 달빛이 밝게 드러나는 꼴이다."

승이 아무런 말도 못 하고 눈동자만 멀뚱멀뚱 굴리자 숭혜가 말했다. "그대는 내 말이 무슨 뜻인지 알겠는가." 승이 답했다. "도통 모르겠습니다." 숭혜가 말했다. "자기 주제도 무엇인지 모르면서 감히 달마가 왔네 오지 않았네 하는 것은 무슨 심보인가. 설령 달마가 이 자리에 나타나 있더라도 그대의 그와 같은 태도로는 결코 달마의 그림자도 보지 못할 것이다. 이제 그대를 위하여 점괘를 보여 주겠다. 길흉의 조짐이 보이더라도 그것은 모두 그대의 업보이다. 그러니 스스로 책임을 지고 스스로 자각해야 한다." 승이 말했다. "저는 점괘를 읽지 못하는데 그것을 어찌 판단하라는 겁니까." 숭혜가 말했다. "점괘에 의하면 그대는 문을 벗어나는 순간 모든 것이 어그러지고 말 것이다." 승이 망연자실하였다. 숭혜는 승에게 그대 자신의 본래청정한 마음을 잃지 말라고 가르치고 있다.

달마가 이 땅에 오고 감에 관계없이 여전히 봄은 오고 꽃은 피며 구름은 하늘에 떠 있고 물은 낮은 곳으로 흘렀다. 낙포는 제법의 실상이 그대로 드러나 있기에 그것을 자각하는 사람에게는 드러나 있는 대로 보이지만 그렇지 못한 사람에게는 꿈에서조차 볼 수 없는 도리임을 말한다. 안개가 사라지면 산봉우리가 나타난다. 달이 떠서 사물을 비추면 그림자가 나타난다. 그런데도 연못에는 그림자조차 보이지 않는다. 번뇌가 사라진 도인의 심정을 이렇게 나타냈다. 이에 대하여 단하자순은 이렇게 노래하였다.

온갖 꽃이 피기 전에 매화 꽃잎 벌써 벙글고
온갖 나무 시들었는데 측백나무 더욱 푸르네
엷은 구름에도 밝은 달빛 드러나지 못하지만
희뿌연 안개에도 봄바람에 나무 끝에 움트네

숭혜가 언급한 점괘는 일찍이 인도의 제27대 조사 반야다라의 참언을 지적하고 있다. 반야다라는 달마를 통하여 참게(讖偈)를 내려 중국의 선종사에 큰 족적을 남겼다. 반야다라의 참언을 받은 달마는 정법안장의 전승이라는 사명을 완수하기 위하여 중국에 건너왔다. 그러나 많은 난관에 부딪혔다. 양나라 무제의 곁에는 보리유지와 광통율사가 있어 달마의 심법에 대한 방해를 놓았다.

위의 단하자순의 게송은 그간의 모습을 읊은 것이다. 가장 먼저 핀 매화는 초조 달마이고, 달빛과 나무 끝에 피어난 움은 달마의 선법이 고난을 극복하고 널리 그리고 길이 전승되는 것을 의미한다. 그리고 나무를 시들게 하는 가을의 계절과 달빛을 가리는 구름과 햇살을 가리는 안개는 보리유시와 광통율사를 의미힌다. 그런 외중에서 여섯 차례의 독살 위협에도 불구하고 달마는 혜가를 얻어 다음과 같은 참게를 주었다.

내가 일부러 이 땅을 찾아온 것은
전법하여 중생을 건지기 위함이다
한 꽃봉오리에 다섯 개 꽃잎 피니
다섯 개의 열매 저절로 맺혀 가네

吾本來此土
傳敎救迷情
一花開五葉
結果自然成

위에서 낙포가 게송으로 말한 '푸른 남기 가뭇없이 사라진 곳에 숨어 있던 산봉우리 우뚝 보이고 휘영청 둥근 달빛 밝게 비추는데 깊고 푸른 연못엔 그림자도 없네'라는 것은 곧 달마조사의 가르침이 반야다라의 참게에 바탕을 두어 대대상전(代代相傳)하는 모습을 가리키고 있다.

제23칙
낙포공양(洛浦供養) - 불조(佛祖) -

승이 낙포에게 물었다. "백천 명의 제불께 공양하는 것이 한 명의 무심도인에게 공양하는 것만 못하다고 합니다. 그러면 백천 명의 제불에게 어떤 허물이 있고, 무심도인에게는 어떤 공덕이 있기에 그런 겁니까."
낙포가 말했다.
"한 떼기 흰구름이 계곡에 가득하니
돌아오던 산새 둥지를 찾지 못하네"

擧 僧問洛浦 供養百千諸佛不如供養一無心道人 百千諸佛有何過 無心道人有何德 浦云 一片白雲橫谷口 幾多歸鳥盡迷巢

덕이 있어도 덕이 되지 못한다. 공이 없어야 비로소 공이 된다. 정진(情塵)은 쓸데없는 것으로 끝내 오리무중에서 헤매고 만다. 만약 이런 도리를 안다면 인과가 분명하니 굳이 말이 필요가 없다. 이것은 일체의 행위에 집착이 없는 평상심의 생활을 표현한 말이다.

그러므로 백천 명의 제불에게 공양하는 것이 한 번의 청정한 행위에 공양하는 것만 못하고, 내지 백천 명의 제불께 공양하는 것이 한 명의 무심도인에게 공양하는 것만 못하다. 왜냐하면 무심은 여여한 본체이기 때문이다. 그래서 안으로는 목석과 같아 동요가 없고 밖으로는 허공과 같아 걸림이 없으며 주관과 객관의 분별이 없고 방소가 없으며 형상이 없으며 득실이 없다. 이 경우 무심이란 궁극을 말한다. 이것이 곧 혜능의 게송에 드러난 본래 집착할 거리가 없다[本來無一物]는 것이다.

아무리 그렇다고는 하나 그 도 자체를 무심하다고 말해서는 안 된다. 그러면 무심은 오히려 도(道)에서 아득히 떨어져 있다. 왜냐하면 도는 유심과 무심이라는 분별을 벗어나 있기 때문이다. 그래서 그 승은 제불과 허물과 도인의 공덕에 대하여 질문을 하였다. 제불을 단순히 허물로만 치부하는 것은 제불도 모르고 허물도 모르는 소치이다. 또한 허물과 공덕을 제불의 속성으로만 파악하려는 것도 역시 마찬가지이다. 제불과 무심도인의 능력과 속성을 비교하는 것이 아니다. 제불은 그 어떤 개념과 비교의 대상일 수 없고 무심도인은 일체의 집착과 분별을 넘어 살아가는 사람으로 비교와는 무관하다.

일례로 습득의 무심도행은 그 좋은 본보기였다. 이와 같은 입장을 작용이 없는 그 경지야말로 진정한 작용의 경지[無用處成眞用處]요, 풍류 없는 경지가 진정한 풍류의 경지[不風流處也風流]라는 말로 표현하였다. 어리석은 듯 어눌한 듯 분별을 초월해 사는 삶으로 범부와 성인의 구별조차 벗어던지고 천태산에 숨어살았던 습득(拾得)은 이름도 없었다. 풍간(豊干) 선사가 경행을 하던 차에 적성(赤城)에 도착했을 때 길을 잃고 헤매면서 울고 있는 아이를 데려다 키웠기 때문에 길에서 주워온 아이라는 뜻으로 습득이라 하였다. 이후에 한산(寒山)을 만나 선문답을 통하여 의기투합하였다.

위의 문답에서 만약 번개를 휘어잡는 기량과 같은 낙포의 안목이

아니라면 승의 질문과 그 답변은 한낱 빛 좋은 개살구에 지나지 않는
다. 명력력(明歷歷)하고 활발발(活鱍鱍)한 경지는 언(言)이 아닌 언(言)
이면서 언(言)에 머물러 있는 것도 아니고, 설(說)이 없는 설(說)이면서
그것에 대하여 설(說)하는 것이기 때문이다. 마치 비단 위에 얹은 꽃
이요[錦上添花] 흰 눈썹을 지닌 마량의 아들[白眉最長]과도 같다. 이에
대하여 낙포는 선악·미추·호오·추세·대소와 같은 분별 이전의
원음[聲前一句]의 경지를 "한 떼기 흰구름이 계곡에 가득하니 돌아오
던 산새 둥지를 찾지 못하네"라고 말하였다. 이러한 모습에 대하여
임천종륜은 다음과 같이 말했다.

절름발이 거북이는 거친 자갈길을 잘도 달리고　三脚靈龜荒逕走
우담발화 한가지가 산봉우리 두루 덮어 버렸네　一枝瑞草亂峰垂

합계상간(蛤溪相看) − 성방(省訪) −

합계납자가 낙포를 방문하자 낙포가 물었다. "그대 합계수좌와 이별한 이후로 이제야 다시 만나다니, 이게 도대체 몇 년 만인가."

합계가 말했다. "화상께서는 옛날의 추억을 아직도 기억하고 계시는 겁니까."

낙포가 말했다. "소문에 듣자 하니 그대는 세월일랑은 깡그리 잊어버리고 산다더니 정말 그런가 보네."

합계가 말했다. "화상께서는 주지를 맡아 살림하시느라고 무척 번거로우셨던 게로군요. 주지를 잠시 접어두고 자세히 살펴보는 것은 어떻겠습니까."

낙포가 말했다. "제법 선기가 익었구나."

합계가 말했다. "선기가 익었다니요, 아직 소화도 못 시키고 있습니다."

낙포가 말했다. "납자가 주지를 맡는다는 것은 참으로 번거로운 일이라네."

擧 蛤溪道者相看浦問云 自從黎溪相別今得幾年 溪云 和尙猶記得昔時事 浦云 見說道者總忘却年月也 溪云 和尙住持事繁且容子細 浦云 打則打曾禪漢 溪云 也不消得 浦云 道者住山事繁

제목에서도 알 수 있듯이 제자가 오랜만에 스승을 방문하여 전하는 안부를 통하여 선문답이 이루어지고 있다. 참으로 오랜만이다. 오

랜만이라는 것은 그동안 합계의 수행이 진득하게 잘 익어 가는 데 걸
리는 시기였다. 그러나 진정 수행이 익어 간다는 것은 철저한 자신이
되어 가는 것 그 이상도 아니고 그 이하도 아니다. 굳이 시간적인 간
격을 둔다면 오고 가는 행위가 있을 뿐이다. 제자는 돌아올 때가 되
었기 때문에 돌아왔고, 스승은 제자를 맞아들일 인연이 되었기 때문
에 그 방문을 받아들였다. 이미 이것으로 팔부능선은 넘은 셈이다. 합
계는 그동안 수많은 사람들을 방문하면서 만행에 힘썼다. 자신이 대
면했던 낱낱의 사람들이 그대로 시련이었고 정진이었으며 수행이었
고 스승이었다.

　그러나 궁극적으로 자신의 노력이 헛되지 않았음을 점검받지 않으
면 그 아무것도 아니었다. 단지 혼자의 착각에 빠져 버릴 위험이 있
기 때문이다. 이리하여 14년 동안의 유행에 대하여 낙포화상에게 드
러내고 보이지 않으면 안 되었다. 그런데 방문하자마자 스승이 먼저
입을 열었다. "그대는 이제 와서 보니 제법 선방의 장판 때가 묻어 보
이는구나. 그래, 어디를 헤매다가 이렇게 기어들어왔는가." 마침 듣고
싶어 하던 질문이었기에 합계는 흔쾌하게 답변을 드렸다. "저는 예전
의 기억일랑은 까맣게 잊어버리고 있었습니다. 그런데 새삼스럽게 옛
날을 상기시켜 주시니 참으로 세월이 좀 흐르긴 흘렀던 모양입니다."
이 말은 합계의 경우 자신은 그와 같은 과거의 집착은 모두 벗어 버
린 지 오래되었는데 화상께서는 여전히 그 집착을 벗어나지 못하신
것이 아니냐고 몰아붙인 것이다.

　이에 낙포는 합계의 질문을 돌이켜 칭찬으로 제시한다. 낙포는 합
계가 어디를 쏘다녀도 밥값은 할 줄 알고 있었다. 그와 같은 합계의
행위에 대한 칭찬이다. 선은 철저하게 현실적이다. 그 밥값이란 곧 지

금의 자기를 파악하여 언제나 어디서나 자신이 주인공이어야 한다.
자신을 떠난 그 어떤 것도 의미가 없다. 그러면서 고인은 자신을 잊
어야 한다고 말했다. 왜냐하면 불도를 닦는다는 것은 자신을 닦는 것
이다. 자신을 닦는다는 것은 자신을 잊는 것이다. 자신을 잊는다는 것
은 만법을 증득하는 것이다. 만법을 증득하는 것은 자신의 신심(身心)
을 탈락하고 다른 사람의 신심(身心)도 탈락시키는 것이다. 깨침의 흔
적에도 머물지 않는다. 그러면서 동시에 머물지 않는 그 깨침의 흔적
을 계속해 나아간다. 이것이 이미 자기 자신의 것이 되었을 때 비로
소 본분사(本分事)를 마친 본분인(本分人)이 된다.

그 말이 곧 '소문에 듣자 하니 그대는 세월일랑은 깡그리 잊어버리
고 산다더니 정말 그런가 보네'이다. 스승은 그런 제자가 몹시 흡족하
였다. 그러자 합계는 여세를 몰아쳐 "화상께서는 주지를 맡아 살림하
시느라고 무척 번거로우셨던 게로군요. 주지를 잠시 접어두고 자세히
살펴보는 것은 어떻겠습니까"라고 말한다. 이것은 낙포에게 핀잔주는
것이 아니다. 합계 자신은 그와 같은 번거로운 생활을 벗어난 헌헌대
장부라는 것을 은근하게 노출시키고 있다. 이에 낙포는 '제법 선기가
익었구나'라고 인가한다. 그러나 합계는 스승의 칭찬에 집착하지 않고
어디까지나 겸손의 미덕을 놓치지 않았다. 도인의 일상사가 바로 이렇
다. 그래서 투기를 내어 앞을 다투는 것은 쉽지만 활안(活眼)으로도 임
종을 맞이하여 겪는 노병(老病)은 막기가 어려운 법이다.

양동이는 철수세미로 제대로 닦아야 하고
심술쟁이 노파 버릇없는 계집종 나무라네

제25칙
낙포일호(洛浦一毫) – 비주(飛走) –

한 승이 낙포에게 물었다. "미세한 하나의 티끌이 큰 바다를 통째로 집어삼킨다는데 이 밖에 달리 또 무슨 말이 필요하겠습니까." 낙포가 말했다. "집 안에 백택의 그림이 있는데 이토록 기괴한 것은 결코 없다."

擧 僧問洛浦 一毫呑盡巨海 於中更復何言 浦云 家有白澤之圖 必無如是妖怪

일반적으로 언어가 있기 때문에 생각이 있다고 말한다. 그리고 생각이 있기 때문에 또 언어가 있다. 이 경우 생각은 언어를 통하여 정립되고 그 언어에 의하여 사물의 본질에 접근한다는 말이다. 이처럼 언어는 일정한 의미를 담고 있다. 언어가 단순한 자연의 소리인 음향과 다른 점은 분명한 내용을 포함하고 있기 때문이다. 그러면서도 한편으로는 언어는 소리에 불과하다. 그래서 언어 자체에 무슨 대단한 작용이라도 들어 있는 것처럼 간주한다면 큰 착각이다. 선문답으로 말하면 언어는 선의 그림자이고 형상에 불과하다. 그러나 정작 선은 언어를 필요로 한다. 선이 진정한 선이 되기 위해서는 언어를 통한 이해와 언어를 통한 전승이 가능해야 한다. 언어를 통해서 선은 진정한 선으로 거듭날 수가 있다.

여기 문답에서는 바로 언어와 실제에 관한 내용을 다루고 있다.

미세한 터럭 끝에 대해를 감추고
개사씨속에 수미산을 받아들인다

이러한 것들은 모두 성(性)을 일컫는 말들이지 사상(事相)에 국량(局量)이 있음을 말한 것이 아니다. 여기에서 '미세한 하나의 티끌이 큰 바다를 통째로 집어삼킨다'는 것은 바로 언어가 내세우는 사실을 가리킨다. 사실이 이미 드러나 있기 때문에 더 이상 언어는 필요가 없다. 때문에 '이 밖에 달리 또 무슨 말이 필요하겠습니까'라고 말한다. 철저하게 언어와 사실을 분간할 줄 아는 것은 반드시 필요하다. 그러나 굳이 분간할 필요는 없다. 그대로 내버려 두면 그만이다. 그런데도 승은 제 딴에는 이미 언어의 굴레로부터 초연히 벗어나 있다는 자랑을 늘어놓는다.

낙포는 승의 그와 같은 행위에 대하여 타일러 준다. 그러나 승의 경지에 대하여 왈가왈부하는 것이 아니다. 단지 사실과 언어의 다른 점에만 국집하고 있는 편견을 드러내어 일깨우려고 한다. 때문에 낙포는 '내가 살고 있는 집 안에는 백택(白澤)을 그려 놓은 그림이 한 장 있다. 그런데 나는 그것을 바라볼 때마다 이토록 기괴한 것은 결코 없다는 생각을 한다'고 말한다. 질문에 대한 답변을 교묘하게 설명으로 바꾸어 놓았다.

백택이란 사자나 해태처럼 벽사도(僻邪圖)나 부적(符籍)의 그림으로 활용되는 호랑이를 가리킨다. 여기에서 낙포가 언급하는 백택은 상대의 승과 같은 편견을 쳐부숴 주는 금강저와 같은 무기를 은유적으로 표현한 것이다. 집 안은 지금 낙포와 승이 문답을 주고받는 조실이다. 때문에 벽사도가 있는 곳이라면 이미 승의 질문과 같은 잘못된 질문은 등장하지도 말았어야 한다. 아예 처음부터 그와 같은 승의 질문을 부정해 버린다. 어떤 질문에 대하여 제아무리 그럴듯한 답변을 제시한다 해도 질문을 받기 이전의 무분별에는 미치지 못한다. 설령 어쩌다가 질문이 제기되었다손 치더라도 그와 같은 질문의 태도를 깡그리 부정하는 답변이야말로 질문을 하는 분별에 대하여 가장 직접적이고 확실한 대응이기도 하다.

여기에서 낙포는 질문을 부정하지도 않고, 직접적으로 답변하지도 않는다. 오히려 또 다른 질문을 제시하여 승으로부터 답변을 요구한다. 곧 왜 백택의 그림이 그토록 기괴하게 보이는가를 묻고 있다. 이것은 순전히 승의 입장에서 제시한 질문이다. 정작 낙포 자신에게는 질문이다 답변이다 하는 분별이 필요가 없다. 왜냐하면 백택의 그림은 그 자리에 없었다. 다만 낙포 자신이 승의 편견을 제거해 주는 백택 그것이었을 뿐이다. 과연 승은 어떤 답변을 제시했을까. 아니 답변 대신에 백택의 그림을 먼저 보여 달라고 떼를 썼을는지도 모른다. 낙포는 그 승에게 아마 다음과 같은 처방전을 내려 주었을지도 모른다.

모든 언(言)으로 진리를 파악해도 언(言)은 본래 유(有)가 아니고
모든 구(句)는 종지를 초월하지만 구(句)는 본래 무(無)가 아니다
言言見諦本非有
句句超宗句本無

제26칙
낙포불법(洛浦佛法) – 문법(問法) –

한 승이 낙포에게 물었다. "불법의 대의가 무엇입니까."
낙포가 말했다. "눈이 고봉을 뒤덮었는데 고봉은 희지 않고, 비가
석순을 적시니 석순이 살아난다."

擧 僧問洛浦 如何是佛法大意 浦云 雪覆孤峰峰不白 雨滴石笋笋須生

실제(實際)의 도리에는 미진 하나도 받아들이지 않는다는 것은 다
언(多言)과 시어(恃語)가 필요 없다. 불사(佛事)의 문중에는 일법도 버
릴 것이 없으니 무엇이 활론(闊論)과 고담(高談)인들 장애하겠는가. 그
렇다면 필경에 불법의 대의는 어디에 있겠는가. 숭악의 파조타(破竈
墮) 화상에게 한 승이 찾아와서 아무런 말도 하지 않고 곁에 서 있었
다. 그러자 파조타 화상이 물었다. "불불조조(佛佛祖祖)는 단지 마치
인간의 본성과 본심은 특별한 도리가 없다고 말했을 뿐이다. 알겠는
가. 똑바로 알아듣겠는가." 승이 감사의 예를 드렸다. 그러자 파조타
화상은 불자(拂子)를 들어 승을 때려 주고는 말했다. "일 처(一處)가 이
와 같은데 천 처(千處) 또한 마찬가지이다." 이에 승이 차수하고 가까

이 오더니 "예, 알겠습니다"라고 답했다. 그러자 파조타 화상이 말했다. "다시는 믿지 말라. 다시는 결코 믿어서는 안 된다."

파조타는 부처와 조사의 가르침이야말로 무엇이 있다는 것을 가르친 것이 아니라 무엇이 없다는 것을 가르쳐 주었음을 말하고 있다. 진리와 깨침이란 특별한 무엇을 추구하는 것이 아니다. 다만 상식을 벗어나지 않는 삶을 그대로 인정하고 누리면서 더불어 베풀어 가는 행위에 들어 있음을 가르쳐 준다. 다시는 부처와 조사의 가르침을 믿지 말라는 것은 부처와 조사라는 개념조차 초월하는 것이다. 때문에 파조타 화상은 일찍이 부엌의 조왕신을 숭배하는 어리석은 사람들을 일깨워 주었다. 파조타(破竈墮)라는 이름은 바로 그것을 가리킨다. 수행과 깨침의 행위란 다름 아닌 일체의 선입견과 분별과 허상을 떠나 실상을 제대로 보는 것이다. 이에 육조혜능과 지상의 다음과 같은 문답이 있다.

신주(信州)의 지상(智常)이 육조혜능을 참문하였다. 육조가 물었다. "그대는 어디서 왔으며 무엇을 찾으려고 왔는가." 지상이 말했다. "저는 최근에 대통화상을 참문하여 견성성불의 뜻을 물었습니다. 그러나 아직도 그 의심을 해결하지 못하였습니다. 그러던 차에 이렇게 찾아뵙게 된 것입니다. 그러니 화상께서는 자비를 베풀어 의심을 해결해 주시길 바랍니다." 육조가 물었다. "그대는 대통화상의 문하에서 어떤 가르침을 받았던가." 지상이 말했다. "저는 대통화상에게 참문한 지 석 달이 지나도록 아무런 가르침도 받지 못했습니다. 그러나 법을 위한 마음이 간절하여 어느 날 밤에 혼자 불쑥 방장실을 찾아가 예배를 드리고 가르침을 청했습니다. 그러자 대통화상께서 물었습니다. '그대는 허공을 보았는가.' '보았습니다.' '허공에 모습이 있던가.' '허

공에는 형체가 없는데 모습인들 있겠습니까.' '그대의 본성은 허공과
같다. 그러므로 그대의 자성을 잘 관찰하여 어떤 집착거리도 없는 줄
을 본다면 그것이 정견(正見)이고, 어떤 집착거리도 없는 줄을 안다면
그것이 진지(眞知)이며, 푸르고 누르며 길고 짧음이 없는 줄 알고 단
지 본원(本源)이 청정하고 각체(覺體)가 원명(圓明)한 줄을 안다면 그것
이 곧 견성성불이고 극락세계이며 여래지견이다.' 그러나 저는 그 설
명을 듣고도 터득하지 못했습니다. 바라건대 화상께서 저의 의심을
일깨워 주시길 바랍니다." 육조가 말했다. "대통화상이 설한 바는 아
직도 지(知)와 견(見)의 흔적이 남아 있다. 때문에 그대가 터득하지 못
한 것이다. 내 이제 그대에게 게송을 일러 주겠다.

일법도 안본다는 것은 곧 안본다는 견해가 남아 있는 택이다
그것은 마치 뜬구름이 태양을 잠시 가리고 있는 것과 같다네
그러므로 일법도 모르고서 공연스레 안다는 것만 강조한다면
그것이야말로 도리어 허공에 번쩍번쩍 번개가 치는 격이라네
만약에 그와 같이 어리석은 지견을 잠깐만이라도 일으킨다면
그것은 참으로 크나큰 착각이거니 어찌 선교방편을 알겠는가
그러나 만약 일념만이라도 그대의 잘못을 스스로 알아차리면
그대가 본래부터 타고난 신령스런 광명이 언제나 현현하리라"

지상이 게송을 듣고 마음이 활짝 트여 게송을 지어 바쳤다.

지금까지 무단히 지견만 일으켜서
형상에 집착하여 보리를 추구했네
마음에 일념이라도 깨침을 둔다면
미혹했던 예전과 어찌 다르겠는가
깨침의 본원이고 바탕체인 자성이
비춤을 따라 헛되이 흘러다닌다면

여기 지상과 혜능의 문답에서 전개되고 있는 내용은 한 승과 낙포의 문답과 동일하다. 『육조단경』에 등장하는 위의 문답은 특별히 육조혜능과 대통신수를 대비시켜 드러냈을 뿐이다. 문답의 저의는 불법의 근본 뜻은 언설과 그에 따른 분별의 초월에 있음을 설한 것이다. 때문에 지상은 무집착의 게송을 듣고 활연대오하였다. 그런데 한 승은 분별상식을 초월한 낙포의 답변을 듣고 어찌 했던가 궁금하다.

가령 임제가 황벽에게 세 차례나 불법의 대의를 물었지만 매번 몽둥이만 얻어맞았을 뿐이다. 임제가 언설로 질문한 것과 황벽이 몽둥이로 답변한 것은 어떤 차이가 있는가. 특별히 임제가 몽둥이를 얻어맞지 않았더라면 임제 자신의 체험은 불가능하였다. 몽둥이의 맛이 중요한 것이 아니다. 그것을 얻어맞는 제자의 행위와 때려 주는 스승의 행위가 서로 의기투합한 사실에 주목할 일이다. 스승이 때리고 제자가 얻어맞든가 제자가 때리고 스승이 얻어맞든가 하는 상호 긍정의 작용이 없어서는 안 된다. 이것이야말로 범부의 안목으로 보면 수수께끼와도 같이 막막하겠지만 올바른 안목으로 바라보면 축착합착(築著磕著)하고 줄탁동시(啐啄同時)하는 작용이다.

낙포는 그와 같은 도리를 '겨울에 눈이 내려 고봉이 뒤덮이도록 많이 쌓여도 고봉은 전혀 하얗지 않고, 여름날에 장맛비가 쏟아져 바위를 충분히 적시니 바위가 가뭄을 견뎌 낸 나무처럼 새싹을 틔운다'고 답변한다. 분별이 사라진 모습은 마치 상식을 초월한 상식과 같다. 때문에 향엄지한(香嚴智閑)은 '작년의 가난은 진정한 가난이 아니다. 올해의 가난이야말로 진정한 가난이다. 작년의 가난에는 송곳을 꽂을 땅이 없었지만 올해의 가난은 땅은커녕 송곳조차도 없다'고 말한다. 가난은 마음을 비운 상태이다. 번뇌로부터 충분히 자유롭게 된 선자의 삶이다. 송곳은 번뇌를 의미한다. 미세한 번뇌마저 깡그리 벗어나 무엇에도 자유로운 탈속한 모습을 노래한 것이다.

불법의 적적대의(的的大意)는 곧 이러쿵저러쿵 설명으로 둘러대는 상식을 초월한다. 그러나 정작 그 상식을 무시하지 않는다. 오히려 상식에서 불법을 찾아낸다. 그것이 곧 눈이 고봉을 뒤덮어도 고봉은 자신이 하얗다는 분별을 하지 않는다. 반면 비가 바위를 적시니까 바위는 마치 반응으로 대꾸를 하듯이 꿈틀거린다.

고봉은 상식을 초월한 측면을 의미하고 바위는 철저하게 상식을 활용하는 측면을 의미한다. 스승이 그저 제자를 부르면 제자는 그저 예! 하고 답변한다. 아니, 침묵으로 답변하기도 한다. 그것으로 충분하다. 스승이 왜 부르고 제자가 왜 답변했는가를 따지는 것은 머리 위에 또 다른 머리를 얹는 것처럼 무모하고 의미도 없다. 부름에 답하는 것은 지극히 당연하다. 그러나 왜 답변했는가를 따지는 것은 벌써 본래의 문답과는 영 멀어져 버린다. 근데 한 승은 낙포한테 왜 다시 질문을 하지 않았을까. 낙포의 답변을 몰라서 그런 것인가, 아니면 이미 알아차리고 답변의 필요성을 느끼지 못해서일까.

제27칙
낙포귀향(洛浦歸鄕) – 성방(省訪) –

어떤 승이 낙포에게 물었다. "저는 이제 고향으로 돌아가려고 하는데 괜찮겠습니까."

낙포가 말했다. "이미 집은 풍비박산이 나고 사람들은 죽었는데 그대는 어디로 돌아간단 말인가."

승이 말했다. "그렇다면 돌아가지 않겠습니다."

낙포가 말했다. "뜨락의 잔설이야 해가 뜨면 녹는다만 방 안에 쌓여 있는 묵은 먼지는 누가 청소하겠는가."

擧 僧問洛浦 學人擬歸鄕時如何 浦云 家破人亡子歸何處 僧云 恁麼
卽不歸去也 浦云 庭前殘雪日輪消 室內紅塵遣誰掃

  본 문답은 고향을 제대로 알고 고향을 찾아가되 고향이라는 추억에 대한 집착을 초월할 것을 터득하는 데 안목이 있다. 고향은 깨침의 고향인 불향상(佛向上)의 경지를 가리킨다. 수행납자라면 당연히 깨침을 추구하는 것은 물론이다. 승은 그와 같은 깨침에 대한 발심을 하고 오랜 수행을 통하여 소기의 목적을 달성하려는 점에서는 나무랄 데가 없다. 지금 그 방법을 낙포에게 묻고 있다. 어찌어찌하라는 방법을 자상하게 제시해 주기를 은근히 바라고 있었다.

그러나 답변은 의외였다. 고향의 상황에 대하여 이미 집은 망가지고 사람들은 모두 떠나 버렸다는 것이다. 승이 경우 그런 줄을 모르고 낙포에게 물은 것은 안타까운 것이었다. 설상가상으로 그런 고향의 상황을 알고는 이제 고향에는 돌아가지 않겠다고 말한다. 집이 망가진 것은 깨침의 경지에서 바라보는 것은 모습은 일체의 차별이 없음을 가리킨다. 이것은 낙포의 경지이기도 하다. 그러나 과연 그것이 승에게 이해되는 것일지는 미지수이다. 그리고 사람들은 모두 고향을 떠나 버렸다는 것은 깨침을 터득하고 터득된 깨침의 경지에 안주하지 않는 몰종적(沒蹤跡)한 상태를 가리킨다. 이것은 승의 경우 고향을 찾아간다는 행위가 그대로 고향에 대한 일종의 집착임을 에둘러 표현한 것이다. 그렇다고 고향이 모습이 언제나 집은 망가지고 사람들은 모두 떠난 쓸쓸한 곳이라는 것은 아니다. 지금 고향에 대하여 환상의 그림을 그리고 있는 승의 모습을 일깨워 주는 제스처이다. 그러면 승은 낙포의 그와 같은 답변에 대하여 어찌 간주하고 있는 것인가. 사실로 받아들인다든가 아니면 낙포의 답변이 죄다 거짓이라고 일소해 버릴 것인가. 참으로 기대가 된다.

그러나 승은 낙포에게 너무나 실망을 안겨 주었다. 고향은 언제나 고향이다. 고향이 변하는 법은 없다. 그런데도 승은 미약한 정진력과 얇실한 이해를 바탕으로 고향에 돌아가겠다고 한 것이 들통이 난 것이다. 이에 낙포는 두 가지 점에 대하여 승을 나무라고 비판한다. 첫째는 깨침을 상징하는 고향에 집착하고 있는 점을 꼬집는다. 승이 추구하고 있는 고향은 어디에나 존재하고 누구에게나 존재한다는 사실을 모르고 있음을 지적한다. 모든 사람에게 고향은 있다. 일체중생실유불성(一切衆生悉有佛性)이다. 그런데도 지금 여기를 떠나 어디 먼 곳에 있는 것으로 착각하는 승을 나무라는 것이다. 둘째는 신심이 확립되어 있지 못하여 이리 기웃거리고 저리 기웃거리는 태도를 나무란다. 고향을 찾아가는 것은 아름답다. 누구나 반드시 찾아가야 할 목표이다. 싫고 좋고를 떠나 고향 그대로이다. 산천이야 그 모습이 변한다지만 마음속에 자리 잡고 있는 추억이 어디 변하겠는가. 그러나 승의 경우처럼 고향이 고향답지 못하다고 해서 고향을 부정하는 것은 고향을 눈곱만치도 모르는 상태이다. 그런 수행납자는 고향도 모르고 이미 알고 있었던 고향마저 상실해 버리는 꼴이다.

때문에 낙포는 '뜨락의 잔설이야 해가 뜨면 녹는다만 방 안에 쌓여 있는 묵은 먼지는 누가 청소하겠는가'고 말한다. 밖에 쌓여 있는 눈은 봄이 오면 저절로 녹아서 사라진다. 누가 힘들여 노력하지 않아도 나이를 먹고 늙어 가는 것과 마찬가지이다. 그러나 수행과 깨침은 마냥 기다린다고 해서 세월이 해결해 주는 것은 아니다. 방 안에 쌓여 있는 먼지는 당사자가 구석구석 청소를 해야 한다. 게으름과 잘못된 견해와 탐욕과 의심과 불만족과 어리석음을 스스로 노력을 통하여 불식시키지 않으면 그것은 사라지지 않는다. 몸소 실천해야 함을 지적한다. 이미 구비되어 있는 것마저 지키지 못하고 손도 안 대고 코 풀려는 안일한 승의 자세를 타일러 주고 있다.

제28칙
낙포조교(洛浦祖教) – 조교(祖教) –

승이 낙포에게 물었다. "조사의 마음과 교학자의 마음은 같습니까, 다릅니까."
낙포가 말했다. "해의 달이 히공에서 밝게 비치고 있는데 이 밖에 또 무슨 길이 필요한가."
승이 물었다. "그렇다면 드러난 것과 감추어진 것의 길은 달라도 그 시비는 같은 길이로군요."
낙포가 말했다. "무릇 양을 잃어버리지 않았다면 기로에 서서 굳이 울 필요가 없지 않겠는가."

擧 僧問洛浦 祖意敎意是同是別 浦云 日月虛輪輝誰云別有路 僧云
恁麼則顯晦殊途是非一揆 浦云 但自不亡羊何須泣岐路

부처님이 49년 동안 설했던 팔만 사천 법문의 핵심은 각자의 마음을 구명하기 위함이었다. 그러나 마음의 구명을 근본적인 종지로 삼았지만 중생의 마음과 성향과 취미와 능력이 각각 다르기 때문에 부득불 각각에 맞는 방법을 설하지 않으면 안 되었다. 이런 까닭에 중생을 제도하는 방식에는 일정하게 정해진 법칙이 있을 수가 없다. 이로써 선문에서도 지역과 스승과 경향에 따라 소위 다섯 종파[禪宗五

家]로 나누어졌지만 궁극에는 마음을 깨치고 활용하는 것으로 귀일된다. 때문에 부처님의 의도가 아니었을 뿐만 아니라 굳이 그렇게 하라는 말씀이 없었더라도 성문승과 연각승과 보살승의 삼승(三乘)으로 나열되지 않을 수 없었다. 그러나 이와 같은 삼승의 구분조차도 심종(心宗)을 바탕으로 분류된 것이었다.

그러나 어리석은 무리와 지혜가 부족한 무리는 삼승의 가르침과 선종오가의 종파에 집착하고 가풍에 국집한다. 마치 허공에 부산하게 흩어지는 환영의 꽃을 가지고 그 농담(濃淡)을 다투고 토끼뿔의 길고 짧음을 비교하여 옳고 그름을 다투는 택이었다. 이처럼 승은 선문에서 조사가 내세운 가르침과 교학에서 강사가 내세운 가르침에 우열이 있는가를 묻는다. 이에 대하여 낙포는 오리 다리는 짧고 학 다리는 길다는 도리를 통하여 진리가 본래부터 그렇게 갖추어져 있다는 뜻에서 '해와 달은 누가 말하지 않더라도 애초부터 허공에서 밝게 비취고 있는데 해가 밝은가 달이 어두운가를 따질 필요가 있겠는가' 하고 답변한다. 그러자 이제 승은 그 답변에 대하여 다시 미혹한 질문을 한다. 굳이 진리가 처음부터 그렇게 갖추어진 것이라면 수행을 통하여 진리가 드러난 경우와 아예 수행도 하지 못하는 어리석은 사람의 경우가 다를 게 뭐가 있느냐는 투로 '그렇다면 드러난 것과 감추어진 것의 길은 달라도 그 시비는 같은 길이로군요'라고 묻는다. 낙포는 답답한 심정에서 '무릇 양을 잃어버리지 않았다면 갈림길에 서서 굳이 울 필요가 없지 않겠는가'라고 핀잔을 가한다.

『열자』[설부편]에 나오는 이야기이다. 양자의 이웃에 사는 사람이 한 마리 양을 잃어버린 채 나머지 양 떼를 거느리고 집에 돌아왔다. 그러고는 양자에게 그 양을 찾아 달라고 부탁을 하였다. 그러자 양자가 말했다. "양 한 마리를 잃어버린 것은 참으로 안 되었습니다. 그런데 어째서 잃어버린 한 마리를 그냥 놓아두고 돌아온 겁니까." 이웃 사람이 말했다. "여러 갈래의 길이 있어서 어느 길로 찾아야 할지 몰랐기 때문입니다." 이에 양자는 하인들을 시켜 양을 찾도록 하였다. 하인들이 찾아 나섰다가 돌아오자 이웃 사람이 물었다. "양을 찾았습니까." "양을 찾지 못했습니다." "어째서 찾지 못했습니까." "여러 갈래의 길 속에 다시 여러 갈래의 길이 있어서 그랬습니다." 마찬가지이다. 여러 사람이 만약 같이 찾아본다면 찾을 수가 있다.

그러므로 바야흐로 '천하에는 이도가 없고 성인에는 양심이 없다[天下無二道 聖人無兩心]'는 줄을 알아야 한다. 마치 수행납자가 좌선수행뿐만 아니라 기도·간경·주력·염불 등 팔방미인으로 활동한다면 그 깊이는 물론이고 하나도 제대로 건질 수가 없다. 화두만 해도 그렇다. 하나에 진득하게 매달려 참구할 것을 요구한다. 낙포가 승에게 제시한 것이 그것이었다.

말하자면 진리의 당체를 터득해 가는 점수의 단계를 어찌 미주알고주알 설명으로 해 줄 수 있겠는가 하는 것이다. 때문에 낙포는 '해와 달이 허공에 밝게 비추고 있는데 이 밖에 또 무슨 길이 필요한가'를 가지고 승을 상대하여 노파친절한 태도로 알려 주었는데 그 승은 마치 해와 달도 미치지 못하는 별도의 진리가 있는 줄로 간주하고 있다. 그 승은 과연 해는 동쪽에서 뜨고 달은 서쪽으로 진다는 도리에 대하여 시비를 분별하고 득실을 설명하느라고 언구를 좇고 설명을 찾았건만 아는 데에 한계만 느꼈을 뿐이다. 이런 상황에서 과연 낙포가 그 승에게 가르쳐 준 것이 단지 '무릇 양을 잃어버리지 않았다면 기로에 서서 굳이 울 필요가 없지 않겠는가'에 불과했던 것인가. 그 승이 만약 제법 똘똘했더라면 대번에 한마디로 응수했을 터인데 어째서 단지 양을 잃은 기로에 서 있는 꼬락서니가 되었는가. 참으로 안타깝기 짝이 없다.

제29칙
소산예배(韶山禮拜) – 예배(禮拜) –

한 승이 소산환보 선사를 친견하였다. 예배를 드리고 나서 차수한 채로 서 있었다. 이에 소산이 말했다. "훌륭한 재목이 허름한 집에 감추어저 있는 꼴이로다."
그러자 승이 한쪽으로 비켜 주니 소산이 말했다. "더 이상 대들보가 못 쓰게 되어 버렸구나."

擧 僧見韶山普禪師禮拜了叉手而立 山云 大材藏拙戶 僧又過一邊 山云 喪却棟梁材

소산환보(韶山寰普)는 당대 말기 청원계통의 승려로서 협산선회(夾山善會)의 법을 이었다. 이후 낙경(洛京)의 소산에 주석하면서 선풍을 진작하였다. 그 법맥은 약산유엄 – 선자덕성 – 협산선회 – 소산환보로 계승되었다. 시호는 무외선사(無畏禪師)이다.

호박에 줄을 긋는다고 해서 수박이 되는 것이 아니다. 마찬가지로 본래부터 타고난 자질과 성품은 천지가 개벽하기 전에는 쉽게 바뀌는 것이 아니다. 그러므로 각자 자기의 본분을 알고 그에 맞는 생활을 영위하는 것이야말로 천지에 순응하고 자연에 따르는 삶이다. 뱁새가 황새걸음을 따라가지 못하는 것은 바로 이를 두고 하는 말이다.

이것은 불교뿐만 아니라 선법에서도 늘 이야기되어 온 내용이다. 보리달마를 통하여 중국에 전래된 대승의 조사선법은 이후에 발전에 발전을 거듭하면서 명실 공히 중국선의 전 역사를 가름하는 흐름이 되었다. 이에 조사선법은 여타의 선법, 가령 여래선 내지 의리선 등에 비하여 늘 한 차원 다른 것으로 강조하고 나아가서 일부러 차별화하기도 하였다. 그것은 선법과 교학의 차별 이상으로 늘 제기되어 왔다.

그런데 본 내용에서 제시된 모습이 바로 그렇다. 자신의 깜냥을 제대로 알고 그에 상응하는 법거량 내지 가르침을 받으면 참으로 좋았을 것이지만 작은 그릇으로 많은 물을 담아 보려는 과욕을 보여 주고 있다. 조사선의 가풍에서는 애당초 모든 사람이 구비하고 있는 본래성을 자각하는 것을 중요시한다. 그러나 자각을 하든 못 하든 간에 본래성에 증감은 없다.

한 승이 소산을 찾아와 자신의 선기를 은근히 자랑이라도 하듯이 무언의 법거량을 하고 있다. 예배를 드리는 것은 당연한 행위이다. 그리고 어떤 가르침을 기다리는 것도 지당한 행위이다. 그것으로 끝나면 다행이건만 차수한 상태로 이에 대하여 소산에게 한 말씀 해보시라는 태도였다. 그러자 소산은 칭찬은커녕 오히려 거만한 태도를 꾸짖고 있다. '훌륭한 재목이 허름한 집에 감추어져 있는 꼴이로다'는 말은 썩 쓸 만한 선기를 지니고 있으면서도 왜 그 정도밖에 활용할 줄 모르는가 하고 승이 나름대로 제 역할을 하지 못하는 것에 냉소를 보내고 있다.

벌써 소산은 승의 근대를 달아 놓고 눈금을 이야기하고 있다. 그러나 승은 아직은 의기가 도도한 탓인지, 아니면 소산의 그와 같은 점검에 대하여 눈치를 채지 못하고 있는지 설상가상이었다. 소산에 대하여 직접적으로 자신의 허물이 어디에 있는가를 묻고 깨우치면 좋

앉을 것을 한쪽으로 비켜서서 '이래도 또 뭐라고 나무라실 겁니까' 하는 투로 응수하고 있다. 이런 경우 소산은 더 이상 안일한 자비는 무익하다고 판단하였다. 때문에 괜히 긁어 부스럼을 만들었다는 듯이 '더 이상 대들보가 못 쓰게 되어 버렸구나' 하고 직격탄을 날린다. 그에 대하여 승은 어떤 태도를 취했을까 궁금하다.

그러나 그에 응하는 승의 태도가 중요한 것은 아니다. 승이 어떤 자세로 응수했든 지간에 그 상황에서 변하는 것은 없다. 소산의 대응이야말로 설령 승이 제아무리 얌전하게 예배를 드리고 공손하게 법을 물었다손 치더라도 끝내 해 주고 싶은 이야기는 해 주었기 때문이다. 그러나 소산은 승의 본래적인 가치를 완전히 부정만 한 것은 아니다. 그런 대로 쓸 만한 대들보로 인정하면서 그 활용에 대한 가치를 일깨워 주고 있다. 작용이 결여된 본래성은 아무런 의미가 없다. 불법의 단적인 공능은 지금 그 자리에서 활용하는 것에 있음을 보여 주고 있다. 마치 신광이 보리달마에게 불안한 마음을 안심시켜 달라고 말씀드린 상황과 같다. 이에 보리달마는 신광에게 안심을 터득할 수 있는 처방전을 일러 준 것이 아니다.

그 자리에서 바로 불안하다는 그것을 안심시켜 주는 것이었다. 그래서 불안하다는 마음을 보여 달라고 물었다. 그 말에 신광은 이러쿵 저러쿵 온갖 방법을 제시하는 것으로는 자신의 불안을 결코 해소할 수 없음을 알았다. 모든 문제와 책임과 해결은 결국 자신에게 있었다. 이와 같은 즉각적인 작용[用]이야말로 소산이 승에게 보여 준 문제해결의 모습이었다. 이런 자리에서 승이 얼른 감사의 예배를 다시 올렸다면 대들보는 아니더라도 서까래의 역할을 했을 터이다. 두 눈은 가로로 붙어 있고 코는 세로로 달려 있다.

제30칙
소산가풍(韶山家風) - 가풍(家風) -

한 승이 소산에게 물었다. "화상의 가풍은 어떤 겁니까."
소산이 말했다. "우듬지가 잘리고 뿌리도 없는 풀이 바람도 불지
않는데 이파리가 나풀거리는 모습이다."

擧 僧問韶山 如何是和尙家風 山云 絶頂無根草 無風葉自搖

소산의 성품은 바로 위의 문답에서 엿볼 수 있었다. 아는 사람은
모두 알지만 모르는 사람에게는 눈을 뜨고 찾아보아도 그림자도 뵈
지 않는다. 이에 그것을 모르는 사람은 정말 궁금하기도 하겠지만, 반
대로 소산의 기개를 아무런 선입견이 없이 여지없이 뭉개 버릴 수 있
는 배짱도 가질 수 있다. 여기에 한 승은 바로 그와 같은 똥배짱으로
무장된 운수납자이다. 그래서 다짜고짜로 묻는다. 무식한 것이 용감
하다는 말처럼 젊디젊은 사람에게는 때로 그와 같은 패기가 필요하
다. 때문에 '화상의 가풍은 어떤 것입니까'라고 묻는 것은 지극히 당
연한 질문이다.

그러나 자세히 살펴보면 이미 승은 자신의 마음속에 소산의 가풍

은 바로 이런 것이어야 한다고 정해 두고 그것을 들이밀고 있다. 그래서 정작 가풍에 대한 질문이라기보다는 가풍이 고작해야 이 정도밖에 안 되는가를 따지는 것이다. 소산은 그런 대로 승의 태도가 못마땅한 것만은 아니었다. 잘만 다듬어 준다면 제법 법기가 될 것임을 파악하고서 칭찬 반 나무람 반 정도로 한편으론 한껏 짓눌렀다가 다른 한편으론 마음껏 치켜세워 주고 있다. 우듬지가 잘린 나무는 살지 못한다. 설령 살아남아도 볼품이 없고 재목으로도 사용되지 못한다. 그럼으로써 오히려 남의 이목을 피하고 나름대로 개성을 지닌 재목으로 연명되기도 한다. 뿌리가 뽑힌 잡초는 말라비틀어져 시들어 버린다. 간혹 물을 만나 잠시 동안 살아 있다고 해도 잠시도 물을 떠나지 못한다. 이런 경우를 당하여 소산은 다시 '바람도 불지 않는데 이파리가 나풀거리는 모습이다'는 안목을 보여 주고 있다.

이런 가풍이라면 마치 반야실상을 터득한 눈으로 세상을 보기 때문에 진리가 현성하지 않음이 없다. 그래서 눈을 뜨고 바라보면 앞에 나타난 것이 모두 시재(詩材) 아닌 것이 없고 손을 내밀어 붙들면 손에 잡힌 그것이 굳이 도망칠 것도 없어 딱히 이것이 아니다 저것도 아니라고 부정할 건더기조차 없다. 그래서 눈으로 보는 사물과 귀로 듣는 소리 일체가 자신을 위한 장식물이요 유희의 대상이다.

이런 즈음에는 삼라만상이 고불(古佛)의 가풍 아님이 없고 녹수와 청산도 도인의 활계 아님이 없다. 때문에 이런 살림살이에서 우러나온 소산의 가풍은 참으로 머리를 싹둑 잘리고 뿌리조차 뽑혀 버린 잡초와 같고 바람 한 점도 불지 않는데 이파리가 저절로 흔들거리는 택이다. 자세히 살펴보면 눈동자에 힘을 실어 주는 짓일랑은 일찌감치 그만두는 것이 좋을 것이다. 왜냐하면 상식을 초월한 격외도리는 혓바닥에는 본래부터 뼈가 없는 것이 마치 뿌리가 없는 길상초와 같고 우듬지를 잘라 버리고 모래밭에 심어 재배하는 것이 마치 번개를 휘어잡고 무쇠를 잘라 버리는 괴력과 같기 때문이다.

수미산 꼭대기에는 비니초라는 신령스런 풀이 자라고 있다. 하늘에서 싹이 트는 오묘한 식물로서 땅에 뿌리를 내리지 않는다. 잎사귀는 푸르고 무성하며 꽃망울은 시들지 않는다. 그래서 사계절의 조화를 빌리지도 않고 음양의 자양분을 흡수하지도 않는다. 그만큼 청정하고 물외에 벗어난 맵시로 나타나 있다. 그곳에는 바람도 없고 번개도 치지 않는다. 서리도 내리지 않고 비도 뿌리지 않는다. 그러나 바람도 없건만 청향은 만 리에 퍼지고 늘 푸른 이파리가 음악을 연주한다. 이런 시절에는 봄날의 따사로운 빛이 어디 있고 가을날의 차가운 밤 서리가 어디 있어 비니초를 견제하겠는가. 지금 승은 그와 같은 소산의 가풍은 지금 어디에 있는가를 묻고 있다.

제31칙
황산미가(黃山米賈) - 양식(糧食) -

황산월륜이 협산을 참문하였다. 협산이 물었다. "어디에서 왔는가."
월륜이 말씀드렸다. "민중에서 왔습니다."
협산이 물었다. "그대는 이 노승을 알고 있었던가."
월륜이 말씀드렸다. "그러면 그런 화상께서는 저를 알고 계시는 겁니까."
협산이 말했다. "아니다. 그대가 먼저 이 노승에게 노잣돈을 준다면 다음에 내가 그대에게 여릉의 쌀값을 주겠다."
월륜이 말씀드렸다. "그러고 보니 저는 감히 화상을 모르고 있었습니다. 그런데 여릉의 쌀값은 도대체 얼마나 됩니까."
협산이 말했다. "진짜 사자새끼라서 그런지 제법 사자후를 할 줄 아는구나."

擧 黃山輪禪師來參夾山 山問云 什麽處來 輪云 閔中來 山云 還識老僧麽 輪云 和尙還識學人麽 山云 不然子且還老僧草鞋錢然後老僧還汝盧陵米價 輪云 恁麽則不識和尙 未審盧陵米作麽生價 山云 眞師子兒善能哮吼

　무주(撫州) 황산월륜(黃山月輪) 선사는 속성이 허(許)씨로서 처음에 삼봉평(三峰平) 화상에게 참문하였다. 그러나 기연이 계합되지 않아 마침내 협산의 문하가 번성한 것을 듣고는 협산에게 참문하였다. 구

도자의 행위에는 멀고 가까움을 개의치 않고, 군자는 아랫사람에게
묻는 것도 부끄럽게 간주하지 않는다.

이에 협산에 가서 문을 두드리니 협산이 물었다. "그대 이름이 뭔
가." 이것은 협산이 월륜의 근대를 달아보는 질문이다. 마치 방문을
걸어 잠그고 원하는 사람이 아니면 문을 열어 주지 않는 것과 마찬가
지이다. 쉽게 수긍하지 않는 협산의 기개를 보여 주는 행위이다. 황산
이 말했다. "월륜입니다." 너무나 정직한 답변이다. 그러나 지나치게
상식적인 행위이다. 이에 협산은 제일단계를 통과시키고 다른 질문을
제시한다.

그래서 협산은 일원상(一圓相)을 그려 보이면서 물었다. "이것이 무
엇과 닮았는지 아는가." 이것을 일원상이라 긍정하면 일원상이라는
명칭과 그 개념에 집착하는 것이고, 일원상을 일원상이 아니라고 부
정하면 얼토당토 않는 답변이다. 그러자 황산이 말했다. "화상께서
제아무리 이런 말과 제스처를 펼쳐 놓는다 해도 제방의 대선지식들
은 그것을 긍정하지 않을 것입니다." 이미 그런 정도는 알고 있기라
도 하듯이 제법 받아치는 기개가 가상하다. 그 말에 이어서 협산이
물었다. "그렇다면 그대라면 어떻게 말하겠는가." 제법 문답이 무르
익어 가고 있다. "저한테 일원상을 다시 보여 주시겠습니까." 이것은
오히려 주객이 전도되어 있다. 이제 협산이 월륜의 제스처에 답변할
차례이다. 그래서 협산은 "그대가 그렇게 말하는 것을 보니 제방의
대선지식들이 눈곱만치도 긍정해 주지 않게 생겼구나"라고 점수를
매긴다. 합격점을 준 것이다.

이와 같은 문답을 계기로 하여 협산의 문하에서 함께 공부하게 되
었다. 어느 날 협산이 다짜고짜로 물었다. "그대는 어디 출신인가."

상식과 초월을 동시에 제시한 질문이다. 월륜은 제법 선기가 익어 있었다. "제 고향은 민중입니다." 사천성의 민(閩) 지방은 상식적으로는 월륜에게는 자신의 출신고향이면서 초월적으로는 본래성불을 잊지 않고 있다는 표현이었다. 여기에서 질문하는 협산도 불가불 그렇게밖에는 물을 수가 없었고, 답변하는 월륜도 불가불 그렇게밖에는 답변할 수가 없었다. 거짓꼴은 차라리 침묵을 지키는 것만 못하고, 번지르르한 말은 노골적으로 드러내는 것만 못한 법이다. 이것은 십중팔구 스승과 제자가 서로 무게를 달아 보는 제스처에 불과하다. 그러자 협산이 말했다. "그대는 이 노승을 알고 있었던가." 협산과 월륜을 사람과 호랑이에 비유하면 사람은 호랑이를 해칠 마음이 없다. 제자를 자상하게 이끌어 주고 있는 모습을 마치 그동안 수행하면서 스승을 어느 정도 이해하게 되었는가를 묻는 것이다.

그러자 월륜이 답했다. "그렇다면 화상께서는 저를 일찍부터 알고 계셨던 겁니까." 월륜은 호랑이도 사람을 상해할 의도가 없다고 답변한다. 그 스승에 그 제자이다. 마치 불에 가까이 다가가면 불에 데이고 말을 많이 하면 말실수가 따르게 마련이다. 이런 자세로 제자는 스승을 경외하고 스승은 제자를 단련시킨다. 협산이 말했다. "아니다. 그대가 먼저 이 노승에게 노잣돈을 준다면 다음에 내가 그대에게 여릉의 쌀값을 주겠다." 이 하나의 문답으로 협산은 월륜을 긍정하게 되었다. 더 이상 법거량이 아니라 일상의 모습으로 환원하고 있다. 굳이 서로가 부정할 필요가 없고 속일 필요가 없다. 쌀값은 누구나 노상 알고 있는 현실이다. 누구나 밥을 먹고 산다는 말이다.

월륜이 말씀드렸다. "그리고 보니 저는 감히 화상을 모르고 있었습니다. 그런데 여릉의 쌀값은 도대체 얼마나 됩니까." 화상을 모르고 있는 것이야말로 이전까지 화상을 화상이라는 위치에 두고 바라만 보았다가 이제는 더불어 같은 눈높이에서 바라보게 되었다는 것이다. 그래서 미투리 뒤꿈치의 끈이 끊어지면 계속하여 걸음을 걸을 수 없는 것처럼 진정한 상량문답은 이것으로 끝이 나는 법이다. 이에 협산은 최종적으로 제자를 감정한다. "진짜 사자새끼라서 그런지 제법 사자후를 할 줄 아는구나." 이것은 제자를 긍정한 말로서 거기에는 여릉의 쌀값을 두 배로 쳐 준다는 의미이다. 쌀값은 거래를 통하여 이루어진다. 높이 쳐 준 쌀값은 쉽게 팔려 나간다. 그만큼 찾는 사람이 많다는 것이다.

이런 모습을 보고서 훗날 단하자순은 다음과 같이 말했다.

부자가 상봉하니 안목이 배나 밝아졌고
영묘가 총총하니 편안히 산책을 한다네
그 가운데 만약 금모사자라도 있다면야
소금절인 매실 국속에 집어넣은 꼴이네

스승과 제자의 기연이 의기투합되는 것은 참으로 쉽지 않다. 마치 열 자 되는 높이에서 겨자씨 하나를 떨어뜨려 바늘 끝에 꽂히는 경우와 같다. 모든 경우에 한 치의 흐트러짐도 없이 합치되지 않으면 곤란하다. 협산 부자의 화음이 참으로 보기 좋게 어울려 보인다.

제32칙
상람본분(上藍本分) - 대기(對機) -

한 승이 상람초 선사에게 물었다. "화상의 본분사는 어떤 것입니까."
상람이 말했다. "삼세제불에게서도 빌릴 수가 없는데 어찌 일상의
집사를 통해서 추구힐 수 있겠는가."
승이 물었다. "그렇다면 빌릴 수도 없고 추구할 수도 없을 경우는
어찌해야 합니까."
상람이 말했다. "잡을 수도 없고 놓아 버릴 수도 없는 것인데 그대
손안에 움켜쥘 수 있겠는가."

擧 僧問上藍超禪師 如何是上藍本分事 藍云 不從千聖借豈向萬機求
僧云 不借不求時如何 藍云 不可拈放闍黎手裏得麼

상람초는 상람영초(上藍令超) 선사이다. 홍주의 상람영초 선사는 서
주(瑞州) 상람산에 주석하였다. 협산선회(夾山善會)의 선풍을 계승하자
납자들이 모여들었다. 후에 홍정(洪井)에 선원(禪苑)을 창건하고 상람
(上藍)이라는 명칭을 붙였다. 교화를 받은 사람들이 점점 대성황을 이
루었다. 그 계보는 약산유엄-선자덕성-협산선회-상람영초-남평
왕종으로 계승된다.

달마조사로부터 시작되는 소위 조사선은 본래성불을 기본으로 한

다. 애당초 수행은 물론이고 깨침마저 완성되어 있기 때문에 그것을
자각하여 일상의 생활 속에서 차별 없이 실천하는 것이 요구될 뿐이
다. 그러나 그것이 어디 그리 쉬운 일이던가. 말로는 손바닥 뒤집듯이
하루에도 몇 번씩 세상을 주물럭주물럭하겠지만 실제로는 어림 반
푼어치도 없는 개똥철학 노릇만 할 뿐이다.

한 승은 조사선의 가풍에 대해서는 제법 익숙히 들어 왔던 모양이
다. 그래서 상람영초 선사 앞에서 차수(叉手)를 하고 병각(並脚)을 하
고서 공손한 태도로 앞으로 몇 걸음 나아갔다 뒤로 몇 걸음 물러났다
가 선상(禪床)으로 다가서더니 선상의 모서리를 움켜쥐고는 마치 고
래 심줄이나 잡은 듯이 의기양양하게 상람을 향해 노려본다. 참으로
보란 듯이 거드름을 피우고 있다. 이에 상람은 참으로 점잖게 타이른
다. "그와 같은 행위란 결국 남의 보배만 헤아리는 택으로 아무런 소
득도 없다. 마치 불법에서 수행이 없이 다문(多聞)만 가지고는 아난과
마찬가지로 입만 피곤할 뿐이다. 그러니 괜히 힘 빼지 말고 잠자코
내 말을 들어 보는 것이 좋을 것이다."

그러자 승은 자신의 허풍이 통하지 않는 줄을 알고 겸연쩍은 듯이
한 말씀 여쭌다. "그렇게 말씀해 주시는 화상의 본분사는 도대체 어
떤 것입니까." 평소에 화상께서는 어떤 가풍으로 납자들을 제접(提接)
해 주고 있는가를 묻는다. 상람의 가풍은 배고픈 사람이 오면 친히
입을 벌려 밥을 떠 먹여 주고 헐벗은 사람이 찾아보면 손수 옷을 입
혀 주는 것이었다. 그런 가풍을 상람은 "삼세제불에게서도 빌릴 수가
없는데 어찌 일상의 잡사를 통해서 추구할 수 있겠는가"라고 말한다.
지금 여기에서 목이 마를 때 물을 떠 주는 것이 부처님보다 낫지 않
겠는가 하는 것을 몸소 제시해 주고 있다. 목이 마른 것은 삼세제불

도 해결해 주지 못한다. 몸소 자신이 물을 마셔야 한다. 그렇지 않고서야 물을 내려 달라고 기도를 한다든가 마음으로 목이 마르지 않다고 되뇐다든가 하는 것은 참으로 번잡한 행위일 뿐이다.

상람은 여기에서도 은근히 조사선풍을 시험하고 있다. 이처럼 제자에게 가르침을 베풀어 주는 행위가 참으로 자신의 간장(肝腸)을 토해내어 보여 주는 것처럼 자상하다. 그러나 승은 더욱더 궁금증이 증폭하여 지금 그 자리에서 당장이라도 해결하지 않으면 안 되는 문제처럼 다시 질문을 들이민다. "만약 그렇다면 빌릴 수도 없고 추구할 수도 없을 경우는 어찌해야 합니까." 이것은 본래 원만하게 성취되어 있다면야 어찌 특별히 추구할 필요가 있겠는가를 묻고 있다. 일체중생에게 불성이 갖추어져 있고 자비심 많은 제불과 보살님들이 항상 우리들을 굽어 살펴 주고 있는데 어리석은 중생을 그대로 내팽개쳐 둘 수가 있겠는가 하고 따진다. 상람은 진정 자비보살이었다. 잡는다고 해도 잡으려는 것에 집착하는 것이고, 또한 언젠가는 자신의 불성이 깨우쳐지겠지 하는 마음으로 마냥 기다리는 것이라면 백년하청(百年河清)일 뿐임을 다음과 같이 말해 준다. "잡을 수도 없고 놓아 버릴 수도 없는 것인데 그대는 손안에 움켜쥘 수 있겠는가." 이와 같이 나약한 납자에게는 따끔한 충고가 필요하다. 그래서 상람은 파죽지세와 같은 말로 활줄처럼 곧은 마음으로 직격탄을 날린다. 이에 승은 하릴없이 패배를 인정하고 물러갈 수밖에 없었다.

제33칙
사선입정(四禪入井) ─ 교로(橋路) ─

한 승이 군주사선(郡州四禪) 선사에게 물었다. "고인에게 청을 드리면 고인은 반드시 그 청을 들어주었다고 합니다. 그러므로 이제 화상께 청하겠습니다. 화상께서는 우물 속에 들어가 주실 수 있겠습니까."
사선선사가 말했다. "우물이 너무나 깊고 깊어서 바닥이 없다네. 물을 마시는 자만이 모든 갈증을 해소하는 법이지."

擧 僧問四禪禪師 古人有請不背 今請和尙入井還去也無 禪云 深深無別源 飮者消諸渴

사선선사의 접화수단이 잘 나타난 선문답이다. 사선선사는 협산선회(夾山善會)의 제자로서 『전등록』 권16에 전한다. 사선선사는 질문에 응답하면서 받은 질문을 오히려 답변하는 자의 구미에 맞도록 재활용하는 수단을 보여 주고 있다. 상식적인 입장에서는 답변이 불가능한 질문 혹은 답변할 능력이 없는 경우에는 침묵을 지키거나 답변을 회피하거나 질문 자체를 부정하는 방법들이 있다. 그러나 사선선사는 상식을 부정하지 않으면서 교묘하게 질문에 답변하고 있다.

승의 질문은 우물 안으로 직접 들어가는 신통력을 보여 달라는 것이다. 승은 신통력이란 것에 대하여 일종의 환상을 지니고 있다. 때문에 불가능하다고 생각하는 것을 가능토록 해 줄 것을 기대하면서 질문을 한다. 아니, 그와는 반대로 자신의 질문에 대하여 결코 답변할 수 없다는 것을 나름의 기준에 맞추어 미리 정해 두고서 은근히 사선선사의 법력을 시험하고 있다.

이에 사선선사는 우물에 들어가면 죽을 것이고 들어가지 않으면 질문에 답변을 하지 못하는 것이 된다. 그러나 사선선사는 벌써 질문을 그대로 답변으로 활용하는 묘수를 보여 주고 있다. 우물 속에 들어가 보라는 승의 질문은 아직 승이 우물 속에 들어가 보지 못했음을 알아차리고 있다. 때문에 승은 아직 우물 속에는 무엇이 있는지, 우물이 얼마나 깊은지, 우물이 무엇인지 등을 도통 모르고 있다. 승은 자신의 깜냥으로 자신의 능력에 맞는 저울을 들고 사선선사를 끌어들여 그 근대를 재려고 한다. 그러나 사선선사는 바로 그 점을 간파하고 있기 때문에 받은 질문을 다시 답변으로 들이밀어 우물에 들어가는 길을 제시한다. 나아가서 이미 우물에 들어가서 우물 속으로 안내하고 있다. 곧 우물에 대하여 아무것도 모르고 있는 승은 사선이 어떤 답변을 하든지 간에 그것이 옳은지 그른지 판단할 안목이 없기 때문에 뭐라 말해도 틀린 답변이라 할 수는 없다.

그래서 사선선사는 "우물이 너무나 깊고 깊어서 바닥이 없다네. 물을 마시는 자만이 모든 갈증을 해소하는 법이지"라고 말해 준다. 우물이 무엇인지 그대가 직접 들어가 보고 물을 마셔 보아야 우물과 물을 알 수가 있다는 것이다. 갈증을 느끼는 사람이 마셔야 물이 달고 쓴지를 안다. 이처럼 사선선사는 자신이 파악하고 있는 우물을 승이 결코 알아차리지 못한다는 것을 깊고 깊어서 바닥이 없다고 표현한다. 때문에 승으로 하여금 직접 우물에 들어가 보아야 목마른 사람의 갈증이 해소된다고 말한다. 우물에 들어가는 것은 승이지 사선선사가 아니다. 사선선사는 이미 우물에 들어앉아 있기 때문에 굳이 우물에 들어갈 필요가 없다. 그러나 승은 다르다. 일찍이 그와 같은 체험이 없었기 때문에 그 질문은 막연한 환상을 가지고 우물을 겨냥한다. 이 것은 마치 겉으로 보자면 질문을 한 승이 먼저 우물에 들어가야 보아 야 사선선사가 뒤따라 들어가겠다는 택이다.

그러나 정작 우물은 없다. 우물에 들어가는 승도 없고 우물에 들어 가 있는 사선선사도 없다. 우물이 없는 것을 깨치는 것은 법공(法空) 이고 우물에 들어가는 사람이 없는 것을 깨치는 것은 아공(我空)이다. 이에 사선선사는 우물에 들어가는 자가 허망하다는 것을 제시한다. 그런데 어찌 들어가야 하는 우물이 있겠는가 하는 말이다. 곧 우물이 깊고 깊다는 것은 우물이라는 대상과 우물에 들어간다는 행위에 대 한 집착이 없음을 가리킨다. 비유하면 피부가 본래 없다면 피부에서 생겨나는 터럭이 없는 것과 같다. 허망에 대한 환상을 벗어나면 본래 우물이 없듯이 자신에게 이렇다 저렇다 하는 분별심이 없으면 부모 미생전(父母未生前)의 소식은 더 이상 질문이 아닌 현실이 된다.

그러나 승은 망정이 갑자기 일어나고 업식이 망망하여 고인의 이름 을 팔아 사선선사를 얕잡아 보는 것이다. 그러나 사선은 참으로 친절하 다. 단지 '우물이 너무나 깊고 깊어서 바닥이 없다네. 물을 마시는 자는 모든 갈증을 해소하는 법이지'라고 말할 뿐이지 더 이상 두드려 팬다거 나 팔다리를 꺾어 놓는다든가 하지 않는 것을 다행으로 알아야 한다. 이러한 사선선사의 행위야말로 저 승으로 하여금 심(心)·의(意)·식(識) 을 벗어나 진지하게 참구할 것을 가르쳐 주는 것이었고, 범성의 길이 단절된 도리를 가르쳐 주는 것이었다. 바야흐로 참으로 넓고 가없는 성품의 물을 깊고 옅다는 분별심으로 궁구할 수 있는 것이 아니라는 것이다. 혹시 그 선기를 맛볼 줄 아는 사람이라면 그 모든 갈증을 해소하지 못할 것이 없을 것이다. 그런데 어찌 이토록 아둔한 승이 사선선사의 마음을 긍정한다는 것은 자신을 속이고 남을 속이려는 것에 불과하다.

제34칙
해호행도(海胡行道) – 대도(大道) –

해호선사에게 어떤 좌주가 물었다. "화상께서는 도를 닦은 지 몇 년이나 되셨습니까."
해호가 말했다. "좌주는 이리 좀 더 가까이 오게나."
좌주가 화상 가까이 다가가자 해호가 물었다. "자, 말해 보게나. 교진여는 몇 년이나 도를 닦았던가."
좌주가 망연하여 대꾸를 하지 못했다. 그러자 해호가 말했다. "아직 오줌싸개 같은 놈이로군."

擧海湖禪師有座主問 和尙甚麼年行道 湖云座主近前來 主近前 湖云
且道憍陳如甚年行道 座主茫然無對 湖云尿牀鬼子

　어떤 사람이 태원의 해호선사을 찾아와서 관정삼장(灌頂三藏) 법사에게 공양해 주실 것을 청하였다. 해호선사가 자리를 내주고 그 자리에 앉으라고 말했다. 그때 운섭(雲涉) 좌주가 물었다. "화상께서는 수행생활을 몇 년 동안이나 하셨습니까. 마치 하룻강아지가 범을 무서워할 줄 모르는 것 같습니다." 마치 싸움이라도 걸어오는 듯한 말투로 오만방자하였다. 그러고는 그 앞에서 이리저리 왔다 갔다 하면서 어떤 내기라도 해 보자는 듯이, 아니면 자신이 어떤 사람인지 알아

달라는 듯이 참으로 눈꼴사나운 거드름을 피웠다. 이에 해호가 물었다. "교진여는 수행을 몇 년이나 한 줄 알겠느냐."

운섭좌주에게는 참으로 뜬금없는 질문이었지만 자존심에서 그랬는지 끙끙거리며 뭐라고 대꾸하려고 노력하였다. 그러나 뭐라고 답변할 건더기도 발견하지 못하고 전전긍긍하였다. 지금까지 도도하던 태도는 점점 사라지고 심지어는 어디 쥐구멍이라도 찾고 싶은 마음으로 얼굴이 일그러졌다. 그 자리에서 뛰쳐나가지 않는 것만으로 겨우 체면치레를 하려고 애썼다. 좌주의 얼굴이 참으로 염치없게 되었을 때야 비로소 해호는 마치 아무런 연유도 모른 채 궁금하다는 듯이 "좌주는 똥이라도 마려워서 그러는 것인가. 그러면 후딱 해우소에 먼저 다녀오게나"라고 태연하게 말했다.

선문답에서 전형적으로 볼 수 있는 모습이다. 선문답에서 선사와 좌주라는 관계는 선과 교학이라는 상징적인 의미로 더욱 빈번한 역할을 한다. 그래서 때로는 선과 교의 일치라는 측면으로 등장할 경우도 있는가 하면, 때로는 선과 교의 차별이라는 측면으로 등장하기도 한다. 선의 어록에서는 거의가 선과 교의 차별이라는 역할로 나타난다. 가령 팔만 사천 법문을 공부한 좌주가 이론적으로 중무장했다고 자신하면서 일체를 마음의 소관이라도 말한다는 선자를 찾아가서 일부러 시비를 걸어 한판 붙는다. 그러나 이런 경우 대부분 좌주는 자신의 논리를 펼쳐 보지도 못하고 그 자리에서 케이오 패를 당하고 만다. 언설이라는 부자유스러운 도구는 깨침을 터득한 선사의 마음에는 한낱 유치한 장난감에 불과하듯이 묘사되기 일쑤다.

여기에서도 예외는 아니다. 좌주는 아마 수십 년 동안 불교의 경전을 강의하고 그 교리에 해박한 지식을 소유하고 있었을 것이다. 제

딴에는 세상에 두려울 것이 없다고 생각했는지 선사를 은근히 골려 주고 싶었다. 해호선사에게 수행을 한답시고 허송세월만 하지 않았느냐고 묻고 있다. 그러나 해호선사는 그와 같은 위의(威儀)에 개의치 않을 만큼 좌주의 마음을 이미 꿰뚫어보고 있었다. 마치 어머니가 어린 자식의 마음을 파악하고 있는 것과 같았다. 여기에서 해호선사가 교진여에 대하여 질문한 것은 당연한 것이었다. 처음에 교진여는 싯다르타를 호위하라고 보낸 왕의 시종이었다. 그러나 싯다르타의 덕화에 감화되어 더불어 수행자가 된 사람이다. 후에 싯다르타가 고행을 그만두었을 때 교진여는 싯다르타가 고행을 참지 못하고 포기한 것으로 간주했던 적이 있었다. 교진여는 기존의 정해진 규범이나 전통에 철저한 보수의 입장을 대변한다. 그러나 깨침을 추구하는 선법에서는 그와 같은 규범을 무시하는 것은 아니지만 그로부터 과감하게 탈출하는 정신적인 혁명을 추구할 것도 함께 내세운다. 때문에 교진여는 정작 좌주와 같은 입장을 상징한다. 진리를 깨치지 못한 사람에게 언설은 부자유스러울 수밖에 없다. 수행을 오랫동안 한 것은 존경받을 일이다. 그러나 그 세월 동안 제대로 하는 것이 중요하다. 그래서 해호선사가 여기 좌주에게 일깨워 주고 있는 것은 정작 수행을 몇 년이나 했느냐가 아니라 그동안 뭘 했느냐는 것이다.

천개욕실(天盖浴室) – 목욕(沐浴) –

한 승과 천개유 선사의 문답에 대한 일화이다. 곧 일찍이 무구정광 선원(無垢淨光禪院)이라는 명칭의 선원에서 욕실을 만드는 것과 관련하여 교화했던 이야기이다. 어떤 승에게 천개유 선사가 물었다. "이미 때가 없는 청정한 광명[無垢淨光]인데 굳이 욕실을 만들어야 할 이유가 있었을까."

그 승이 답변을 하지 못했다. 그러자 천개유 선사가 대신 답변하였다. "가을 보름달 밝은 밤이야말로 둥근 모습을 똑바로 바라볼 때가 아니겠는가."

擧 僧問天盖幽禪師 有一院名無垢淨光禪院 化造浴室 有人問 旣是無垢淨光 無甚麼却造浴堂 僧無語 天盖代云 三秋明月夜 不是騁團圓

천개유는 천개산유(天盖山幽)로서 협산선회의 법사로서 협서성 봉상부(鳳翔府)에 주석했던 인물이다. 여기 문답은 『능엄경』의 25가지 원통수행에 대한 이야기이다. 25가지는 곧 육진오입(六塵悟入)·육근오입(六根悟入)·육식오입(六識悟入)·칠대오입(七大悟入)을 말한다.

여기에서 본 무구정광의 일화는 육진오입 가운데 촉진오입에 대한 것이다.

발타파라(跋陀婆羅)라는 보살이 16명의 보살들을 대동하고 자리에서 일어나 부처님 발에 정례드렸다. 그리고 부처님께 사뢰어 말씀드렸다. "저희들은 옛적에 위음왕불의 처소에서 설법을 듣고 출가하였습니다. 그때 목욕을 하려고 차례를 지켜 욕실에 들어갔을 때, 목욕물이 몸에 닿았을 때 홀연히 깨쳤습니다. 곧 이미 씻어낼 때가 없고, 또한 씻을 몸도 없으며, 때와 몸 사이에조차 집착이 없어서 편안하게 무소유의 경지를 터득하였습니다. 그 옛적의 경험을 지금까지 잊지 않고 있습니다. 그 인연으로 지금 부처님을 따라 출가하여 또 무학(無學)의 경지를 터득하였습니다. 이에 부처님께서는 저한테 발타파라라는 이름을 주셨습니다. 이에 오묘한 촉각의 경계를 대하여 마땅히 성불하여 머물게 되었습니다. 그러므로 부처님께서 원통(圓通)의 경계를 물으신다면 제가 깨친 바에 의해서 촉각을 인유하여 수행하는 것이 가장 뛰어난 수행이 아닌가 생각합니다." 이것은 『능엄경』의 25가지 수행 가운데 촉진오입(觸塵悟入)의 수행에 대한 일화이다. 발타파라 곧 현호(賢護)가 때를 씻는 물을 통하여 무소유의 경지를 터득한 이야기이다.

이 문답은 본래 자성청정(自性淸淨)의 입장이라면 굳이 자성을 청정하게 하는 수행은 불필요한 것이 아닌가 하는 문제와 관련되어 있다. 조사선의 근본적인 입장은 본래성불(本來成佛) 사상에 기초한다. 때문에 이미 성불해 있다면 수행을 통하여 다시 성불할 필요가 없겠는가 하는 질문이 제시될 것이다. 본래성불이란 모든 중생에게 부여되어 있다. 다만 그런 도리를 알고 모르는 것에 따라 부처로 살기도 하고 중생으로 살기도 한다. 때문에 본래성불이기 때문에 그에 걸맞은 모종의 수행을 통하여 그에 부합되는 삶을 살지 않으면 안 된다. 곧 오히려 이미 성불해 있기 때문에 더욱더 그것을 자기의 것으로 만들어

가야 한다는 수행의 당위성이 제시된다.

여기에서 제시된 문답은 무구정광(無垢淨光)처럼 번뇌가 없는 청정한 광명이라면 그대로 완전한 것이므로 물을 통하여 몸의 때를 씻을 필요가 없는 것이 아닌가 하는 것이다. 그것에 대하여 천개산유 선사는 "가을 보름달 밝은 밤이야말로 둥근 모습을 똑바로 바라볼 때가 아니겠는가"라고 말한다. 여기에서 가을날의 보름달은 이미 깨침이 원만하게 성취되어 있음을 의미한다. 때문에 하늘에 둥실 떠 있는 보름달을 바라보아야 하는 것은 각자의 몫이다. 곧 하늘에 보름달이 떠 있기 때문에 달을 바라보는 것이다. 가령 하늘에 보름달이 없다면 보름달을 바라볼 필요가 없다. 밤에 밖에 나가서 하늘의 보름달을 바라보는 행위는 수행을 의미한다. 곧 깨침이 완성되어 있어야만 그에 상응하는 수행도 필요하다는 것이다. 이것은 누구나 본래성불의 입장에서 있으므로 누구나 반드시 수행을 해야 한다는 당위성을 말해 주는 것이다. 무구정광이므로 그 무구정광을 맛보기 위해서 목욕실을 만들어 놓고 목욕을 해야 한다. 본래청정하기 때문에 본래청정한 것을 맛보는 수행이 필요하다. 씨앗이 있으므로 씨앗을 뿌려 싹을 틔우는 것이다. 씨앗이 없다면 그와 같은 행위는 아예 필요도 없고 무의미하다.

구봉유언(九峰有言) – 불조(佛祖) –

한 승이 구봉도건 선사에게 물었다. "제가 들은 바에 의하면 화상께서는 '모든 부처님께서 출현하신 것도 단지 남의 말을 전한 것에 불과하다'고 말씀하셨다는데 정말 그렇습니까."
구봉이 말했다. "그렇다."
승이 물었다. "세존께서 한 손으로는 하늘을 가리키고 한 손으로는 땅을 가리키면서 천상천하 유아독존이라 말씀하셨습니다. 그런데 화상께서는 무슨 까닭에 그것조차 남의 말을 전한 것이라 하시는 겁니까."
구봉이 말했다. "단지 한 손으로는 하늘을 가리키고 한 손으로는 땅을 가리켰을 뿐이다. 바로 그 때문에 남의 말을 전한 것이라 말하는 것이다."

擧 僧問九峰虔禪師 承聞和尙有言 諸聖間出只是傳語人是否 峰云是
僧云 世尊一手指天一手指地 天上天下唯我獨尊 和尙爲甚麼却喚作
傳語人 峰云 只爲一手指天一手指地 所以喚作傳語人

구봉은 구봉도건(九峰道虔)으로 당말 오대의 선사이다. 복건성 후관현(候官縣) 출신으로 속성은 유(劉)씨이다. 제방을 편력한 후에 석상경제로부터 인가를 받았다. 후에 강서성 균주(筠州)의 구봉산에 오랫동안 주석하였다. 만년에는 강서성 늑담(泐潭)의 보봉선원(寶峰禪院)으로 옮겼다. 시호는 대각선사(大覺禪師)이다.

한 승이 구봉도건 선사에게 물었다. "고인은 깨치지 못한 자야말로 곧 후손이라고 말씀하셨습니다. 도대체 그게 무슨 뜻입니까." 구봉이 말했다. "고인은 거짓말을 하지 않는다. 그러니 그대로 믿는 것이 좋다." "그러면 그 후손이란 어떤 사람을 가리키는 겁니까." "보배를 잘 지키는 사람을 후손이라 말한다." "모든 부처님께서 출현하신 것도 단지 남의 말만 전했을 뿐이라고 화상께서 말씀하셨습니까." "그렇다."

깨치지 못한 자야말로 자기의 후손이라는 말은 깨침에 대한 집착을 철저하게 벗어난 자를 가리킨다. 진정으로 깨친 자는 깨치지 아니하고 진정으로 깨치지 못한 자는 깨쳤다고 말한다. 수행의 경우도 마찬가지이다. 때문에 깨친 것과 깨치지 못한 것은 하등의 차이가 없다. 다만 진정한 수행과 깨침은 그와 같은 분별에 관계되지 않음을 설파한 말이다.

늘 구봉은 오백 년 만에 나타나는 불세출의 성인이라 할지라도 그들의 말은 모두 남의 말을 전하는 것에 불과하다는 말을 하였다. 이에 대하여 승은 "석가세존의 경우 천상천하 유아독존이라 말씀하셨다는데 그것조차 석가세존의 말씀이 아니고 남의 말을 전하는 것에 불과하다는 겁니까"라고 묻는다. 이에 구봉은 바로 그것이야말로 오히려 남의 말을 전한 전형적인 표본이라 말해 주고 있다. 곧 불법의 진실이란 체험의 여부에 따라 진실이 되고 안 되고 하는 것이 아님을 말해 주고 있다. 불법은 당사자의 체험과는 무관하게 본래부터 각자의 본래면목이기 때문에 중생이 체험을 못 했다고 해서 그 순간 불법이 사라지는 것도 아니고, 부처가 체험을 했다고 해서 그 순간 불법이 나타나는 것도 아니다.

불법은 진여(眞如)로서 체험의 유무와는 관계가 없다. 곧 그것을 체험함에 따라서 자신이 깨쳤네 못 깨쳤네 하지만 정작 그것은 깨침의 본질과는 아무런 관계가 없다. 마치 하늘은 어제도 오늘도 여전히 그저 하늘일 뿐이다. 그러나 하늘을 바라보는 사람의 기분에 따라 맑은 하늘이다 혹은 구름 낀 하늘이라고 분별할 뿐이다. 그러나 이런 차원에만 머물러 버리면 그것도 또한 어리석은 짓이다. 불법은 사람의 체험과 상관이 없지만 사람과 사람이 불법을 미주알고주알 이러쿵저러쿵 설명하는 것은 당사자의 체험에 관계되어 있기 때문이다. 물이 갈증을 달래 주는 데 효과가 있다고 아는 것과, 그것을 이해했다고 해서 실제로 자신의 갈증이 사라지는 것과는 상관이 없다. 설령 물을 몸소 마시고 나서 갈증이 해소되었다고 해서 물이 변하는 것은 아니다. 물은 마시기 이전이나 마신 이후나 여전히 물일 뿐이다. 단지 그것을 마시는 사람이 물을 활용했을 뿐이다. 불법의 본질은 그와 같다. 누가 불법의 본질을 터득한다고 해서 불법이 늘어나는 것도 아니고, 터득하지 못한다고 해서 줄어드는 것도 아니다. 단지 그것을 터득하고 못하고 하는 개인의 문제일 뿐이다.

이에 그와 같은 본래면목의 소식을 자신이 체험하고 언설로 다듬어서 남이 알아들을 수 있도록 정리하여 전할 줄 아는 자는 곧 부처이고, 그것을 전하지 못하는 자는 중생이다. 그러나 여전히 본래면목의 모습은 그것을 남에게 전하고 전하지 못하는 것과는 상관이 없다. 석가존께서 한 손으로 하늘을 가리키고 한 손으로 땅을 가리키면서 천상천하 유아독존이라 말했건, 아니면 두 손을 모두 들고 말하건 들지 않고 말했건 간에 상관이 없다. 여전히 물은 낮은 곳으로 흐르고 꽃은 피었다가는 진다. 때문에 제아무리 부처라 할지라도 결국은 본래면목의 소식을 전하는 꼴이 아니고 무엇이겠는가.

제37칙
구봉상전(九峰相傳) – 불조(佛祖) –

한 승이 구봉에게 물었다. "조사들께서는 대대상전(代代相傳)하셨다는데 도대체 무엇을 상전한 것입니까."
구봉이 말했다. "석가모니는 인색했는데 가섭은 헤펐다."
승이 물었다. "석가모니께서 인색했다는 것은 무슨 뜻입니까."
구봉이 말했다. "사람에게 설해 줄 것이 없었다는 말이다."
승이 물었다. "그러면 가섭이 헤펐다는 것은 무슨 뜻입니까."
구봉이 말했다. "국내 제일가는 맹상군과 같기 때문이다."
승이 물었다. "그러면 필경에 전승했다는 것은 도대체 무엇입니까."
구봉이 말했다. "백 살 먹은 노파가 밤에 등불을 치켜드는 꼴이다."

擧 僧問九峰 祖祖相傳 當傳何事 峰云 釋迦慳 迦葉富 僧云 如何是
釋迦慳 峰云 無物與人 僧云 如何是迦葉富 峰云 國內孟嘗君 僧云
畢竟傳底事作麼生 峰云 百歲老兒分夜燈

구봉은 구봉도건(九峰道虔)으로 당말 오대의 선사이다. 복건성 후관현(候官縣) 출신으로 속성은 유(劉)씨이다. 제방을 편력한 후에 석상경제로부터 인가를 받았다. 후에 강서성 균주(筠州)의 구봉산에 오랫동안 주석하였다. 만년에는 강서성 늑담(泐潭)의 보봉선원(寶峰禪院)으로 옮겼다. 시호는 대각선사(大覺禪師)이다.

본 문답은 정법안장의 불립문자 교외별전의 소식에 대한 것이다. 어느 때 세존께서 영취산의 법회에서 금바라화를 치켜들고 대중에게 내보였다. 그때 대중은 모두 말을 못 하고 침묵을 지켰지만 오직 마하가섭만이 잔잔히 미소를 머금었다. 이에 세존께서 말씀하셨다. "나한테 있는 정법안장(正法眼藏) 열반묘심(涅槃妙心) 실상무상(實相無相) 미묘법문(微妙法門)은 불립문자이고 교외별전이다. 이제 그것을 마하가섭에게 부촉한다." 그러고는 게송을 설하여 말씀하셨다.

제법은 본래 법이면서 무법이다	法本法無法
그러나 무법조차 역시 제법이다	無法法亦法
이제 가섭에게 무법을 부촉하니	今付無法時
제법과 무법인들 어찌 제법이랴	法法何曾法

이와 관련하여 당대 말기에 석두희천(石頭希遷: 700~790)의 『참동계(參同契)』에서는 다음과 같이 말하였다. 이것도 역시 정법안장의 전승에 대한 내용이다.

축토대선 곧 부처님의 마음은	竺土大仙心
동과 서로 은밀히 부촉되었다	東西密相付
곧 사람의 근기 다양할지라도	人根有利鈍
깨침에는 남북의 돈점이 없다	道無南北祖

하루는 아난이 가섭에게 물었다. "세존께서는 사형한테 금란가사를 전수하셨습니다. 가사 이외에 달리 전수한 것은 없습니까." 이에

가섭이 아난의 이름을 불렀다. 아난이 "예!" 하고 답하자, 가섭이 말했다. "문 앞에 세워둔 찰간대를 꺾어 버려라." 이에 대하여 훗날 분양선소(汾陽善昭: 947~1024)가 말했다. "가섭이 말한 소식이 무엇인지에 대해서는 묻지 않는 것이 좋다."

모두 정법안장을 전승하는 불립문자 교외별전의 방식에 대한 코멘트이다. '조사들께서는 대대상전(代代相傳)했다는데 도대체 무엇을 상전한 것입니까'라는 질문이야말로 흔히들 지니고 있는 궁금증이다. 이에 대하여 구봉은 '석가모니는 인색했는데 가섭은 헤펐다'고 답한다. 석가모니의 경우 49년 동안 평생 설법을 했으면서도 설법을 한마디도 하지 않았다고 말씀하신다. 『능가경』에서 말한 '불설일자(不說一字)'가 그것이고, 『금강경』에서 말한 '여래는 일찍이 여등불 처소에서 아뇩다라삼먁삼보리를 터득한 바가 없다. 또한 일체법을 설한 바가 없다'는 것이 그것이다. 곧 정법안장의 진정한 전승은 그와 같은 언어문자로는 전할 수 없음을 의미한다. 그래서 '사람에게 설해 줄 것이 없었다'고 말한다.

그럼에도 불구하고 모든 진리를 언설을 통하여 전승되지 않으면 안 된다. 이에 '그러면 가섭이 헤펐다는 것은 무슨 뜻입니까'라는 물음에 대하여 '국내 제일가는 맹상군(孟嘗君)과 같다'고 답한다. 맹상군은 어떤 사람이나 잘 믿고 받아들이는 군자로서 재물이 무궁무진한 사람이었다. 바로 마하가섭의 경우 그로부터 선법이 유출되었음을 상징한다. 이에 마하가섭이야말로 후대에 선종의 초조로 추존되기에 이르렀다. 가섭은 일찍이 삼처전심(三處傳心)의 도리에 의하여 부처님으로부터 정법안장을 부촉받았다. 선법의 진정한 입장으로 보면 그것으로 충분하다. 그럼에도 불구하고 부처님께서 부득불 '나한테 있는 정법안장 열반묘심 실상무상 미묘법문은 불립문자이고 교외별전이다. 이제 그것을 마하가섭에게 부촉한다'고 말한 것은 후대 사람들을 위한 최소한도의 제스처였을 뿐이다.

가섭은 바로 그것을 수용한 인물로 등장한다. 이것을 '백 살 먹은 노파가 밤에 등불을 치켜든다'고 말하였다. 백 살 먹은 노파는 눈이 침침하기 때문에 굳이 등불을 켤 필요가 없다. 그럼에도 불구하고 지나가는 사람이 깜깜한 밤에 부딪히지 않도록 하기 위해서는 등불을 들고 있어야만 하는 것을 가리킨다. 정법안장이야말로 어떤 언설과 문자로도 제대로 표현이 불가능하다. 그래도 어떤 모습으로든지 그것을 표현하지 않으면 안 된다. 그것을 등불로 드러낸 것이다.

선종에서는 그 어떤 교학불교보다도 특히 깨침을 중시한다. 그 깨침이란 부분적으로 말하자면 제법에 대한 청정과 평등을 터득하는 것이기도 하다. 그 도리를 자신이 직접 몸과 마음으로 체험하고 향유하는 것이다. 때문에 그 깨침은 궁극적으로 지혜를 터득하는 것이다. 나아가서 올바른 지혜를 터득하는 것은 반드시 자비심으로 드러난다. 그래서 자비는 반드시 지혜를 바탕으로 하지 않으면 안 된다. 지혜가 없는 자비는 눈이 먼 사람이 남을 앞에서 인도하는 바와 같다.

때문에 진정한 자비는 자신에 대한 만족일 뿐만 아니라 남에게도 만족의 기쁨을 누리도록 하는 것이다. 이런 점에서 자비의 충족은 불만이 없다. 불만이 없으므로 화를 내지 않는다. 그와 같은 자비의 모습은 늘 부처님의 모습에 잘 나타나 있다. 부처님의 눈은 달리 청련목(靑蓮目)이라고도 한다. 청련의 의미는 집착을 벗어나 청정하고 온화한 이미지를 드러낸다는 것이다. 때문에 제법의 삼매에조차 집착이 없이 청정한 실상을 보는 것을 말한다. 이것이 곧 부처님께서는 가섭을 바라보는 눈빛이었다. 청정한 눈으로 보기 때문에 그곳에서 가섭은 이미 청정한 모습으로 나타나 있었다. 그곳에 모인 대중도 마찬가지였다. 이로써 부처님께서는 대중을 상대하여 구체적으로 가섭에게 집착을 벗어난 청정한 안목을 인가하였던 것이다.

이 청정한 안목은 연꽃으로 묘사되어 분타리(芬陀利)의 백련꽃과 우발라(優鉢羅)의 청련꽃과 발특마(鉢特摩)의 홍련꽃과 구물투(拘物投)의 황련꽃으로 등장하였다. 이것은 구시나가라의 입멸에 즈음하여 관의 네 모퉁이에 네 종류의 연꽃이 피어나 교외별전의 모습으로 상징되기도 하였다. 이와 같은 교외별전의 모습은 후대에 부처님과 마하가섭 사이에 삼처전심(三處傳心)의 일화로 정형화되었다.

이심전심(以心傳心)이란 마음으로부터 마음에 전한다는 의미이다. 곧 스승과 제자의 마음이 서로 그 도리를 인정하고 수긍하여 하나가 되는 것이다. 마치 물건처럼 스승이 자기의 마음을 제자에게 전해 준다는 의미가 아니고 제자가 스승의 마음을 받는다는 의미도 아니다. 마음을 전해 주고 전해 받는 것은 비유하자면 마치 하나의 촛대에 붙은 불꽃을 다른 촛대에 불을 댕겨 주듯이 자체의 불은 여전히 그대로 있건만 상대방의 촛대에 불을 댕겨 주는 것과 같다. 그래서 이런 도리를 심심상인(心心相印)이라 하였다. 미래세의 말법시대는 탑사견고(塔寺堅固)의 시대요 투쟁견고(鬪爭堅固)의 시대로서 외형적인 모습과 오탁악세(五濁惡世)로 표현되듯이 중생들의 견해는 탐착으로 가득 차 있는 것으로 설명된다. 그래서 말법중생의 깜냥으로는 깨침을 인가하고 정법을 부촉한다고 하면 마음을 건네주고 경전을 전해 주는 것처럼 착각한다.

이에 여기에서 부처님께서는 정법안장의 전승은 말법시대의 중생이 생각하는 바와 같은 유형의 모습도 아니고 언설과 문자를 동원하여 이러쿵저러쿵 미주알고주알 설명을 통하는 것도 아니라는 것을 몸소 보여 주고 있다. 그것은 다름 아닌 마하가섭이라는 인물을 등장시키고 있으면서 마하가섭에게조차 전해 준 것은 아무것도 없었다. 마하가섭도 받은 것이 아무것도 없었다. 부처님은 그와 같은 마하가섭의 눈을 청련목으로 흘깃 쳐다보는 것으로 족했다. 때문에 마하가섭도 더 이상 구체적인 설명을 요구하지도 않았다. 그저 그렇게 느끼고 수긍하는 것뿐이었다. 아는 자는 알고 모르는 자는 모른다. 아는 사람에게는 산하대지(山河大地)와 장벽와력(牆壁瓦礫)의 일체가 깨침의 모습이지만 모르는 사람에게는 삼세제불의 설법조차 혀끝의 희롱에 불과하다.

제38칙
구봉시자(九峰侍者) - 천화(遷化) -

구봉은 석상의 시자로 있었다. 석상이 입적하자 대중은 회중의 제일좌인 수좌를 청하여 주지를 맡기고자 하였다. 이에 구봉이 반대하면서 말했다. "제가 드리는 질문에 답변해 주십시오. 그 답변이 만약 석상스님의 뜻을 터득한 것이라면 석상스님에게 하듯이 시자가 되어 뫼시겠습니다."

그러고는 마침내 수좌에게 물었다. "스승께서는 다음과 같이 말씀하셨다. '쉬어야 한다. 아주 푹 쉬어야 한다. 일념의 상태를 계속 유지해야 한다. 불기운이 사라진 재처럼 하고 말라비틀어진 나무처럼 해야 한다. 사당 향로의 재처럼 해야 한다. 한 가닥 실처럼 오롯하게 해야 한다.' 그럼 자 대답해 보십시오. 도대체 이런 것들은 무엇을 말씀하신 것들입니까."

수좌가 답변했다. "오로지 깨침을 설명하기 위한 것들입니다."

구봉이 말했다. "그렇게 본다면 아직 스승의 뜻을 파악하지 못한 겁니다."

수좌가 물었다. "지금 시자는 나를 인정하지 못하는 모양인데 자, 그럼 향을 좀 갖다 주겠는가."

그러더니 향을 사르고 말했다. "내가 만약 스승의 뜻을 터득하지 못한 것이라면 향불의 연기처럼 가뭇없이 떠나지는 못하리라."

말을 마치더니 홀연히 앉은 채로 입적하였다. 그러자 구봉이 그 등을 어루만져 주면서 말했다. "앉아서 죽고 서서 죽는 도리가 쓸모없는 것은 아니지만 그것으로는 스승의 뜻을 이해하기에 아직은 멀었구려."

擧 九峰在石霜作侍者 石霜遷化後衆欲請堂中第一座接續住持 峰不
肯 乃云 待某甲問過 若會先師意 如先師侍奉 遂問首座云 先師道 休
去歇去 一念萬年去 寒灰枯木去 古廟香爐去 一條白練去 且道 明甚
麼邊事 座云明一色邊事 峰云恁麼則未會先師意在 座云 儞不肯我那
裝香來 乃焚香云 我不會先師意 香烟起處脫去不得者 言訖便坐脫 峰
乃撫其背云 坐脫立亡則不無 先師意未在

석상경제(石霜慶諸: 807~888)는 보회대사(普會大師) 또는 유양수(瀏陽叟)라고도 불렸다. 강서성 길주의 신금(新淦) 출신으로 성은 진(陳)씨이다. 강서성 남창현의 홍주에서 서산소감(西山紹鑑)에게 출가하였다. 먼저 계율을 익혔으나 도오원지(道吾圓智)에게 참문하여 그 법을 이었다. 이후 20년 동안 석상산에 주석하며 오로지 좌선수행으로 일관했다. 그 모습이 마치 고자배기와 같다고 하여 고목중(枯木衆)이라 불렸다.

구봉도건(九峰道虔)은 당말 오대 사람으로 복건성 후관현(候官縣) 출신으로 속성은 유(劉)씨이다. 제방을 편력한 후에 석상경제에게 인가를 받고, 이후 강서성 균(筠州) 구봉산에 주석하였고, 늑담(泐潭)의 보봉선원(寶峰禪院)으로 옮겼다. 시호는 대각선사(大覺禪師)이다. 그 법맥은 약산유엄－도오원지－석상경제－구봉도건이다.

일찍이 석상에게는 석상칠거(石霜七去)라는 공안이 있다. 이것은 납자가 수행해 나아가야 할 일곱 가지 자세를 표현한 것으로 석상이 입적한 후에 구봉도건이 스승의 가르침이라 하여 내세운 것이다. 구봉은 이것으로 수좌들을 지도하였다. 그 일곱 가지는 다음과 같다. 첫째, 휴거(休去)는 일체의 번뇌행위를 멈추는 것이다. 곧 헐거(歇去)는 몸과 마음에 모두 능과 소를 깡그리 없애 버린 것이다. 냉추추지거(冷湫湫地去)는 미·오·범·성이라는 개념이나 미련 및 집착을 눈곱만치도 남겨 두지 않는 것이다. 일념만념거(一念萬念去)는 단지 일념 곧 찰나의 경지를 그대로 흐트러뜨리지 않고 한결같이 지속적으로 유지하는 것이다. 한회고목거(寒灰枯木去)는 감정과 기분에 따르는 분별 곧 분별사식을 깨끗이 쓸어버리는 것이다. 고묘향로거(古廟香爐去)는 고묘의 향로에 담겨 있는 식은 재가 바람과 세월에 완전히 흩어져버려 흔적도 없이 사라져 버리듯이 미세한 집착마저도 모두 초월해 버리는 것이다. 일조백련거(一條白練去)는 한 가닥의 실이 끊어짐이 없이 처음부터 끝까지 일사불란하게 정리되어 있듯이 현상과 본질[正偏]의 어느 한쪽에도 정체되지 않고 한 점의 티끌도 남기지 않는 소쇄한 경지이다.

구봉도건은 서상친거를 통하여 수좌의 경지를 시험하고 있다. 아니, 건곤일척 법거량을 하고 있다. 이에 수좌는 자신의 경지를 오로지 깨침을 추구하는 향상사의 본분에 매진할 뿐 다른 뜻이 없다고 답한다. 그러면서 마치 그것을 증명이라도 해 보이듯이 좌탈의 모습을 보여 준다. 그러나 정작 구봉은 좌탈입망(坐脫立亡)하는 것처럼 겉으로 드러나는 것은 그 어떤 기특할 것도 없는 것으로 간주하여 중요시하지는 않는다. 그것은 단지 어설픈 흉내 내기일 뿐 철저하게 깨치지 못한 것이다. 왜냐하면 아직 긍정과 부정 내지 스승의 뜻을 터득하는 것과 터득하지 못하는 것 등의 분별적인 사고에 머물러 무심의 경지에 도달하지 못한 것이기 때문이다.

수좌의 행위는 순일하게 수행에 매진하는 것임에는 분명하지만 아직 순경과 역경의 행위를 맞닥뜨려 그것을 초월하는 방식일랑은 터득하지 못한 탓이다. 이것이야말로 수좌가 석상의 후계자가 되지 못한 처사이다. 석상의 무심이란 마치 학이 눈 속에 서 있는 것처럼 같

은 흰색이지만 학은 학이고 눈은 눈이라는 도리에마저 걸려서는 안
되는 도리이다. 선수행에서 분별의 초월이란 진정 분별과 무분별의
초월뿐만 아니라 분별과 무분별 속에서도 역시 수행이 자유자재하게
가능하지 않으면 안 된다.

제39칙
대광달마(大光達磨) - 불조(佛祖) -

승이 대광에게 물었다. "달마는 조사가 맞습니까."
대광이 말했다. "조사가 못 된다."
승이 물었다. "그러면 조사도 아니면서 뭣 하러 온 겁니까."
대광이 말했다. "그대가 깨치지 못했기 때문에 온 것이다."
승이 물었다. "그러면 제가 깨치고 나면 달마는 어떻게 되는 겁니까."
대광이 말했다. "그때는 달마가 조사가 아닌 줄을 알게 되겠지."

擧 僧問大光誨禪師 達磨還是祖否 光云不是祖 僧云 旣不是祖 又來
作甚麼 光云 爲汝不薦 僧云薦後如何 光云方知不是祖

　대광은 석상경제의 법사인 대광거회(大光居誨, 大光居讓: 837~903)
이다. 장안 출신으로 속성은 왕(王)씨이다. 석상경제에게 2년 동안 사
사하고 북탑(北塔)의 주(主)로 있을 때 인가를 받았다. 20여 년 이후에
담주(潭州) 대광산에 주석하면서 선법을 거양하였다.

　'달마조사가 온 뜻이 무엇인가[祖師西來意]' 하는 것은 선문에서 가
장 보편적으로 제시되는 문제이다. 일종의 화두이면서 선의 근본적인
물음이기도 하다. 때문에 단순한 물음이면서 개개인에 따라서 참으로
다양하게 제시되기도 한다. 그 뜻은 불법의 근본적인 의의이면서 자

신의 본래면목을 추구하는 물음이기 때문이다.

　역대의 조사들은 부처님의 깨침과 가르침 곧 정법안장을 고스란히 계승하는 임무를 띠고 있었다. 그런데 정법안장이란 부처님께서 마하가섭에게 이심전심으로 전한 것이라든가 또는 홍인이 혜능에게 은밀하게 의발을 전한 것처럼 어떤 신비로운 행위라든가 아무도 알지 못하는 그런 도리로만 알아서는 안 된다. 참으로 정법안장이란 그렇게 비밀스러운 것이 아니다. 그리고 어떤 한정된 사람에게만 전승되는 것도 아니다. 괜히 그렇게만 알고 있는 것이라면 정법안장에 대한 모독이고 정법안장의 기초도 모르는 어리석은 행위이다. 정법안장이란 누구에게나 어디에나 어떤 모습으로든지 항상 열려 있고 나타나 있으며 생생하게 작용하고 있다. 바로 이러한 도리를 알아야 한다. 그래서 가장 흔하게 만날 수 있는 어중이떠중이 내지 나귀의 껑거리끈과 같은 존재에게도 정법안장은 드러나 있고 작용하고 있다. 바로 그 도리를 누구나 다 알고 있어야 한다.

　여기에서는 조사에 해당하는 달마의 정체성에 대하여 묻고 있다. 달마는 정작 조사이기는 한 것인가. 질문한 승은 자신이 마치 조사라는 개념에 대한 집착을 벗어나 있다는 듯이 의기양양하였다. 승이 생각하고 있는 조사는 현재 자신에게 가르침을 주고 이끌어 주는 인물이지 않으면 안 된다는 것을 은근히 대광에게 빗대어 묻고 있다. 말하자면 대광화상께서는 달마조사처럼 저희들을 깨침으로 안내해 줄 수 있는가를 따지는 것이다. 그러나 답변은 의외였다. 달마는 조사가 못 된다는 것이다. 승이 생각하고 있는 조사야말로 조사라는 개념에 얽매여 있음을 간파하고 그것을 일거에 타파해 주는 답변이었다.

　그러나 승은 당장에 자신의 패배를 인정하지 않고 다시 덤벼든다.

화상의 말씀대로 달마가 아니라면 굳이 노구를 이끌고 멀고 먼 나라까지 무엇을 위하여 건너왔던 것인가 하고 묻는다. 일종의 말꼬리를 잡는 택이다. 그러자 이제 대광은 승에게 직격탄을 날린다. 달마가 조사가 아니면서도 먼 나라까지 수고롭게 건너온 이유는 그대와 같은 바보들을 제도해 주기 위해서 왔다는 것이다. 그러나 승은 점입가경이다. 자신과 같은 바보가 없었더라면 먼 나라까지 굳이 올 필요가 없는 것 아니냐는 것이다. 이것은 승이 자신은 스승이 생각하고 있는 그와 같은 바보가 아니라는 것을 강변하는 것이다. 바보는 자신이 바보인 줄을 모른다. 그것이야말로 대광이 일깨워 주고 싶은 바였다. 때문에 그대가 바보가 아니었다면 그때야말로 진정으로 달마는 조사가 아닌 줄을 알게 된다는 것이다.

앞에서 말한 '달마가 조사가 아니다'는 것은 일종의 부정적인 답변방식이다. 일체에 대하여 상견(常見)과 유견(有見)에 집착하는 자에게는 부정적인 답변을 통하여 그 집착과 아만을 제거해 준다. 나중에 말한 '달마가 조사가 아니다'는 것은 일종의 긍정적인 답변방식이다. 곧 단견(斷見)과 무견(無見)에 집착하는 자에게는 긍정적인 답변을 통하여 그 허무와 절망을 제도해 준다. 먼저 달마라는 조사에 대한 환상을 철저하게 깨부수고 나서 그것이야말로 달마가 진정 조사임을 일깨워 주는 것이다.

마지막에 대꾸한 '그때는 달마가 조사가 아닌 줄을 알게 되겠지'라는 답변이야말로 대광의 진면목을 보여 주는 말이다. 승은 '그때는 달마가 진정 조사인 줄을 알게 되겠지'라는 답변을 기대했었을 것이다. 그러나 대광은 승의 그와 같은 어설픈 기대마저도 철저하게 부정함으로써 승으로 하여금 깊은 절망을 맛보게 하였다. 그 절망의 끝에서 승은 비로소 왜 달마가 조사가 아닌 줄을 알게 되었다.

제40칙
강덕상좌(强德上座) – 우록(牛鹿) –

강과 덕의 두 상좌가 일찍이 구봉도건을 참문하였다. 돌아오는 길
에 용천경흔 선사가 소를 타고 가는 모습을 보았으면서도 그를 알
아보지 못하였다. 강상좌가 말했다. "발굽과 뿔로 보아 소가 분명
한데 그 소를 타고 있는 자가 누구인지 도통 알 수가 없네그려."
용천경흔 선사는 소를 다그쳐 빨리 그곳을 지나쳐 버렸다. 강상좌
와 덕상좌는 여행을 계속하다가 어느 정자나무 그늘에서 휴식을
하면서 차를 달이고 있었다. 용천경흔 선사가 되돌아오는 길에 다
시 그들과 마주쳤다. 이에 인사를 나누고 더불어 차를 마시면서 두
상좌에게 물었다. "그대들은 지금 어디에 다녀오는 길인가."
강상좌가 말했다. "동쪽에서 오는 길입니다."
용천경흔 선사가 물었다. "동쪽은 사정이 어떻던가."
강상좌가 찻잔을 치켜들자 용천경흔 선사가 말했다. "그것은 서쪽
의 사정일 뿐이고, 동쪽의 사정이 어떤지 말해 보게나."
강상좌가 아무런 말도 하지 못했다. 그러자 용천경흔 선사가 말했
다. "그대들은 차라리 소를 타고 있는 자가 누구인지 도통 모르겠
다는 말을 하지나 않았으면 좋았을 것이다."

舉 强德二上座 曾參九峰 於路次見湧泉忻禪師騎牛不識 强云 蹄角甚
分明 爭奈騎者不鑒 泉拍牛避路 二上座至樹下憩息煎茶次 泉亦至 乃
問二上座近離甚麼處 强云那邊 泉云那邊事作麼生 强提起茶盞 泉云
此猶是這邊事 那邊事作麼生 强無語 泉云 莫道騎者不鑒

용천경흔(涌泉景欣·忻)은 천주(泉州)의 선유(仙遊) 출신이다. 처음에 백운산에서 수행을 하다가 석상경제(石霜慶諸: 807~888)의 가르침을 받고 단구(段丘)의 용천사에 주석하였다. 구봉도건(九峰道虔)과는 사형 사제지간이다.

본 문답은 분별에 어떻게 대치하는가를 알아차리는 것으로 이루어져 있다. 곧 강상좌와 덕상좌의 분별에 대한 용천의 교화수단이 진가를 발휘하는 내용이다. 일찍이 용천경흔 선사는 가사를 걸치지도 않고 밥을 공양을 하고 있었다. 어떤 승이 와서 물었다. "그런 모습으로 계시다니 마치 속물과 같지 않으십니까." 선사가 말했다. "지금의 이 모습을 보고 어찌 승이라 간주하겠는가." 출가승이라면 당연히 가사를 걸치고 있는 모습이 자연스럽다. 그렇다고 반드시 언제나 가사를 걸치고 있으라는 것은 없다. 때로는 속복을 걸칠 수도 있을 것이고, 때로는 여인네의 옷을 걸칠 수도 있을 것이다. 다만 그와 같은 분별에 얽매이지 않는다면 문제가 없다. 그러나 승은 출가승려라는 분별에 사로잡혀 있다. 때문에 승복을 걸치지 않고 있는 모습이 꽤나 눈에 거슬렸는지도 모른다. 그러자 용천선사 자신은 그와 같은 분별이 없다. 그러면서도 '지금의 이 모습을 보고 어찌 승이라 간주하겠는가'라는 말은 자신이 출가승이라는 본분을 잊지 않고 있음을 피력한 것이다.

이와 마찬가지의 상황이 본 문답에서 제시되어 있다. 강상좌와 덕상좌는 소의 발굽과 뿔을 보고는 그것이 바로 소라는 것을 분명하게 알아차렸다. 그러나 그 소를 타고 가는 용천은 알아보지 못했다. 그것은 용천선사가 농부의 옷을 걸치고 있었는지, 아니면 군복을 걸치고 있었는지도 모를 일이다. 그것이야말로 겉으로 드러난 형상에 사로잡혀 있는 분별사식으로는 진정한 모습을 알아차릴 수가 없음을 가리킨다. 때문에 용천과 나누는 대화는 이미 그와 같은 분별이 설정되어 있다. 주제는 이것과 저것, 동쪽과 서쪽, 소와 사람 등 상대적인 개념을 동원하여 답변을 하려는 상좌들의 태도를 어떻게 일깨워 주느냐 하는 것으로 이루어져 있다. 동쪽에서 오는 길이므로 당연히 동쪽을 알고 있었을 것이다. 그러므로 그대로 자신이 알고 있는 동쪽의 모습을 답변하면 그만이다.

그러나 답변을 하는 강상좌의 경우에 제 딴에는 제법 많은 선문답을 경험이라도 했다는 듯이 갑자기 찻잔을 치켜들었다. 곧 동쪽의 상황은 높이 치켜든 찻잔처럼 선기가 높기 때문에 함부로 알려고 해서는 안 된다는 것이다. 그러나 용천은 그와 같은 뜬금없는 답변을 요구한 것이 아니었다. 때문에 강상좌가 제아무리 똑똑한 답변을 한다고 해도 용천에게는 그저 어설픈 제스처로 비칠 뿐이다. 이것 아니면 저것이라는 답변은 분별일 뿐이다. 용천은 지금 바로 그 자리에서 일어나고 있는 생생한 문답을 요구하고 있었다. 이에 이것저것을 들이댈 것이 아니라 차라리 동쪽에서 왔기 때문에 서쪽으로 가는 길이나 가르쳐 달라고 부탁했으면 좋았을 것이다.

승이 문수선사에게 물었다. "승요는 무슨 까닭에 지공의 진영을 그릴 수가 없었던 겁니까."
문수선사가 말했다. "승요뿐만 아니라 지공도 또한 마찬가지였다."
승이 물었다. "승요는 그렇다고 해도 지공은 어째서 진영을 그릴 수 없다는 겁니까."
문수선사가 말했다. "물감이 없었기 때문이다."
승이 물었다. "그러면 화상께서는 그릴 수 있는 겁니까."
문수선사가 말했다. "나 또한 그 진영을 그릴 수가 없다."
승이 물었다. "어째서 진영을 그릴 수가 없다는 겁니까."
문수선사가 말했다. "지공의 진영은 내 얼굴과 다를 터인데 내가 어떤 모습을 그려야 하겠는가."

擧 僧問文殊禪師 僧繇爲甚麼貌志公眞不得 殊云 非但僧繇 志公亦貌不得 僧云 志公爲甚麼貌不得 殊云 彩繪不將來 僧云 和尙還貌得也無 殊云 我亦貌不得 僧云 和尙爲甚麼貌不得 殊云 渠不苟我顔色 敎我如何貌

흠산문수(欽山文邃)는 석상경제(石霜慶諸)의 법사로서 호남에 주석하였다. 『전등록』 권16에 그의 전기 및 법어가 전한다. 지공은 금릉의 보지선사(寶誌禪師, 寶誌, 寶志, 保志: 418~514)로서 성은 주(朱)이고 협서성 금성(金城) 출신이다. 진(晉)나라 말기(418) 태어났다. 어려서 출가하여 강소성 건강(建康) 도림사(道林寺)에 주석하면서 선정을 닦았다. 태시(泰始: 465~471) 원년에 문득 정처 없이 유랑하면서 머리를 기르고 음식도 거르면서 유행하였다. 제(齊)나라 영명(永明 7년, 489) 무제(武帝)는 세상사람을 현혹시킨다는 이유로 감옥에 가두었다.

양 무제는 즉위(502)하여 풀어 주고 지공에게 십이연기(十二緣起)의 도리와 정심안락(淨心安樂)에 대한 법문을 묻고 심요(心要)를 터득하였다. 이 무렵 『대승찬(大乘讚)』 24수를 지어 황제에게 헌납하였다. 『십이시송(十二時頌)』, 『십사과송(十四科頌)』 등 작품이 있고, 갖가지 신이를 드러내어 중생을 교화하였다. 이에 고구려의 왕도 그 명성을 듣고는 사신을 보내 비단을 보냈다고 한다. 양 무제 천감(天監 13년, 514) 겨울에 화림원(華林園) 불당(佛堂)의 금강신상(金剛神像)을 불당의 밖에 내놓도록 하고는 그곳에서 열흘 만에 입적하였다. 세수 97이고, 칙령으로 독룡부(獨龍阜)에 장례 지냈다. 묘지 주변에 개선사(開善寺)를 세우고, 광제대사(廣濟大師)라 시호하였다.

후당(後唐)의 장종황제는 묘각대사(妙覺大師)라는 시호를 가호(加號)하고, 그 후에도 지속적으로 역대 황제에게 존숭되어 도림진각보살(道林眞覺菩薩)·도림진각대사(道林眞覺大師)·자응혜감대사(慈應惠感大師)·보제성사보살(菩濟聖師菩薩)·일제진밀선사(一際眞密禪師) 등으로 가호되었다. 각종 송·찬(頌·讚) 이외에 『문자석훈(文字釋訓)』 30권의 저술이 있었다고 전한다. 또 『보림전(寶林傳)』과 『조당집(祖堂集)』에서는 달마가 양 무제와 기연이 맞지 않아 이별한 후에 무제에게 달마야말로 불심인을 전한 관음대사였다고 주청드리기도 하였다.

지공은 초범(超凡)하고 탈속(脫俗)하여 수많은 기행(奇行)을 남긴 사람이었다. 양나라 무제가 화공이었던 장승요(張僧繇)에게 지공의 초상화를 그리도록 하였으나 아무리 해도 잘 그릴 수가 없었다. 그러자 지공이 화공의 어려움을 알아차리고는 얼굴표정을 바꾸어 십일면관음의 모습으로 나타내 보였지만 그 모습이 너무나 묘려(妙麗)하고 위엄이 있으며 자비로웠기 때문에 승요는 끝내 그 모습을 그릴 수가 없었다고 한다. 이것은 지공의 뛰어난 덕과 신이를 보여 주는 고사이기도 하다.

위의 내용은 한 승이 지공대사의 초상화를 그리려다 실패한 승요의 일화를 들어 문수에게 질문한 것이다. '한 자루의 붓으로 단청까지 한다면서 어째서 승요는 지공화상의 진영을 그리지 못했습니까.' 그러자 문수는 여설저으로 답변을 하였다. 승요가 지공의 초상화를 그리지 못한 것이 아니라 양나라 무제가 초상화를 그려 받을 만한 인물이 되지 못했다는 것이다. 그것을 완곡하게 물감이 없었다고 말한다.

지공대사는 관음보살의 화현으로 알려진 인물이다. 때로는 달마대사의 모습으로 화현하기도 하였다고 일컬어진다. 때문에 승요는 지공대사의 진면목을 가늠해 볼 수가 없었다. 지공의 초상화는 틀에 박혀 있는 것으로는 표현되지 않는 것을 의미한다. 그러기에 그 밖의 어떤 모습으로든지 출현할 수 있다는 반증이기도 하다. 이것은 곧 문수의 선기를 헤아리지 못하는 승의 입장과 다를 바가 없다.

일찍이 달마가 양 무제와 기연이 맞지 않아 이별하고 북쪽의 소림사로 떠나 버린 적이 있었다. 그때 지공대사는 무제에게 달마 그 사람이야말로 불심인(佛心印)을 전하러 나타난 관음보살이었다고 주청드렸다. 그때서야 무제는 달마의 면목을 알아차렸지만 후회막급이었다. 이후로 평생토록 달마를 그리워하면서도 끝내 만나지 못하였다.

뒤늦게 달마대사가 입적했다는 소식을 듣고는 비명(碑銘)을 지어 드리는 것으로 그나마 아쉬운 마음을 달래야 했다. 그와 같은 무제 자신이 정작 승요에게 지공화상의 초상화를 그려 보이라고 지시한 것은 자신이 품고 있던 달마에 대한 사모의 정이었다. 그래서 승요가 지공대사의 초상을 그리지 못한 것은 진즉 무제가 달마를 알아보지 못한 것과 다른 것이 아니었다.

본 문답은 일체의 조작과 분별을 초월한 본래면목에 대한 내용이다. 본래면목은 좋다든가 나쁘다든가 분별할 수가 없다. 때문에 제아무리 좋은 단청을 가지고도 본래면목의 진정한 모습을 그려 낼 수는 없다. 그런데도 승은 분별의 입장으로 어설프게도 법신의 본래면목에 똥칠을 하고 있는 택이다. 그러니 어찌 문수선사의 진의에 한 발짝이나 다가갈 수 있었겠는가. 때문에 문수는 '승요뿐만 아니라 지공도 또한 마찬가지였다'고 말한다. 이것은 가히 물로는 물을 씻을 수가 없고 금으로는 금을 눌려 펼 수가 없는 택이다. 곧 눈으로는 자기 눈을 보지 못하고 귀로는 자기의 귀가 내는 소리를 듣지 못한다. 그렇다고 자기의 눈과 귀가 없는 것은 아니다. 다만 분명한데도 질문한 승처럼 정작 자신의 것조차 자각하지 못하고 있을 뿐이다. 저 승은 매를 봉황으로 속여서 팔아먹을 요량이었겠지만 반대로 봉황을 매로 팔아먹은 꼴이 되었다. 문수의 진면목을 터득하지 못하고서는 그 진영을 그려 낼 수가 없는 법이다. 그러니 어찌 이러쿵저러쿵 언설로써 지공의 면목을 들먹일 수 있었겠는가.

문수는 '나 또한 그 진영을 그릴 수가 없다'고 말한다. 그 이유는 지공은 문수가 아니고 문수는 지공이 아니기 때문이다. 곧 문수는 지공을 그릴 필요가 없었다. 설령 지공의 모습을 아주 멋들어지게 그려 보였다손 치더라도 승이 그것을 알아차릴 만한 인물이 되지 못한다고 은근히 꾸짖고 있다. 그것을 바로 '지공의 진영은 내 얼굴과 다를 터인데 내가 어떤 모습을 그려야 하겠는가'라는 말로 대신하였다. 문수가 어떤 모습을 그려 보인다 해도 그것은 모두 지공의 모습일 수가 있다. 다만 승의 입장에서는 그것을 진짜인가 아닌가 검증할 능력이 갖추어져 있지 않기 때문이다. 때문에 어떤 모습을 그려 놓고도 지공의 진영이라 우겨댄다면 승으로서는 이의를 제기할 명분이 없다.

그러나 문수는 그렇게까지 승을 놀려 주지는 않았다. 문수는 너무나 정직하였다. 때문에 승에게 말했다. "그대가 만약 지공의 모습을 나한테 보여 준다면 내가 그것을 그려 보이겠지만 나도 지공의 진영이 어떤 모습인지 전혀 알 수가 없으니 어찌하겠는가. 서로 언어유희와 같은 말장난은 그만두는 것이 좋을 것이다." 문수는 승으로 하여금 지공이든 승유이든 자신이든 지간에 그것을 그려 놓은 진영과 그 본래면목은 정작 아무런 상관이 없다는 것을 가르쳐 주고 있다. 그런데도 그림으로 표현된 진영을 보고 그것을 지공의 진면목이라 간주한다면 그것이야말로 손가락을 달로 간주하는 어리석음일 뿐이다. 다행스럽게도 손가락이 손가락에 불과한 줄을 안다면 진영을 보고도 그 진면목을 짐작하는 사람이라 할 수 있으련만.

제42칙
봉상석주(鳳翔石柱) - 인경(人境) -

봉상부 석주선사가 제방을 유행하다가 동산에 이르렀다. 그곳에 있을 때 사건선사는 다음과 같이 설법하였다. "어떤 사람은 불조보다도 말을 잘하면서도 한 걸음도 나아가지 못한다. 어떤 사람은 불조보다도 앞서 나아가면서도 한마디도 말을 못 한다. 어떤 사람은 불조보다도 말도 잘하고 또 앞서 나아간다. 어떤 사람은 불조보다도 말도 못하고 또한 앞서가지도 못한다. 이 가운데 어떤 사람이 되고자 하는가."

석주가 나서서 말씀드렸다. "불조보다도 말을 잘하면서도 한 걸음도 나아가지 못한다는 어떤 사람의 경우는 다만 혓바닥이 없이는 한 걸음도 나아갈 수 없다는 것이고, 불조보다도 앞서 나아가면서도 한마디도 말을 못 한다는 어떤 사람의 경우는 다만 다리가 없이는 한마디도 설할 수 없다는 것이며, 불조보다도 말도 잘하고 또 앞서 나아간다는 어떤 사람의 경우는 다만 항아리와 그 뚜껑이 딱 부합되는 것이고, 불조보다도 말도 못하고 또한 앞서가지도 못한다는 어떤 사람의 경우 다만 명줄을 상실한 후에 살아나기를 도모하는 것으로 마치 석녀가 형틀에 얽매이고 족쇄를 찬 것과 같습니다."

청림사건이 말했다. "그렇다면 그대는 어떤 경우에 속하는가."

석주가 말씀드렸다. "이미 두루 통해 있어 우뚝 드러나 있는데 굳이 어디에 국한되겠습니까."

청림사건이 말했다. "그러면 바다 위에 나타난 신기루에 대해서는 어찌 생각하는가."

석주가 말씀드렸다. "허깨비와 사람이 만나서는 서로 악수하고 박수를 치는 택입니다."

擧 鳳翔府石柱禪師遊方日到洞山 時虔和尙垂語 有四種人 一人說過
佛祖 一步行不得 一人行過佛祖 一句說不得 一人說得行得 一人說不
得行不得 那箇是其人 柱出衆對云 一人說過佛祖一步行不得者 只是
無舌不許行 一人行過佛祖一句說不得者 只是無足不許說 一人說得
行得者 只是函蓋相稱 一人說不得行不得者 斷命求活 如石女兒披枷
帶鎖 洞山云 闍梨分上又作麽生 柱云 該通分上 卓卓寧彰 洞山云 祇
如海上明公秀又作麽生 柱云 幻人相逢 撫掌呵呵

봉상석주(鳳翔石柱)는 석상경제(石霜慶諸)의 법사로서 협서성(陝西省) 봉상부(鳳翔府)의 석주(石柱)이다. 석상경제(石霜慶諸: 807~888)는 강서성 길주 신감(新淦) 출신으로 속성은 진(陳)씨이다. 강서성 남창현 홍주의 서산소감(西山紹鑑) 곧 서사소라(西山紹鑾)에게 출가하고 숭악에 가서 구족계를 받고 계율을 익혔다. 도오원지(道吾圓智)에게 참문하여 그 법을 이었다. 20년 동안 석상산에 주석하면서 오로지 좌선수행으로 일관하였다. 많은 대중들이 장좌불와 수행을 했기 때문에 그 모습이 마치 고자배기와 같다고 해서 고목중(枯木衆)이라 불렸다. 또 장사성(長沙城)의 유양현의 도가방(陶家坊)에 숨어살았기 때문에 유양수(瀏陽叟)라고도 불렸다. 시호는 보회대사(普會大師)이다.

위 문답에 등장하는 동산은 청림사건을 가리킨다. 청림사건(靑林師虔: ?~904)은 절강성 항주 출신으로 속성은 진(陳)씨이다. 동산양개에게 득법하고, 한동(漢東)의 청림(靑林)에 주석하였다. 후에 동산의 제3세가 되었다.

위 봉상석주의 문답은 석주가 유행할 때에 강서성 균주(筠州) 동산의 제3세인 청림사건의 시중설법을 듣고 행한 상량이다. 청림은 수행자에 대하여 각각 설득행부득(說得行不得), 행득설부득(行得說不得), 설부득행부득(說不得行不得), 행득설득(行得說得) 네 종류로 나누어 설법 하였다. 이 가운데 어떤 것이 진정한 도인인가를 묻고 있다. 여기에 석주가 답변한 첫째의 경우인 '다만 혓바닥이 없이는 한 걸음도 나아 갈 수 없다'는 것은 올바른 안목이 트이지 않고는 어떤 행위도 무의 미하다는 것이고, '다만 다리가 없이는 한마디도 설할 수 없다'는 것 은 좌선수행이 따르지 않고는 어떤 안목도 구비할 수 없다는 것이며, '다만 항아리와 그 뚜껑이 딱 부합되는 것이다'는 것은 스승과 제자 가 서로 의기투합하여 척! 하면 착! 하고 축착합착이 되는 것이고, '다 만 명줄을 상실한 후에 살아나기를 도모하는 것으로 마치 석녀가 형 틀에 얽매이고 족쇄를 찬 것과 같다'는 것은 전혀 터무니없는 도리로 서 천 부처님께서 세상에 출현해도 끝내 깨칠 수 없음을 말한 것이다.

석주의 답변은 청림사건의 분류만큼이나 명쾌하다. 이에는 이이고 눈에는 눈이다. 그 스승에 그 제자이다. 정작 청림사건이 네 종류로 수행자를 분류한 것은 네 가지를 의미하는 것이 아니다. 단지 제스처 에 불과하다. 따라서 네 종류의 수행자는 각각에 대하여 우열과 장단 및 차등이 없다. 곧 행과 설의 일체[行說一體]를 여러 가지로 늘어놓은 것에 불과하다. 따라서 네 가지 종류는 행을 내세우면 설이 반드시 그 가운데 담겨 있어야 하고, 설을 내세우면 행이 그 가운데 반드시 담겨 있어야 한다는 것으로 모두 동일한 관계이다.

이것은 일찍이 동산양개가 제시한 소위 정편오위(正偏五位)의 교의 이기도 하다. 정편오위의 관계는 정(正)과 편(偏)의 다섯 가지 관계를 말한 것이다. 제일위는 정이면서 편이고, 제이위는 편이면서 정이며, 제삼위는 정은 오직 정일 뿐이고, 제사위는 편은 오직 편일 뿐이며, 제오위는 정은 정이면서 편이 되고 편은 편이면서 정위가 되는 것이

다. 이와 같이 동산양개가 설정한 열린 관계[回互] 내지 닫힌 관계[不
回互]에 대하여 그 의도를 청림사건이 충실하게 계승하였고, 청림사
건의 교화방식을 봉상석주가 다시 한 치의 흐트러짐도 없이 계승하
고 있음을 답변으로 보여 주고 있다. 과연 이와 같은 경지에 도달하
기 위해서는 주관과 객관 내지 신기루 곧 환상과 사람 곧 진실상이
다르지 않는 도리를 터득해야 한다는 것을 보여 준다.

제43칙
승문조산(僧問曹山) – 빈주(賓主) –

한 승이 조산본적 선사에게 물었다. "오위(五位)에서 빈(賓)을 상대할 경우에는 어찌해야 합니까."

조산이 말했다. "그대는 지금 오위 가운데 몇 째의 위(位)에 대하여 묻는 것인가."

승이 답했다. "저는 편중래의 입장에 질문을 드리는 바입니다. 그러므로 바라건대 화상께서는 정위(正位)의 입장에서 가르쳐 주시기 바랍니다."

조산이 말했다. "그렇다면 그대한테는 가르쳐 주지 않겠다."

승이 물었다. "어째서 저한테 가르쳐 주지 않겠다는 겁니까."

조산이 말했다. "그대가 편위(偏位)에만 집착할까 염려되기 때문이다." 그러고는 조산이 다시 승에게 물었다. "내가 그대한테 가르쳐 주지 않겠다는 것은 다만 빈(賓)을 상대했을 경우 그것을 빈(賓)으로만 상대해서는 안 된다는 것이었다. 알겠는가."

승이 말했다. "그와 같은 처사는 이미 빈(賓)을 상대해 버린 꼴이 되어 버렸습니다."

擧 僧問曹山寂禪師 五位對賓時如何 山云 汝今問那箇位 僧云 某甲從偏中來 請師正位中接 山云 不接 僧云 爲甚麽不接 山云 恐落偏位中去 山復問僧 祇如不接 是對賓不是對賓 僧云 早是對賓了也 山云 如是如是

동산양개(洞山良价: 807~869)는 절강성 월주 출신으로 속성은 유

(兪)씨이다. 오설영묵(五洩靈黙)에게 출가하고 숭산의 예(睿)율사에게 구족계를 받았다. 남전보원(南泉普願) 및 위산영우(潙山靈祐) 등을 참방하고 운암담성(雲岩曇晟)의 문하에서 공부하였다. 운암을 떠나서 길을 가다가 개울을 건너는 인연으로 깨침을 터득하고는 다시 운암으로 돌아와 그 법을 이었다. 회창파불(會昌破佛) 때는 신분을 일시적으로 감추었으나 이후 강서성 예장현 고안의 동산 신풍동에 들어가 주석하여 신풍노인(新豊老人)이라 불렸다. 이때 뇌형(雷衡)이 귀의하고 동산광복사 곧 보리선원을 건립하여 시주하였다. 시호는 오본대사(悟本大師)이다. 훗날 그 조산본적이 동산의 정편회호(正偏回互)와 도합군신(道合君臣)의 도리를 계승하고 발전시켰기 때문에 동산과 조산 부자의 선풍을 일컬어 조동종(曹洞宗)이라 하였다.

조산본적(曹山本寂: 840~901)은 복건성 천주(泉州) 포전현(蒲田縣) 출신으로 속성은 황(黃)씨이다. 동산양개를 참문하여 그 법을 잇고 유유자적(悠悠自適)하면서 강서성 임천현(臨川縣) 무주(撫州)의 하옥산(荷玉山)에 주석하면서 조산(曹山)이라 고쳐 부르고 선풍을 드날렸다. 동산과 더불어 조동종(曹洞宗)의 개조이다. 동산의 사상을 충실하게 계승하여 오위(五位)의 종지를 현창하였다. 시호는 원증대사(元証大師)이다.

위의 문답은 동산양개로부터 비롯된 오위(五位)의 사상에 대한 접근방식의 자세를 주제로 한 것이다. 오위는 동산에 제창하고 그 제자 조산이 거기에 주석과 해설을 가하여 소위 동산오위(洞山五位) 내지 편정오위(偏正五位)라는 명칭으로 세상에 유행시킨 조동종의 근본적인 교의이다. 이후 오위사상은 조동종에서뿐만 아니라 임제종에서도 크게 유행하여 선문의 교의로서 임제의 삼구와 더불어 가장 보편적인 가르침이 되었다.

여기에서 정(正)은 주관(主觀)·주체(主體)·이(理)의 측면을 말하고, 편(偏)은 객관(客觀)·객체(客體)·사(事)의 측면을 말한다. 그러나 이 양자는 각각의 분리된 상태로는 어느 것도 온전하게 성립하지 못한다. 양자는 각각 그 자체의 본질상으로 보면 타자(他者)이면서 동시에 자기(自己)인 열린 관계[回互]와 닫힌 관계[不回互]의 입장에 서 있다. 곧 서로 합일의 관계에 있으면서 동시에 긍정과 부정이라는 한정적인 관계이다. 동산양개는 이러한 정과 편을 오위라는 철학적인 실천의 논법을 구성함에 있어 특히 중(中)이라는 용어를 개입시켜 놓고 있다. 여기에서 중(中)은 정과 편의 동적인 매개체이면서 전체를 구체화시켜 가는 합일체이다. 즉 동용중(動用中)의 정을 한정하여 편으로 만들고 현상의 편을 합일시켜 열린 관계[回互]와 닫힌 관계[不回互]로 이끌어 간다. 이리하여 오위는 정(正)과 편(偏)과 중(中)이라는 삼자에 의하여 언어도단(言語道斷)하고 언전불급(言詮不及)한 진여를 상징하는 기관이기도 하다.

이를 바탕으로 하여 형성된 편정오위(偏正五位)는 동상종의 개조인 동산양개의 『오위현결(五位顯訣)』을 바탕으로 하여 그 제자 조산본적이 체계화하고 보급시킨 것으로 정중편(正中偏)·편중정(偏中正)·정중래(正中來)·편중지(偏中至)·겸중도(兼中到) 다섯 가지 위상을 말한다. 이것은 정(正)과 편(偏)과 중(中)을 매개로 하여 각각의 위상을 설정하여 교화하는 것으로 제자에 대하여 자유롭게 활용하는 선지식의 수단이요 기관이었다. 또한 수행납자가 보살행을 실천하는 원리로서 주목되기도 하였다.

정중편은 이치의 입장을 통해서 현상의 세계를 파악해 나아가는 것이다. 편중정은 현상의 입장을 통해서 이치의 입장을 파악해 나아가는 것이다. 정중래는 곧 공계(空界)에 해당하는 것으로서 언설로 표현할 수도 없고 개념으로 파악할 수도 없는 본래무물이다. 편중지는 곧 색계(色界)에 해당하는 것으로서 삼라만상의 형상이다. 겸중도는 그윽한 진리가 온갖 현상의 사물에 조응하는 것으로서 온갖 갈래에 떨어지지 않는 것이다. 그래서 오염된다거나 청정해진다거나 올바르다든가 치우친다든가 하지 않는 것이다. 때문에 겸중도는 확 트이고 그윽한 대도로서 반야종지에도 집착하지 않는다.

이와 같은 오위를 각각 군(君)과 신(臣)의 관계에 비추어 보면 임금은 정위이고, 신하는 편위이며, 신하가 임금을 향해 떠받드는 것은 편중정이고, 임금이 신하를 향해 명령을 내리고 보살펴 주는 것은 정중편이며, 인금과 신하가 함께 익기투합하여 정사를 펼치는 것은 겸중도이다. 이것을 달리 주(主)와 빈(賓)의 관계로 설정하여 설명하기도 한다. 본 문답에서 승이 질문한 경우가 이에 해당한다. 때문에 승이 '오위에서 빈을 상대할 경우에는 어찌해야 합니까'라는 질문은 각자 가기의 깜냥으로 세상을 바라보고 판단하는 경우이다. 이에 대하여 조산은 '그대는 지금 오위 가운데 몇 째의 위(位)에 대하여 묻는 것인가'라고 되묻는다. 곧 제일의제(第一義諦, 眞諦)를 의미하는 진여의 입장에서는 일체의 언설과 제스처가 드러나지 않지만 제이의제(第二義諦, 世俗諦)의 입장에서는 모든 것이 구체적이고 분명해야 한다는 것을 가리킨다.

그러자 승은 편중래의 입장에 질문을 드리는 바이므로 정위의 입장에서는 어찌해야 하는가를 가르쳐 달라고 묻는다. 여기에서 승은 자신의 발은 땅에 딛고 있으면서 머리는 하늘에 맡겨두는 격으로 이상과 현실의 괴리를 드러내고 있다. 이런 경우를 가리켜 '황제의 이름은 천하에서 그 누구도 함부로 부를 수가 없는 법인데 누가 감히 황제의 용안에 먹칠을 한단 말인가'라고들 말한다. 황제는 정위를 상징하고, 그 이름을 부른다는 것은 편위를 상징한다. 곧 편위의 입장에 있으면서 감히 정위의 내용을 알려고 하는 승을 꾸짖는 것이다.

그래서 조산은 '그렇다면 그대한테는 가르쳐 주지 않겠다'고 딱 잘라 말한다. 마음이 진실하면 그 말도 역시 진실해야 하는데 질문하는 승은 그것이 아니라는 것이다. 그런데 문답은 갈수록 태산이다. 승은 그 의미를 아는지 모르는지 여전히 '어째서 저한테 가르쳐 주지 않겠다는 겁니까'라고 묻는다. 모르면 잠자코 있는 편이 좋을 것이다. 그러자 조산은 자상하게 일깨워 준다. '그대가 편위에만 집착할까 염려되기 때문이다.' 곧 편위의 입장에서 정위를 질문한다면 평생 편위의 안목으로만 정위를 판단하기 때문에 끝내 정위의 입장을 이해하지 못한다. 나아가서 승 자신의 편위마저도 지키지 못하고 상실해 버린다. 조산은 평생 동안 그와 같은 승을 교화하는 데 힘썼다.

조금이라도 더 자상하게 가르쳐 주려고 끝내 오위사상을 완성한 것이다. 이에 조산이 다시 승에게 물은 것이 '내가 그대한테 가르쳐 주지 않겠다는 것은 다만 빈을 상대했을 경우 그것을 빈으로만 상대해서는 안 된다는 것이었다. 알겠는가'라는 것이었다. 심오한 도리는 묘리에 달통하고, 섬세한 이치는 근원을 분별하는 법이기 때문에 승으로서는 정위의 안목을 구비한 연후에야 정위에 대하여 질문하는 것이 좋을 것이라는 답변이다. 그런데 승은 여전히 자신이 처하고 있는 편위의 입장에서 정위의 입장에 있는 조산을 평가하고 있다.

'그와 같은 처사는 이미 빈을 상대해 버린 꼴이 되어 버렸습니다.' 조산은 그와 같이 말한 승에 대하여 굳이 나무라지는 않았다. 오히려

승이 처해 있는 편위의 입장만이라도 제대로 터득하기를 바라고 있었
다. 이런 경우를 가리켜 깊은 우물 속에 실을 드리워 물의 깊이를 잰
것이 헛되지는 않았다고 말한다. 조산은 끝내 승을 저버리지 않았다.
우선 철저하게 편위에 대한 이해를 터득도록 가르친 다음에 정위로
이끌어 들였다. 그런 연후에야 비로소 다시 정위와 편위는 서로 다른
것이 아님을 피력하였다. 그것이 곧 정위와 편위의 초월적인 입장인
겸중도였다. 근데 승은 겸중도를 제대로 터득하였을지 궁금하다.

제44칙
조사동산(曹辭洞山) - 유산(遊山) -

조산이 동산한테 하직인사를 드렸다. 그러자 동산이 물었다. "그대
는 어디로 가는 것인가."
조산이 말씀드렸다. "불변이처로 가려고 합니다."
동산이 물었다. "불변이처라면서 어찌 간다고 말하는가."
조산이 말씀드렸다. "간다는 것도 역시 불변이일 뿐입니다."

擧 曹山辭洞山　山問子向甚麼處去　曹山云不變異處去　洞山云不變異
處豈有去耶　曹山云去亦不變異

　불변이처(不變異處)는 가는 바도 없고 오는 바도 없는 불변의 도리
이다. 곧 시간과 공간의 개념을 초월한 절대계를 상징한다. 이것은 일
상의 온갖 행위에 나타나는 것이면서 온갖 것을 포함한 원리이다. 따
라서 움직이고 머무는 것 및 가고 오는 것의 일상이 그대로 불변이의
도리이다. 여기에서 동산과 조산은 이와 같은 문답으로 사제 간에 수
행과 깨침의 도리를 보여 주고 있다. 불변이처의 도리를 터득하는 것
이 상구보리라면 그것을 몸소 실천하는 것이 하화중생이다. 이와 같
은 안목을 보여 주는 것이 동산양개(洞山良价: 807~869)와 조산본적

(曹山本寂, 曹山耽章: 840~901) 사이의 본 문답이다.

　제자가 스승에게 참문하여 의기투합한 후에 인가를 받고 나면 스승의 뒤를 이어 그 자리를 지키는 것도 의리이고, 또 그 자리를 떠나 가른 곳에서 스승의 가르침을 전개하는 것도 의리이다. 여기에서 조산은 동산에게 그와 같은 자신의 마음을 보여 준다. 굳이 문답이 필요하지 않을 수도 있다. 그러나 문답을 통하여 스승과 제자는 법거량을 보여 주고 있다. 조산은 더 이상 스승의 가르침에만 머물러 안주하지 않겠다는 것을 바랑을 챙기는 것으로 보여 준다. 이에 동산은 굳이 어디로 갈 것인지를 묻는다. 너무나 뻔한 질문이다. 그 뻔한 질문이야말로 일상사 그것이다. 조산은 불변이처로 가겠다고 말씀드린다. 불변이치는 지금 몸은 떠나지만 언제나 자신의 본분자리를 지키면서 살겠다는 것이다. 자식이 천 리 길을 떠나면 부모의 마음은 만 리 길을 떠나는 법이다.

　그것은 곧 조산에게 있어 바릿대를 메고 마음 닿는 곳으로 다니면서 산을 넘고 물을 건너 선지식을 찾는 행위이이다. 그 선지식이란 이미 마음속에 터득된 깨침이다. 그것을 선지식을 참문하고 깊은 산에 들어가 좌선수행에 정진하며 시장에 들어가 법을 설하는 행위로 드러낸다. 그와 같은 줄을 알고 있기 때문에 오히려 동산은 양자의 인연을 맺고 있었던 조산에게 어디로 가는지를 묻지 않을 수 없었다. 조산은 그와 같은 동산의 깊은 은혜를 알고 있었기에 그에 상응하기 위하여 감정을 억누르고 냉담하게 '불변이처로 갈 겁니다'라고 말했다. 불변이처야말로 은혜를 그대로 간직하겠다는 것이다. 때문에 조산에게 그와 같이 하직하려는 마음을 내고[起心] 다른 곳으로 가서 스승의 은혜를 베풀겠다는 각오를 지니며[動念] 스승과 문답을 통하여 자신의 경지를 보여 주고[開口] 직접 어디론가 훌쩍 떠나가는[動舌] 것이야말로 곧 변이처인 줄을 시사하는 것이다.

이에 동산은 불변이처라면 굳이 다른 곳으로 가야 할 필요가 있겠는가를 묻는가. 있는 그 자리에서 불변이처를 실천해 보일 수도 있다는 것이다. 그것은 곧 동산 자신의 후사를 이어달라는 암시이기도 하다. 그러나 조산은 그곳을 떠난다. 그러나 중요한 것은 다시 돌아온다는 점이다. 떠나는 것도 불변이처이고 돌아오는 것도 역시 불변이처이다. 그런데 굳이 하직인사까지 드려야만 했던 것인가. 하직인사는 불변이처를 드러내는 언설의 매개체일 뿐이다. 일상의 삶에서 불변이처의 도리를 보여 주는 것이다. 비유하면 사람의 단점을 찾아내어 그것을 보완하고 다듬어서 사람의 장점으로 만들어 주는 행위이다.

이 경우 안목을 구비한 납자라면 잠시도 망설이지 말고 환단 한 알을 복용함으로써 철을 금으로 만들고 지극한 도리의 말 한마디로써 범부를 성인으로 만들 줄 알아야 한다. 과연 조산이 떠나겠다고 말한 것은 만물을 낳는 근원적인 도리이고 그것을 드러내어 활용하는 도리는 그와 같은 행위에 대한 동산의 반응이다. 떠나가는 사람에게 어디로 가는지 묻는 것은 인지상정이다. 굳이 어디로 가는지에 대한 답변을 요구하는 것은 아니다. 때문에 그 자리를 떠나가겠다고 말한 것이 불변이처라면 불변이처에 대하여 질문하는 것도 불변이처이다. 이런 경지에 이르러서는 묻고 답하는 것 그대로가 체공(體空)이고 수연이며 불변이다. 실제로 조산은 동산의 곁을 떠났던가, 언제 떠났던가, 누구와 함께 떠났던가, 얼마 동안 떠나 있었던가. 이것이 모두 불변이처이다.

제45칙
심물최귀(甚物寂貴) – 묘견(猫犬) –

한 승이 조산에게 물었다. "세간에서 최고의 보배는 무엇입니까."
조산이 말했다. "썩어 문드러진 고양이의 시체야말로 최고의 보배이나."
승이 물었다. "어째서 썩어 문드러진 고양이 시체가 최고의 보배라는 겁니까."
조산이 말했다. "값을 매기는 사람이 아무도 없기 때문이지."

擧 僧問曹山 世間甚麼物寂貴 山云死猫兒頭 僧云爲甚死猫兒頭寂貴
山云無人著價

여기에서 주안점은 고양이도 아니고 보배도 아니다. 썩어 빠져서 썩는 냄새가 코를 찌르는 고양이 시체를 소중하게 간주할 줄 아는 안목이 중요하다. 왜 그렇게 간주하는가. 얼마나 소중한가. 누구에게 소중한 것인가. 대부분의 사람들은 썩어 빠진 고양이는 가장 더러운 것으로서 쓸모없는 흉물 정도로 치부한다. 때문에 조산이 말한 것은 대단히 의외일 것이다. 그러나 자세히 들여다보면 굳이 그렇지도 않다. 누구나 거들떠보지도 않는 것이야말로 일찍이 아무도 눈치 채지 못하는 반야직관을 상징한다. 중생은 중생의 안목으로 모든 상황을 평가한다. 제 눈에 들면 소중하고 제 눈에서 벗어나면 일고의 가치도 없는 것으로 간주한다.

하찮게 보기로 하면 한없이 하찮을 뿐이다. 길가의 돌멩이는 아무도 눈여겨보지 않는다. 그리고 설령 누군가가 애무석처럼 조약돌에다 소중히 눈길을 준다 해도 달라진 것은 없다. 여전히 하나이 돌멩이일 뿐이다. 진리는 항상 그랬다. 그리고 굳이 죽은 고양이를 비유로 들 필요까지는 없다. 단지 이상적으로 중생이 가장 소중한 것으로 간주하는 보배와 그에 상대한 쓸모조차 없다고 여기는 것을 내세웠을 뿐이다.

황제의 보물에는 어느 누구도 값을 매기지 않는다. 값을 매긴다 해도 올바른 값이 나올 수가 없다. 그것은 전적으로 황제의 마음에 달려 있기 때문이다. 마찬가지이다. 고양이에 대하여 값을 매긴다면 얼마나 가능한가. 오히려 쓰레기 처리비용만 부담해야 하는 것은 아닌가. 그도 그럴 것이 일찍이 썩은 고양이를 물건 값으로 처리한 적이 없기 때문이다. 그것은 마치 자신의 몸뚱이를 값으로 매기지 못하는 것과 같다. 너무나 가까이 있고 누구에게나 너무나 흔해 빠진 것이면서도 그토록 소중한 것은 달리 없기 때문이다. 값을 초월해 있다. 때문에 값이 없기로는 너무 커서 없기도 하고 너무 작아서 없기도 한다.

자신의 몸뚱이에 대하여 얼마를 책정한다 해도 올바른 가격은 없다. 지극히 소중한 것은 지극히 흔한 법이다. 일상의 생활에서 늘 활용하는 지수화풍이 그렇다. 인간세상의 모든 물질이 그렇다. 그릇을 두고 볼 경우 정작 활용하는 것은 그릇 자체가 아니라 그릇이 만들어내고 있는 공간 부분이다. 그 공간에다 물을 담고 밥을 담을 수 있는 것은 오히려 비어 있기 때문에 가능하다. 썩은 생선 내지 썩은 고양이는 그에 상대적인 보배와 구슬과 재물이 상정되어 있다. 조산에게 질문한 승은 그 도리를 알았다는 식으로 마침내 환희하면서 감사를 예배를 드리고는 물러났다.

반야의 안목을 지닌 사람은 정해진 가치를 따지지 않는 법이다. 그저 그 자체를 볼 뿐이다. 지극히 소중한 것과 천하디천한 것은 따로 없다. 천수대비 관음보살의 천 개의 팔 가운데 어느 것이 가장 소중하고, 어느 것이 가장 짧은가. 제법은 평등하여 높고 낮음이 없다. 그런 데도 백두산은 높고 남산은 낮다. 낮으면 낮은 대로 높으면 높은 대로 진리다. 썩어 빠진 고양이와 마니보배는 그 활용도에 달려 있다.

세간에서는 다만 당장 쓸모가 있어 보이는 것만 필요한 물건인 줄 알고 당장 소용이 안 되는 물건에 대해서는 그 진정한 가치를 몰라준다. 그래서 온갖 보물에 대해서는 서로 차지하려고 잔뜩 눈독을 들이면서도 한가로운 마음의 무집착에 대해서는 그것이 얼마나 귀중한 보배인지 꿈에도 생각하지 못한다.

승은 형산에서 출토된 여의보배만 찾아다닐 줄 알았지 조산이 하찮은 물건을 통하여 학인으로 하여금 분발하도록 만들어 준 자비심에 대해서는 아직 눈곱만치도 생각하지 못하고 있다. 그 승의 경우 만약 조산이 제시한 언구에 막혀 있는 줄 스스로 알고 있었더라면 귀천의 여하를 막론하고 곧바로 시장으로 들어가 고양이 시체라도 구하려고 노력했을 것이다. 그러나 그와 같은 자각이 어디 그렇게 쉬운 것이던가. 여기에 등장하는 승의 태도를 가지고는 설령 미륵보살이 하생한다 하더라도 어림 반 푼어치도 없다. 왜냐하면 그 승은 자신이 보배로 간주하는 기준을 벗어나지 못하기 때문에 결코 아무리 세월이 흐른다 해도 고양이 시체를 최고의 보배로 간주할 기미조차 터득할 수가 없다. 그러면 조산이 자비심을 발휘하여 설파한 썩은 고양이 시체에 값을 매기지 못한다는 말은 무슨 뜻인가. 귀하다고 간주하여 소유하려고 집착하지도 말고 천하다고 치부하여 멀리하려고 분별하지도 말아야 한다. 설령 수완이 뛰어난 장사치라도 만난다면 고양이 시체이건 마니보배이건 서로 사고파는 데 아무런 지장이 없을 것이다. 그 장사치란 누구일까

제46칙
고목화개(枯木花開) - 화과(花菓) -

영천이 소산광인 선사에게 물었다. "고목이 꽃을 피우는 경지가 되어야 비로소 깨침에 계합할 수 있다고 합니다. 이것을 그대로 이해해야 하는 겁니까, 아니면 다르게 이해해야 하는 겁니까."
소산이 말했다. "그냥 말 그대로 이해하거라."
영천이 물었다. "그러면 다르게 이해해야 한다는 것은 어찌하는 겁니까."
소산이 말했다. "돌로 만든 황소는 봄날의 남기를 뿜어 대고, 영리한 참새는 우거진 숲에 깃드는 법이다."

擧 靈泉問疎山仁禪師 枯木生花始與他合 是這邊句是那邊句 山云亦
是這邊句 泉云如何是那邊句 山云 石牛吐出三春霧 靈雀不棲無影林

영천은 영천귀인(靈泉歸人)으로 송나라 때 무주의 소산광인의 법사이다. 경락(京洛) 영천원(靈泉院)에 주석하였다.

소산광인(疎山光仁, 疎山匡仁, 矮師叔, 矬師叔, 矮闍梨: 837~909)은 강서성 여릉(廬陵)의 감양(淦陽) 출신으로 속성은 이(李)씨이다. 키가 작았지만 언변이 뛰어났다. 어려서 출가하여 삼장에 통달하였다. 향엄지한(香嚴智閑) 등을 참문하고 동산양개(洞山良价)의 법을 이었다. 다시 위산대안(潙山大安) 등을 참문하고 883년에 강서성 무주 임천(臨川)의 소산(疎山)에서 개당하였다.

깨침의 경지는 마치 고목이 꽃을 피우는 현상처럼 상식으로 보면 기이하고 신통하다. 그런데 영천은 그와 같은 경지를 중생의 깜냥으로 짐작하는 까닭에 "고목이 꽃을 피우는 경지가 되어야 비로소 깨침에 계합할 수 있다고 합니다. 이것을 그대로 이해해야 하는 겁니까, 아니면 다르게 이해해야 하는 겁니까"라고 묻는다. 이와 같은 질문은 선문답에서는 가장 낮은 부류에 속하는 질문이다. 왜냐하면 고목이 꽃을 피우는 경지는 본인이 직접 경험하는 자내증(自內證)에 속하는 상황이기 때문이다.

그러나 소산은 역시 언변에 뛰어난 사람이었다. 그래서 "고목이 꽃을 피운다는 말 그대로 이해해야 한다. 달리 분별을 가미하여 알려고 해서는 결코 알지 못한다"라고 말한다. 소산은 때로는 빙 에둘러서 말하기도 하고, 때로는 단도직입으로 말하기도 하였다. 지금의 이 경우는 단도직입으로 질문자의 의표를 찌르는 문답이었다. 그러나 영천은 아니나 다를까 "그러면 다르게 이해해야 한다는 것에 대해서도 설명해 주시기 바랍니다"라고 묻는다. 이럴 경우에는 입을 다물고 침묵을 지키는 것이야말로 본전이라도 챙기는 법인데 설상가상이 되어버렸다.

스승은 제자의 어리석음이 가엾다고 해서 마치 시험문제의 답을 가르쳐 주듯이 함부로 일러 주는 경우는 없다. 그러나 영천은 '그러면 다르게 이해해야 한다는 것은 어찌하는 겁니까'라고 묻는다. 소산은 그와 같은 제자의 질문에 최소한도의 자비를 보여 주는 성의는 지니고 있었다. 때문에 소산은 애써 수고를 아끼지 않고 향상일로(向上

一路)로 나아가는 방법을 친절하게 그리고 남김없이 말해 주었다. 그렇지만 제아무리 말로 표현한다 해도 그것이 어디 향상일로의 체험일 수는 없다. 제자에게는 단지 그림의 떡일 뿐이다. 이에 혀를 움직여 말한다 해도 그것은 향상일로에 대한 말이 되지 못하기 때문에 부득불 몸의 제스처 내지 상징적인 표현을 통하여 일깨워 주는 수밖에 없었다.

이에 소산은 단도직입의 설명을 통해서는 아직 한참을 기다려야 한다는 것을 간파하고 곧 게송으로 말해 주었다. "돌로 만든 황소는 봄날의 남기를 뿜어대고, 영리한 참새는 우거진 숲에 깃드는 법이다"는 말은 지음(知音)의 경지이고 이심전심(以心傳心)의 상황이며, 이법인법(以法印法)의 도리를 가리킨다. 곧 아무런 반주기 없어도 그에 맞추어 노래를 불러 주는 사람과 같다.

고목화개(枯木花開)는 고목개화(枯木開花), 고목생화(枯木生花), 고목화생(枯木花生), 대취생화(碓嘴生花)라고도 한다. 곧 식정(識情)과 분별(分別) 내지 의로(意路)를 통해서는 도저히 이해할 수 없는 불가사의한 경우를 가리킨다. 때문에 대사일번(大死一番)으로부터 대활현성(大活現成)한다는 의미이다. 곧 부처의 경지를 중생의 상식으로는 결코 이해하지 못하기 때문에 차라리 솔직하게 중생으로부터 시작해야 그나마 눈앞의 목적이라도 성취할 수가 있음을 보여 주고 있다.

제47칙
소산수탑(疎山壽塔) – 탑묘(塔廟) –

한 승이 소산에게 바치는 수탑을 조성하고 나서 소산에게 수탑이 완성되었음을 말씀드렸다. 그러자 수산이 말했다. "수탑을 만든 장인에게 돈은 지급했던가."
승이 말씀드렸다. "화상께서 정해 주시는 대로 지급할까 합니다."
소산이 물었다. "그러면 그 장인에게 세 푼을 주어야 할까, 두 푼을 주어야 할까, 한 푼을 주어야 할까. 만약 한마디 말할 수 있다면 그대가 몸소 나한테 수탑을 만들어 주는 택이 될 것이다."
그러나 그 승은 아무런 말도 하지 못했다. 그 승이 훗날 이 일화를 대령[大庚嶺의 羅山道閑]에게 말씀드리자 대령이 물었다. "소산화상의 질문에 답변한 자가 있었던가."
승이 말했다. "아닙니다. 아무도 말하는 자가 없었습니다."
대령이 말했다. "그대는 돌아가서 소산에게 전하거라. 만약 장인에게 세 푼을 주는 경우라면 소산노화상은 금생에는 결코 수탑을 완성하지 못하고, 만약 장인에게 두 푼을 주는 경우라면 소산화상은 장인과 한 쉬[一隻手]를 가르쳐 주는 꼴이며, 만약 장인에게 한 푼을 주는 경우라면 장인의 꼼수에 낚여서 눈썹의 터럭이 빠져 버린다."
그 승은 돌아가서 소산에게 대령의 말을 그대로 전하였다. 이에 소산은 그 말을 전해 듣고는 위의를 갖추어 대령을 향해 예배하고 찬탄하여 말했다. "대령의 고불이여, 그 빛이 예까지 뻗쳤구려."
그러고는 승에게 말했다. "그대는 돌아가서 대령에게 전하거라. 대령의 선기야말로 마치 섣달에 핀 연꽃과 같다고."
후에 대령은 소산이 전하는 말을 듣고서 말했다. "내가 전했던 말

은 마치 거북이 터럭이 세 척이나 자랐다는 뜻이었건만 괜히들 나
서서 어설프게 호들갑을 떠는구나.”

擧 僧與疎山造壽塔畢來白疎山 山云汝將多少錢與匠人 僧云一切在
和尙 山云 爲將三文錢與匠人 爲將兩文錢與匠人 爲將一文錢與匠人
若道得與吾親造塔 僧無語 後擧似大嶺 嶺云還有人道得麼 僧云未有
人道得 嶺云 汝回擧似疎山道 大嶺聞擧有語云 若將三文錢與匠人 和
尙今生決定不得塔 若將兩文錢與匠人 和尙與匠人共垂一隻手 若將
一文錢與匠人 累他匠人眉鬚墮落 其僧回擧似疎山 山具威儀望大嶺
禮拜嘆云 大嶺古佛放光射至此間 雖然如是 也是臘月蓮花 大嶺後聞
此語云 我恁麼道也是龜毛長三尺

나산도한(羅山道閑)은 오대(五代)의 선자로서 암두전활(嚴頭全豁)의
법사이다. 복건성 장계(長谿) 출신으로 속성은 진(陳)씨이다. 구산(龜山)
에서 줄가하고 구속계를 받은 이후에 세방을 유행하였나. 식상경제
(石霜慶諸) 및 암두전활에게 참문하였다. 청량산 민왕(閩王)이 그 법을
찬탄하고 복건성 복주에 청익하고 법보선사(法寶禪師)라는 호를 내렸
다. 그 법계는 덕산선감(德山宣鑒) ― 암두전활(嚴頭全豁) ― 나산도한(羅山
道閑)이다.

수탑(壽塔)은 생전에 미리 만들어 둔 묘탑을 말한다. 한 승이 석공
을 불러다가 소산광인의 수탑을 만들었다. 일을 마친 후에 승이 인건
비를 얼마나 지급하면 좋을지 소산에게 말씀드리자 도리어 소산은
얼마를 주면 좋겠는가 말해 보라고 한다. 이것이야말로 소산의 능수
능란한 제자의 교화방식을 잘 보여 주는 선문답이다. 승은 아무런 답
변을 하지 못했다. 그러나 승은 제법 요령이 있었다. 대유령의 나산도
한에게까지 참문하여 그 문제를 해결하려고 하였다. 자신이 해결하지
못한 문제를 남의 힘을 빌려서라도 해결하려는 모습이 가상하다. 나

산도한은 꽤나 의미심장한 답변을 암시하였다. 소산이 제시한 돈의 액수는 사실은 소산 자신의 본래면목의 가치였다. 때문에 아무리 몇 푼이라 말한다고 해서 해답이 제시되는 것은 아니다. 설령 그렇게 추구한다면 소산의 가풍과는 아득히 멀어진다.

여기에서 굳이 설명을 붙인다면 세 푼의 경우는 많은 제자를 교화하면서 숱한 가르침을 내뱉는 것으로 노력은 많이 기울인다마는 그 공덕이 나타나지 못한 경우이다. 왜냐하면 지나치게 아만이 높고 자기만족에 젖어 있기 때문이다. 그러나 두 푼의 경우는 가장 바람직한 모습이다. 스승이 자신의 경지를 일반사람들에게 아무런 조건과 감춤이 없이 본래의 모습 그대로 드러내어 가르쳐 주는 경우이다. 곧 스승과 제자가 의기투합되는 모습이다. 오히려 한 푼의 경우는 스승이 가르쳐 줄 수 있는 기량도 없고 배우려는 제자도 찾아오지 않는 참으로 어설픈 납자의 모습이다.

나산도한은 바로 그와 같은 소산의 면목을 썩 훌륭하게 평가하고 있다. 곧 소산의 면목은 한 푼, 두 푼, 세 푼이 아니라는 것을 보여 준 것이다. 참으로 지음을 만난 기쁨에 소산은 "이 세상에 깨친 사람이 없는 줄 알았는데 가까운 대유령에 진정한 고불이 있었구나. 대유령의 도한이 비춘 광명이 여기 소산까지 뚜렷하게 뻗치는구나"라고 평가하며, 도한과 같은 선자를 만나는 것은 마치 동지섣달에 피어난 연꽃처럼 희귀한 모습이라고 찬탄하였다. 소산과 나산은 불법은 일상의 행동거지에 있음을 자연스럽게 드러내고 또 평가했을 뿐이다. 괜히 소산과 대유령을 왔다 갔다 했던 승만 수고한 꼴이다. 그 승에게 떨어진 콩고물은 과연 어느 정도였을까.

제48칙
운거상당(雲居上堂) - 시중(示衆) -

운거도응 선사가 상당하여 말했다.

"득자는 사소한 것도 가벼이 여기지 않고, 명자는 작용도 천하게 산주하시 잃으니, 식자는 묻는 것을 부끄러워하지 않고 헤지는 염오가 없다. 하늘에서 내려오면 빈한하고 땅에서 솟아나면 부귀하다. 문(門)으로부터 신(身)을 벗어나기는 쉬우나 신(身)으로부터 문(門)을 벗어나기는 어렵다. 동(動)하면 천 길 땅 속에 몸이 묻히고, 부동(不動)하면 그 자리에서 곧 싹이 튼다. 이리하여 일언(一言)까지도 형탈하면 초연히 즉금의 시(時)를 떠나게 된다. 때문에 말은 굳이 많을 필요가 없다. 말이 많으면 쓸모가 없다."

擧 雲居膺禪師 上堂云 得者不輕微 明者不賤用 識者不吝嗟 解者無厭惡 從天降下則貧寒 從地湧出則富貴 門裏出身易 身裏出門難 動則埋身千丈 不動則當處生苗 一言逈脫獨拔當時 言語不要多 多則無用處

이 문답은 납자의 본분이야말로 참으로 고귀한 위의임을 드러낸 것이다. 때문에 그와 같은 모습으로 살아가는 것이 곧 깨침의 행위일 뿐만 아니라 자비로운 교화의 모습임을 말하고 있다. 이런 점에서 원래 납자에게는 분별이 없어야 한다. 그래서 설령 대중을 일부러 불러 모으거나 대중이 자발적으로 모여들거나 다를 것이 없다. 조석으로 향상도(向上道)를 놓지 않으면 그런 사람이 곧 인천의 안목이다. 백장회해 선사 이래로 선원에서는 법좌(法座)를 시설하여 조도(祖道)를 천양하여 학도자를 가르쳐 왔다. 때문에 이에 대하여 다음과 같이 말한다.

입문에는 불전이 없지만   入門無佛殿

설법에는 허당이 있다네   說法有虛堂

이것은 심인(心印)을 전승하는 것이 얼마나 중대한 행위이고 가치인가를 말해 주는 것이다. 그와 같은 법왕(法王)의 가르침이 오늘에 이르기까지 전승되어 총림의 규구(規矩)가 되어 성행하고 있다. 여기에서 운거가 법에 의거한 작법으로서 정법안장의 제강(提綱)을 떨쳐서 후진을 일깨워 주는 기관도 그와 마찬가지로 자비의 발로였다. 때문에 도를 터득한 자는 모든 존재를 경미하게 여기지 않고, 마음을 발명한 자는 평소의 행위에 허투로 작용하지 않으므로 바보들의 장난처럼 도리에 맞지 않는 행동마저도 천하게 여기지 않는다. 이것이야말로 모든 납자들의 직관이 성성하게 작용하는 모습이고 본래부터 구비하고 있는 자성으로서 남들에게서 빌려 온다든가 의지할 수 있는 것이 아님을 말한다. 그러므로 가치가 사소하다든가 행위가 천박하다고 치부할 것이 전혀 없다.

사물에 박식한 자는 일체의 도리가 어긋나지 않다는 줄을 알기 때문에 아랫사람을 비롯하여 어리석은 사람에게도 묻는 것을 부끄러워 하지 않는다. 이미 제대로 파악하고 올바르게 관찰하기 때문에 두 눈은 원명(圓明)하고 육근(六根)은 해탈되어 있다. 해자(解者)는 모든 존재가 본래 공하다는 도리를 알기 때문에 연꽃처럼 일체의 번뇌에 염오가 없기 때문에 남을 잘 이해하여 모든 열악한 상황을 멀리하지 않는다.

하늘에서 내려오면 빈한하다는 것은 땅에서는 하늘의 귀함을 유지하
지 못하기 때문이고, 땅으로부터 솟아오르면 부귀하게 된다는 것은 무(無)
가운데에서 홀연히 유(有)가 나타나는 것을 말한다. 곧 유심(有心)으로 작
용하면 반드시 어긋나지만 무심(無心)으로 관찰하면 완연하다는 것이다.
하늘은 원래 친소(親疎)를 두지 않기에 빈부(貧富)는 인간에 달려 있다는
것으로 몸소 좌선하는 곳에서 자연스럽게 나타나는 묘용을 말한 것이다.

문으로부터[門裏] 신(身)을 벗어나는 것은 쉬우나 신으로부터[身裏]
문(門)을 벗어나는 것은 어렵다는 것은 납자의 생활이 용이하고 살활
이 자재함을 말한 것이다. 문리(門裏)란 일체제법이고 출신(出身)이란
그 제법에 오염되지 않는 것으로서 향상의 극지이다. 곧 이미 불도수
행에 의한 향상이 극위에 도달하면 주관에 개관에 얽매이는 분별취
사에 빠지지 않고 일체를 여실하게 인식하는 곳에 제법의 실상이 나
타나 있어서 낱낱의 법이 모두 중대한 의의와 가치를 지니게 된다.

이에 납자이면서도 만약 유혹에 동(動)하면 천 길 땅속에 몸이 묻히
는 꼴이고, 부동(不動)하면 그 자리에서 곧 보리의 싹이 트고 꽃이 피
어난다. 이것은 동과 부동에 대하여 모두 자유롭고 살활에 자재해야
할 것을 말한다. 때문에 일언(一言)까지도 형탈하면 초연히 즉금의 시
(時)를 떠나게 된다는 말은 고령의 신찬이 말한 직관의 성성한 작용은
본래부터 아득히 번뇌를 벗어나 있다는 말에 통한다. 곧 정나라(淨裸
裸)하고 적쇄쇄(赤灑灑)한 초탈의 모습이다. 때문에 말은 굳이 많을 필
요가 없는데 말이 많으면 쓸모가 없다는 것은 철저하게 스승으로부
터 점검을 받아야 함을 말한다. 제 딴에는 대단한 거시기를 터득했다
손 치더라도 그 용처를 정확하게 알아야 하기 때문이다.

제49칙
청림경왕(靑林逕往) - 토사(兔蛇) -

한 승이 청림사건 선사에게 물었다. "저는 지름길로 다닙니다. 이에 대하여 어찌 생각하십니까."
청림이 말했다. "대로에 죽은 뱀이 가로놓여 있으니까 그런 곳엘랑 가지 말라."
승이 물었다. "그런 곳에 도달한 경우는 어찌되는 겁니까."
청림이 말했다. "꼼짝없이 죽는 것이지."
승이 물었다. "그런 곳에 가지 않는 경우는 어찌되는 겁니까."
청림이 말했다. "그곳을 벗어날 수 있는 방법은 어디에도 없다."
승이 물었다. "그러면 이런 입장에서 저는 어찌해야 하는 겁니까."
청림이 말했다. "벗어날 방법은 어디에도 없다."
승이 물었다. "그렇다면 저는 이제 어찌해야 하는 겁니까."
청림이 말했다. "풀이 무성하여 뱀이 어디에 있는지 알아낼 방법이 없다."
승이 말씀드렸다. "그러면 스님께서도 조심하셔야 되겠습니다."
청림이 손뼉을 치고 말했다. "서로 피장파장이로구나."

擧 僧問 靑林虔禪師 學人逕往時如何 林云 死蛇當大路 勸子莫當頭
僧云 當頭者如何 林云 喪子命根 僧云 不當頭時如何 林云 亦無回避
處 僧云 正當恁麼時如何 林云 失却也 僧云 未審向甚麼處去 林云
草深無覓處 僧云 和尙也須隄防始得 林撫掌云 一等是箇毒氣

청림은 동산양개의 제자로서 청림사건(靑林師虔, 靑林處虔: ?~904)

은 속성은 진(陳)씨이고 절강성 항주 출신이다. 동산양개의 법사로서 한동(漢東)의 청림(靑林)에 주석하였고, 이후에 강서성 동산(洞山)의 제3세가 되었다. 이 문답은 동산에게서 법을 얻고 소청림난야(小靑林蘭若)에 주석하고 있을 때 한 제자와 주고받은 문답이다.

이 문답은 본래면목을 주제로 한다. 여기에서 중요한 것은 죽은 뱀이다. 이미 죽어 있는 뱀은 아무런 위협도 되지 않는다. 그렇지만 그 뱀이 품고 있는 독기는 아직도 사람을 위협할 수 있다. 곧 죽어 있는 뱀은 온갖 곳에 편재하는 불법의 진리 혹은 모든 사람이 구비하고 있는 본래면목의 도리이다. 본래면목은 분별사식을 초월해 있는 생명 그 자체의 실상이기 때문에 모든 사람이 그러한 도리로 살아가고 있다. 그러면서도 그런 줄을 모르고 있을 뿐이다. 그러나 사람이 본래면목의 도리를 궁구하고 진리란 무엇이고 불법 곧 깨침이란 무엇이며 나 자신은 무엇인가를 질문하는 찰나 죽은 뱀의 독기에 접촉하는 것이다. 이것은 분별적이고 의도적인 질문을 의미하는 곧 뱀의 독기를 멀리 벗어나 흐름 이전의 흐름 그리고 분별 이전의 생명의 실상에 계합하지 않으면 안 된다는 가르침을 보여 주고 있다.

한 승은 지름길을 내세우고 청림은 죽은 뱀을 내세워서 서로 법거량을 하고 있다. 지름길은 가도 간 바가 없고 와도 온 바가 없는 한결같은 진리의 본래면목을 상징한다. 죽은 뱀은 근본적인 번뇌로서 사마(死魔)이기도 하고 번뇌마(煩惱魔)이기도 하다. 큰길은 깨침을 추구하기 위하여 반드시 성취해야 하는 만행이다. 지름길로 가자니 죽은 뱀을 마주치지 않을 수가 없다. 수행이 있는 곳에 마장이 있다. 그렇다고 수행을 하지 않는 것은 천연외도이다. 도가 높을수록 마장도 높다. 반드시 가야만 하는 길인데 살아남을 수 없는 길이다. 때로는 길을 돌아가는 방법도 있을 것이다. 달리 자신이 뱀과 똑같은 독기를 품어 대응하는 방법도 가능하다. 그러나 지금 여기에서 자신에게 주어진 현실은 부정할 수가 없다.

바로 이와 같은 딜레마의 상황에서도 선은 분명한 길을 제시해 준다. 수행을 하지 않고 살아남느냐, 깨침을 얻으라고 죽느냐 하는 입장이다. 진퇴양난의 기로에서 선의 진가가 발휘된다. 궁즉통(窮卽通)이다. 회피할 방법이 없는 그곳을 행해 그냥 나아가는 것이다. 이렇게 할까 저렇게 할까 하는 판단이 용납되지 않는다.

지름길과 죽은 뱀을 모두 초월해야 한다. 길이 지름길인지 우회로인지, 뱀이 살아 있는지 죽어 있는지는 상관없다. 지름길은 지름길대로 완전하고, 죽은 뱀은 죽은 뱀대로 완전하다. 지름길을 떠나서 죽은 뱀이 없고 죽은 뱀을 떠나서 지름길이 없다. 지름길 따로 뱀 따로가 아니다. 그대로 온전하다. 풀이 우거져 있어 지름길과 죽은 뱀은 구분되지 않는다. 보름달 아래 하얀 눈에 덮인 하얀 갈대밭에 서 있는 백로와 같고, 까만 개가 칠흑 같은 밤에 숲 속을 걸어가는 꼴이다. 가는 곳이 어디나 지름길이고 마주치는 것이 모두 죽은 뱀이다. 일거수일투족이 모두 지름길로 향하고 일견일문(一見一聞)이 모두 죽은 뱀이다. 대사일번(大死一番)하는 선의 입장이다. 온통 그대로 내맡기는 것이다. 스승과 제자의 투기(投機)가 온전하게 의기투합된 모습이다. 때문에 청림은 피장파장이라 말한다.

제50칙
이서침등(二鼠侵藤) - 비주(飛走) -

한 승이 용아거둔 선사에게 물었다. "두 마리의 쥐가 등나무를 갉
아먹는 경우는 어찌해야 하는 겁니까."
용아가 말했다. "모름지기 은신처를 찾아야 한다."
승이 물었다. "그러면 은신처는 어떻게 찾아야 하는 겁니까."
용아가 말했다. "그대는 이곳 용아의 가풍을 알기나 하는가."

擧 僧問龍牙遁禪師 二鼠侵藤時如何 牙云 須有隱身處始得 僧云 如
何是隱身處 牙云 還見儂家麼

용아거둔(龍牙居遁: 835~923)은 강서성 무주(撫州) 남성(南城) 출신으
로 성은 곽(郭)씨이다. 14세 때 강서성 길주(吉州) 만전사(滿田寺)에서
출가하였다. 후에 숭악으로 가서 계를 받고 제방을 유행하였다. 취미
(翠微)와 덕산(德山)을 참하였고, 동산양개를 참하여 그 법을 이었다.
호남의 마(馬)씨의 청을 받아 용아산의 묘제선원(妙濟禪院)에 주석하였
는데 증공대사(證空大師)라 불렸다.

『대집경』에서는 다음과 같은 내용이 전한다. 어떤 사람이 술에 잔
뜩 취한 두 마리의 코끼리에게 쫓긴다. 겨우 우물 안으로 들어가 몸

을 피한다. 간신히 우물가에는 있는 등나무 줄기를 붙들고 매달려 있는데 흑백의 두 마리 쥐가 등나무 줄기를 쏠고 있다. 그런데 우물의 사방에는 네 마리의 뱀이 혀를 날름거리면서 기회를 엿보고 있다. 우물 바닥을 내려다보니 물속에는 세 마리의 독용이 고개를 치켜들고 위로 불을 내뿜으면서 이빨을 드러내고 등나무에 매달린 사람이 떨어지면 집어삼키려고 기다리고 있다. 그런데 우물 위를 올려다보니 술 취한 두 마리의 코끼리가 우물 안을 바라보며 머리를 드리우고 있다. 설상가상으로 벌 떼가 날아들었는데 그 사람의 얼굴에 꿀을 떨어뜨리고 있다. 그 사람은 얼굴에 떨어진 꿀을 혀로 핥으면서 잠시나마 자신이 갖가지 위험에 처해 있으면서도 까맣게 잊어버리고 있다.

『빈두로위우전왕설법경』에는 두 마리의 쥐가 사람이 매달려 있는 등나무의 뿌리를 갉아먹고 있다. 벌 떼들이 몰려와 사람을 쏘고, 우물 밖에는 들불이 일어나 마을을 태우는 등 고통을 헤아릴 수도 없다. 두 마리의 코끼리는 생과 사이고, 등나무는 사람의 목숨이며, 우물은 무상한 몸과 목숨이고, 두 마리 쥐는 밤과 낮이며, 네 마리의 뱀은 지·수·화·풍의 사대이고, 세 마리의 독룡은 탐·진·치의 삼독이며, 벌 떼가 떨어뜨리는 꿀은 재(財)·색(色)·식(食)·명(名)·수(睡) 오욕이다. 달리 사람은 범부이고, 두 마리의 코끼리는 무상이며, 우물은 사람의 몸이고, 등나무 줄기는 목숨이며, 두 마리의 쥐는 세월이고, 등나무 뿌리는 찰나찰나 생멸하는 모습이며, 네 마리의 뱀은 사대이고, 벌 떼가 떨어뜨리는 꿀은 오욕이며, 들불은 끊임없이 생사가 교차하는 황량한 인생이며, 물속에 있는 세 마리의 독룡은 사후에 윤회하는 삼악도에 비유되기도 한다.

화는 홀로 오지 않고 반드시 겹쳐서 온다는 말이 있다. 한 승은 이와 같은 절체절명의 상황에서 벗어날 수 있는 방법을 용아에게 묻는다. 용아는 곧장 은신처라는 답변을 한다. 참으로 절묘호사였다. 그 은신처란 바로 그 자리에서 이미 문제를 해결한 모습이다. 용아는 그 상황에서 벗어나는 방법을 가르쳐 주는 것이 아니다. 은신처는 무엇이고 어떻게 은신처를 찾아야 하고 은신처는 어디에 있으며 은신처는 왜 찾아야 하는가 등은 일종의 분별에 불과하다. 그 모든 것을 막론하고 은신처에 그대로 처해야 한다는 것을 제시한다. 일종의 독화살의 비유와 같다.

그러나 승은 또 은신처를 찾는 방법을 묻는다. 이것은 승이 아직 조사선에서 내세우는 직지인심(直指人心)을 체험하지 못한 탓이다. 때문에 용이는 노파심에서 다시 '그대는 이곳 용아의 가풍을 알기나 하는가'라고 되묻는다. 그러나 이것은 질문이라기보다 이미 승에 대하여 내린 용아의 평가이다. 그토록 친절하게 절체절명의 상황에서 벗어나 있는 모습을 눈앞에 들이밀어 놓았는데도 승은 아직 용아의 가풍도 터득하지도 못하고 있다는 꾸지람이다. 위험한 상황을 맞이해서 어찌하려는 것은 이미 늦다. 아예 위험에 노출되지 않는 것이 최선이다. 위험하다고 느끼는 찰나에 벌써 그 위험은 자신을 엄습하고 있다. 방법이나 해결을 묻고 추구하고 할 겨를이 없다.

자신을 통째로 온전하게 그 위험에 들이붓는 것이다. 목이 마를 경우 물을 찾고 있는 물은 누구의 물이며 얼마이고 어떤 물인지 따지기 전에 우선 손에 잡히는 대로 무심하게 물을 들이키는 것이 가장 효과적이다. 그러고는 잘 마셨다고 감사를 드리고 대가를 치러 주는 것이다. 승이 다시 은신처가 어디에 있느냐고 묻는 것은 이미 용아의 가풍과는 까마득하게 멀다. 무심(無心)의 도리를 오히려 유심(有心)으로 오염시키고 있다.

염관제안의 문하에 주지를 살고 있는 한 승이 있었다. 어느 날 저승사자가 오는 것을 보고 말했다. "저는 주지를 사느라고 바빠서 도통 수행할 겨를이 없었습니다. 그러니 딱 7일만 말미를 주시기 바랍니다." 저승사자가 염라대왕의 허가를 받아 7일의 말미를 주었다. 승은 그 자리에서 곧장 모습을 감추어 버렸다. 그런 줄도 모르고 7일 후에 다시 찾아온 저승사자는 그 승을 끝내 찾을 수가 없었다. 이유는 승이 홀연히 무심삼매(無心三昧)의 경지에 들었기 때문이다. 무심이란 무분별심이고 무조작심이며 무공용심이고 무집착심이다.

본 문답은 인간존재의 무상과 그런 인간이 겪어 가는 번뇌를 비유한 것이다. 무상한 존재가 경험하는 갖가지 번뇌는 이미 경험하는 주체인 인간이 무상하기 때문에 그 객체에 해당하는 번뇌도 또한 실체가 없는 공이다. 용아는 바로 이런 점을 짚어 주고 있다. 그러나 승은 처음부터 잘못된 줄을 모르고 있다. 허물어진 탑에는 흙을 바를 수 없다고 했던가.

제51칙
백수성색(白水聲色) – 시중(示衆) –

백수본인 선사가 상당설법을 하였다. "노승은 소리의 이전과 형색의 이후에 대해서는 여러분에게 굳이 뭐라고 설명할 생각이 없다. 다만 무슨 까닭에 소리는 곧 소리가 아니고 형색은 곧 형색이 아닌지를 말해 보게나."
그때 한 승이 물었다. "소리는 곧 소리가 아니라는 말은 무엇을 말하는 겁니까."
본인이 말했다. "그러면 내가 소리를 형색이라고 말해야 하겠는가."
승이 물었다. "또 형색은 곧 형색이 아니라는 말은 무엇을 말하는 겁니까."
본인이 말했다. "그러면 내가 형색을 소리라고 말해야 하겠는가."
이에 승이 예배를 드렸다. 그러자 본인이 다시 물었다. "자, 말해 보라. 그대 자신을 위해서라도 그대 자신의 말로 답해 보라. 그리하여 만약 여기에서 깨친다면 그대가 깨침의 문에 들어섰다는 것을 인정하겠다."

擧 白水仁禪師上堂云 老僧不欲向聲前色後鼓弄人家男女 何故聲且不是聲 色且不是色 時有僧問 如何是聲不是聲 水云 喚作色得麽 僧云 如何是色不是色 水云 喚作聲得麽 水復云 且道 對闍黎話 爲闍黎說 若向這裏會得 許儞有個入路

백수본인(白水本仁)은 동산양개의 법사로서 고안(高安)의 백수본인을 가리킨다. 처음에 절서(浙西)에서 선법을 폈다. 이후에 만행하면서 천복연간(901~904)에 강서성 균주 고안현의 백수선원을 개창하여 선풍을 진작하였다.

위산이 어느 날 까마귀에게 밥을 던져 주고는 앙산을 향해 말했다. "오늘은 내가 그대한테 법문을 한마디 하겠다." 앙산이 말했디. "그렇게 해 주십시오. 성심껏 듣겠습니다." "그래, 지금 무슨 소리가 들리는가." "까마귀는 까악까악 울고 참새는 짹짹 웁니다." "까마귀와 참새의 소리와 형색은 어떠한가." "아까 전에 화상께서는 저한테 뭐라고 말씀하셨습니까." "나는 아까 전에 그대한테 오늘은 내가 그대한테 법문을 한마디 해 주겠다고 말했었다." "그런데 그 법문은 말씀해 주지 않고 어째서 도리어 저한테 소리와 형색에 대해서 물으시는 겁니까." "그대가 따지는 말에도 일리는 있다마는 우선 그대한테 허물이 있는지를 점검해 보는 것도 나쁘지는 않을 것 같아서 그랬다." "그렇다면 생사일대사(生死一大事)의 인연에 대해서는 어떻게 점검하실 요량입니까." 위산이 불끈 주먹을 치켜세우고 말했다. "동쪽을 보여 주니 서쪽에 대하여 그린 꼴이구나." 그러고는 다시 물었다. "그런데 조금 전에 뭐라고 물었지." "화상께 생사일대사의 인연에 대해서 여쭈었습니다." "그런데 그 질문에 대하여 내가 동쪽을 보여 주니 서쪽에 대하여 그린 꼴이라고 답한 이유를 알겠는가." "소리와 형색을 보여 주려고 저한테 그렇게 물으신 것이 아니겠습니까." "그대는 아직 깨침에서 한참 멀었구나." "그러면 화상께서는 깨치셨습니까." "본래 소리와 형색은 고요한데 괜스레 내가 말이 많았구나." "한 개의 달이 천 강에 비춘다고 해서 달이 천 개로 나누어진 것은 아닙니다." "옳거니, 그렇고말고. 이제야 제법 대화가 통하는구나." "금은 본래부터 금이듯이 형색에도 다른 명칭이 있을 수 없습니다." "그렇다면 다른 명칭이 있을 수 없다는 그 도리는 알겠는가." "병과 소반과 비녀와 팔찌는 같기도 하고 다르기도 합니다." "사자가 포효하니 여우와 이리가 놀라 자빠지는구나."

백수본인과 한 승과의 문답과 위산과 앙산의 문답과 다를 것이 없다. 이들 문답은 소리와 형색이 본래부터 공하다는 것을 드러낸 것이다. 그래서 형색은 형색만도 아니고 소리는 소리만도 아니다. 그리고 소리는 형색이 아니고 형색은 소리가 아니다. 어쨌든 소리와 형색의 실체는 존재하지 않는다는 것을 가리킨다. 그럼에도 불구하고 소리가 소리이고 형색이 형색일 수 있는 것은 다만 인연소생일 뿐이다. 그런데도 그것을 실체라고 간주하는 것이야말로 범부의 생각이다. 까마귀와 참새는 각각의 소리를 낸다. 그러나 본래부터 까악까악 내지 짹짹이라는 실체는 없다. 그렇게 표현하고 그렇게 들리는 것뿐이다.

하나의 달이 천 개로 보이고, 똑같은 성분의 금이 별개의 사물로 만들어지듯이, 소리와 형색은 소리와 형색이면서 소리만도 아니고 형색만도 아니다. 이처럼 본래부터 공한 도리를 터득하는 것은 일체의 사물과 자신에 대해서 사물과 자신인 줄 알면서도 그에 집착하지 않는 것을 말한다. 이와 같은 소리와 형색의 공성(空性)을 매개로 하여 깨침을 터득하는 계기로 삼을 수 있다는 것을 본 문답이 보여 주고 있다. 백수본인이 말한 "그대 자신을 위해서라도 그대 자신의 말로 답해 보라. 그리하여 만약 여기에서 깨친다면 그대가 깨침의 문에 들어섰다는 것을 인정하겠다"는 것은 정작 질문하는 승의 견해와 답변하는 스승의 견해가 따로 없다는 것을 잘 보여 준 말이다.

제52칙
백마법신(白馬法身) - 법신(法身) -

한 승이 낙경의 백마돈유 선사에게 물었다. "법신향상사는 무엇을
말하는 겁니까."
돈유가 말했다. "우물 속의 두꺼비가 달을 삼킨 격이다."

擧 僧問洛京白馬儒禪師 如何是法身向上事 儒云 井底蝦蟆吞却月

백마돈유(白馬遁儒, 白馬遯儒)는 당대 말기의 선자로서 동산양개의
법사이다. 하남성 낙경(洛京)의 백마사(白馬寺)에 주석하면서 조동종의
선풍을 진작하였다.

법신은 불(佛)이다. 법신의 향상사는 법신마저도 초월한 경지이다.
너무나 높고 높은 경지로서 도저히 그것을 벗어날 수가 없다. 벗어날
생각조차 어렵다. 이런 상태를 가리켜 비사량처(非思量處)라고 한다.
단순히 사량이 없다는 것이 아니다. 곧 분별사식(分別事識)으로는 사
량할 수가 없는 경지를 말한다. 돈유선사는 이와 같은 모습을 싱그러
운 은유를 등장시켜 깔끔하게 마무리하고 있다. 우물은 달빛이 들지
않는다. 더구나 두꺼비는 물속에 잠겨 있다. 가장 은밀한 곳에 사는

두꺼비가 하늘의 가장 높이 떠 있는 달을 집어삼킨다. 이처럼 법신향 상사는 일상의 분별과 집착으로는 도저히 어쩌지 못하는 경계임을 비유한 것이다.

어느 때 소산광인(疎山匡仁)이 위산영우(潙山靈祐)에게 물었다. "법신의 이치란 도리상으로는 현묘(玄微)한 경지마저 벗어나 있기 때문에 분별시비의 경계로는 어쩔 수가 없습니다. 이것이 법신의 경계라면 법신향상사는 도대체 무엇입니까." 답변 대신에 위산은 소산의 면전에 불자를 치켜세웠다. 그러자 소산이 말했다. "제가 보기에는 그것도 법신의 경계에 불과합니다." 위산이 물었다. "그렇다면 그대가 생각하는 법신향상사란 무엇인가." 그러자 갑자기 소산은 위산의 불자를 빼앗더니 그 자리에서 뚝따 분질러서 땅바닥에 내동댕이쳐 버렸다. 그러자 그 자리에 모여 있던 대중이 뿔뿔이 흩어졌다. 이에 위산이 말했다. "용과 뱀은 분별하기가 쉽다만 눈 푸른 납자는 속이기가 참으로 어렵구나." 소산광인은 자신이 질문한 문제에 스스로 답변을 보여 주고 있다. 법신향상사는 언설을 초월하여 제아무리 제스처나 상징으로 보여 준다 해도 그것마저도 어설픈 흉내에 불과하다는 것이다. 소산 자신의 질문에조차 얽매여서는 안 된다는 것이다.

어느 날 한 승이 황룡혜남(黃龍慧南)에게 물었다. "우물속의 두꺼비가 달을 삼킨 격이란 무엇입니까." 황룡이 말했다. "두꺼비가 달을 삼킨다는데 낸들 어쩌겠는가." 승이 말했다. "그렇다면 두꺼비에게 달을 삼키도록 해 보겠습니다." 황룡이 말했다. "네 마음대로 삼키도록 해 보거라." 승이 물었다. "자, 두꺼비가 달을 꿀꺽 삼켜 버렸습니다. 이제 어떻습니까." 황룡이 말했다. "그렇다면 그 녀석이야말로 썩 훌륭한 두꺼비로구나." 이것은 언중에서 이해하려고 해서는 안 된다는 것을 문답으로 교묘하게 보여 주고 있다. 모름지기 언구를 벗어나서 종지를 터득해야 한다는 것이다. 만약 이와 같이 터득한다면 바야흐로 말이 없이 설법하는 도리를 터득하는 것이고, 듣는 소리가 없이 설법을 듣는 도리를 믿는 것이다.

여기에서 부여 주고 있는 소산과 황룡이 선기는 법신의 경지 내지 법신향상사의 경지만큼 단출하다. 군더더기가 없다. 그저 그럴 뿐이다. 때문에 일찍이 두순화상은 또한 다음과 같이 노래하였다.

회주의 소가 벼의 잎을 뜯어먹으니
익주의 배고픈 말이 배가 부르다네
천하의 용한 의원을 두루 찾았는데
구운 돼지 왼쪽 장딴지가 최고라네

본 문답에서 법신향상사는 곧 성불의 일대사를 가리킨다. 성불의 일대사는 이미 성불해 있는 줄을 알고 그 성불조차 초월해야 함을 가르쳐 주고 있다. 말하자면 완전한 성불이다. 일체중생은 실유불성으로서 본래성불이다. 때문에 법신향상사는 우물 속의 두꺼비가 달을 삼키든 삼키지 못하든 하등의 관계가 없다. 단지 법신향상사를 뭐라고 표현하려고 하니 부득불 달 내지 달빛이라도 삼킨다고 말해야만 했다. 두순화상의 게송은 법신향상사의 경우 정작 비사량의 경계로서 분별사려의 개념을 초월해야 터득할 수 있음을 보여 주고 있다.

제53칙
구봉거일(九峰擧一) – 시중(示衆) –

월주건봉 선사가 다음과 같이 시중설법을 하였다. "제일의제는 말할 수가 없다. 제이의제만이 언설로 표현된다. 때문에 일단 언설로 표현되면 제이의제에 떨어지고 만다."
대중 가운데 있던 운문이 말했다. "어제 어떤 사람이 천태에서 왔는데 곧바로 경산으로 가 버렸습니다."
건봉이 말했다. "그대는 내일 보청을 하지 말거라." 그러고는 법좌에서 내려왔다.

擧 九峰虔禪師示衆云 擧一不得 擧二放過 一著落在第二 雲門出衆云 昨日有人從天台來 却往徑山去 峰云 來日不得普請 便下座

본 문답에서 시중설법을 하는 구봉도건(九峰道虔)은 실제로는 월주건봉(越州乾峯)의 오기(誤記)이다. 건봉은 동산양개의 제자로서 월주건봉(越州乾峯, 越州瑞峯)이다.

그리고 운문문언(雲門文偃, 跋脚子: 864~949)은 운문종의 개조로서 절강성 가흥현 사람이다. 도솔사의 지징율사를 따르다가 17세 때 출가하였다. 율을 공부한 후에 목주도종(睦州道蹤)을 참하였고, 다시 설봉의존을 참하여 그 법을 이었다. 오대(五代) 남한(南漢)의 조정에서 종종 입내설법을 하여 광태선원(光泰禪院)이라는 칙액을 받고, 광진대사(匡眞大師)라는 호를 받았으며, 대자운광성굉명선사(大慈雲匡聖宏明禪師)라는 시호를 받았다.

일찍이 건봉이 설법하였다. "법신에 3종의 병(病)과 2종의 광(光)이 있다. 모름지기 그 3종과 2종을 통과해야 조용(照用)을 마음대로 할 수 있고 거기에서 향상일규(向上一竅)이 도리를 찾을 수가 있다." 그 말을 듣고 운문이 나와서 말했다. "암자 안의 사람은 어째서 암자 밖의 소식을 모르는 겁니까." 건봉이 껄껄껄 웃었다. 운문이 말했다. "그것이야말로 제가 의심하는 바입니다." 건봉이 말했다. "그대는 무슨 생각을 하고 있는가." 운문이 말했다. "스님께서 자세히 설명해 주시기 바랍니다." 건봉이 말했다. "참으로 진지하고 치밀해야 깨침의 경지를 알 수가 있다." 운문이 말했다. "예, 잘 알았습니다."

여기에 예로 든 문답은 운문삼병(雲門三病)과 운문양병(雲門兩病)으로 알려져 있다. 3종병은 다음과 같다. 첫째로 미도조작(未到造作)은 아직 본래자리에 도달하지 못한 상태로서 갖가지 분별행위를 짓는 것이다. 둘째로 이도주착(已到住著)은 본래자리에 도착하여 거기에 주착해 버리는 것이다. 셋째로 투탈무의(透脫無依)는 본래자리에 도착했지만 어디에 발을 디딜 자리가 없는 상태이다. 그리고 2종광은 능취광(能取光)과 소취광(所取光)인데 여기에서 광(光)은 어둡고 희미한 광으로서 확실하게 터득하지 못하고 어정쩡한 상태로서 불투명한 것을 나타낸다. 3종병과 2종광 모두가 한쪽에 치우친 것으로 어설픈 상태이다. 무언가 분명하고 확실하게 파악하지 못하고 있다.

하나는 알고 둘은 모르니 핵심을 놓치고 껍데기에 떨어지는 꼴이다. 설령 그렇게 알고 있다고는 해도 실천으로 승화되지 못하고 있는 경우이다. 어느 정도 효험이 나타나고 자신감이 늘어 가는 즈음에 아직은 수행과 깨침의 경지가 안팎으로 두루 사무치지 못한 것이다. 그럼에도 불구하고 여기에 안주해 버리면 영영 미욱한 귀신 굴에 떨어지고 만다. 이런 때일수록 더욱더 정진을 가해야 한다. 그래야만 내외가 명철하여 주관과 객관에 대하여 두루 자유로운 힘을 받는 조용동시(照用同時)가 나타나고, 열반과 깨침으로 나아가는 향상일규(向上一竅)의 빛을 보고 거기에 도달한다.

3종병과 2종광을 통과하지 못한 선자는 마치 자기 딴에는 무엇이든 할 수 있을 것 같지만 막상 스승의 법거량을 마주 하고 보면 손하나 움직일 수 없는 허수아비처럼 얼어붙어 버린다. 이것이 곧 암자 안의 소식을 아는 사람이 아직 암자 밖의 소식을 모른다는 것이다. 이것이야말로 선에서 중시하는 자신의 깨침의 가치를 진정으로 파악해야 하는 이유이다. 여기에서 자신의 깨침보다 스승의 인가를 더욱 중시하는 풍토가 형성되어 있다. 나아가서 이것은 스승의 인가보다 어쩌면 전법의 소식을 필요로 하는 이유일지도 모른다.

본 문답에 등장하는 제일의제는 성전일구(聲前一句)를 가리킨다. 이것은 불조(佛祖)도 모르는 도리이고 천성(千聖)도 전승하지 못하는 도리이다. 때문에 부득이하게 언설과 몸의 제스처를 통하여 표현되고 전달된다. 마치 꿈속에서 곤륜산에 올라가고 백인 부부가 흑인 아이를 출생한 것과 같다. 남산에 구름이 일어나니 북산에 비가 내리는 꼴이다. 모두 상식을 초월한 도리이다. 바로 운문은 이 소식을 알아차리고 있었다. 그래서 '어제 어떤 사람이 천태에서 왔는데 곧바로 경산으로 가 버렸습니다'라고 말했다.

이것은 제일의제와 제이의제를 교묘하게 섞은 답변이었다. 스승의 말씀에 제아무리 훌륭하게 답변한다 할지라도 결국은 제이의제일 뿐이다. 그러나 언설은 언설 이상의 의미를 지닌다. 천태와 경산은 특별한 의미가 없다. 단지 동쪽에서 왔으니까 서쪽으로 가는 택이다. 이것을 이상하게 보면 이상하겠지만 자연스럽게 보면 지극히 자연스럽다. 이를 두고 임천종륜(林泉從倫)은 '운문이야말로 대자재(大自在)이 유희삼매(游戱三昧)를 터득하였다'고 찬탄하였다. 긴봉은 곧바로 운문의 선기를 긍정하였다. 때문에 '그대는 더 이상 설법을 들을 필요가 없다. 그러니 앞으로는 더 이상 보청을 하지 말거라'고 응수해 준다. 이에 대하여 운문은 아무런 대꾸도 하지 않았다. 이법인법(以法印法)이요 이심전심(以心傳心)의 태도로서 건봉의 인가이기도 하였다.

이처럼 깨침은 반드시 인가를 거쳐야 하고 인가는 반드시 전법으로 이어져야 한다. 그래야 안팎으로 두루 밝게 사무치는 지혜로써 교화를 펼칠 수가 있다. 그러려면 참으로 주도면밀하고 용의주도하며 행지면밀(行持綿密)한 오후보림(悟後保任)이 뒤따르지 않으면 안 된다. 앉아 있을 줄만 알고 드러낼 줄 모르는 것은 머리만 있고 몸이 없는 택이고, 걸을 줄만 알고 멈출 줄 모르는 것은 다리만 있고 눈이 없는 꼴이다. 모두 아직은 덜 떨어진 작태이다. '참으로 진지하고 치밀해야 깨침의 경지를 알 수가 있다'는 건봉의 말에 잘 알아들었다고 답변하는 운문의 말은 오히려 운문이 제대로 알아듣고 나서야 비로소 깨침의 맛을 볼 수 있다는 반어이기도 하다.

아는 것과 깨치는 것은 별개사가 아니다. 알아야 깨치고 깨쳐야 안다. 또한 알기 전에는 깨치지 못하고 깨치기 전에는 알지 못한다. 이것이 조용동시(照用同時)의 소식이요 향상일규(向上一竅)의 가풍이다.

제54칙
천동응용(天童應用) - 심안(心眼) -

한 승이 천동계 선사에게 물었다. "응용에 끝이 없는 안목을 가진 사람이란 어떤 사람입니까."
천동이 말했다. "흡사 눈이 먼 사람과 똑 닮았지."

舉 僧問天童啓禪師 如何是應用無虧的眼 童云 恰如瞎一般

천동계 선사의 전기는 알려져 있지 않다. 본 문답은 허투로 보기에는 일상의 법도에 어긋나는 듯이 보이지만 잘 생각해 보면 진리에 딱 계합된다는 반상합도(反常合道)의 도리를 잘 드러내 주고 있다. 때문에 『금강경』에서는 "무릇 형상이 있는 것은 다 허망하다. 그러므로 만약 모든 형상을 진상이 아니라고 본다면 곧 여래를 볼 수가 있다"고 말하고 하물며 "여래는 오는 바도 없고 또한 가는 바도 없기 때문에 여래라 말한다"고도 말한다.

만약 이와 같은 경지에서 깨침을 터득한다면 사(事)와 이(理)가 원만하게 융합하고, 차(遮)와 조(照)가 걸림이 없으며, 체(體)와 용(用)이 서로 도와서 일으켜 주고, 정(正)과 편(偏)이 서로 거들어 향상하여 어떤 법도 두루 꿰지 못할 것이 없고 어떤 법도 두루 통하지 못할 것이 없다. 이런 경지라면 어디에서 무슨 행위를 하더라도 그 낱낱의 응용에는 끝이 없다.

이에 대하여 『조등록(祖燈錄)』에서는 다음과 같이 말한다. 보응성념 선사가 상당하여 말했다. "그대 상좌들이여, 맹할(盲喝) 및 닌힐(亂喝)을 함부로 남발하지 말라. 늘 그대들 자신에게 말하라. '손님[賓]이라면 처음부터 끝까지 손님으로 살고 주인[主]이라면 처음부터 끝까지 주인으로 살아야 한다. 손님에는 다른 손님이 없고 주인에는 다른 주인이 없다'고. 만약 다른 손님과 다른 주인이 있다면 그것은 곧 손님과 주인 모두가 눈먼 놈들일 뿐이다."

수산성념(首山省念, 寶應省念: 926~993)은 임제종 풍혈연소의 법사로서 산동성 액현(掖縣)의 내주(萊州) 출신으로 속성은 적(狄)씨이다. 풍혈에게 득법하고 하남성 임여(臨汝)의 여주(汝州) 수산(首山)에 주석하였다. 후에 옥안산(玉安山)의 광교선원(廣敎禪院) 및 보응선원(寶應禪院)에 주석하여 그곳의 제1세가 되었다.

이것은 진리는 어떤 상황이나 누구에게나 늘 보편성을 잃지 않는다는 도리를 가르쳐 주고 있다. 방편으로 말하면 어떤 모습으로든지 환경이 바뀌면 달라져야 하는 것이 진리이기도 하다. 그러나 설령 방편의 측면으로 말한다 할지라도 당처에서 보자면 역시 그 보편성에서 벗어나지 않는다. 이와 같은 상황은 최상승보살과 마찬가지로 믿음에 조금도 장애가 없어야 비로소 즉물(卽物)하여 명심(明心)할 수가 있다. 그러나 중하근기의 사람들은 이와 같은 말을 들으면 반드시 괴이하게 간주할 뿐이다. 때문에 여기에서 천동계 선사는 그것을 단적으로 말해 주고 있다. 말하자면 중하근기를 위한 처방전이기도 하다.

한 승이 물은 응용에 끝이 없는 안목을 가진 사람이란 눈곱만치의 분별심도 없는 여래가 되어야만 바야흐로 관자재보살이라 말할 수 있는 사람이다. 이에 대하여 천동계 선사는 '흡사 눈먼 사람과 똑 닮았지'라고 답변한다. 곧 눈이 멀고 귀가 멀어 말을 못 하는 모습이란 어떤 번뇌에도 얽매이지 않는 선자를 가리킨다. 그런 사람에게 세상의 모든 사물이 마치 자신의 간장과 창자를 꺼내어 보여 주듯이 하나도 감추는 것이 없이 나타난다. 이런 반상(反常)의 도리에 대하여 단하자순(丹霞子淳)은 다음과 같이 말했다.

맹롱음아야말로 바로 천진불이고	盲聾瘖瘂逈天眞
눈과 닮은 눈썹이 서로 이웃하네	眼似眉毛道始隣
어젯밤 추운 날씨 멀리 물러가니	昨夜東君潛布令
꾀꼬리 우짖고 봄 햇살 완연하네	黃鶯啼處綠楊春

여기에 임천종륜(林泉從倫)은 다음과 같은 착어를 붙였다.

쓸모없는 것이 진정 쓸모 있는 것이고	無用處成眞用處
풍류가 없는 곳에 다시 풍류를 더하네	不風流處轉風流
멀고 가까운 곳을 빠짐없이 모두 알고	遠近咸知
높고 낮은 악기 소리가 두루 대응하네	高低普應

제55칙
청정행자(淸淨行者) – 경교(經敎) –

한 승이 동산도전 선사에게 물었다. "청정한 수행자가 천당에 오르
지 못하고 파계한 비구가 지옥에 떨어지지 않는다는 말은 도대체
무슨 뜻입니까."
동산이 말했다. "모든 중생을 제도하여 그들의 그림자도 남아 있지
않는데 다시 그 중생들이 열반의 세계에 들어간다."

擧 僧問洞山全禪師 淸淨行者不上天堂 破戒比丘不入地獄時如何 山
云 度盡無遺影 還他越涅槃

동산도전(洞山道全: ?~894)은 강소성 상주(常州) 출신으로 속성은 선
(宣)씨이다. 동산양개의 법사로서 호북성 준수(焦水)의 중산(中山)에 주
석하여 중산화상(中山和尙)으로 알려졌다. 882년에 진남절도사(鎭南節
度使) 종전(鍾傳)의 초청을 받아 동산에 주석하여 그곳의 제2세가 되어
중동산(中洞山)이라 불렸다. 893년에 대상서(戴尙書)의 부탁으로 용안
원(龍安院)에 주석하였다.

『문수반야경』에는 다음과 같은 말이 있다. "사리불이여, 만약 중죄
를 범한 비구가 지옥에 떨어지지 않고 청정한 수행자가 열반에 들지

않는 줄 본다면 그 비구야말로 응공도 아니고 응공이 아님도 아니며 번뇌가 다함도 없고 번뇌가 다하지 못함도 없다. 왜냐하면 제법 가운데서 평등한 마음으로 살아가기 때문이다.”

이것은 바로 좋아할 천당이 따로 없고 싫어할 지옥도 따로 없다는 줄을 알아야 할 것을 보여 준 내용이다. 제아무리 중죄를 지었거나 청정하게 수행한 자라 할지라도 그것 때문에 지옥이나 천당에 가는 것은 아니다. 이 말은 곧 제 자신은 죽은 후에는 전혀 그런 줄을 모르기 때문이다. 설령 안다고 해도 아무런 관계도 없다. 도대체 누가 무엇을 위하여 그와 같은 조처를 취해 준단 말인가. 조물주가 그렇게 하는 것인가, 아니면 자신의 업보가 그렇게 만드는 것인가. 전혀 얼토딩도 않는 말이다. 조물주기 있다손 치더라도 나하고는 아무런 관게도 없다. 마치 내가 조물주의 어떤 행위에 대하여 아무런 영향도 줄 수 없는 것처럼 조물주도 나한테 아무런 영향을 주지 못한다. 하물며 조물주가 없는 경우에는 어떻겠는가. 천당과 지옥의 설정은 스스로 자신을 추스르기 위한 좋은 방법이기는 하다.

그러나 그것은 실제가 아니다. 때문에 동산도전은 질문에 대하여 승이 전혀 이해할 수 없는 말로 답변하였다. 이것을 가리켜 일찍이 영가현각은 ‘언설로 표현할 수도 없고 시간으로도 잴 수가 없다’고 말했다. 그러므로 그대가 어느 정도의 경지에 올라서 스스로 터득하면 그때 가서야 분명하게 말해 주겠다는 뜻이다. 일반적으로 지옥과 천당은 모두 방편에 불과하다고도 말하고, 또 모두가 진실이라고도 말한다. 그 말의 진위를 따지는 것은 무의미하다. 단지 지옥과 천당의 개념에 대하여 자신이 미혹되지 않는 사람에게는 모두가 방편이겠지만, 그 굴레로부터 벗어나지 못한 사람에게는 모두가 진실이다. 따라

서 방편을 진실이라고 간주하는 사람의 경우는 자승자박을 면하지
못한다. 그러나 방편인 줄 확실하게 터득한 사람의 경우는 지옥과 천
당의 관념으로부터 자유롭기 때문에 쾌활한 대장부로 살아간다.

> 진정 청정한 경지엔 이념(異念)이 없고
> 뜬세상 속진 세계엔 수도(殊途)가 있다
> 발을 땅에 딛는 진정한 장부(丈夫)라면
> 범성(凡聖)의 분별에 걸림없는 줄 아네

언젠가 이유후(李留後) 단원(端愿)이 달관선사(達觀禪師)에게 물었다.
"사람이 죽으면 그 식(識)은 어디로 돌아가는 겁니까." 달관선사가 말
했다. "그대는 살아 있는 지금의 자신에 대해서는 아무것도 모르거늘
어찌 죽은 이후를 알려고 하는가." "살아 있는 지금은 제가 단원(端愿)
이라는 사람인 줄 알고 있습니다." "그렇다면 그대가 지금 살아 있다
는 바로 그것은 어디서 온 것인가." 이유후가 머뭇거리자 달관선사가
멱살을 잡고 말했다. "지금 여기 이렇게 있는데 또 달리 무엇을 생각
하고 있는가." "아, 이제야 알겠습니다. 제가 찰나의 탐욕으로 엉겁결
에 착각을 했습니다." 이에 달관선사가 멱살을 놓고 말했다. "사람의
한평생은 일장춘몽에 불과합니다." 또 물었다. "지옥은 필경에 있는
겁니까, 없는 겁니까." "제불께서는 무(無) 속에서 유(有)를 설하였고
눈으로는 공화(空花)를 보셨습니다. 그런데 지금 태위께서는 유(有) 속
에서 무(無)를 찾으려 하고 손을 뻗쳐서 물속의 달을 잡으려는 택입니
다. 그러니 눈앞에서 지옥을 보려는 것처럼 어리석은 행위로 인하여
남의 웃음거리가 되고 마음 밖에서 천당을 보려고 발버둥치려는 어

불성설의 억지를 부리는 꼴을 면할 수가 없습니다. 때문에 생사를 알고자 하지만 기뻐함과 두려워함이 마음에서 선과 악으로 성취되는 줄도 모르고 있습니다. 그러므로 태위께서는 단지 자신의 마음만 알아차린다면 자연히 그와 같은 미혹이 없어질 것입니다." 태위가 물었다. "그러면 제 마음을 어찌하면 알아차릴 수 있겠습니까." "선과 악을 모두 분별하지 말아야 합니다." 또 물었다. "그렇다면 제가 부사량(不思量)한다면 제 마음은 이후에 어디로 돌아가는 겁니까." 달관선사가 말했다. "이제 태위께서는 그만 관아로 돌아가 주시기 바랍니다."

여기에서 태위는 방편까지도 진실로 간주하는 사람에 해당하고, 달관선사는 지옥과 천당 및 자신의 마음까지도 방편인 줄을 확실하게 터득한 사람에 해당한다. 동산의 이런 답변이 경지를 두고 망언절려(忘言絶慮), 초범월성(越聖超凡), 격쇄현관(擊碎玄關), 철개금쇄(掣開金鎖)라고들 말한다. 그러니 천당과 지옥을 굳이 거론할 필요가 없다. 때문에 이런 경우에 대하여 단하자순(丹霞子淳) 선사는 수고를 아끼지 않고 다음과 같은 게송으로 대신하였다.

위풍당당하고 기개가 넘치는 헌헌대장부여	相好巍巍大丈夫
평생을 지혜가 모자란 듯 바보같이 산다네	一生無智恰如愚
애초부터 부처님 및 조사 만나기 어려운데	從來佛祖猶難望
지옥과 천당이란 또 무슨 해괴한 소리인가	地獄天堂豈可拘

때문에 고인은 "나는 지계가 청정한 자를 보아도 굳이 공경하지 않고 파계하여 망나니 같은 자를 보아도 경멸하지 않는다"고 말했다. 지계청정한 행위는 출가자의 본분사일 뿐이고 파계하여 어지럽게 사

는 사람은 범부의 본래모습이다. 왜냐하면 출가자라고 해서 출가자라는 선입견을 두고 보아서는 안 되고, 범부라고 해서 범부라는 선입견을 두고 보아서는 안 되기 때문이다. 그것은 어디까지나 자신의 주관으로 판단한 어설픈 깜냥에 불과하지만, 본래의 모습을 파악하고 보면 마치 위대한 기교는 서툴게 보이고 뛰어난 지혜는 바보처럼 보이기 때문이다[大巧若拙 大智如愚]. 그렇다고 동산이 기대하는 것이 아무런 분별과 판단을 해서는 안 된다는 것은 물론 아니다. 지옥과 천당의 개념에 대한 분명한 분별력은 지니고 있어야 하지만 그것을 사실의 여부로 간주해서는 안 된다는 것이다.

그것은 사실의 문제가 아니라 믿고 믿지 않는 문제에 속하기 때문이다. 사실과 믿음이 굳이 일치할 필요는 없다. 나아가서 명백한 구분이 필요하다. 때문에 동산은 "모든 중생을 제도하여 그들의 그림자도 남아 있지 않은데 다시 그 중생들이 열반의 세계에 들어간다"고 답변한다. 곧 이미 동산의 삶은 본래공의 입장으로서 중생이라는 개념조차 초월해 버렸다. 더 이상 중생이라는 대상이 없다. 그러나 승의 입장은 마치 제도하는 보살과 제도받는 중생이라는 분별을 남겨 두고 있어서 보살이 중생을 제도한다든가 보살이 중생을 열반의 세계로 안내한다든가 하는 빌미를 가지고 질문을 한다.

그래서 『금강경』에서는 다음과 같이 말하였다. "모든 보살은 다음과 같이 '존재하는 일체 중생과 중생이 속하는 혹은 알에서 생겨난 것, 혹 태에서 생겨난 것, 혹 습기로 생겨난 것, 혹 변화[化]하여 생겨난 것, 혹 유색으로 생겨난 것, 혹 무색으로 생겨난 것, 혹 유상(有想)으로 생겨난 것, 혹 무상(無想)으로 생겨난 것, 혹 비유상비무상으로 생겨난 것의 모든 중생과 중생이 속하는 것을 내가 다 무여열반에 들도록 멸도하리라'라고 마음을 내야 한다. 이와 같이 무량무변한 중생을 멸도해도 실로 중생으로서 멸도를 얻는 자는 없다. 왜냐하면 수보리야, 만약 보살에게 중생상이 있으면 곧 보살이 아니기 때문이다. 왜 보살이 아닌가. 수보리야, 만약 보살이 중생상·인상·수자상을 일으키면 곧 보살이라 이름할 수 없기 때문이다."

이에 사실을 터득하고 보면 일체의 죄업장이 본래공이지만 자신이 만들어 놓은 믿음의 개념에 매몰되어 버리면 과거부터 축적해 온 모든 업인에 대한 과보를 감수해야 한다. 그런데 과연 동산의 답변은 승에게 괜스레 긁어 부스럼만 만들어 준 꼴은 아니었을까, 아니면 더욱더 혼란만 야기했던 것일까.

제56칙
북원우두(北院牛頭) – 불조(佛祖) –

한 승이 북원의 선정선사에게 물었다. "우두법융이 제4조 대의도신 선사를 참문하기 이전에는 어떠했습니까."
북원의 선정이 말했다. "별천지 및 신기한 나뭇가지, 보는 사람이 다 부러워하네."
승이 물었다. "그러면 참문한 이후에는 어떠했습니까."
북원의 선정이 말했다. "낙엽이 떨어지니 나뭇가지가 부러지고, 바람이 불어오지만 소리 없이 조용하네."

擧 僧問北院靜禪師 牛頭未見四祖時如何 院云 異境靈枝 觀者皆羨
僧云 見後如何 院云 葉落已枝摧 風來不得韻

북원선정(北院善靜)에 대해서는 거의 알려진 기록이 없다.

풍주의 낙포원안(洛浦元安, 落浦, 樂普, 蘇谿: 834~898)은 청원행사 계통의 선사이다. 속성은 담(淡)씨이고 협서성 봉상현 인유(麟遊) 출신이다. 20세 때 출가하여 생국(生國)의 회은사(懷恩寺)의 우(祐)율사에게 구족계를 받았다. 취미무학과 임제의현에게 참문하고 협산선회의 법을 이었다. 후에 호남성 풍주의 낙포(洛浦, 樂普) 및 호남성 낭주(朗州)의 소계(蘇谿)에 주석하면서 선풍을 진작하였다. 임종 무렵에 언종상좌(彦從上座)를 제접하고 고고(苦苦)라 칭했던 공안은 예로부터 총림에 널리 알려졌다. 당나라 광화(光化) 원년(898) 12월 2일 입적하였다.

경조부(京兆府) 영안원(永安院)의 선정(善靜) 선사가 낙포를 참문하였다. 낙포는 선정의 그릇됨을 알고 입실을 허락하였다. 이에 농원의 임무를 맡아 대중을 위하여 열심히 일하였다. 그런데 어느 날 한 승이 낙포에게 하직인사를 하자 낙포가 물었다. "사방이 산으로 막혀 있는데 그대는 어디로 가려는 것인가." 승이 아무런 말도 못 했다. 그러자 낙포가 말했다. "그러면 한 열흘 정도만 말미를 줄 터이니 그 사이에 답변을 궁구해 보거라. 그래서 그대의 답변이 내 의도에 합당하면 그대를 보내 주겠다."

승이 혼자 삼중고색을 하다가 우연히 선정이 일하는 농원에 이르게 되었다. 선정이 물었다. "그대는 이미 떠난 줄 알았는데 어째서 아직도 여기에 있는가." 승은 그 까닭을 말하고 어찌 답변하면 좋을지를 물었다. 선정이 말했다. "대나무가 빽빽해도 흐르는 물을 막지 못하듯, 산이 높다 한들 어찌 허공의 구름을 방해하랴."

그 말을 듣고는 승이 무척 기뻐하였다. 선정은 승에게 자신이 말한 것이라고 밝히지 말아 줄 것을 부탁하였다. 드디어 그 승은 선정한테 들은 말을 기억했다가 낙포에게 말씀드렸다. 낙포가 물었다. "딱 보니 그대의 경지가 아니다. 도대체 그게 누구의 말인가." 승이 말했다. "제가 생각해 낸 말입니다." 낙포가 말했다. "아니다. 그대의 말이 절대 아니다. 어서 말해 보라." 이에 승은 농원의 소임을 맡고 있는 선정을 찾아가 받은 가르침이라고 솔직하게 말씀드렸다.

낙포가 저녁 무렵에 상당설법을 하면서 다음과 같은 예언을 하였다. "원두 곧 농원의 소임을 맡은 선정수좌를 가벼이 여기지 말라. 훗날에 500명을 거느리는 큰 인물이 될 것이다.” 훗날 선정은 영안(永安)에 주석하면서 500명의 대중을 거느렸는데 과연 낙포의 말에 딱 부합되었다. 위의 문답은 바로 그 선정선사가 영안원에 주석하고 있을 때 한 승이 찾아왔을 때의 상황이다.

우두법융이 도신이 제자가 되기 이전에는 천연도인이었음에도 불구하고 아직 제대로 다듬지 않은 옥돌과 같다는 것에 대하여 선정선사는 별천지 및 신기한 나뭇가지로 표현하였다. 범부의 눈에는 별천지이고 신기한 나뭇가지로 보인다는 것이다. 올챙이는 개구리가 말하는 육지의 세상에 대하여 반신반의하면서 그것이 사실이라면 대단히 신비로운 경지일 것이라고 간주한다. 범부는 성인의 경지를 그저 자신의 경험과 능력과 습관의 깜냥으로만 판단하기 때문에 제대로 알지 못한다. 그것은 범부의 안목에 불과하기 때문이다. 그리고는 범부 자신도 도인의 경지에 도달하고 싶어서 자신의 발은 살피지 않고 그저 높은 곳을 향하여 덤벼든다. 마치 젓갈 항아리 뚜껑을 열자마자 파리 떼가 덤벼드는 꼴과 같다.

그리고 우두가 도신대사를 참문한 이후에는 저절로 기다리지 않아도 새벽이 밝아오는 것처럼 천연도인이 구비하고 있는 불성을 개발한다는 것으로 답변하였다. 그것을 있는 그대로 표현한다면 너무나 식상한 답변에 불과하다. 때문에 선정선사는 ‘낙엽이 떨어지니 나뭇가지가 부러지고, 바람이 불어오지만 소리 없이 조용하네’라고 역설적으로 답변해 주었다. 이것은 곧 번뇌가 흔적 하나도 없이 말끔하고 청정하다는 것을 드러낸 것이다. 낙엽이 지고 난 후에는 나뭇가지가 나뭇잎을 떠받칠 필요가 없다. 가지가 부러진다는 것이야말로 회신멸지(灰身滅智)의 경지이다. 또한 번뇌의 바람이 불어오더라도 그 바람에 소란을 떨지 않고 초연히 받아넘긴다.

여기 문답에서 우두가 도신을 참문하기 이전과 그 이후는 중요하지 않다. 또한 달라진 것도 없다. 다만 중요한 것은 이전과 이후를 바라보는 승의 태도이다. 질문한 승은 우두가 도신을 참문하기 이전의 상황에 대해서는 그저 그런 사람으로 간주하고 있지만, 우두가 도신을 참문하고 난 이후의 상황에 대해서는 도신의 선법까지 동원하여 우두를 바라보고 있다. 정작 하늘은 그저 그대로인데 하늘을 바라보는 사람의 기분에 따라서 맑다, 푸르다, 우중충하다고 분별한다. 자연은 그대로인데 자연을 상대하는 사람은 이미 달라져 있다. 그것도 아주 크게 달라져 있다. 마치 범부와 성인의 관계처럼 안목이 성숙되어 있다.

질문한 승은 무척 영민하고 배움을 좋아하여 아랫사람에게 묻는 것을 부끄럽게 여기지 않았다. 북원선정 선사도 또한 초심을 저버리지 않고 성실하게 응대해 주었다. 스승과 제자가 의기투합하는 장면이다. 이것은 일찍이 도신과 우두의 사자상승(師資相承)에 잘 나타나 있다.

우두법융 선사는 우두산 유서사의 북쪽에 있는 암굴에서 살았다. 온갖 새들이 예쁜 꽃을 입에 물어다 바치고 맹수들이 나무열매를 물어다 공양하는 등 갖가지 신이를 보였다. 당나라 현종시대에 선종의 제4조 대의도신은 많은 제자를 거느리면서 그릇 될 만한 사람들을 끌어 모았다. 이로써 선종사에서는 처음으로 500명의 대집단이 형성되었고 정착생활을 하게 되었다. 도신선사는 우두산에 서기가 어려 있는 것을 보고 도인이 살고 있음을 알아차렸다.

그 도인을 제자로 삼으려고 몸소 우두를 찾아가서 유서사의 스님들에게 물었다. "이곳에 도인이 살고 있습니까." "출가한 사람치고 누군들 도인이 아니겠습니까." "그렇다면 여러분 가운데 누가 도인이란 말이오." 그러자 아무도 말을 하지 못했다. 그 모습을 지켜보던 한 승이 나섰다. "여기에서 한 십 리쯤 떨어진 산속에 나융(懶融) 곧 게을러 빠진 법융스님이라는 분이 있습니다. 그분은 사람이 찾아와도 일어나지 않고 합장도 하지 않습니다. 혹시 그 도인을 찾고 계시는 겁니까."

마침내 두신은 깊은 산으로 들어가 법융스님을 만났다. 역시나 법융스님은 조용히 앉아서 손님 쪽으로 고개를 돌리지도 않았다. 도신이 물었다. "여기에서 뭘 하시오." 법융이 말했다. "마음을 관찰하고 있습니다." "그러면 관찰하는 자는 누구이고 관찰되는 마음이란 무엇입니까." 법융이 아무런 말도 하지 못했다. 그러더니 조용히 일어나서 예배를 드리고 물었다. "대사께서 주석하시는 곳은 어디입니까." "빈도는 동쪽에도 또 서쪽에도 머무는 곳이 없습니다." 법융이 말했다. "혹시 도신선사를 알고 계시는 겁니까." "어째서 그 사람에 대하여 묻는 겁니까." "그분을 한번 꼭 참문하고 싶기 때문입니다." "그 도신선사라는 사람이 다름 아닌 이 빈도올시다." "어떻게 예까지 오신 겁니까." "나도 특별히 한번 스님을 만나 보고 싶었습니다. 그런데 이처럼 불편한 곳 말고 어디 편안한 곳이 없습니까." 법융은 뒤쪽을 가리키며 말했다. "저기에 작은 암자가 있습니다." 마침내 법융은 도신을 암자로 안내하였다.

암자 주변에는 호랑이 등 맹수들이 우글거렸다. 이에 도신선사가 무서워하는 태도를 취하자 법융이 말했다. "저 맹수들 때문에 그러는 겁니까." "저 맹수들은 또 뭡니까." 법융은 대수롭지 않다는 듯이 아무런 말도 하지 않았다. 암자에 도착하여 도신은 법융이 앉아 수행하는 돌 위에다 불자(佛字)를 하나 큼지막하게 썼다. 법융이 그 글씨를 보고는 모골이 송연하였다. 도신이 말했다. "바로 저 자리입니다." 법융은 그 의미를 몰랐기 때문에 예를 갖추고 도신에게 가르침을 청하였다. 도신은 돈교법문(頓敎法門)으로 법융을 일깨워 주었다.

이로써 법융은 후에 도신의 법을 이었다. 도신과 우두의 시대, 그리고 선정과 한 승의 시대 사이에는 시간적으로 약 250여 년의 차이가 있다. 그들의 선풍에도 어떤 차이가 있는 것인가. 차이가 있다면 곧 냄새나는 새우젓갈 항아리의 뚜껑을 열자마자 쉬파리 떼가 덤벼드는 꼴이고, 차이가 없다면 아직 날도 밝지 않았는데 사람들이 거울을 챙기는 택이다. 그 차이란 시대에도 없고 선사들 간에도 없건만 다름 아닌 긁어 부스럼 만드는 분별에 달려 있다.

제57칙
청봉대사(靑峰大事) – 대기(對機) –

한 승이 청봉전초 선사에게 물었다. "생사일대사를 해결했으면서
도 어째서 부모님의 상을 당해야만 하는 겁니까."
청봉이 말했다. "봄바람이 불어오지 않으면 꽃은 피지 못하는 법이
다. 그리고 꽃이 피었으면 마침내 꽃은 떨어지는 법이다."

擧 僧問靑峰楚禪師 大事已明爲甚麼亦如喪考妣 峰云 不得春風花不
開 及至花開又吹落

청봉전초는 낙포원안의 법사로서 청봉의 개산조이다. 감숙성 경주
(涇州) 출신으로 그 법계는 약산유엄(藥山惟儼) – 선자덕성(船子德誠) –
협산선회(夾山善會) – 낙포원안(落浦元安, 樂普元安) – 청봉전초(靑峰傳楚)
이다. 성품이 순박하고 얼굴이 점잖으며 눈은 세모의 모습을 지니고
있었다. 청봉(靑峰)은 협서성 봉상부(鳳翔府) 보계현(寶雞縣) 부근의 지
명이다.

본 문답은 대오의 경계에 대한 올바른 이해에 대한 내용으로 진행
되어 있다. 여기에서 청봉에게 질문한 승은 깨침을 하나의 환상쯤으
로 생각하고 있다. 깨침을 경험하면 결코 죽지도 않고 자신이 마음먹

은 대로 무엇이나 할 수 있다는 듯이 간주한다. 때문에 깨쳤음에도 불구하고 그 부모님이 돌아가시는 것은 어찌된 일인가를 묻는다. 승은 아직 식정이 다했을지라도 아직도 법애(法愛)가 남아 있는 도리를 까마득하게 모르고 있다.

여기에서는 그와 같은 법애마저도 깡그리 초월할 것을 겨냥한다. 이에 청봉은 제아무리 가까운 부모님이라 할지라도 죽음의 현상을 있는 그대로 받아들인다. 자연법이(自然法爾)의 모습을 긍정하고 그로부터 마음이 다치지 않는 도인의 면모가 물씬 풍겨난다. 대자연에는 인간적인 모습의 기쁨이나 슬픔이 없다. 마치 봄이 오면 꽃이 피고 가을에는 낙엽이 떨어지듯이 자연스러울 뿐이다. 그것을 굳이 슬프다거나 기쁘다거나 할 필요노 없고 또 그러지도 않는다. 자신이 애지중지 기르던 개미가 아닌 다음에야 다른 개미 한 마리가 죽었다고 해서 그것에 대하여 특별히 대서특필하거나 오열하거나 마음이 상하여 할 일을 하지 못한다거나 그런 것은 아니다.

여전히 아무런 일도 없었다는 듯이 밥 잘 먹고 잠 잘 자고 일 잘하는 것이 우리네 삶의 모습이다. 깨침이란 일상의 모습과 동떨어진 환상이 아니다. 단지 평상심의 모습을 유지하고 그대로 살아가는 곳에 드러난다는 것을 일깨워 주고 있다. 그것을 청봉은 "봄바람이 불어오지 않으면 꽃은 피지 못하는 법이다. 그리고 꽃이 피었으면 마침내 꽃은 떨어지는 법이다"라고 말한다. 본래 이루어지는 것은 무너지고 무너진 것은 다시 이루어진다.

대자연의 그와 같은 섭리를 이해하고 그런 도리에서 일상을 살아가는 모습이야말로 무심의 공부이다. 때문에 아직 무심을 터득하지 못했걸랑 반드시 무심을 깨쳐야 한다. 누구한테든지 간절하게 묻고 열심히 정진해야 한다. 그리하여 마침내 무심의 경지에 도달하면 다시는 일상의 반연을 휴식할 필요도 없다. 그저 온갖 번거로운 인연일랑 그런 줄 알고 저만치 내팽개쳐 두면 그만이다. 만약 그렇지 못하여 식정(識情)이 코딱지만큼이라도 남아 있거들랑 아직 자신의 깨침이 완전하지 못한 줄을 일념지간에 알아차려야 한다. 이리하여 미혹과 깨침을 깔끔하게 초월하지 못한다면 어찌 진정한 깨침을 터득했다고 명함이나 내밀어 볼 수 있겠는가.

한 승이 청봉전초 선사에게 물었다. "스님께서는 생사일대사를 해결했으면서도 어째서 부모님의 상을 당해야만 하는 겁니까. 그것은 범부와 똑같은 모습이 아닙니까." 청봉이 말했다. "봄바람이 불어오지 않으면 꽃은 피지 못하는 법이다. 그리고 꽃이 피었으면 마침내 꽃은 떨어지는 법이다." 승이 생각하고 있는 깨침이란 뭐랄까 만능의 도깨비 방망이처럼 여기고 있는 모양이다. 그에 대하여 청봉은 꽃이 피고 꽃이 지는 자연의 도리를 비유하여 가르침을 베풀어 준다. 청봉의 그와 같은 선기는 그의 스승 낙포를 닮아 있다.

청봉전초에게 어느 날 스승이었던 낙포가 물었다. "원주는 어디 갔는가." 전초가 말했다. "눈을 치우러 나갔습니다." 낙포가 물었다. "눈이 얼마나 내렸던가." 전초가 말했다. "나무가 파묻힐 정도로 많이 내렸습니다." 낙포가 말했다. "그래, 그렇다면 그대는 이제부터 눈으로 만들어진 동굴에서 좌선을 해야 되겠구나." 눈이 내린 줄 몰라서 하는 질문이 아니고 얼마나 내렸는가 몰라서 하는 질문이 아니다. 내린 눈에 대하여 어떻게 처신하고 받아들이는가를 점검하는 문답이다. 이런 와중에서 가장 현실적인 문답은 눈을 삶의 방식과 연결시키는 것이다. 때문에 낙포는 '그대는 지금의 눈이 내리는 상황처럼 늘 주변사를 어느 것 하나도 소홀히 여겨서는 안 된다'는 가르침을 눈 속에 파묻혀서 좌선을 할 것임을 피력한 것이다. 청봉은 그저 눈만 바라보고 있었다. 눈이 언제 그치는지, 눈이 얼마나 내리는지, 눈을 어떻게 치워야 하는지 그런 것일랑 상관이 없다.

제58칙
목평일구(木平一漚) – 주즙(舟楫) –

목평선도 선사가 낙포에게 물었다. "물거품 하나 일어나기 이전에
는 무엇으로 그 물의 흐름을 변별할 수 있겠습니까."
낙포가 말했다. "배를 움직여 보면 물이 흘러가는 방향을 알 수가
있고, 노를 저어 보면 또 물결이 방향을 구별할 수가 있다."
목평이 무슨 뜻인지 알아듣지 못했다. 이에 반룡선사에게 참문하여
낙포에게 했듯이 똑같이 물었다. 이에 반룡이 말했다. "배가 움직
여도 물이 흘러가는 방향을 알 수가 없고, 노를 저어도 곧 물이 흘
러가는 방향을 모른다."

擧 木平道禪師問洛浦 一漚未發時如何辨其水脉 浦云 移舟諳水勢 擧
棹別波瀾 平不契 乃參盤龍還問前話 龍云 移舟不辨水 擧棹卽迷源

　목평선도(木平善道)는 당대 말기의 선사로서 낙포원안(洛浦元安)에
게 참문하였지만 깨치지 못하다가 후에 반룡산(盤龍山)의 가문(可文)에
게 참문하여 깨우치고 가문의 법을 이었다. 육계(肉髻)에는 비단무늬
가 있었는데, 강서성 원주(遠州) 목평산에 주석하면서 선풍을 진작하
였다. 그한테 처음 찾아온 납자가 있으면 누구든지 참배하는 것을 허
락하지 않고 대신 우선 세 짐 분량의 흙을 운반시켰다. 다음과 같은
게송이 있다.

남산 길은 높은데 동산의 길은 낮으니
찾아온 납자라면 세 짐의 흙 퍼부어라
오랫동안 못 깨친 그대 수행 가엾구나
분명한데 못 깨치고 곧 미혹할 뿐이네

금릉의 이 씨가 그 명성을 듣고 정중하게 초청하여 공양을 올리고 스승으로 예우하였다. 또 법안문익(法眼文益)은 두 게송을 보내 그 선풍과 인품을 찬탄하였다. 입멸 후에 문도들이 탑을 만들고 돌에다 진영(眞影)을 새겨 넣었다. 시호는 진적선사(眞寂禪師)이다.

반룡가문(盤龍可文)의 전기는 전하지 않는다. 풍주의 낙포원안(洛浦元安, 落浦, 樂普, 蘇谿. 834-898)은 속성이 담(淡)씨이고 협서성 봉상현 인유(麟遊) 출신이다. 20세 때 출가하여 회은사(懷恩寺)의 우(祐)율사에게 구족계를 받았다. 취미무학과 임제의현에게 참문하고 협산선회의 법을 이었다. 후에 호남성 풍주의 낙포(洛浦, 樂普) 및 호남성 낭주(朗州)의 소계(蘇谿)에 주석하면서 선풍을 진작하였다.

본 문답은 목평이 낙포원안에게 참문했지만 깨우치지 못하고 반룡가문에게 참문하여 깨우친 인연이다. 이 공안은 만물의 조짐이 싹트기 이전의 본래모습에 대한 문답이다. 어떤 작용도 없는 그곳에는 그 활동과 본래면목을 전혀 알 수 없는 것이 아닌가 하는 것이 목평의 질문이다. 낙포는 아주 친절하게 가장 알기 쉽도록 가르쳤다. 고요한 물에 배를 띄워 흘려보낸 적이 있는가. 그리고 노를 저어 물결의 흐름을 살펴보는 것이 좋을 것이다. 그러나 목평의 경우처럼 코딱지만큼이라도 분별심이 있으면 곧 번뇌가 되고 만다.

만물의 조짐 이전의 작용은 그냥 이 자리에 작용하고 있음을 스스로 그대로 내버려 두고 살펴보라는 것이었다. 고요한 물이지만 언제나 고요한 상태로만 있는 것은 아니다. 다만 지금은 고요라는 형태로 작용하고 있을 뿐이다. 그것을 인식하기 위해서는 물살을 느껴 보는 것이다. 누구한테나 구비되어 있는 자성을 확인해 보는 것이다. 낙포의 가르침은 결국 현재의 자기 자신이 살아가고 있는 모습을 잘 살펴보라고 가르친 것이었다.

그러나 그것이 아직 목평에게는 통하지 않았다. 이에 반룡은 낙포의 친절한 가르침이 통하지 않은 줄을 알았다. 그리하여 목평을 보고서 똑같은 질문에 대하여 배를 움직여 보아도 물의 흐름을 분별하지 못하고 노를 저어 보아도 물의 근원을 알 수가 없다고 답변해 주었다. 이 말에 목평은 곧 깨우쳤다. 낙포와 반룡의 말은 다르지만 뜻은 동일한 것이었다. 그러나 깨침이란 수행하는 당사자의 몫이다. 제아무리 스승이 자비친절하게 가르쳐 주어도 당사자의 근기가 성숙되지 않고서는 불가능하다.

목평이 낙포에게 참문한 것은 아직 기연이 완전히 익지 않은 시절이었다. 그러나 낙포의 답변을 통하여 자강불식(自彊不息)으로 공부한 끝에 반룡가문을 참문하였다. 가문선사는 목평의 수행을 알아차리고 한마디 던져 줄 때가 되었기 때문에 낙포와는 동일한 내용을 다른 방식으로 제시하였다. 결국 목평의 깨침은 기연의 순숙 여하에 달려 있음을 보여 준 문답이다.

제59칙
동천상전(潼泉相傳) – 골동(骨董) –

한 승이 동천선사에게 물었다. "불조께서 정법안장을 상전한 소식이란 무엇입니까."
동천이 말했다. "용이 길게 불을 내뿜으니 물고기가 하염없이 물거품을 삼키는 꼴이다."
승이 물었다. "바라건대 화상께서 용과 물고기를 조용히 잠재워 주십시오."
동천이 말했다. "북을 두드려 배를 달려 보고 노를 저어 물에 비친 달을 건져 보라."

舉 僧問潼泉禪師 如何是相傳底事 泉云 龍吐長生水 魚吞無盡漚 僧云 請師挑剔 泉云 搖鼓轉舡頭 棹穿波底月

동천선사 및 황산선사에 대한 자세한 기록은 전하지 않는다. 영주(郢州) 용천산(潼泉山 혹은 桐泉山이라고도 한다)에 주석하고 있던 선사가 황산을 참문하자 황산이 물었다. "하늘 문이 닫히면 시방에 나다닐 길이 없다. 그런데 어떤 사람이 손짓을 하여 장강(漳江)으로 나오라고 한다면 어찌하겠는가."

용천(동천)이 말했다. "집에 콕 틀어박혀 문도 열어 보지 않겠습니다."

황산이 다시 물었다. "변화(卞和) 씨가 형산에 도착하여 세상에 희귀한 대단한 옥돌을 얻어가지고 천하에 내놓았을 때 세상사람들의 반응은 과연 어떠했는가."

동천이 말했다. "신령스런 까치는 숲에서 휴식을 취하지 않고, 야로는 태평성대를 소중히 여기지 않습니다. 신이 깊으면 그저 그 자리에 머물 뿐이고, 태평성대가 되면 그저 그대로 살아갈 뿐입니다."

옥돌의 진정한 가치를 알아차리지 못하는 것은 일체중생에게 본래 갖추어져 있는 불성을 자각하지 못하고 있는 것을 말한다. 이에 반하여 신령스런 까치는 나아가야 할 곳과 머물러야 할 곳을 알아차리는 영리한 납자를 비유한다.

후에 한 승이 동천에게 물었다. "불조께서 정법안장을 대대로 인심전심의 방법으로 전승한 소식이란 무엇입니까."

동천이 말했다. "옛날 세존이 염화하고 가섭이 미소했던 자리에서 알아차리려 하지 말라. 가섭이 미소 지은 까닭을 시샘하지도 말라. 혜가는 허리까지 차오른 눈 속에서 애타게 법을 갈구했지만 달마는 구년 동안 면벽좌선(面壁坐禪)하면서도 끝내 발설하지 않았다. 그것이야말로 불조께서 정법안장을 상전한 소식이다. 진실로 부처와 부처 내지 조사와 조사끼리만 은밀하게 주고받는 도리이기 때문이다."

그런 까닭에 동천은 노파심에서 다시 일러 주었다. "용이 길게 물을 내뿜으니 물고기가 하염없이 물거품을 삼키는 꼴이다."

용이 길게 물을 내뿜는 것은 스승이 제자에게 아주 자세하고 친절한 설명으로 답변해 주는 것을 상징한다. 물고기가 거품을 집어삼키는 것은 스승의 가르침이 무슨 맛인지도 모르고 그대로 꾸역꾸역 받아들이는 모습이다.

그러나 여기에서 동천이 비록 용과 물고기가 물을 뿜어내고 거품을 집어삼킨다고 말은 했다만 그것이야말로 정작 질문한 승 자신의 산란심이 용과 물고기가 내뿜고 집어삼키는 것을 비유한 줄은 까맣게 모르고 있다. 승은 도리어 재차 용과 물고기를 조용히 잠재워 줄 것을 요청한다. 바로 기다리고 있었던 시절인연이 도래하였다는 듯이 동천은 마치 물길을 기다려 푸른 물결에 낚싯줄을 던지는 모습으로서 승에게 '그래, 네 마음대로 실력을 보여 다오. 과연 물고기를 몇 마리나 잡는지 두고 보자'는 식으로 '북을 두드려 배를 달려 보고 노를 저어 물에 비친 달을 건져 보라'고 말한다. 만약 여기에서 동천의 말을 알아차린다면 가히 영리한 납자라 하겠지만 그렇지 못한다면 아직은 한잠을 더 기다려야 할 판이다.

본 문답은 이법인법(以法印法)으로 전승되는 정법안장(正法眼藏)의 일례를 들어서 심심상인(心心相印)하는 불법의 도리를 설한 것이다. 정법안장을 전승하는 불조들의 마음은 언설에 얽매여서는 파악할 수가 없음을 말한다. 때문에 동천은 승에게 언설로 미주알고주알 설쳐 대지 말라고 주의를 준다. 이에 승은 '바라건대 화상께서 용과 물고기를 조용히 잠재워 주십시오'라고 간청한다. 그러나 궁극적으로 용과 물고기를 고요하게 잠재워야 하는 책임은 질문한 승 자신에게 있음을 '북을 두드려 배를 달려보고 노를 저어 물에 비친 달을 건져보라'고 일러 준다. 괜스레 마음을 가지고 마음을 쓰면 더욱더 병세만 깊어지는 꼴이다.

제60칙
문백암선(問百巖禪) − 선정(禪定) −

한 승이 백암선사에게 물었다. “선이란 무엇입니까.”
백암이 말했다. “옛 무덤을 통하여 일가를 이룰 수는 없다.”

擧 僧問百巖禪師 如何是禪 巖云 古塚不爲家

본 문답은 선의 성격을 통하여 간명직절(簡明直截)의 도리를 가르쳐 주고 있다. 신라국 백암선사는 곡산장(谷山藏)의 법사이다. 그 법계는 청원행사−석두희천−약산유엄−도오원지−석상경제−곡산장−신라백암(新羅百巖)이다. 백암에 대한 자세한 전기는 전하지 않는다. 신라 말기에 백암은 서암(瑞巖)·대령(大領)과 함께 만법 그 자체가 존재하는 그 모습 그대로 깨침이라는 곡산의 선법을 해동에 전승하였다.

여기에서 승이 질문한 의도는 선의 깊은 묘리를 궁구하여 그 근원을 이해하고자 하는 것이었다. 백암으로부터 당장 그 자리에서 아직껏 듣지도 보지도 못했던 굉장한 답변이라도 기대하려는 듯이 간주했더라면 그것이야말로 참으로 아직은 깨침의 소식으로부터 까마득하게 멀리 떨어져 있는 꼴이다. 그에 대하여 백암은 승의 질문을 알아차리고 지극히 간단하고 선명한 답변으로 '옛 무덤을 통해서는 일 가를 이룰 수 없다'고 말하였다. 옛 무덤은 지금·여기·나 자신이 생생하게 숨을 쉬고 작용하는 것과는 거리가 먼 것으로 관념적이고 형이상학적인 개념을 가리킨다. 선의 성격이야말로 활발발지(活鱍鱍地)한 모습이지 않으면 안 되는 것임을 설파한 것이다.

이런 점에서 그 답변은 참으로 지금 묻고 있는 승을 향하여 자비를 아끼지 않고 분명하게 지시해 준 가르침이었다. 곧 별 도리가 없다고 간주하는 일상의 사소한 행위야말로 자신의 삶을 깨침 그대로 고스란히 노출시키는 행위로서 조고각하(照顧脚下)할 것을 드러내 보였다. 그런데도 그 승은 백암의 진의를 알아차리지 못하고 오히려 어리석 은 고양이가 생선이나 시키는 깟뜸으로 간주해 버렸다. 승은 선에 대 하여 교학적인 자세한 설명과 더불어 구체적으로 어떻게 수행해야 하는가를 기대하고 있었다. 이래 가지고서야 어디 스승과 제자 사이 에 의기투합이 가능하겠는가. 어림 택도 없는 것이다.

옛적 임천종륜 선사가 만수선사에 주석하고 있을 때 상당설법을 하였다.

"모두들 선 내지 선법에 대하여 제각각 견해를 들먹이고 있다. 그 런데 선이란 그렇게들 복잡다단하게 간주할 필요가 없다. 그러나 선 은 정(正)도 아니고 편(偏)도 아니면서 달리 의로(意路)가 없지만 그 도 리는 참으로 현묘하여 고금(古今)이라는 분별을 훤칠하게 초월해 있 고 선후(先後)의 집착을 아득히 벗어나 있다. 때문에 속진의 분별상식 과 도그마에 매몰되어 있는 자신을 벗어나기만 하면 어찌 선리(禪理) 와 기관(機關)을 묵수할 필요가 있겠는가. 이로써 직지인심(直指人心) 하고 견성성불(見性成佛)하여 모름지기 조사의 현지(玄旨)를 파악하면 달마의 면벽구년(面壁九年)이 그대로 진정한 소식으로 다가오고 단적인 대대상전(代代相傳)의 소식이 눈앞에 전개된다.”

선은 범어로는 선나(禪那)인데 번역하면 사유수(思惟修)이고 정려(靜慮)이다. 모두 정과 혜를 통칭한 것이다. 선은 만법의 근원이므로 법성이라고도 한다. 『화엄경』에서는 신은 중생이 어리석고 깨우치는 근원으로서 여래장(如來藏)이라 말하였다. 『능가경』에서는 또한 제불이 갖추고 있는 만덕의 근원으로서 불성(佛性)이라 말하였다.

이와 같은 의미를 하나로 함축하여 백암의 답변은 경계를 섭수하여 본래심으로 돌아가는 선의 정신이 어찌 적정주의(寂靜主義)에 빠져 있는 썩은 물과 같겠고, 중생을 제접하여 이익을 주는 것이 어찌 금시훈습(今時熏習)에 빠져 있는 중생도리와 같겠느냐고 말한 것이었다. 정(定)과 란(亂)을 모두 융섭하고 진속일체(眞俗一體)를 터득하는 것은 번거로운 세간사와 같지 않다는 답변이었다.

일찍이 한 승이 영주(英州)의 대용수(大容殊) 선사에게 물었다. “선이란 무엇입니까.” 대용수 선사가 말했다. “가을바람이 옛 연못에 불어오는데 노을이 지는 소리는 들리지 않는다.” “매미 우는 소리가 들리지 않습니까.” 바람소리와 노을이 지는 모습은 아무런 관계도 없다. 그러나 아무런 관계가 없는 것이 아니다. 다만 이 둘은 매우 밀접하게 관계되어 있다. 소리와 색을 인식하고 인식하지 못하는 차이는 백암의 답변을 질문한 승이 이해하고 못하는 관계와 마찬가지이다. 선이란 이러쿵저러쿵 하는 것이 아니라 지금 그 자리에서 서로 질문하고 답변하는 모습 그것임을 가르쳐 준다.

제61칙
문백암도(問百巖道) – 대도(大道) –

한 승이 백암에게 물었다. "도란 무엇입니까."
백암이 말했다. "길바닥에 찍혀 있는 수레바퀴 자국이다."

擧 僧問百巖和尙 如何是道 巖云 徒勞車馬跡

백암은 위의 제60칙에 등장한 신라의 백암선사이다. 도(道)에 대한 문답은 우주와 인생의 근본적인 바탕과 그로부터 유출되어 끊임없이 작용하는 모습이다. 따라서 도를 어떻게 정의하고 표현하는가에 대하여 조사선(祖師禪)의 입장은 분명하다. 조사선에서 언급하는 도는 깨침이다. 따라서 그 도를 터득하는 방법과 도의 본래모습에 대해서도 명백한 입장을 취한다. 한마디로 본래성불(本來成佛)이다. 이미 완전한 모습으로 존재하고 드러나 있으며 작용하고 있음을 말한다. 때문에 모종의 행위를 통하여 도를 알려고 한다든가 깨치려고 한다든가 작용시키려고 하는 일체의 행위는 인위적이고 조작적이며 분별적인 것으로 간주된다.

이에 반하여 자연적이고 평등적이며 무분별적인 모습을 강조한다. 이런 점에서 조사선에서 말하는 도는 청정이다. 청정은 완성을 의미한다. 어떤 번뇌에도 물들지 않고 어떤 설명에도 국한되지 않는 것으로

일찍이 대도(大道) 내지 지도(至道)에 대하여 차사(此事)·거시기[渠]·
일물(一物)·일원상(一圓相) 등으로 표현하였다.

이를 일상의 깨침이라는 뜻에서 평상심시도(平常心是道)라 하였다.
이것은 무엇보다도 구체적인 현실생활에 밀착해 있다. 여기 평상심은
일상의 탐욕과 불만과 어리석은 마음이 아니라 본래심이고 청정심을
가리킨다. 때문에 일찍이 마조도일의 가르침을 받은 거사였던 방온
(龐蘊: ?~815)은 다음과 같이 말한다.

물긷고 나무하는 것이	神通幷妙用
모두 신통과 묘용이다	運水及搬柴

이것은 평범한 일상생활 가운데서 우주의 신비를 보는 것이었다.
신족통(神足通)과 천안통(天眼通)의 기적은 산중의 명상보다도 거리의
생활에 깃들어 있다. 물을 길어 밥을 해먹고 나무를 베어다 불을 지
피는 일상의 행위가 다름 아닌 깨침의 작용이고 도의 실천이었다. 임
제의현은 그의 어록에서 다음과 같이 말한다.

"진리는 본래부터 있었고 지금도 있는 것이기 때문에 새삼스럽게 특별
히 도를 닦는다거나 좌선을 한다는 것은 있을 수 없다. 그리하여 도를 닦
는 것도 없고 좌선을 하는 것도 없는 이것을 진정한 여래청정선(如來淸淨
禪)이라 한다. 이제 그대들이 만약 이러한 도리를 진정으로 알게 되면 모
든 업을 짓지 않게 되어 각자의 분수에 맞게 삶을 살 수 있다. 그리하여
한 벌의 옷과 한 벌의 발우를 가지고 살아가면서 앉거나 일어서거나 항상
그 모습으로 진실한 계행이 향기를 뿜어 청정한 생활을 이루어 간다. 이
와 같이 되면 왜 도를 깨치지 못하는가를 염려하지 않아도 된다."

여기에는 갖가지 경전의 내용이 생활에서 묻어나는 삶의 방식으로 인용되어 있다. 진리는 지금 새삼스럽게 배운다든가 수행한다든가 하는 것이 아니라 이미 사람들의 생활에 자명한 것으로 깃들어 있다. 그렇기 때문에 특별히 의식함이 없이 진리의 진정한 경지를 발휘해 나아가는 것이다. 마음이 가능성으로서 미혹과 깨침을 내포한 본지(本知)라기보다 여기에서는 더욱 구체적인 평상시의 마음으로서 주체적으로 일상화되어 있다. 그것은 본래적인 자각이라든가 절대적인 깨침과 같은 전통적인 사유를 철저하게 주체화하고 행동화시킨 것이다.

이미 활성화된 마음의 작용으로 드러나 있는 진리이기 때문에 평소의 마음 그대로가 진리이고 깨침일 수가 있다. 그렇지 않고 자신을 모르고 우주를 모르며 부처를 모르고 인연법을 모르는 마음이라면 그것은 진리도 아니고 깨침도 아니다. 단지 허튼소리에 지나지 않을 것이다. 특히 주의해야 할 것은 진리의 세계를 벗어남이 없이 모든 현실에서 이루어지는 하나하나의 작용이 진정으로 마조의 말처럼 평상심시도(平常心是道)가 되려면 조작이 없이 있는 그대로 자유스럽게 이루어지는 진리의 행위여야 한다는 것이다.

진리를 떠나 현실의 장소가 있을 수 없다. 현실의 장소가 그대로 진리이다. 모두가 자기의 주체이다. 그렇지 않다면 도대체 도는 무엇이고 어디에 있으며 왜 필요한 것인가. 비가 내린 뒤에 수레가 지나가자 길바닥에 새겨져 있는 수레의 바퀴자국의 의미란 비가 내리고 수레가 지나가고 그 자국이 남는 그대로이다. 수레를 위하여 비가 내린 것도 아니다. 비가 내렸기 때문에 수레가 지나간 것도 아니다. 수레가 지나간 것은 굳이 바퀴자국을 내려고 한 것도 아니다. 그 모두가 각각이면서 자연스럽게 서로 어우러져 있다. 백암은 여기에서 도를 보고 도를 가르치며 도를 실천하고 있다.

제62칙
문백암교(問百巖敎) – 경교(經敎) –

한 승이 백암에게 물었다. "교란 무엇입니까."
백암이 말했다. "패엽으로도 다 수용할 수가 없다."

擧 僧問百巖 如何是敎 巖云 貝葉收不盡

본 문답은 선자들이 경전을 어떻게 수지해야 하는가를 보여 주는 문답이다. 패엽(貝葉)은 경전으로서 설법을 가리킨다. 부처님께서는 처음 설법을 시작한 녹야원으로부터 마지막 설법을 했던 발제하에 이르기까지 그 중간에 일찍이 일자도 설한 적이 없었다고 말하였다. 비로 이와 같은 소식을 알아야 비로소 어설픈 가르침과 완전한 가르침 그리고 대승의 가르침과 소승의 가르침이 무슨 도리인가를 알 수가 있다.

어느 날 운문이 상당하여 "삼승십이분교(三乘十二分敎)의 횡설수설(橫說竪說)과 천하 노화상의 종횡십자설(縱橫十字說)이 모두 산승의 혀 끝에 놀아나는 도리를 살펴보거라"고 말했다. 이것은 설령 운문이 그와 같이 말한다손 치더라도 그 또한 죽은 말을 살려 내는 꼬락서니에 불과하다는 것을 터득하라는 것이다. 그러나 그 누가 이와 같은 경지에 도달하겠는가. 이와 같은 소식에 대하여 백암은 "패엽으로도 다

수용할 수가 없다"고 말했다.

단하자순은 다음과 같이 게송으로 말했다.

사십구 년 동안 내내 설한 일체법을 　　　四十九年成露布
오천여 권으로 남김없이 풀어냈다네 　　　五千餘軸盡言詮
위음왕 이전의 미묘한 한 마디 소식 　　　妙明一句威音外
진흙소 뿔 꺾어 눈속에 팽개쳤다네 　　　折角泥牛雪裏眠

곧 모든 언설이 진리를 표현하지만 그 흔적이 남아 있지 않고 자자구구(字字句句)는 종지를 초월하여 자구(字句)라 할 것도 없다는 것이다. 이에 입으로 진리를 설하고자 하지만 언사가 부족하고 마음으로 생각하고자 하나 사려를 초월해 있다는 것이다.

세존은 정각을 성취한 이래로 교화의 문을 열어 법시를 아끼지 않았다. 그래서 49년 동안 무애변(無碍辯)의 광장설(廣長舌)을 널리 베풀었던 부처님 한 사람이 입을 열어서 진리를 만 명의 귀에 들이밀어 주었다고들 말한다. 이로부터 부처님으로부터 오늘에 이르기까지 인도에서 시작하여 해동에 이르도록 그 가르침이 유통되어 전하지 않은 법이 없었다.

한 승이 동안상찰(同安常察)에게 물었다. "사십구 년 이전의 소식은 무엇입니까."

상찰이 말했다. "천 명의 부처님이 출현하여 설법한다고 해도 사십구 년 이전의 소식은 전승할 수가 없다."

승이 물었다. "그러면 사십구 년 이후의 소식은 무엇입니까."

상찰이 말했다. "선과 악의 분별에 얽매이지 말라는 것이다. 그것을 보여 주기 위하여 사십구 년 동안 법문을 설하였다.”

부처님께서 입멸하신 이후에 가섭과 아난과 우팔리 등을 통하여 결집된 가르침은 용궁에 은밀하게 전승되어 왔기 때문에 말세의 중생들은 그 가르침을 쉽사리 들어 볼 수가 없었다. 후한 시대부터 당에 이르기까지 가섭마등(迦葉摩騰)이 법을 전하기 이전부터 현상(玄奘)과 의정(義淨)이 그에 화답한 이래로 전역되어 입장된 분량이 오천여 권에 이르렀다. 부처님은 비록 언설로 드러냈지만 그것은 본래 언설을 초월한 내용이었다. 때문에 문자를 통하여 설명하면서 그 문자를 잊어야만 한다.

이와 같은 소식을 터득한 자는 비로소 반야를 터득했다고 말할 수가 있지만 그렇지 못한 자에게는 자자구구가 모두 피고름의 냄새만 풍기는 쓰레기에 불과하다. 때문에 진리를 설명해 놓은 미묘한 한마디야말로 납자들로 하여금 분별심을 불식하고 현묘한 도리를 터득하게 하는 수단일 뿐만 아니라 공겁 이전의 위음왕의 본래모습을 깨우쳐 주는 소식이다. 그것은 마치 무분별한 진흙소라 할지라도 그 뿔을 잡아 비틀어 버리고 콧구멍을 쑤셔서 마음대로 이리저리 끌고 다니다가 용도가 폐기되면 곧 매주 수요일 아침나절에 쓰레기통에 분리수거해 버리면 그만이다.

이것은 망념을 벗어나서 부처를 찾는 수행이라 해도 그것은 결국 허상을 부처님으로 착각하여 대상에 집착하는 모습에 불과하다. 온갖 번뇌를 뒤져서 마침내 경전을 찾아냈다 하더라도 무(無)를 유(有)라고 주장하는 어리석음을 면하지 못한다. 곧 백암은 승에게 경전을 수지독송(受持讀誦)하면서도 경전의 굴레에서 벗어나는 길은 무엇인가를 묻고 있다. 이것은 달마가 제시한 자교오종(藉敎悟宗)의 경우와 마찬가지로 교학과 율학을 통하여 선으로 입문하는 여법한 길이어야 한다는 것이다.

제63칙
늑담대도(泐潭碓搗) – 기용(器用) –

한 승이 늑담명 선사에게 물었다. "방아로 찧고 다듬이로 두드려 맞는 것을 결코 잊어서는 안 된다는 말은 도대체 무슨 뜻입니까." 늑담명 선사가 말했다. "호랑이 아가리 속에서 살아나온 침새와 같다네."

擧 僧問泐潭明禪師 碓搗磨磨不得忘却時如何 潭云 虎口裏活雀兒

눈 내리는 겨울을 지내 봐야 비로소 소나무와 잣나무의 지조를 안다는 말이 있다. 어떤 사실을 직접 경험하지 않고 단지 미루어 짐작하는 것으로는 그릇된 판단을 하기 십상이다. 때문에 어려운 고비를 겪어 봐야 대장부의 기개가 드러난다고 말한다. 그저 온실의 시루에서 자라는 콩나물과 같은 입장에서는 이러쿵저러쿵 미주알고주알 지껄이는 말들이 모두 들을 때는 그럴듯해 보이지만 막상 진짜 상황을 마주 하면 쪽도 못 쓰고 나자빠져 버린다. 본 문답은 좌선의 수행과 좌선의 깨침과 좌선의 가르침의 본래 뜻은 언설에 있지 않기 때문에 체험을 통해서 느껴 봐야 한다는 것을 보여 주고 있다.

늑담명 선사는 오대에 구봉도건의 법을 이어 강서성 홍주의 늑담에 주석하였다. 늑담명 선사가 어느 날 객승의 자리에 내려가 앉아 있으려니 대중이 불편해하면서 제발 설법하는 방장의 자리로 가 주실 것을 바랐다. 그러자 늑담명 선사가 말했다. "그대들이 올바른 말을 한다면 돌아가겠다."

그 자리에 무하상(牟和尙)이 있다가 대꾸하였다. "대중이 방장의 자리에 앉아 주실 것을 바라지 않습니까. 왜 이리도 눈치코치가 없는 겁니까."

그제야 늑담명 선사가 마지못해 알아들었다는 듯이 그 자리를 일어나 상당하여 설법을 하였다.

이에 한 승이 물었다. "분별의 경지 초월해 있어 분별사식으로 잴 수 없다는 『신심명(信心銘)』의 말씀은 무슨 뜻입니까."

늑담명 선사가 말했다. "나는 승찬대사의 뜻을 거스르고 싶지는 않다네."

승이 물었다. "승찬대사의 뜻을 거스르지 않으면 도대체 어떤 좋은 일이 생기는 겁니까."

늑담명 선사가 말했다. "그렇게 되면 적어도 남들로부터 삼배의 예배는 받을 자격이 생겨난다네."

승이 물었다. "그렇다면 디딜방아로 찧고 다듬이로 두드려 맞는 지옥의 고통을 결코 잊어서는 안 된다는 말은 도대체 무슨 뜻입니까."

늑담명 선사가 말했다. "호랑이 입속에 박힌 고기의 뼛조각을 빼내어 호랑이를 살려 준 참새와 같은 격이지."

곧 어려운 때를 맞이하여 그 상황을 타개하는 주인공이야말로 비로소 사람들이 진정한 영웅으로 인정한다는 것이다. 이에는 일화가 있다.

『작왕경(雀王經)』에 다음과 같이 말한다.

"호랑이가 고기를 먹었다. 그런데 고기의 뼛조각이 이빨 사이에 끼었던지 크게 울부짖으며 고통을 호소하였다. 마침 그 모습을 목격한 참새가 호랑이의 입속에 들어가 그 뼈를 쪼아서 꺼내 주었다. 이에 호랑이는 간신히 위기를 모면하였다. 그러나 그 상처로 인하여 상처가 생겼다. 상처가 제법 아팠던지 호랑이는 언짢은 표정이었다. 그때 참새는 나무에 올라앉아 호랑이에게 앞으로는 절대 살생을 하지 말라고 주의를 주었다. 그러자 호랑이가 화를 내며 말했다. '내 입에서 벗어났다고 감히 나를 훈계하다니, 참으로 버릇이 없구나. 가만두지 않겠다.' 그러자 참새는 호랑이를 교화하기가 어렵다고 생각하고는 멀리 날아가 버렸다. 여기에서 과거생에 참새는 부처였고 호랑이는 조달(調達)이었다."

여기에는 평소에 참으로 근엄한 모습을 보였던 호랑이가 막상 어려움에 처했을 때는 체면이고 뭐고 돌아볼 여유도 없이 소인배의 모습을 보여 주고 있다. 수행으로 다져지지 못한 납자의 경우를 비유한 것이다. 수행납자라면 반드시 평소에 듣는 설법의 언설을 딛고 넘어서야지 그 구절에 얽매여서는 안 된다. 그것은 그림자를 진짜 머리로 인식하는 어리석음을 범하는 것이다. 모름지기 뜻[意]은 언설[言]에 있지 않다는 줄을 알아야 한다. 대저 언설[言]은 뜻[意] 그 자체가 될 수는 없다. 마치 거울에 비친 형상과 같고 계곡에서 반향으로 들려오는 메아리와 같을 뿐이다. 이와 같이 진정으로 자신의 체험을 통하여 이해해야 비로소 진정한 수행이 된다는 것이다. 여기에 단하자순은 다음과 같은 게송을 붙였다.

일념이 고요하니 세월을 잊었다네   一念蕭蕭不記年

피부가 탈락하니 저절로 완전하네   皮膚脫落自完全

깊디깊은 밤하늘 거울처럼 맑으니   長天夜夜淸如鏡

만리에 구름을 벗어난 보름달이네   萬里無雲孤月圓

이 게송에 임천종륜은 다음과 같이 착어를 붙였다.

옛날과 지금에 구별이 없고   古今無間

본래 늘상 일물이 영령하네   一物常靈

한 점 깨달음이 분명하거니   一點分明

거울의 사물 흠집도 없다네   照鑑無私

다음과 같은 일화가 있다. 장졸수재가 석상을 방문하였다. 이에 석상이 물었다. "공의 성은 어찌 됩니까."

장졸이 답했다. "성은 장씨입니다."

석상이 물었다. "그러면 이름은 어찌 됩니까."

장졸이 답했다. "이름은 졸입니다."

석상이 물었다. "교묘함[巧]을 찾으려도 찾을 수 없는데 치졸함[拙]은 어디에서 온 것입니까."

장졸공이 그 말을 듣는 순간 깨친 바가 있었다. 이에 다음과 같은 오도송을 서술하여 바쳤다.

광명이 고요하게 비추어 항사세계에 두루하니

범부와 성인의 뭇 생명 우리의 가풍과 같다네

번뇌가 일념도 불생하지 않으니 전체현성하나

육근이 작용하면 번뇌의 먹구름에 휩싸인다네
번뇌를 끊으려 하면 집착은 더욱 더 깊어지고
애써 진여를 추구는 것 또한 잘못된 것이라네
세간 인연 그대로 따라도 아무런 걸림 없으니
본래의 열반생사가 그대로 허공속의 꽃이라네

장졸수재(張拙秀才)는 선월대사(禪月大師) 관휴(貫休)의 지시를 따라 석상경제에게 참문하였다. 수재는 한나라 시대부터 관리를 등용하는 과목의 명칭이다. 당나라 시대 정관 이후에는 폐지되었지만 진사를 수재라고 불러 왔다. 과거에 등재한 사람 또는 과거시험을 볼 수 있는 자격을 가진 사람을 의미하기도 한다. 이에 장졸은 흔히 장졸수재로 불렸다.

장졸이라는 이름을 가지고 선문답이 진행되고 있다. 장졸은 누가 불러도 그대로 장졸이다. 부모가 불러도 그렇고 친구가 불러도 그렇고 후대 어떤 사람이 불러도 마찬가지로 장졸일 뿐이다. 이처럼 장졸은 변함이 없다. 때문에 석상은 장졸의 이름자에 해당하는 졸(拙)을 가지고 묻는다. 이름이 졸이라면 본래 이에 상대되는 교(巧)가 있었을 터이다. 그런데 교묘함을 제아무리 찾으려 해도 말 그대로 교묘해서 그런지 찾을 수가 없다. 그러나 치졸함은 교묘하지 못하기 때문에 쉽게 찾을 수 있을 것인데 그 치졸함은 도대체 어디서 빌려 온 것인가. 이에 장졸은 자기의 이름을 통해서 교묘함과 치졸함은 누가 뭐라 하든지 간에 본래부터 변함이 없는 불거(不去)이고 불래(不來)라는 사실에 눈을 뜬 것이다. 자신의 이름이 가리키고 있는 것이 다름 아닌 여래라는 것을 터득한 것이다. 장졸은 크게 기뻐하며 자기를 일깨워 준 석상에게 자신의 심정을 토로한 오도송을 지어 바쳤다.

여기에 소개된 오도송의 내용은 장졸이 깨쳤던 내용 그대로이다. 깨침의 본래광명은 본래부터 그대로 우주법계에 가득하고 범부나 성인을 가릴 것 없이 평등하다. 그러므로 번뇌가 일념 동안만이라도 일어나지 않으면 그것이 깨침이지만 만약 희로애락에 움직이는 감성이 일어나면 그것이 곧 번뇌가 되고 만다. 때문에 굳이 번뇌를 없애려는 것과 보리를 추구하는 것 모두 분별일 뿐이다. 반연에 얽매이지 않으면 열반의 세계와 생사의 윤회도 한갓 망상에 불과하다. 이처럼 장졸은 이미 졸과 교를 초월해 버렸다.

수재처럼 이와 같이 살펴야만 비로소 세월이 가는 줄 알아도 진리이고 세월이 가는 줄 몰라도 진리이다. 하물며 약산이 말한 '피부가 모두 탈락하니 하나의 진실만 남아 있다'는 그것이야말로 불법의 완전한 대의임을 인정해야 할 것이다. 여기 늑담명의 문답은 피·아(彼·我)가 본래 구비되어 있는 것에 그치지 않고 시방 법계의 육도(六道)와 사생(四生)이 모두 대원경지(大圓鏡智)처럼 통연명백하다. 그래서 그 모습은 마치 구름이 걷히고 밝게 드러난 달처럼 교교하고 훤칠하여 그 광명이 멀리 비추어 번뇌와 망상을 빠짐없이 비추어 드러낸다. 이것이야말로 앞서 말한 '뜻[意]은 언설[言]에 있지 않다'는 의미이기도 하다. 그렇다면 과연 늑담명 선사에게 질문한 승의 경우 뜻은 언설이 아니라는 도리를 잘 터득하고 있었던가 점검해 볼 일이다.

제64칙
동안인사(同安人師) – 불조(佛祖) –

한 승이 동안상찰 선사에게 물었다. "천인사는 어떤 사람입니까." 동안이 말했다. "천인사의 머리에는 뿔도 안 나고 몸에는 터럭조차 없단다."

擧 僧問同安察禪師 如何是天人師 安云 頭上角不全 身上毛不出

동안상찰의 법계는 청원행사－석두희천－약산유엄－도오원지－석상경제－구봉도건－동안상찰로서 송대 초기의 사람이다. 홍주(洪州) 봉서산(鳳棲山)의 동안원(同安院)에 주석하였다. 본 문답은 깨침은 영아행(嬰兒行)과 같은 무분별의 도리임을 보여 주고 있다.

여기에서 한 승은 교학에서 말하는 여래의 십호 곧 여래(如來)·응공(應供)·정변지(正遍知)·명행족(明行足)·선서(善逝)·세간해(世間解)·무상사(無上士)·조어장부(調御丈夫)·천인사(天人師)·불세존(佛世尊)을 들먹여서 동안의 언외의 현지를 슬쩍 떠보고 있다. 머리에 뿔도 나지 않고 몸에는 터럭조차 없다는 것은 막 태어난 영아의 모습을 가리킨다. 영아는 아직 온갖 대상에 대하여 분별이 없고 집착이 없으며 망념이 없는 천진불 그대로의 모습을 상징한다. 이러한 마음으로 세상을 살아가는 모습을 천인사의 속성을 비유한 답변이다.

또한 머리에 뿔이 없다 내지 터럭이 없다는 것은 어리석은 축생을 초월한 모습이다. 아니 뿔이 나는 머리가 없는 모습이다. 이에 대하여 일찍이 조산본적은 다음과 같이 설법하였다.

"범부의 생각과 성인의 견해가 곧 쇠사슬과 같은 그윽한 길이다. 그러니 모름지기 그것을 잘 활용할 줄만 알면 그만이다. 대저 불조의 혜명을 올바르게 계승하려는[正命食] 자라면 모름지기 삼종타(三種墮) 를 갖추어야 한다.

첫째는 털을 뒤집어쓰고 뿔을 받아 태어나는 것, 곧 축생으로 태어 나는 보살의 변역생사(變易生死)이다[披毛戴角, 沙門墮]. 둘째는 소리와 색깔 등 감각세계를 배제하지 않은 채 그대로 자유롭게 수용하는 것 이다[不斷聲色, 類墮, 隨類墮]. 셋째는 음식을 받아먹지 않는 것, 곧 나 한이 되어 분별심을 내지 않는 것이다[不受食, 尊貴墮]."

그러자 조포납(稠布衲) 스님이 물었다. "피모대각(披毛戴角)이란 어 떤 것입니까."

조산이 말했다. "그것은 사생육도의 부류에 들어가 이류중행(異類 中行·和光同塵·拖泥帶水)하는 것이다."

또 물었다. "부단성색(不斷聲色)이란 어떤 것입니까."

조산이 말했다. "외부대상의 경계에 지배되지 않는 것이다."

또 물었다. "불수식(不受食)이란 어떤 것입니까."

조산이 말했다. "자신이 존귀하다는 상을 내어 본분사를 아는 것이다."

삼종타(三種墮)는 조산이 학인에게 제시해 준 세 가지 수행방식으 로 일종의 기관(機關)이다. 여기에서 타(墮)는 빠진다는 뜻이 아니다.

일체에 걸림이 없는 무애자재한 지혜이고 능수능란한 수완을 말한다.

그래서 첫째의 피모대각의 사문타(沙門墮)는 중생세간에 몸을 던져 중생제도에 몰입하는 것이다. 사문이 지위나 어떤 깨침의 경지에 구속되는 것이 아니라 그것을 초월하여 어떤 중생이라도 수순하여 더불어 자유를 터득하는 것이다.

둘째의 부단성색의 수류타(隨類墮)는 감각의 육진 경계에 집착을 끊고 어떤 절대적인 경지를 추구하는 것도 아니며 회피하는 것도 없이 지각을 초월한 자유를 터득하는 것이다.

셋째의 불수식의 존귀타(尊貴墮)는 여기 불수식(不受食)에서 식(食)은 자기의 본분사를 가리키는 것이다. 납자의 본분사인 상구보리 하화중생을 지각하고 그것에 집착도 없는 본래면목과 본지풍광을 말한다. 자신의 신분을 초월하여 일체의 중생과 더불어 노닐 수 있는 자유로운 본분이다.

때문에 여기에서 승의 질문처럼 더 이상 왜 그런가, 그런 경지가 되려면 어떻게 해야 하는가 등을 따지고 묻는다면 머리에다 또 머리를 얹는 격으로 번뇌만 깊어진다. 승은 짐짓 그런 줄을 알고 있으면서도 동안에 대하여 근대를 달아 보려고 덤빈 것이다. 때문에 동안은 꼼수를 부리고 있는 승의 질문에 휘둘리지 않고 겁외의 선기를 발휘하여 화살과 같이 날카롭고 서릿발처럼 냉정한 언구로서 승의 의표를 톡 쏘아붙인다.

여기에 드러난 동안의 선기는 범부다 부처다 하는 정해(情解)를 일거에 쓸어버리고 마음속에 눈곱만치도 이렇다 저렇다 미주알고주알 지껄일 만한 건더기도 남아 있지 않다는 것을 보여 준다. 때문에 설령 질문한 승이 어디에다 손끝도 대 볼 수가 없고 어디에다 또한 눈

길조차도 둘 데가 없는 처지에 몰려 있다.

그런데 그 승이 또 물었다. "머리에 뿔도 안 난다는 것은 어떤 뜻입니까."

동안이 말했다. "어라, 갈수록 태산이로구나."

그와 같이 분별심으로 다가온 질문에 대해서는 고딱지만큼도 상대할 가치가 없다고 단호하게 거절해 버린다.

제65칙
곡산조의(谷山祖意) – 조의(祖意) –

한 승이 곡산도연에게 물었다. "달마조사가 서쪽에서 온 까닭은 무엇입니까."
곡산이 말했다. "깜깜한 밤에 까마귀 머리에 하얀 눈이 소복히게 쌓였는데 동녘에 먼동이 트니 벙어리가 머리를 감싸 안고 집으로 돌아간다."

擧 僧問谷山緣禪師 如何是祖師西來意 山云 半夜烏兒頭戴雪 天明瘂子抱頭歸

본 문답은 일상의 삶에서 실천하는 문답에 대하여 철학적인 도리가 가미된 조동오위(曹洞五位)의 종지를 들어서 일깨워 주고 있다. 곡산도연(谷山道延: ?~922)은 복건성 복주(福州) 장락현(長樂縣) 출신으로 속성은 유(劉)씨이다. 조산본적(曹山本寂: 840~901)의 법사로서 처음에는 녹두(鹿頭)에 주석하였다. 이후 오(吳)의 무의(武義) 2년(920)에 동산에 3년 동안 주석하여 그곳의 제4세가 되었다. 시호는 홍과대사(洪果大師)이다.

곡산도연은 신라의 백엄양부(伯嚴楊孚) – 정진긍양(靜眞兢讓: 878~956)

으로 계승되어 지증도헌(智證道憲: 824~882)-백엄양부-전진긍양 시대에 형성된 소위 희양산문(曦陽山門)의 법계와 깊은 관계가 있다.

'달마조사가 서쪽에서 온 까닭'이란 불법의 궁극적인 도리가 무엇인가를 묻는 말이다. 그러나 이것은 굳이 옳고 그름의 문제를 말하는 것이 아니다. 그러므로 달마대사기 언제 왔는가, 무엇하러 왔는가, 와서 무엇을 했는가 하는 것은 쓸데없는 질문이다. 그것은 자신의 마음이 아직 달마를 이해하지 못하여 생겨나는 한갓 분별심에 지나지 않는다. 달마는 무엇 때문에 여기에 왔는가를 묻지 않아도 그대로 왔고 무엇 때문에 왔는가를 묻는다고 오지 않았을 리도 없다.

조사서래의(祖師西來意)를 묻고 따지는 것은 이미 발생해 있는 사실에 대한 분별일 따름이다. 이에 곡산은 "깜깜한 밤에 까마귀 머리에 하얀 눈이 소복하게 쌓였는데 동녘에 먼동이 트니 벙어리가 머리를 감싸 안고 집으로 돌아간다"고 말했다. 깜깜한 밤과 까마귀는 모두 무분별을 상징하는 말이고, 새벽과 벙어리는 분별을 상징하는 말이다. 곧 무분별과 분별의 도리를 들어서 조사서래의(祖師西來意)에 대하여 답변을 제시한 것이다. 때문에 깜깜한 밤과 까마귀는 일찍이 경험해 본 적도 없는 진리 그대로의 사실이고 기막힌 꿈을 꾸었지만 말로 표현하지 못하는 벙어리는 차라리 꿈을 꾸는 밤이 그리워 다시 잠을 자러 집으로 돌아가는 모습으로 일찍이 진리로부터 한 발짝도 벗어난 적이 없는 그대로의 현실을 상징한다.

백(白)과 흑(黑)이 상호간에 융합하기도 하고 개별적으로 독립하기도 하는 열린 관계[回互]와 닫힌 관계[不回互]에 바탕을 두어 수행납자가 보살도를 실천하는 모습을 다섯 가지 측면으로 설정한 것이 소위 오위(五位) 사상이다. 동산으로부터 비롯된 오위는 이후 조동종(曹洞

宗)의 가장 보편적인 교의로 발전하였다. 흑(黑)의 측면은 수행자가 오로지 자기의 깨침을 통하여 지향하는 것에 매진하는 모습이다. 그리고 백(白)의 측면은 수행자가 오로지 중생의 구제를 통하여 보살도를 실천하는 모습이다. 이것을 각각 정(正)과 편(偏)의 용어로 바꾸어 정편오위(正偏五位)를 시설하였다.

그 가운데 첫째인 정중편(正中偏)은 자기의 깨침을 지향하다가 중생의 교화에 나서는 모습이다. 둘째인 정중편(正中偏)은 중생의 교화에 힘쓰다가 자기의 깨침으로 지향하는 모습이다. 셋째인 정중래(正中來)는 처음부터 끝까지 오로지 자기의 깨침에만 매진하는 모습이다. 넷째인 편중지(偏中至)는 처음부터 끝까지 오로지 중생의 교화에만 매진하는 모습이다. 다섯째인 겸중도(兼中到)는 자기의 깨침과 중생의 교화를 더불어 실천하면서 어디에도 치우치지 않는 중도의 모습이다.

이와 같은 오위의 원류는 일찍이 동산양개(洞山良价)가 『오위현결(五位顯訣)』에서 다음과 같이 말한 것으로부터 유래한다.

"첫째, 정위(正位)의 입장으로서 물(物) 곧 편위(偏位)를 상대하지 않는다. 그러나 편(偏)을 향해 나아가야 비로소 파악이 가능하다. 때문에 정과 편의 두 의미가 원만하지 않으면 안 된다. 둘째, 편위(偏位)는 편위이면서 동시에 정과 편의 두 의미를 원만히 구비하고 있다. 그래서 연(緣[偏位]) 곧 용(用) 가운데서 파악되면서도 무물(無物)이요 불촉(不觸)이다. 때문에 편위는 유어중(有語中)의 무어(無語)이다. 셋째, 순수한 정위만 있어 편위에 의하지 않는 가운데서 진리를 드러낸다. 때문에 정위중래(正位中來)는 무어중(無語中)의 유어(有語)이다. 넷째, 단지 편위만 있어 그 편위를 활용한 가운데서 진리를 드러낸다. 때문에 편위중래(偏位中來)는 유어중(有語中)의 무어(無語)이다. 다섯째, 정과 편이 함께 하여 진리를 드러낸다. 이 가운데에는 유어(有語)니 무어(無語)니 하는 것을 따로 분류하지 않고 그대로 진리를 향하여 원전(圓轉)하지 않음이 없다. 때문에 편위의 경우도 반드시 원전(圓轉)이다. 그러므로 깨침을 터득하기 이전에 이것저것 분별하는 것은 모두 병통이다. 그러므로 수행납자 자신이 모름지기 지점 어구를 깨쳐서 유어(有語)는 이렇고 무어(無語)는 저렇다고 분별하지 말고 마땅히 곧장 진리를 향해 나아가야 한다. 훌륭한 선지식에게 언어가 없을 수는 없다. 그러나 유어와 무어에 걸리지 않을 뿐이다. 그것을 일컬어 겸대어(兼帶語)라 한다. 겸대어는 전무(全無)이면서도 아울러 적적(的的)한 도리이다.”

위의 문답에서 까마귀와 깜깜한 밤은 정중래에 해당하고 까마귀 머리에 쌓여 있는 흰 눈과 새벽을 맞이한 벙어리는 편중지에 해당한다. 그 정중래와 편중지가 때로는 정중편과 편중지의 모습으로 드러나지만 궁극적으로는 겸중도의 모습으로 나아가야 할 것을 요구한다. 그것이 곧 곡산이 조사서래의(祖師西來意)의 질문에 대한 답변이었다. 석가모니가 출세한 것은 이미 도래한 봄날에다 다시 햇살을 비추어 주는 것으로 편중지였고, 달마가 도래한 것은 추운 겨울날 화롯불을 빼앗아버린 것으로 정중래였다.

이것은 중생의 경우 업식이 아득하여 본래 불성에 근거하지 못하여 외경의 사물을 쫓느라고 깊이 생사에 빠져 헤어나지 못하는 모습이다. 때문에 달마는 서역을 벗어나서 남해를 거슬러 금릉(金陵)에 도달했지만 무제(武帝)와 기연이 맞지 않았다. 이에 다시 갈대를 배로 삼아 강을 건너 소림사(少林寺)에 도착하여 면벽구년(面壁九年)하면서 온 몸을 바쳐서 진리의 구현에 몰두하였다. 그때 달마는 무설(無說)에서 유설(有說)을 알게끔 하고 유설(有說)에서 무설(無說)을 터득하도록 하였다.

　이렇게 되면 산하대지(山河大地)가 자기(自己)가 되어 자기가 이미 산하대지와 다름이 없는 줄을 알게 되는데, 바로 그와 같은 도리가 두두(頭頭)에 드러나고 물물(物物)에 분명하다는 것을 알도록 제시한 것이다. 그러나 중생 자신의 경우 막상 정안(正眼)을 구비하지 못하였기 때문에 굳이 곡산은 흑과 백이 처음으로 나뉜 시절을 향하여 정(正)과 편(偏)의 도리를 들먹여서 간절하고 자상하게 "깜깜한 밤에 까마귀 머리에 하얀 눈이 소복하게 쌓였는데 동녘에 먼동이 트니 벙어리가 머리를 감싸 안고 집으로 돌아간다"라고 설법을 해 주었다. 만약 이 도리를 터득하고 보면 일찍이 편(偏)과 정(正)이 보살의 본래자리에서 벗어난 적이 없고 어떤 인연의 말씀도 굳이 소용이 없다. 그러니 이제 곡산의 의도는 분명하다. 구름은 무심하게 계곡을 넘나들며 자유롭게 흩어지고 모인다. 새들은 유유하게 제자리 찾아들며 자재하게 왔다가는 떠난다. 이처럼 모든 것이 자연스러우니 특별히 크게 힘쓸 것도 아닐 텐데 어찌하여 이러쿵저러쿵 분별에 사로잡혀 살아가는가. 과연 자신의 마음을 어디에 두고 살아야 하는가 반성해 보아야 한다.

제66칙
백운심처(白雲深處) − 대기(對機) −

한 승이 백운장 선사에게 물었다. "어떤 것이 심심한 도리입니까."
백운이 말했다. "난쟁이가 깊은 물을 건너는 꼴이다."

擧 僧問白雲藏禪師 如何是深深處 雲云 矮子渡深溪

백운장은 경조(京兆)의 백운선장(白雲善藏)으로서 그 법계는 청원행사−석두희천−약산유엄−도오원지−석상경제−대광거해(大光居海)−백운선장이다.

본 문답의 요지는 선이야말로 상식을 무시하지 않으면서도 그 상식을 초월해 있다는 점을 파악하는 데에 있다. 곧 선은 일상에서 일상을 추구하는 동시에 일상의 탈출을 지향한다. 철저하게 생활에서 살아 숨 쉬는 가르침이면서 한편으로는 그 일상의 구속 내지 번뇌와 타성화된 관념으로부터 과감하게 벗어나는 탈속성을 지니고 있다.

선은 일상에서 일상을 탈출한다. 출세에 있으면서도 세속을 벗어나지 않는다. 그리고 상식을 무시하지 않으면서도 상식을 초월하는 까닭은 어떤 선도 상식을 벗어나서는 존재하지 않기 때문이다. 그래서 정작 선은 어려운 것도 아니고 쉬운 것도 아니다. 누구나 언제든지 어디서나 가능하고 실제로 이루어지고 있다는 점에서 어려운 것이 아니다. 그러면서도 한편 누구나 그와 같은 경험을 지향하면서도 정작 자신은 늘 일상의 매너리즘이 빠져 지내기 때문에 쉬운 것도 아니다. 그래서 선은 가장 가까이 있으면서도 볼 수 없는 자신의 눈과 같은 존재이다. 너무 가까이 있고 언제나 꽉 차 있기 때문에 대자연의 공기나 물처럼 정작 그 소중함과 필요성을 절감하지 못한다.

선은 바로 이와 같은 입장에서 그대로의 자신을 되돌아보기를 권장한다. 때로는 부정적인 방식으로 때로는 긍정적인 방식으로 등장한다. 부정적인 방식이란 철저하게 자신에 젖어 있는 자아의 딱딱한 껍데기를 부수고 그것이 근원적인 자기를 일깨우기 위한 의두적이고 강제적이며 목적적인 선수행의 지도방식인 파주(把住)를 말한다. 긍정적인 방식이란 본래부터 구비하고 있는 자신을 자연적이고 자율적이고 무목적적인 선수행의 지도방식인 방행(放行)으로 자각하는 것이다. 때문에 선지식인 제자를 교화할 경우에 상식은 파주로 깨부수고 비상식은 방행으로 돋구어준다.

곧 위에서 '어떤 것이 심심한 도리입니까'라고 물은 것은 상식의 입장에서 비상식의 경우를 묻는 것이고, '난쟁이가 깊은 물을 건너는 꼴이다'라고 답변한 것은 비상식의 입장에서 상식의 경우를 답변한 것이다. 일상의 삶에서 심심한 도리는 그다지 요구되지 않는다. 그러나 승은 일상을 벗어난 초월적인 선기(禪機)를 보여 달라고 요구하여 그에 대한 답변이 무엇인가를 기대하는 것으로 은근히 스승을 떠보고 있다.

스승은 그와 같은 질문에 대하여 눈곱만치의 방심도 용납하지 않는다. 때문에 초월적인 질문에 대하여 그대로 초월적인 답변으로 응수함으로써 비로 그 자리에서 질문한 승의 분별을 깡그리 뭉개버린다. 곧 난쟁이는 깊은 물을 건너지 못하는 법인데도 불구하고 애써 난쟁이를 등장시킨다. 이와 같은 모습은 마치 아버지는 젊고 아들은 늙었다면 세간에서는 무두들 믿지 못하는 것처럼 반상합도(反常合道)의 소식을 가지고 한 답변이다.

그러자 승은 그에 수긍하지 않고 제법 의기를 높여서 다시 "난쟁이가 깊은 물을 건너려고 바짓가랑이를 끝까지 걷어 올리면 깊은 물도 옷이 젖지 않고 건널 수 있는 것 아니겠습니까"라고 들이댄다. 이쯤 되면 스승은 다시 제자를 일상의 차원으로 끌어내려 놓고서 "그야 그럴지도 모르겠지만 아예 옷을 발가벗어 버리고 건너가는 것이 제일 좋은 방법이다"고 답변한다. 그러자 아직 초월의 입장에 젖어 있는 승은 다시 "그런 모습은 물을 건너려는 방법을 짜내는 행위로서 일종의 조작 내지 분별에 속합니다. 그런 제스처일랑 그만두고 제법에 대하여 일념불생(一念不生)의 경지란 도대체 어떤 경우를 두고 하는 말입니까"라고 묻는다. 이제는 스승도 도리가 없다.

이런 입장에서는 뻔한 사실을 들어서 승의 코앞에다 직접 보여 주는 것이 최고다. 그래서 "그것은 그대가 깃들어 살고 있는 온갖 물과 갖가지 산이 그대로 드러나 있는 일상의 모습 그대로이다. 그 밖에 달리 어떤 것을 논한다면 그것이 도리어 분별이고 조작이며 제이의적(第二義的)인 속제(俗諦)에 휘말려드는 꼴이다. 그러므로 제법의 불생(不生)이란 오히려 이미 현성되어 있는 제법 이외에 달리 아무것도 아니다"라고 답변한다.

이와 같은 모습은 곧 질문이 그대로 답변에 들어 있고 답변은 그대로 질문에 들어 있음을 보여 준 것이다. 그래서 혹 사(事)에 의지하여 이(理)를 드러내고, 혹 속(俗)에 즉하여 진(眞)을 설명하며, 혹 언외(言外)의 현(玄)을 담(談)하기도 하고, 혹 무주(無中)의 지(旨)를 창(唱)하기도 하는 일련의 문답에서는 일거수일투족이 응대하는 모든 것에는 다 그 의미가 있고 연원이 있기 때문에 추언(麤言)과 세어(細語)가 도리어 제일의제(第一義諦)로 귀결된다. 그러니 소나무는 높고 잣나무는 낮다는 것도 불이법문으로서 보통사람을 위하여 자상하게 제시한 방편들이다. 다음과 같은 이야기가 있다.

승이 금봉종지(金峰從志)에게 물었다. "저는 토목와석(土木瓦石)이 도대체 무슨 뜻인지 모르겠습니다."

금봉종지가 선상에서 내려오더니 ㄱ 승의 귀때기를 잡아당겼다. 이에 승이 견디다 못해 "아이고, 아야!" 하고 소리를 질렀다.

그러자 금봉종지가 말했다. "오늘에야 저 무지몽매한 놈을 제대로 낚았구나."

승이 예배를 드리고 밖으로 나가자 금봉종지가 "이보게, 사리여" 하고 불렀다.

승이 고개를 돌리자 금봉종지가 말했다. "그대가 깨침에 이르고 보면 질문이고 답변이고 따로 분별할 필요가 없다."

그러고는 다음 날 금봉종지가 상당하여 말했다.

"20년 전에는 노승에게 노파심이 있었다. 그러나 20년 후에는 노승에게 노파심이 없어졌다." 한 승이 물었다. "20년 전에는 노파심이 있었다는 것은 무슨 뜻입니까." 금종종지가 말했다. "20년 전에는 범(凡)에 대해서 물으면 범(凡)에 대하여 답변해 주었고 성(聖)에 대하여 물으면 성(聖)에 대하여 답변해 주었다는 뜻이다."

한 승이 물었다. "20년 후에는 노파심이 없어졌다는 것은 무슨 뜻입니까."

금종종지가 말했다. "20년 후에는 범(凡)에 대해서 물어도 범(凡)에 대하여 답변해 주지 않았고 성(聖)에 대하여 물어도 성(聖)에 대하여 답변해 주지 않았다는 뜻이다."

결국 금봉의 답변은 어리석은 사람에게는 상식을 동원해서 답변한다는 것이고, 뛰어난 사람에게는 상식을 초월해서 답변한다는 것이다. 20년 전은 깨치기 이전이고 20년 후는 깨침을 가리킨다. 때문에 금봉은 제자를 교화할 때마다 아예 범과 성에 대하여 답변도 하지 않고, 나아가서 그와 같은 질문조차도 하지 못하도록 하는 경우를 간절하게 기다리고 있었다. 20년 전이나 20년 후나 모두 노파심절한데 구태여 어째서 쓸데없이 노파심을 동원하여 이러쿵저러쿵 언설을 늘어놓아야 하겠는가. 이와 관련한 단하자순의 게송은 다음과 같다.

백두동자의 지혜는 더욱더 자라나고	白頭童子智尤長
야반삼경에 아득한 물길을 건너가네	半夜三更渡渺茫
마음대로 오고가며 그만두지 않으니	任運往來無間斷
온갖 배들 물 위에 두둥실 떠다니네	不消舡艇與浮囊

이에 기지(機智)가 자랄수록 모략(謀略)도 뛰어나고 도(道)가 높을수록 마(魔)가 치성한 도리를 반드시 알아야 한다는 것을 보여 주고 있다. 이런 경우에는 진각(眞覺)의 경지에 도달하지 않고서는 과연 깨침이라 할지라도 한낱 꿈속의 깨침에 불과하다. 때문에 애욕의 강과 파도를 건너서 아득히 나아가면 끝내 멈추지 않고 마음대로 왕래할 수

가 있어서 도가 높아져 높은 산의 정상에 서게 되고 깊디깊은 바다 밑을 오갈 수 있게 된다는 것을 말해 주고 있다.

만약 콧구멍이 하늘까지 뻗치지 못한다면 끝내 생사유전을 따르고 만다. 그러니 번뇌의 바다를 초월하여 분별의 배를 타지 않는 곳에서는 구태여 물 위에 오락가락 이리저리 떠다닐 필요가 없다. 다만 육도의 윤회에도 유유자적하고 오탁의 악세에도 도도하여 중생세간엔들 개의하지 않는 가르침을 지향한 것이다. 이에 옛 어른은 천 년 만 년의 실지(實地)의 도리를 알고자 하거든 마땅히 사해(四海)와 오호(五湖)에다 마음을 두라고 말한다. 요컨대 난쟁이가 깊은 물을 건너가는 도리를 알고자 한다면 모름지기 백운이 출몰하는 모습을 터득해야 할 것이다. 정작 난쟁이와 백운은 다른 존재가 아니다

제67칙
대령청정(大嶺淸淨) – 진보(眞寶) –

한 승이 신라의 대령선사에게 물었다. "일체처가 청정하다는 것은 무슨 뜻입니까."
대령이 말했다. "옥돌은 산산조각 부수어 버려도 그것은 여전히 보배이고 전단나무를 잘근잘근 잘라 버려도 그것은 여전히 향나무이다."

擧 僧問新羅大嶺禪師 如何是一切處淸淨 嶺云 截瓊枝寸寸是寶 折旃檀片片皆香

신라의 대령선사의 법맥은 청원행사－석두희천－약산유엄－도오원지－석상경제－곡산장－대령으로 계승되었다. 그 자세한 전기는 전하지 않는다. 다만 『전등록』 권17에 간략한 문답이 보일 뿐이다. 석상경제 문하의 법제자로서 신라에서 입당유학한 선사로는 흠충(欽忠)·행적(行寂)·법허(法虛)·도연(道緣) 등이 있고, 그들 법손으로 대령(大嶺)·백암(百巖)·서암(瑞巖)·주해(周解)·신종(信宗)·와룡(臥龍)·충담(忠湛) 등이 신라 말기에 해동에 선법을 전승하였다.

본 문답의 주안점은 이구청정(離垢淸淨)과 자성청정(自性淸淨)에 대한 분별이다. 이구청정은 현실의 번뇌를 벗어나서 청정본연의 도리를 깨치는 것이고, 자성청정은 본래의 모습 그대로가 청정본연의 모습임을 깨치는 도리이다. 이 두 가지 주제는 선종사에서 수행의 입장을 어디에 두느냐 하는 점과 맞물려 늘 논의되어 온 문제이기도 하다. 일반적으로 점수와 돈오의 논쟁도 이것을 벗어나지 않는다. 또한 북송 시대 말기부터 남송 시대 초기에 걸쳐 새롭게 창출된 묵조선(默照禪)과 간화선(看話禪)이라는 수행법의 창출도 이와 무관하지 않다. 여기에서 대령은 자성청정의 입장에 속한다. 그것은 보리달마로부터 비롯된 선풍이기도 할 뿐만 아니라 이후로 지속적으로 전개되어 온 소위 남종선의 입장이기도 하다.

『반야경』 권183에서는 "일체지지(一切智智)는 청정하여 무이(無二)이고 무이분(無二分)이며 무별(無別)이고 무단(無斷)이다. 때문에 근신(根身)·기세(器世)·대지(大地)·산하(山河)·오음(五陰)·육입(六入)·십이처(十二處)·십팔계(十八界) 내지 정등보리(正等菩提)도 모두 그렇지 않음이 없다"고 말한다.

위에서 질문한 승은 바로 이와 같은 도리를 이미 알고 있었기 때문에 그것을 질문의 단서로 삼아서 대령선사에게 묻는다. 이에 대령은 청정의 본래적인 의미를 아주 교묘하게 설명해 준다. 청정이란 단순히 번뇌가 없다는 의미뿐만 아니라 번뇌가 일어나는 원인도 없고 번뇌가 사라진 결과까지도 없다는 의미로서 완성을 가리킨다.

이것을 달리 바라밀다(波羅蜜多)라고 한다. 때문에 눈이 청정하다는 것은 눈 자체가 청정하고 눈으로 보는 대상이 청정하며 그로부터 형성되는 인식이 청정하다는 뜻이다. 이로써 근·경·식(根·境·識)의 일체가 청정하기 때문에 그로부터 유출되는 일체의 행위와 인식이 청정하다. 이것을 대령선사는 "옥돌은 산산조각 부서져도 그것은 여전히 보배이고 전단나무를 잘근잘근 잘려져도 그것은 여전히 향나무이다"고 말한다. 대령의 답변은 마치 흘러가는 물을 따라서 배를 띄우는 격이고 바람을 따라서 연을 날리는 모습처럼 자연스럽다. 이런 안목으로 보면 티끌과 먼지와 찌꺼기와 잡초 등이 모두 보배 아님이 없고, 담장과 자갈과 가시와 똥 닦은 휴지 등이 모두 보물 아님이 없다. 이에 고인은 다음과 같이 말했다.

똥과 거름이 수북하게 쌓여 있는 그곳이 곧 청정국토이고
칼과 창이 난무한 전쟁터에서도 무사태평하게 살아간다네
糞堆堆頭淸淨土
干戈叢裏太平年

곧 대령의 답변은 청정의 속성을 그대로 드러낸 표현이다. 애초부터 청정의 입장에서는 본래의 속성이 변할 수가 없다. 여기에서 그대로 완성되어 있다는 각자의 불성이고 자성이며 법성이고 심성이다. 때문에 일찍이 중국 선종의 제삼조 감지승찬(鑑智僧璨: ?~606)은 청정의 현성은 자신의 마음에 아무런 분별과 집착이 없으면 그대로 완전하다는 말로서 '미움과 사랑 내지 않으면 분명하게 확 트이게 된다'고 말했다. 옥돌과 전단목은 여전히 옥돌이고 여전히 전단목으로서 보석이고 향나무라는 것이 대령선사의 답변이다.

이와 같은 안목에 비치는 세상은 천·지(天·地)가 대등하고, 고·금(古·今)이 동일하며, 심·성(心·性)이 다름이 없고, 근·진(根·塵)이 순진(純眞)하다. 여기에서 대령이 말한 청정의 속성은 현실적으로는 평등에 통한다. 평등은 청정을 바탕으로 하고 청정은 평등을 작용으로 한다. 이리하여 청정과 평등이란 깨침의 표현으로서 무분별을 가리킨다.

제68칙
동안가풍(同安家風) – 가풍(家風) –

한 승이 동안도비 선사에게 물었다. "화상의 가풍은 무엇입니까."
동안이 말했다. "금닭이 병아리를 안고 높은 하늘로 돌아가는 모습
이고, 옥토끼가 잉태하여 멀리 자미궁에 들어가는 모습이나."
승이 물었다. "그렇다면 홀연히 손님이라도 찾아오면 어찌 대접하
는 겁니까."
동안이 말했다. "아침 일찌감치 원숭이가 과일을 따 가고 저녁 느
지막하게 봉황이 꽃을 물어온다."

舉 僧問同安丕禪師 如何是和尙家風 安云 金鷄抱子歸霄漢 玉免懷胎入
紫微 僧云 忽遇客來如何祇待 安云 金果早朝猿摘去 玉花晚後鳳銜來

동안도비(同安道丕)는 당나라 시대 운거도응(雲居道膺: ?~902)의 법
사로서 조동종 제3세이다. 강서성 홍주 출신으로 속성과 생몰 연대가
미상이다. 이후에 홍주 봉서산(鳳棲山) 동안원(同安院)에 주석하였다.

이 문답의 안목은 진여실상(眞如實相)의 경우 언어분별의 표현을 초
월하여 본래 법이연하게 존재한다는 도리를 파악하는 데에 있다. 때문
에 질문과 답변의 여하에 따라서 변화하거나 생멸하거나 증감하는 것
이 아니다. 그렇지만 부득불 언설을 통하여 일깨워 주고 이끌어 주며

표현하지 않으면 말짱 헛일이다. 때문에 도비는 승에게 몇 가지 비유를 통하여 답변한다. 여기에서 금닭과 옥토끼는 진여실상을 비유한다.

그 진여실상은 분별과 조작의 속성으로부터 아득히 멀리 떨어져 있다는 말을 높은 하늘과 먼 자미궁에 비유한다. 그것을 일상의 용어로 말하면 마치 고봉정상에서 머물고 있으면서 계곡바닥에서 밥을 먹는 꼴이다. 그러므로 온갖 비유를 통한 말끝에서 찾으려는 것일랑 그만두고 언구에서 추구하려고도 말아야 한다.

그러자 승은 다시 그 진여실상이 현실로부터 아득히 멀리에만 존재한다고 착각하여 "홀연히 손님이라도 찾아온다면 어찌 대접하는 겁니까"라고 묻는다. 손님은 법을 물으러 찾아오는 제자를 가리킨다. 이에 도비는 진여실상의 도리는 알고 모르는 것에 속하지 않기 때문에 "아침과 저녁 그리고 원숭이와 봉황을 비유하여 늘 일상의 삶에 고스란히 작용하고 있다"고 답변한다.

마치 운문문언이 말한 호떡처럼 일상의 행위이고 조주가 말한 끽다거와 같은 평소의 삶이다. 그러므로 질문과 답변만 따라서 어찌어찌하려고 한다면 그것이야말로 언설에 통하는 자도 죽고 구절에 막히는 자도 죽는 꼴이다. 비록 가르침의 방편으로 인하여 각각의 종지와 종풍과 그 형식은 천만 가지로 다양하더라도 모름지기 진여실상의 도리는 하나로 통하는 법이다. 때문에 일체처(一切處)·일체시(一切時)·일체사(一切事)에서 누구한테나 구비되어 있기 때문에 그대로 수용하면 되는 것이라고 일깨워준다.

때문에 『능가경』에서는 "부처님께서 말씀하신 핵심[佛語心]이 종지이고 무문(無門)이 법문(法門)이다"고 설했다. 『능엄경』에서는 "무릇 언설에는 모두 아무런 실의(實義)도 없다"고 설했다. 『반야경』에서는

"설할 만한 법이 없는 것을 설법이라 말한다"고 설했다.

결국 그렇다손 치더라도 선이 깨침을 지향하는 종교인 이상 그 깨침에 안주해 있어서는 안 된다. 깨침은 그 속성이 깨침에 갇혀 있지 않고 역사와 지역에 두루 통해 있는 보편성을 지니기 때문이다. 보편성이 없는 깨침은 자기에 대한 기만이고 자신감이 없는 자기에 대한 만족일 뿐이다. 그래서 깨침은 어디에나 두루 드러나 있고 언제나 작용하고 있다. 깨침은 현성공안(現成公案)이다. 공장에서 물건을 만들어 내는 것처럼 그 누가 창조해 내는 것이 아니다. 이미 그렇게 법이연(法爾然)하게 존재해 있다.

그것을 자각하고 자각하지 못하는 것은 각자의 몫이다. 그래서 깨침의 맛이란 몸과 마음으로 함께 온다. 누구에게나 전해지는 것이므로 어느 한 가지로 누구의 입맛에 맞게끔 규정할 수가 없다. 저절로 드러나 있는 것을 몸과 마음의 단련을 통해서 느낀다. 느껴진 것은 이미 자기에게로 전해진 것이다. 자기에게로 전해진 것은 더 이상 자기만의 것이 아니다. 이전에 자기에게 구속되어 있지 않았던 것처럼 말이다. 그래서 깨침은 평등하다. 일체중생실유불성(一切衆生悉有佛性)이듯이 일체중생실유공안(一切衆生悉有公案)이다. 모든 존재가 낱낱이 본래부터 깨침을 소유하고 있으면서 그것을 확인하는 과정이 깨침의 과정이다. 그것을 향유하는 것이 깨침의 작용이다. 깨침의 작용은 더 이상 수행의 굴레에 얽매여 있지 않다.

때문에 수행한다고 해서 깨침이 오는 것이 아니다. 수행하지 않는다고 해서 깨침이 사라지는 것이 아니다. 깨침은 수행(修行)과 불수행(不修行)에 관계치 않는다. 그것을 초월해 있다. 단지 인간이 인간의 감냥으로 수행합네 깨쳤네 하는 언설과 인식에 불과하다. 깨침의 초월은 다름 아닌 깨침의 언설과 그 인식을 초월해 있다.

제69칙
의경해의(依經解義) - 경교(經敎) -

한 승이 동안에게 물었다. "경문에 의거하여 뜻을 알아차리는 것은 삼세에 걸쳐 부처님과 원수가 되는 것입니다. 그렇다고 해서 경문을 벗어난다면 그것은 곧 마설이 되고 맙니다. 자, 그렇다면 이런 도리에서 어찌해야 하겠습니까."
동안이 말했다. "높은 봉우리가 아득하니 연무조차 가리지 못하고, 반달은 허공에 걸려 있어도 흰 구름과 구별된다네."

舉 僧問同安 依經解義三世佛冤 離經一字卽同魔說 此理如何 安云
孤峰迥秀不挂烟蘿 片月橫空白雲自異

이 문답의 안목은 선의 종지가 불립문자(不立文字)하고 교외별전(敎外別傳)임을 체험하는 것에 있다. 일반적으로 주지하는 바와 같이 선의 종지를 표현하는 언구에 불립문자(不立文字), 교외별전(敎外別傳), 직지인심(直指人心), 견성성불(見性成佛)이라는 표현이 있다. 이 4구 가운데 제1구와 제2구는 곧 무엇 무엇이 아니라는 부정적인 방식으로 간접적으로 선의 종지를 표현한 것이다. 그리고 제3구와 제4구는 곧 무엇 무엇이라는 긍정적인 방식으로 직접적으로 선의 종지를 나타낸 것이다.

말하자면 선의 종지는 단순하게 한마디로 드러낼 수 있는 것이 아니기 때문에 이러이러하다고 긍정과 부정의 방식을 모두 동원하여 표현함으로써 이것에도 걸리지 않고 저것에도 치우치지 않는 중도방식을 택한 것이다. 그만큼 선은 그 본질을 언설로 표현하지 못한다는 측면이 있는 반면 어떤 언설로도 표현할 수 있는 것이다. 따라서 선을 터득한 사람의 눈에는 삼라만상 일체가 선일 것이고 아직 터득하지 못한 사람의 눈에는 그 어느 것도 선일 수가 없을 것이다.

언설과 문자는 진리를 터득하고 전승하며 교류하는 데 반드시 필요한 도구이다. 그러나 언설과 문자를 잘못 다루면 영원히 그 굴레에 얽혀서 벗어나지 못한다. 반면 제대로 활용하면 그야말로 묘용(妙用)을 터득하여 자유자재하게 힘을 얻고 교화를 할 수가 있다. 때문에 『금강경』에서는 "이런 까닭에 여래는 항상 뗏목을 비유한 법문을 설한다. 곧 이 뗏목을 비유한 방편으로서의 법은 마땅히 버려야 한다. 그럼에도 불구하고 굳이 이 법에 의지하는 것은 그 법에 의지하여 지혜를 증득해야 하기 때문에 그 법은 버릴 수가 없다"고 말한다.

동안의 답변은 '이렇게도 할 수가 없고 저렇게도 할 수가 없다. 이래저래 모두 불가능하니 모래를 뒤져 금이나 찾아보는 것이 좋을 것이다'라는 것이다. 여기에서 금은 당장 눈앞에 나타나는 현실을 상징한다. 그러나 이 답변의 의도를 파악하지 못하고서는 마치 단지 입이 크다는 것만 알았지 혓바닥이 긴 줄은 꿈에도 모르는 것과 같은 꼴이다. 이것은 마치 어린아이의 울음을 달래 주기 위해서 노란 낙엽을 돈이라 하여 과자를 사먹으라고 말하는 것과 같다. 우선 질문한 승에 대하여 일시적이나마 아무런 말도 하지 못하게 묶어 둔다.

그런 연후에야 비로소 분별과 망상을 벗어나서 자유롭게 활동하는 구름과 물을 비유로 들어서 언설과 문자를 담고 있는 경전을 어떻게 접해야 하는가를 말해 준다. 곧 동안은 "높은 봉우리가 아득하니 연무조차 가리지 못하고, 반달은 허공에 걸려 있어도 흰 구름과 구별된다네"라는 시로써 화답한다. 높은 봉우리와 반달은 경전에서 들려주고자 하는 가르침이다. 그것은 세속의 연무나 흰 구름처럼 끊임없이 오고 가는 번뇌에 서여 있을지라도 언제나 그 봉우리이고 그 빈달이다. 이에 대하여 단하자순은 다음과 같은 게송으로 코멘트를 붙인다.

구름은 하늘에 높이 날고 물은 저멀리 흘러가니
하늘은 높고 바다는 넓은데 빈 배만 출렁거리네
깊은 밤에도 오랫동안 홀로 깨어 잠들지 않으니
세간 및 출세간 아득히 벗어나 중도에 머문다네
雲自高飛水自流
海天空闊漾虛舟
夜深不向蘆灣宿
迥出中間與兩頭

이 모습은 피차가 서로 간섭하지 않으면서 날고 흐르는 그 모습이 그대로 묘용임을 말한다. 이에 마치 순풍을 맞아 노를 잡을 필요도 없으니 푸른 바다서 달을 부르는 피리소리와 같다. 곧 떠도는 구름은 본래 무심하게 계곡에서 나와서 높이 날아올라 멀리 흐르면서 두루 모든 중생에게 법우를 적셔 주고, 흐르는 물은 아무런 분별심도 없이 파랑을 일으켜 높이 허공까지 치올라 중생을 저 언덕에 이르게 해 준다는 것이다. 이에 대하여 임천종륜은 다음과 같은 해설을 붙였다.

그 드넓은 바다 및 하늘이 빈 배를 멀리 띄워 주니
이로부터 화장세계에 들어가 세속 멀리 벗어난다네
배척해야 할 마설이라 해서 굳이 시름하지도 말고
친밀해야 할 불설에서 도리어 원수가 되지도 말라
긍정에도 또한 부정에도 모두 빠지지 않는 도리여
그 성품은 곧 본디부터 여태까지 여여한 자리였고
늘상 늘어나지도 않고 또 줄어들지도 않는 도리여
그와 같은 마음자리 본디부터 전혀 소멸되지 않네
대자대비의 반야용선 중생세계에 두둥실 띄워놓고
온갖 번뇌 씻겨주어 정토세계로 노 저어 인도하네
이미 가는 세월과 오는 세월을 초연히 벗어났으니
무슨 까닭에 독경하느라고 기나긴 밤 지새울 건가
차안과 피안에도 모두 머물다간 흔적 남기지 않고
안과 밖 그리고 중간에도 조그만 집착조차 없으니
여기 저기 아무런 제약이 없이 묘용을 터득한다네
이러할진댄 그 어디 머문들 어찌 도안이 미혹하랴
탐욕의 사나운 물결과 성냄의 치성한 불길 끊으려
방편으로 풀어놓고 또 맺은 말씀 너무나 방대하나
본디 고요하고 맑은 성품 애당초 물처럼 고요하네
그러나 설령 작은 티끌도 없이 맑고 청정할지라도
이미 천기를 누설한 과실 결코 벗어나지 못한다네
이에 본성에 미욱하게도 언설과 구절만 좇지 말고
마땅히 허망한 형상 버리고 진여법성 찾아야 하네
깨침을 터득하기 위해선 일구도 밖에서 찾지 말라
천산 만해 찾아다녀도 죄다 납승의 헛된 꿈이라네

제70칙
문제불사(問諸佛師) - 불조(佛祖) -

한 승이 신라의 운주선사에게 물었다. "제불의 스승은 누구입니까."
운주선사가 말했다. "문수가 제일이다."

擧 僧問新羅雲住禪師 如何是諸佛師 住云 文殊聳耳

　신라의 운주선사의 전기에 대해서는 알려진 바가 없다. 다만 그 법
맥은 동산양개－운거도응－운주로 전승되어 10세기 초에 형미(逈微),
이엄(利嚴), 여엄(麗嚴), 경유(慶猷), 혜(慧) 등과 더불어 신라 말기 및 고
려 초기에 중국의 조동선풍을 해동에 수용한 인물이다. 본 문답의 안
목은 지금·여기·이것·자기를 자각하는 것에 있다. 특히 언설과 개
념과 형상에 대한 분별을 떠나서 실제의 도리를 파악할 것이 요구된
다. 이와 같은 안목은 조사선의 기초이면서 일상이며 전부이다.

　때문에 늘[一切時]·누구나[一切人]·어디서나[一切處]·모든 상황
[一切事]에 깃들어 있고 작용하고 있는 줄을 자각하여 본연의 자신을
파악하는 것이 요구된다. 그것의 완성이 곧 제불이고 나아가서 제불
의 스승이다. 그런데 제불과 제불의 스승은 다름 아닌 바로 제불을

묻는 당사자이고 또한 제불에 대하여 답변하는 당사자이다. 이것이 곧 불불요기(佛佛要機)이고 조조기요(祖祖機要)로서 부처와 부처 그리고 조사와 조사들의 삶이다.

그런데도 불구하고 '제불의 스승은 누구입니까'라고 묻는 것은 제불에도 미혹하고 제불의 스승에도 미혹한 처사이다. 왜냐하면 제불의 속성은 명칭으로도 부를 수가 없고 형상으로도 드러낼 수가 없기 때문이다. 이미 제불과 제불의 스승에 대한 분별이다. 그러나 제불은 지금 그와 같이 묻고 또 물음에 대한 답변을 기다리는 마음 바로 그것임을 일러 준 것이 곧 운주의 '문수가 제일이다'는 답변이다. 부처와 그 스승에 대하여 감히 그 이름[名]으로 부를 수 없고 그 자(字)를 말할 수 없을지라도 이미 부처와 그 스승에 대하여 뭐라고 문답하는 그것이 제불이고 제불의 스승임을 일러 준 것이다.

가령 동그라미가 무엇이냐고 묻는 경우 그 동그라미라는 언어에 이미 동그라미라는 모습과 동그라미라는 인식이 형성되어 있다. 그렇지 않고서는 질문도 불가능하고 굳이 그것에 대하여 답변한다 해도 이해하지 못한다. 이것을 불향상(佛向上)이라 말한다. 이미 부처의 경지이면서도 그것을 초월해 있는 경우를 가리킨다.

어느 날 동산이 대중에게 말했다. "불향상(佛向上人)을 아는 사람이어야 바야흐로 설법을 할 수가 있는 법이다." 승이 물었다. "그와 같은 불향상의 도리를 터득한 사람은 도대체 누구입니까." 동산이 말했다. "불향상의 도리를 터득한 사람이라면 부처라 할 수가 없다."

이미 부처의 경지에 있는 사람이 부처의 경지를 초월하는 것은 곧 부처라는 경지에 머물러 있어서는 안 된다. 때문에 부처라는 경지 나아가서 불향상의 경지를 터득한 사람이라면 부처의 경지 내지 불향상의 경지를 초월한 사람이므로 더 이상 부처의 경지 내지 불향상의 도리에 얽매이지 않는다. 그럼에도 불구하고 그와 같은 경지 및 개념에 붙잡혀 있다면 감히 부처 내지 불향상인이라 말할 수 없다는 것이다. 여기에서 불향상인은 부처의 스승을 가리킨다. 그런데 '불향상의 도리를 터득한 사람이라면 부처라 할 수기 없다'는 말은 부처는 본디 불향상인이라는 말이다. 때문에 결국은 부처만이 불향상인일 수가 있다. 그러므로 제불과 제불의 스승은 동일하다. 제불을 제쳐 두고 제불의 스승은 없다. 이에 정작 중요한 것은 무엇이 방편인지 그리고 무엇이 실제인지 그 방편과 실제를 분별하는 지혜이다.

가령 네 사람 가운데 거북이를 두고 세 사람이 자라라고 우긴다면 나머지 한 사람은 그것을 거북이라고 해야 하는가 자라라고 해야 하는가. 자기의 의견을 관철시키기 위하여 거북이의 특징은 어떻고 자라의 특징은 어떻다고 말하면서 그 기준에 맞추어 보면 결국은 거북이라고 말해야 한다고 주장하면 어찌 되겠는가. 결론은 끝나지 않는다. 오히려 한 사람은 바보가 되고 만다. 이에 답변은 간명직절(簡明直截)하다. 거북이라든가 자라라든가 하는 논쟁으로부터 멀리 벗어나는 것이다. 그 제스처가 바로 운주선사가 답변한 문수이다. 문수는 다름 아닌 지혜의 상징으로서 과거칠불의 스승이다. 관념과 형상[名相]을 초월한 지혜로서 제불과 제불의 스승을 가름한 답변이다.

제71칙
고봉독숙(孤峰獨宿) – 전당(殿堂) –

한 승이 운거도간 선사에게 물었다. "외딴 고봉에서 홀로 머무는 심정은 어떻습니까."
운거가 말했다. "아홉 칸이나 되는 넓은 승당이 준비되어 있어도 눕는 사람이 없어 텅 비어 있거늘 그 누가 그대한테 고봉에서 홀로 머물도록 하겠는가."

擧 僧問雲居簡禪師 孤峰獨宿時如何 居云 九間僧堂裏不臥 誰敎儞孤峰獨宿

　운거도간(雲居道簡)은 소화선사(昭化禪師)라고도 불리는데 당나라 말기에 하북성 범양(范陽)에서 태어났다. 출가하여 강서성 남강(南康) 운거산에서 운거도응(雲居道膺)의 법을 잇고 운거산 제2세가 되었다. 본 문답의 안목은 뭐니 뭐니 해도 자신이 직접 체험할 것이 요구되는 것임을 알아차리는 데에 있다. 고봉은 깨침의 경험자가 머무는 살림살이이다. 그 고봉에 올라가서 머물러 보지 못한 승의 질문에 대한 운거도간의 답변은 언설로 말하자면 참으로 늦가을의 차가운 서릿발처럼 단호하고 뜻으로 말하자면 불을 보듯이 명쾌하고 단도직입적이다.

여기에는 더 이상 이러쿵저러쿵 미주알고주알 설명이 붙을 필요가
없다. 다만 그 자리에서 운거도간의 의향을 파악하는 것이 필요할 뿐
이다. 고봉은 깨침의 경험이고, 아홉 칸 승당은 깨침이 실현되는 바로
그 자리로서 모든 사람에게 제공되는 생활공간이다. 바로 질문자와
운거도간이 문답하는 그 상황이기도 하다.

그러나 질문자의 경우 질문한 내용이 자신의 경험이 없이는 도간
선사의 의향을 결코 파악하지 못한다. 기껏해야 그 그림자만 볼 뿐이
다. 그만큼 어떤 행위에 대한 체험은 달리 특별한 무엇이 되는 것이
아니다. 곧 본래의 자기가 현성하는 것이다. 일상의 모든 사사물물이
다 본래의 자기체험으로 다가온다. 그리하여 주변의 어느 것 하나 진
리의 현성 아님이 없다. 그래서 부단한 깨침의 체험으로 연속되어 간
다. 과거의 깨침의 체험과 미래의 깨침의 체험이 따로 없다. 지금 그
자리에서의 깨침이다. 깨침에 전후가 없다. 전일적인 입장이기 때문
에 미혹한 질문자의 입장과 고매한 깨침과 진리를 통한 각자(覺者)의
입장에서의 일상적인 깨침에 서로 구분이 없다.

여기에서는 돈오점수의 문제가 없다. 일체처에서 일체시에서 깨침이
현현하여 미오(迷悟)가 없고 범성(凡聖)이 없으므로 깨침의 횟수가 없다.
깨침은 일회성의 특수경험임과 동시에 그 이후의 생활경험에서 연속되
기 때문에 더욱더 묘용을 발휘해 나아간다. 이것이 바로 깨침의 일상성
이다. 이 도리는 펼친 즉 삼세에 두루 하여 부족함이 없다. 진시방세계가
그대로 하나의 눈이요, 진시방세계가 그대로 자기이며, 진시방세계가
그대로 광명이고, 진시방세계가 바로 해탈문이다. 이쯤 되고 보면 굳이
고봉정상에 이르지 않아도 자신의 경험이 고봉정상의 경지이다. 더 이
상 답변을 요구할 필요가 없고 답변을 들을 필요가 없다. 다만 답변이

필요한 경우라면 그것은 자신의 경험에 대한 확인이 필요할 뿐이다.

일체법은 종본 이래로 언설상(言說相)을 벗어나 있고 명자상(名字相)을 떠나 있으며 심연상(心緣相)을 벗어나 있다. 필경에 평등하여 변이(變異)가 없어 오직 일심(一心)뿐이다. 때문에 진여(眞如)라 말한다. 그러므로 수지(修持)를 말미암지 않고 본래 성취되어 있는데, 진진(塵塵)이 이미 그렇고 법법(法法)이 모두 그렇다. 그것이 수연의 경우에는 분명하여 변함이 없건만 이미 성사된 경우에는 체공(體空) 아님이 없다. 이와 같아야만 바야흐로 하루 종일 평상생활에서 도에 계합되고 도가 평상이 되어 세법과 불법이 모두 타성일편이 된다.

이에 하필 고봉독숙(孤峰獨宿)을 긍정하고 부정할 것이 따로 없다. 그러므로 미심쩍다고 의심하시 밀고 승당 안에서 두 다리 쭉 뻗고 편안히 잠을 자는 것이야말로 곧 집에 도달한 사람이다. 때문에 역대 불조께서 마음을 파악하라고 설한 것도 다만 낯선 거리에서 낯선 자를 마주칠까 봐 염려하는 것일 뿐이다. 그처럼 낯선 거리에서 낯선 자를 마주치는 당사자라면 설령 장안으로 통하는 길을 알려 주더라도 비실거리면서 똑바로 나아가지 못하고 사방을 헤매면서 선인(先人)의 길을 따라가지 못하고 오직 잘못된 길로만 갈 것이다. 이런 모습에 대하여 단하자순(丹霞子淳)은 다음과 같이 게송으로 말했다.

법이란 닦지 않아도 본래 완전하다네	法爾非修本十分
평소의 주고받는 것 분명한 진리건만	平常酬答最分明
부득불 깨침 설하지 않을 수 없는 건	雖然指出長安道
도 닦는 납자가 게으르기 때문이라네	無奈遊人不肯行

제72칙
문본래심(問本來心) – 심안(心眼) –

한 승이 호국수징 선사에게 물었다. "어떤 것이 본래심입니까."
호국이 말했다. "물소가 밝은 달빛을 받으니 뿔에 문양이 생겨나고
코끼리가 우렛소리에 놀라니 어금니에 꽃이 핀다."

擧 僧問護國澄禪師 如何是本來心 國云 犀因翫月紋生角 象被雷驚花
入牙

호국수징 선사는 당 말기에 태어나 오대 초기까지 살았던 조동종
의 선사로서 소산광인(疎山匡仁: 837~907)의 법사(法嗣)이다. 호북성
수주(隨州)의 호국원(護國院)에 주석하였고, 사호(賜号)는 정과대사(淨
果大師)이다.

수주 호국원의 수징선사가 상당하여 말했다.

[제방의 노숙들은 죄다 휘어진 주장자를 들고 평상에 올라서 설법
을 하면서 조사서래의(祖師西來意)를 묻는다. 그러나 그에 대하여 일
찍이 한 사람도 흡족한 답변을 한 사람이 없다. 그때 어떤 사람이 물
었다. "그렇다면 화상의 견해는 어떤 것인지 한 번 말씀해 주시기 바
랍니다." 수징이 말했다. "하북의 낙타가 우니 하남의 개가 짖는다."

승이 다시 물었다. "그러면 어떤 것이 본래심입니까." "그것은 과거심
도 없고 현재심도 없으며 미래심도 없고, 또한 이멸심(已滅心)도 없으
며, 또한 공적심(空寂心)도 없다. 그러므로 그대가 어디 한번 자세히
살펴보라. 일념을 일으키기도 전에 벌써 팔백 나유타 부처님을 친견
해 버렸고, 입을 열기도 전에 벌써 삼천대천세계만큼 틈이 벌어져 버
렸다. 때문에 이조는 불안심을 찾아보려고 했지만 불안심이란 본래부
터 어디에도 없다는 줄을 알았다고 말했다."}

때문에 호국선사는 본래심을 어떤 형상이나 개념을 통해서 찾아보
려거나 파악하려고 하면 어불성설이라고 답했던 것이 곧 "물소가 밝
은 달빛을 받으니 뿔에 문양이 생겨나고 코끼리가 우렛소리에 놀라
니 어금니에 꽃이 핀다"는 염롱(拈弄)이었다. 이것은 본래심에 집착하
여 그것이 무엇인지 찾으려는 것은 본래심으로부터 아예 상식을 벗
어난 모습으로서 끝내 불가능하다는 것을 말한 것이다. 때문에 고인
은 "한 줄기 차가운 바람에 천고의 의미가 분명히 드러나 있다. 그러
므로 말을 듣고서 찾으려고 하지 말고, 언구를 뒤져서 추구하려고도
말라"고 말했다.

면전에서 해댄 한 승의 질문에 대하여 곧바로 이와 같이 대꾸해 주
는 호국의 선기야말로 그것이 곧 본래심이기도 하고 본래심이 아니
기도 하다. 여기에서 본래심이라는 것은 지금 질문하고 있는 승의 바
로 그 마음을 가리키고, 본래심이 아니라는 것은 본래심이라고 파악
하는 것도 일종의 개념화된 마음으로서 정작 본래심이라 할 수가 없
다는 것이다. 그러니 안목이 있는 자라면 자세히 살펴보아야 한다. 호
국수징은 이미 자상한 가르침을 베풀어 주었다. 이에 질문한 승은 무
릇 온몸으로 그것을 고스란히 받아들이면 그만이다. 이와 같은 호국

수징의 본래심은 다름 아닌 진여불성의 도리였다. 진여불성의 도리에 대하여 일깨워 준 다음과 같은 일화가 있다.

수징선사가 일찍이 호남의 보자원(報慈院)에 있을 때였다. 어느 날 보자선사가 상당을 하자 연화선인(演化禪人)이 앞에 나서서 물었다. "진여불성이린 무엇입니까."

보자가 말했다. "진여불성에 대하여 누가 없다고 말하던가."

자리를 물러났을 때 그곳의 수좌가 연화에게 물었다. "그대는 아까 전에 질문한 내용에 대하여 말씀하신 화상의 답변이 무엇인지 알겠는가."

연화가 말했다. "저는 도통 모르겠습니다."

"그 말의 뜻은 진여불성이 사생육도(四生六道)에 두루 구족되어 있다는 말이다. 화상께서 이토록 자비롭게 가르쳐 주셨는데 그대는 어째서 모른다는 것인가."

연화가 말했다. "수좌스님께서 저한테 말씀해 주신 도리를 이제야 잘 알았습니다."

그 말에 대하여 호국선사가 꾸짖었다. "저 수좌는 자신의 안목도 없으면서 남의 안목까지 망치려는구나."

그리고는 연화선인을 불러서 물었다. "아까 전에 수좌가 뭐라고 말하던가."

"제가 당초에 모른다고 하자 수좌스님이 가르쳐 주었습니다."

그리고는 조금 전의 내용을 자세하게 말씀드렸다. 이에 호국선사가 말했다. "불법의 도리는 결코 그런 것이 아니다. 그러니 그대는 수좌의 말을 믿지 말고 당두화상인 보자선사에게 가서 다시 묻거라."

마침내 연화선인이 당두화상에게 가서 이전의 상황을 자세하게 말씀드렸다. 그러고는 인증(印證)해 줄 것을 청하자 보자선사가 말했다. "불법의 도리는 결코 그런 것이 아니다."

연화선인이 말했다. "아까 전에 호국선사께서도 그와 마찬가지로 수좌스님의 말에 대하여 인정하지 않았습니다. 수좌스님의 말에 대하여 인정하지 않은 것이 무슨 뜻인지 바라건대 자비로써 가르쳐 주시기 바랍니다."

보자선사가 말했다. "자, 돌아가서 호국선사에게 물어보거라."

이에 연화선인은 호국선사의 처소를 찾아가서 예배를 드리고 여쭈었다. "당두화상께서는 스님에게 물으라고 시켰습니다."

호국선사가 말했다. "그러면 어디 한번 나한테 물어보라."

연화선인이 물었다. "진여불성이란 무엇입니꺼."

호국선사가 말했다. "진여불성에 대하여 누가 있다고 말하던가."

그 말을 듣고는 연화선인이 마침내 깨우쳤다. 그러고는 여쭈었다. "이후에 스님께서 혹 대중살이를 하시건, 혹 주지를 하시건 간에 바라건대 종신토록 곁에서 제가 모시도록 해 주시기 바랍니다."

연화선인은 이후에 호국선사를 계승하여 호국원의 주지가 되었다.

제73칙
본래부모(本來父母) – 성방(省訪) –

한 승이 호국수징에게 물었다. "어떤 것이 본래의 부모입니까."
호국이 말했다. "머리가 희어지지 않는 것이다."
승이 물었다. "그러면 본래부모를 장차 어떻게 받들어 보셔야 합니까."
호국이 말했다. "은근히 모시되 쌀밥을 드리지 말고, 북당에 가서
는 친소를 두지 말라."

擧 僧問護國 如何是本來父母 國云 頭不白者 僧云 將何奉獻 國云
殷勤無米飯 堂前不問親

본 문답은 무분별하고 무공용한 진여자성의 도리를 실천하는 방법
에 대한 안목을 일깨워 주고 있다. 옛날에 어떤 비구니가 운암을 찾
아와 예배를 드렸다. 그러자 운암이 물었다. "그대의 부모는 지금 살
아계시는가."

비구니가 말했다. "예, 지금 살아계십니다."

"연세가 어찌 되시는가."

"예순 다섯이 되었습니다."

"그대의 본래부모에 대하여 묻는 것이지 부모의 연세를 묻는 것이
아님을 알겠는가."

"그렇게 말해서는 안 되는 겁니까."

"그렇게 답변하는 것은 삼척동자도 할 수가 있다."

본래부모는 불생불멸한 자성을 상징한다. 여기에서 부모가 중요한 것은 아니다. 부모는 십 년이 흘러도 부모이고 백 년이 흘러도 그대로 부모일 뿐이다. 부모라는 그 자체가 나이를 먹는 것은 아니다. 어디까지나 본래성에 대한 자각을 일깨워 주려는 비유이다. 때문에 자신의 본래부모에 대하여 알아차리려면 눈을 높이 들어 자세히 참구하고 쉼 없이 살펴야 한다. 그렇지 않으면 깨침이나 열반이나 진여 등의 개념에 파묻혀 일상의 매너리즘에 빠져서 결코 진척할 수가 없기 때문이다.

이에 대하여 호국은 "머리가 희어지지 않는 것이다"고 말했다. 곧 본래부모라는 섯은 영원히 늙지 않고 변히지 않는다는 것을 가리킨 말이다. 그런 도리에 대하여 질문한 승은 "그러면 본래부모를 장차 어떻게 받들어 보셔야 합니까"라고 묻는다. 본래부모를 터득하는 방법에 대하여 묻고 있다. 그러나 본래부모는 터득하려고 해서 터득되는 것이 아니다. 달리 터득하려고 노력하지 않는다고 해서 본래부모가 자기로부터 멀어지는 것도 아니다. 마치 보름달은 매월 한 차례씩 하늘에 떠오르는 것과 같다. 굳이 가르침을 통해서 들은 본래부모와 자기 속에 감추어져 있는 본래부모를 분별하지 말라는 것이다.

이에 대하여 호국은 "은근히 모시되 쌀밥을 드리지 말고, 북당에 가서는 친소를 두지 말라"고 말한다. 일상의 생활에서 평소처럼 자연스럽게 살아가는 것을 비유한 말이다. 쌀밥은 거친 밥에 상대되는 개념이고, 친소를 두는 것은 밤새 어찌 지내셨는지 그 안부를 묻는 행위로서 모두 부모님이 자신보다 나이가 드셨다는 분별심에서 나온 행위이다. 그러나 본래부모는 그와 같은 것으로부터 아득히 초월해 있는 본래청정한 평상심(平常心)이다. 이와 같은 모습에 대하여 임천 종륜은 다음과 같이 게송으로 말한다.

공겁 이전 때에는 몸뚱아리 조짐도 없었기에 空劫前時未兆身
명칭도 없고 모습도 없었긴만 양친에 의시했네 了無名相寄雙親
양육을 받지 않아도 현덕을 드러내는 것이므로 非從養育彰玄德
어찌 부모 은혜를 받아 본래진여에 계합하리오 豈假恩怜契本眞
인간계 세속의 번거로운 일일랑 멀리 접어두고 莫並乾坤聯世譜
부모와 형제의 도리까지도 다 인정을 벗어났네 休同考妣敍人倫
발심출가하여 수행으로 무생법인을 터득할진댄 他家久證無生忍
어째서 하필 구구하게 깨침의 인연을 묻겠는가 何必區區問正因

이와 같이 철저한 본래적인 입장에서 평상심이 그대로 노출된다. 곧 평상심은 애당초 번뇌에 물들지 않고 가장 완전한 자연을 닮은 행위이다. 때문에 그 평상심은 조작으로도 불가능하다. 그러면서 신분과 지위와 빈부귀천을 막론하고 누구나 완전하게 태어나면서부터 지니고 있는 고유한 성품이다. 그 본래심을 자각하지 못하는 것은 중생이다. 그것을 자각하여 자신의 것으로 활용하면 그가 다름 아닌 조사이고 부처이다.
　이런 입장에서 비로소 일체의 만물이 그대로 진리이고 해탈이며 전체적인 자기가 된다. 일체법이 모두 불법이고 제법은 곧 해탈이다. 해탈은 곧 진여이니 제법은 진여를 벗어나지 않는다. 행주좌와가 모두 부사의한 작용이므로 굳이 시절인연을 기다리지 않는다. 그래서 경전에서는 재재처처(在在處處) 사사건건(事事件件)이 모두 불이라고 말하는데 이것이야말로 바로 본래부모가 확인된 찰나이다.

제74칙
서래적의(西來的意) – 조교(祖敎) –

> 한 승이 하옥혜 선사에게 물었다. "달마조사께서 서쪽에서 오신 궁극적인 뜻은 무엇입니까."
> 하옥선사가 말했다. "예배하지 않고서 어느 세월을 기약하겠는가."
>
> 擧 僧問荷玉慧禪師 如何是西來的的意 玉云 不禮拜更待何時

하옥광혜(荷玉光慧, 荷玉匡慧)는 동산양개(洞山良价: 807~869)와 더불어 조동종풍을 드러낸 조산본적(曹山本寂: 840~901)의 법사로서 조동종의 종지를 계승한 선사이다. 본 문답은 어디까지나 수행과 깨침의 경험이 자신에게 달려 있음을 드러낸 것이다.

일찍이 석두희천(石頭希遷: 700~791)은 『참동계』에서 다음과 같이 말했다.

축토대선 곧 부처님의 마음은
동과 서로 은밀히 부촉되었다
사람의 근기 참 다양할지라도
깨침에는 남북의 돈점이 없다

불심의 도리는 조작과 분별 나아가서 납자의 근기와 종파와 가르침의 방식을 초월해 있음을 말한다. 본연의 자성에 대한 철저한 구명(究明)을 요구한다. 이에 대한 궁극적인 뜻은 본분사를 궁구하려는 사람에게는 굳이 두 번 다시 말할 필요가 없다. 질문한 승은 마치 하루 종일 열(10)만 헤아릴 뿐 2×5가 열(10)인 좋은 꿈에도 보르고 있는 것과 같다.

두두물물에 진리가 그렇게 천지간에 온전하게 드러나 있음에도 불구하고 알아차리지 못하는 것을 말한다. 때문에 그와 같은 완전한 도리를 제대로 자각할 것을 요구한다. '예배하지 않고서 어느 세월을 기약하겠는가'라는 것은 자신이 직접 달마에게 나아가서 그 가르침을 체험하지 않고서 어찌 달마가 서쪽에서 온 뜻을 알아차리겠는가 하는 것이다. 조사서래의(祖師西來意)는 선문답에서 가장 보편적으로 제기되는 질문이다. 달마조사가 서쪽에서 온 까닭이 무엇인가를 묻는 이 질문은 언설 이전이고 표현 이전이며 사유 이전이고 흐름 이전의 거시기를 가리킨다. 마치태양은 동쪽에서 뜨고 달은 서쪽으로 기운다는 것과 같다. 따라서 이것은 어떤 교학의 설명으로도 미치지 못하고 어떤 분별사식으로도 헤아리지 못하는 진여세계를 의미한다.

그러나 이 질문을 무작정 내버려 두어서도 안 된다. 수수께끼로 취급해서도 안 된다. 왜냐하면 스승의 안목으로 보자면 지금의 상황에 걸맞은 답변은 분명하기 때문이다. 그래서 때로는 답변이 필요하다. 이에 대하여 용아거둔(龍牙居遁)은 '도대체 조사서래의가 뭡니까'라는 질문에 '돌로 만든 거북이가 말을 하면 그때 그대에게 일러 주겠다'라고 말했는가 하면, 향림징원(香林澄遠)은 "오랫동안 앉아 있었다니 몸만 피곤했겠구나"라고 말했다. 전자는 분별심을 타파한 답변이었다. 후자는 지금 자신의 수행에 충실하라는 답변이었다.

향림의 경우 소위 달마대사가 소림사에서 9년 동안 면벽좌선한 내용을 들어 답변한 것이다. 그래서 얼핏 보면 달마는 어리석게도 허리만 아프게 내내 앉아 있었다고 비웃는 말투로 들리지도 모른다. 그러나 이것은 달마처럼 몸소 좌선수행을 통하지 않고는 결코 체험할 수 없다는 것을 상징적으로 표현한 것이다. 달마의 경우처럼 자신이 몸소 각자가 구비하고 있는 본래의 청정한 마음을 터득하지 않으면 안 된다는 도리를 말한 것이다.

여기에서 하옥은 마치 소가 남의 밭에 들어가서 키워 놓은 곡식을 함부로 뜯어먹지 못하도록 제어하는 것처럼 답변해 준다. "예배하지 않고서 어느 세월을 기약하겠는가"는 것은 조고각하(照顧脚下)할 것을 고구정녕하게 낯씻은 말이나. 조사서래의는 바로 올바른 생활의 습관에 고스란히 드러나 있다. 그것을 체험하는 것은 진정 사소하게 보일지라도 그 이상 무엇이 있을 수가 없다. 그렇다고 그렇게 쉬운 것만도 아니다.

대도는 사람이 물을 마셔 보고 나서야 차갑고 따뜻한지를 아는 그러한 행위적인 도리가 아니다. 또한 알고 모르는 것에 속하는 것이 아니다. 내가 태어나기 이전에도 해는 떴고 내가 죽은 이후에도 해는 뜨는 것과 마찬가지다. 다만 그런 줄을 알아차리는 것이 중요하다. 일체제불과 일체보살과 일체중생은 모두 타고난 힘에 의해서 스스로 일체법성의 대도를 밝힌다. 또한 경전과 선지식을 따라서 법성의 대도를 밝히는 것은 곧 자신의 법성의 대도를 밝히는 것이기도 하다. 생이지지(生而知之)하건 경전과 스승의 가르침을 통해서 터득하건 직접 자신이 예배를 하지 않으면 안 된다. 그 예배는 곧 체험이고 자각이다.

제75칙
아육가풍(阿育家風) - 가풍(家風) -

한 승이 아육왕사의 홍통선사에게 물었다. "화상의 가풍은 어떻습니까."
육왕 홍통 선사가 말했다. "재산을 다 털어 봐도 닷 푼도 채 되지
않는다."
승이 물었다. "그렇다면 너무나 빈한한 것 아닙니까."
육왕 홍통 선사가 말했다. "역대 조사들의 가풍이란 모름지기 이와 같았다."
승이 물었다. "그것 가지고 무엇을 할 수 있겠습니까."
육왕 홍통 선사가 말했다. "납자의 가풍이란 이처럼 검소해야 한다."

擧 僧問阿育通禪師 如何是和尙家風 育云 渾身不直五文錢 僧云 恁
麽則太貧寒生 育云 祖代如此 僧云 如何施設 育云 隨家豊儉

아육통(阿育通) 선사는 조산본적(曹山本寂: 840~901)의 제자 육왕홍통
(育王弘通) 선사이다. 여기의 문답은 의도적인 조작과 어설프게 흉내내
는 것으로는 결코 선을 맛볼 수도 없고, 오히려 시간낭비만 할 뿐이고
탐욕만 증장시키는 것임을 자각하는 데 있다. 질문한 승은 이미 그와
같은 소식을 조금은 알고 찾아온 듯하다. 때문에 홍통선사의 수행은
무엇인지 물음으로써 그 경지에 대하여 근대를 달아 보려는 심산이었
다. 그러나 홍통선사는 벌써 질문한 승의 머리 꼭대기에 앉아 있다.

때문에 승이 바라는 답변을 말해 주는 대신에 철저하게 허허실실

의 입장으로 응대해 주었다. '재산을 다 털어 보아도 닷 푼도 채 되지 않는다'는 것은 홍통선사 자신의 법력은 완전히 발가벗겨 보아도 아무런 보잘 것이 없는데 그대는 어떻게 홍통 자신의 법력을 상량하려는 것인가를 되묻고 있다. 참선납자의 본분에 해당하는 철저한 두타행을 비유한 것이다.

이런 점에서 납자는 가난할수록 더욱더 부유하다는 점을 암시한다. 마치 오랜 두타행으로 걸치고 있던 옷감이 덕지덕지 해져서 바람결에 흩어진 꼴과 같다. 바람에 흩날리는 옷감 부스러기를 간신히 주워서 어깨 위에다 걸치고 보니 그 어떤 사람의 비단보다 비교할 수 없이 훌륭한 옷인 줄을 알았다. 그 옛날 교진여는 닷 푼짜리 옷을 걸치고 수행하였고, 마하가섭은 가난한 마을만 찾아다니면서 그 마을에서 분소의를 수습하여 걸치고 두타행에 힘썼다. 이에 대하여 단하자순은 다음과 같이 게송으로 평가하였다.

조사들의 가풍이야말로 무일푼이었다네   祖代家風沒一文
청빈한 삶에다 끝내 다져진 두타행으로   淸貧終是更淸貧
착의끽반에 늘 검소하지 않음이 없으니   著衣喫飯隨豊儉
일체사에 납자가 가까이 할 습관이라네   物物頭頭用最親

여기에서 홍통의 답변은 대단히 솔직한 것이었다. 그와 같이 역대 조사들의 검소한 가풍을 썩 훌륭하게 계승했음을 답변해 준 것이다. 곧 자신에게는 질문한 승의 기대와 같은 조작 내지 공능을 수반한 생색내기는 아예 없다는 것을 재물에다 비유한 것이다. 닷 푼도 되지 않는다는 것은 승의 기대를 깡그리 짓밟아 버리는 말이다. 그러자 홍통의 답변에 승은 적잖이 당황하였다. 왜냐하면 승은 질문한 내용과 코드가 맞지 않게 되자 참으로 난감한 상황이었기 때문이다.

그러나 승은 꿋꿋하게 자신의 질문을 다시 들이민다. '그렇다면 너무나 빈한한 것 아닙니까'라는 것은 승의 경우도 이미 홍통의 답변이 상징하는 의미를 알아차리고 있으면서 힌 길음도 물러서지 않겠다는 듯이 여전히 재물의 입장으로 간주하여 '그와 같은 재물을 가지고는 어디 상좌 한 명이나 제대로 거느릴 수 있겠습니까' 하고 압박을 가한다. 홍통은 나름대로 무조작과 무공용의 입장에서 응대한다. '조사의 가풍이란 모름지기 이와 같아야 한다'는 것은 승이 제아무리 집요하게 물고 늘어진다 한들 홍통 자신은 여전히 홍통 자신의 길을 추구하면서 제자들에게 제시한다는 것이다. 그것이 소위 마음이 가난한 조사의 가풍임을 보여 주고 있다.

홍통이 말하는 조사의 가풍이란 무사한도인(無事閑道人)이고 청산을 타고 넘는 백운과 같은 무심한도인(無心閑道人)의 모습이다. 이런 즈음에는 곧 제아무리 부유하여 온갖 덕을 갖추고 있을지라도 몸이 편안한 것만큼 즐거운 것은 없고, 제아무리 홀가분하게 털어 버렸을지라도 무사한 것만큼 기쁜 것은 없다. 출가납자로서 선정을 닦는 데에는 게을러빠지고 편안하게 낮잠만 잔다고 한들 그런 줄을 알고 누리는 것만 못하다는 것을 보여 주고 있다. 이와 같은 조사의 한가로운 안빈낙도의 모습에 대하여 일찍이 향엄지한(香嚴智閑: ?~898)은 다음과 같이 노래하였다.

작년의 가난은 곧 가난이 아니었네	去年貧未是貧
금년의 가난이 곧 진정한 가난이네	今年貧始是貧
작년에는 송곳 꽂을 땅이 없었지만	去年無卓錐之地
금년엔 아예 꽂을 송곳조차 없다네	今年和錐也無

제76칙
사해안청(四海晏淸) - 대기(對機) -

한 승이 금봉종지 선사에게 물었다. "온 세계가 청안청락하다면 어떻게 되는 겁니까."
금봉이 말했다. "그대는 아식노 한삼 녈렸구나."

擧 僧問金峰志禪師 四海晏淸時如何 峰云 猶是堦下漢

금봉종지(金峰從志)는 생몰연대가 알려져 있지 않다. 조동종파 조산본적의 제자로서 강서성의 무주 금봉산 금봉보은원(金峰報恩院)에서 조동종의 종풍을 이었다. 현명대사(玄明大師) 또는 원광선사(圓廣禪師)라 불렸는데 『조산어록』을 편찬하기도 하였다.

본 문답은 두 가지 관점을 파악하지 않으면 안 된다. 먼저 법계는 애초부터 그대로 완전하다는 것을 자각하는 것이다. 다음은 완전한 법계를 어떻게 인식하여 자신의 삶에 투영시키느냐 하는 것이다. 이 두 가지에 대하여 예로부터 단적으로 "일심(一心)이 발생하지 않으면 만법에 번뇌가 없고 번뇌장과 소지장이 영원히 단절되어 모든 나라가 안녕하다"고 말하였다.

일찍이 한 승이 금봉에게 물었다. "금봉의 본래 주인은 누구입니까."
금봉이 말했다. "여기에서 전쟁터가 멀지 않으니 그대는 잠시도 지

체하지 말고 떠나거라.”

“어째서 제 질문에 대한 답변을 직접 말씀해 주지 않는 겁니까.”

“입이 반석처럼 무겁기 때문이다.”

그러자 승이 또 물었다. “천 봉우리 및 만 봉우리 가운데 과연 금봉은 어느 봉우리입니까.”

그러자 금봉이 승의 이마를 후려쳤다. 곧바로 분별하지 말 것을 보여 준 것이다. 그러자 승이 또 물었다.

“온 세계가 청안하다면 어떻게 되는 겁니까.”

금봉이 말했다. “그대는 다음과 같은 말을 듣지도 못했는가. 천자의 덕이 넘쳐 천하가 태평하면 황제의 이름을 언급하는데 꺼릴 필요가 없고 종횡무진하면 어딘들 풍류가 없겠는가. 그런 경우라면 황하가 맑아지는데 그치지 않고 온 나라가 태평하고 백성이 편안하여 주변의 모든 국가가 저절로 신하의 예를 취하게 된다.”

본디의 깨침을 자각하고 한가롭게 노니는 모습을 마치 요순시대의 함포고복(含哺鼓腹)하고 격양이가(擊壤而歌)하는 모습에 비유하고 있다. 이런 경지를 그저 아무것도 필요가 없다는 것쯤으로 간주한다면 착각이다. 그것은 오히려 무사(無事)하고 무심(無心)한 경지를 오해한 평실선(平實禪)에 불과하다. 진정 한가롭고 구속이 없는 자유인의 삶이란 철저하게 주체적인 삶이 아니어서는 안 된다. 그렇지 못하면 일생을 데면데면하고 빈둥빈둥하게 허송세월만 할 뿐이다.

이에 ‘온 세계가 청안청락(淸安淸樂)하다면 어떻게 되는 겁니까’라는 질문은 올바른 질문이 아니다. 적어도 여기의 문답에 부합되는 질문이라면 ‘온 세계는 청안청락합니다. 이런 상태에서는 어떻게 살아가야 하는 겁니까’라고 내용이어야 한다. 승은 아직 온 세계가 청안한 경지를 맛보지 못한 입장에서 묻고 있다. 온 세계가 이미 청안한 상태인데도 불구하고 그것을 자각하지 못하고 하는 질문은 괜스레 긁어 부스럼 만드는 꼴이고 평지에서 풍파를 일으키는 격이다.

이와 같은 승의 입장이라면 모자라도 아직 한참 모자란 경지이다. 그런데 하물며 그와 같은 것은 깡그리 무시하고 청안청락의 세계에서 자신이 어떻게 살아가야 하는가를 묻고 있다. 마치 아직 다리도 뒷다리도 나오지 않은 올챙이가 개구리 흉내를 내려는 모습이다. 더구나 승은 자신의 주제를 파악하지 못하고 있으면서 정작 금봉의 마음을 떠보려는 태도를 취하고 있다. 이에 금봉은 승을 딱하게 여겨 "그대는 아직도 한참 멀었구나"라고 한마디 쏘아 댄다. 이에 승이 자구을 반으면 다행이련만 핀잔으로만 간주한다면 두로 아미타불이다 아직도 한참 멀었다고 해서 금봉 자신의 경지와 다르다는 것을 보여주려는 것은 아니다. 다만 승이 분발하도록 권유하는 제스처에 불과하다. 마치 눈만 뜨면 집안 일이 바쁜데 어른들은 도통 일을 하려 들지 않는 것처럼 승 자신의 부족함을 돌아보지 않으려는 것을 지적하고 있다. 이런 모습을 단하자순은 다음과 같이 묘사하였다.

사해의 전쟁이 멎고 천하가 안정되니　　　　四海烟塵已晏然
황궁의 보름달은 높아 만백성 비추네　　　　當軒明月照人寒
제일가는 공훈은 승장의 몫이 아니라　　　　大功不賜將軍賞
군사 및 병기가 필요없는 세상이라네　　　　寶馬金槍頓懶觀

지극한 대도는 마치 무위의 경지와 같아야 하고 지극히 고요한 마음의 상태는 마치 온 우주에 비추지 않는 곳이 없는 태양의 광명과

같다는 것이다. 그러므로 승으로서는 전장에서 적을 무찌르고 공훈을
이루고도 이룬 것이 없는 경지인 금봉의 마음을 더욱더 헤아리기 어
렵다.

제77칙
비사량처(非思量處) – 대기(對機) –

한 승이 촉주서선 선사에게 물었다. "비사량처는 도대체 어떤 경지입니까."

서선이 말했다. "허공이 밤에 고개를 끄덕이는 모습을 누가 보았는가."

擧 僧問蜀州西禪禪師 如何是非思量處 禪云 誰見虛空夜點頭

본 문답은 진여심(眞如心)의 도리를 즉물적으로 터득해야 함을 강조하는 내용이다. 따라서 이와 같은 도리를 알아차리는 것조차 분별과 조작을 벗어난 무공용(無功用)의 입장으로 접근해야 함을 은근히 노출시켜 주는 서선선사의 안목을 꿰뚫어보아야 한다.

촉주서선(蜀州西禪)은 촉천서선(蜀川西禪)으로서 조산본적(曹山本寂: 840~901)의 문하인으로서 구체적인 전기는 전하지 않는다. 여기에서 승이 언급한 비사량처에 대해서는 일찍이 삼조승찬(?~606) 대사가 『신심명』에서 청정하고 평등한 진여법계의 세계를 지도(至道) 혹은 대도(大道)라는 말로 다음과 같이 표현하였다.

분별의 경지 초월해 있어	非思量處
분별사식으로 잴 수 없다	識情難測
바로 깨친 진여의 법계는	眞如法界
자타의 분별이 따로 없다	無他無自

비사량처라는 말의 뜻은 분별사식과 망상분별이 없는 사량의 경지로서 절사량(絕思量)·부사량(不思量)·무사량(無思量)·몰사량(沒思量)과는 달리 무분별의 정사량(正思量)에 통한다. 주로 비사량을 좌선체험을 통하여 몸소 실천하고 가르침으로 제시한 사람은 약산유엄(藥山惟儼: 745~828)이었다.

여기에서 질문한 승은 제 딴에는 비사량처라는 의미를 잘 알고 있다. 그러나 정작 비사량처의 작용에 대해서는 아직 경험하기 이전이다. 때문에 서선은 그 작용 내지 경지에 대하여 묻는 그 마음이야말로 비사량처에서 벗어나 있음을 지적하고 있다. 이로 말미암아 서선은 진여의 경내인 법계에는 분별심을 벗어나 있어 자타(自他)라는 분별이 없다는 도리를 비유를 들어 썩 훌륭하게 보여 준다.

곧 허공으로 하여금 밤에 고개를 끄덕여 주는 것으로 응대를 한다. 허공은 보편적인 도리이다. 깜깜한 밤은 분별이 없는 모습이다. 고개를 끄덕이는 것은 너와 나 모두에게 본래부터 비사량처의 도리인 대도의 작용 한가운데서 살아가고 있다는 것이다. 그럼에도 불구하고 이런 도리를 과연 그 승이 알고 있기나 하는가. 이와 같은 도리는 다만 저 서선선사가 그와 같이 말했을 뿐이지 하등의 변화가 없다. 그러므로 사량할 수 있는 경지와 사량할 수 없는 경지 그리고 분별사식으로 헤아릴 수 있는 경지와 헤아릴 수 없는 경지에 대하여 걸림 없는 안목을 갖추고 있는 자라면 어디 한번 간파해 보라는 것이다.

　만약 이와 같은 일구(一句)에서 분명하게 알아차린다면 반듯한 대나무를 지팡이로 삼고 신발을 동여매고서 한번 총림을 벗어나서 자신만의 세계에 들어갈 수가 있다. 그러므로 선상(禪床)에서 불자(拂子)를 꺾어 버리고 현묘한 도리를 궁구하려면 일체의 번거로운 반연의 심의식을 벗어난 곳에서 참구하고 범성의 길을 벗어난 곳에서 참학해야만 비로소 자연히 마음의 등불이 밝게 빛나고 지혜의 횃불이 밝게 빛나는 줄을 본다. 이리하여 만약 반본환원의 도리에 통달한다면 저절로 회광반조(回光返照)하게 된다는 것을 보여 주고 있다. 이럴진댄 어째서 하필 구구하게 서선에게 묻는 것에서 답변을 찾으려고 하겠는가. 이에 대하여 단하자순은 게송으로 다음과 같이 말한다.

본디 영명하면 감각은 아무래도 좋다	一點靈明六不收
진리가 분명한데 어찌 다시 의심하랴	昭然何用更凝眸
그 소식을 남들은 알아듣지 못하는데	箇中消息人難委
오직 허공만 밤중에 고개를 끄덕이네	獨有虛空暗點頭

　본래의 불성은 고금에 뻗쳐 있고 묘각의 진심은 흔적과 그림자도 없다. 때문에 비사량의 도리는 제아무리 백천삼매에 자재한들 깜빡하면 어그러지고 만다. 그러므로 이리저리 살피는 것으로 알려고 하는 분별을 그만두라는 것이다. 본래불성과 묘각진심을 부정하면 더욱더 혼침에 빠지고 만다. 그렇다고 무조건 긍정만 하면 사량의 분별에 빠지고 만다. 정녕 손바닥을 엎었다 뒤집었다 하는 것은 남에게 달려 있는 것이 아니다. 발을 들고 내딛는 것은 오직 자기에게 달려 있는 것이

다. 그러므로 무릇 좌선을 통하여 마음이 본래 영명한 줄을 알아차린
다면 자연히 만법이 모두 명백하여 오온이 공한 도리를 꿰뚫어볼 뿐만
아니라 시방의 허공이 문득 훤칠하게 드러난 줄을 통달하게 된다.

　그러나 이와 같이 본래불성과 묘각진심의 영명한 모습은 육근문의
분별을 동원해서는 도지히 십수할 수가 없다. 이미 그와 같이 늘 밝
고 밝기 때문에 다시 눈을 들어서 감각으로 자세히 응시할 필요가 없
다. 때문에 경전의 말을 빌리면 눈곱만치도 분별의 눈으로는 보지 말
아야 곧 여래이고 바야흐로 관자재라 말할 수가 있다. 그렇지 못하면
허공이 고개를 끄덕이는 도리를 보고도 그것을 알지 못한다. 마치 한
산(寒山)이 습득(拾得)을 만나서 박수 치면서 깔깔깔 웃는 것과 같은
꼴이다.

제78칙
백미쇄열(白眉曬熱) – 세시(歲時) –

한 승이 백미하 선사를 모시고 서 있자니 백미가 말을 건넸다. "오늘은 참으로 무더운 날씨가 아닌가."
승이 말했다. "예, 그렇습니다."
백미가 말했다. "이렇게 더울 때는 어디로 가면 시원하겠는가."
승이 말했다. "확탕 속과 노탄 속으로 들어가는 것처럼 이열치열하는 것이 제일 좋겠습니다."
백미가 말했다. "확탕 속과 노탄 속이라, 그것 참 좋지. 달리 또 어디가 좋겠는가."
승이 말했다. "그러면 대중이 싫어하여 찾아가지 않는 곳이 좋겠습니다."

擧 僧侍立白眉霞禪師次 眉云 可煞熱 僧云 是 眉云 祇如熱向甚麼處迴避 僧云 鑊湯爐炭裏迴避 眉云 鑊爐炭裏又作麼生迴避 僧云 衆苦不能到

백미하 선사는 조산혜하(曹山慧霞)로서 복건성 천주(泉州) 포전현(蒲田縣) 출신으로 강서성 무주 조산본적의 법사이다. 무주의 조산에 주석했기 때문에 중조산(中曹山)이라 불렸다. 동산양개와 조산본적이 완성한 『오위현결(五位顯訣)』을 편집하여 조동의 교의를 널리 현창하였다. 시호는 요오대사(了悟大師)이다.

한 승이 조산혜하 선사에게 물었다. "부처님께서 세상에 오신 경우와 오시기 이전의 경우는 다릅니까, 같습니까. 다르다면 무엇이 다른 것입니까.”

조산혜하가 말했다. “나는 부처님께서 세상에 오거나 말거나 상관하지 않는다네. 그러니 여기에 무슨 문제가 있겠는가.”

그와 같은 형이상학적이고 관념적인 물음은 그만두는 것이 좋다는 단적인 답변이다. 상관하지 않는 것이 아니라 이미 그와 같은 분별을 초월해 있음을 보여 준 것이다. 역시 백미의 선기가 엿보이는 대목이다.

그러면서도 평소에 백미선사는 자비심이 깊어 중생을 이롭게 하는 지중하였다. 이에 하루 종일 중생을 제도하느라고 어떤 상황에서든지 보살행을 실천하는 입전수수(入廛垂手)를 마다함이 없이 몸소 납자들의 안목을 틔워 주는 데 온갖 힘을 쏟았다. 바로 이런 상황에서 곁에 서 있던 승을 보고 물었다. “오늘은 참으로 무더운 날씨가 아닌가.” 곧 그대는 이렇게 더운 날씨인데도 불구하고 어째서 좀 쉬지 않고 내 곁에서 시중하느라고 고생을 하느냐고 물은 것이다. 자비심이 넘치는 백미다운 마음씀씀이다. 아울러 승에게도 날씨가 더운 줄을 그대도 똑바로 알아차리라는 일깨움으로 곧 조고각하(照顧脚下)하라는 가르침이다. 이것은 더운 날씨에는 더운 줄 알고 추운 날씨에는 추운 줄 아는 것을 본래면목의 작용에 비유한 것이다.

그러자 승은 차수하고 있던 손을 펼쳐서 무더위를 모두 자신의 품에 감싸 안으려는 태도를 보였다. 승은 이미 제법 선기가 익은 납자의 경우처럼 백미의 의도를 알아차리고는 이열치열하는 제스처를 취한 것이다. 그러자 백미는 짐짓 모른 체하고 묻는다. 아니, 그로부터 한 걸음 더 나아가야 한다는 의미에서 이렇게 더울 때는 더위를 다스리는 방법으로 좋은 것이 어디 있겠느냐는 뜻으로 ‘어디로 가면 시원하겠는가'라고 묻는다.

그 스승에 그 제자처럼 질문과 답변이 마치 축착합착(築著磕著)이다. 승은 조금도 머뭇거리지 않고 곧장 펄펄 기름이 끓고 있는 가마솥 내지 불꽃이 거세게 활활 타오르는 아궁이 속으로 몸소 들어가 보는 것이 좋다고 응수한다. 마치 독으로써 독을 다스리고 열로써 열을 다스리는 것이야말로 독과 열에 대한 본래의 무분별임을 보여 준다.

백미는 승의 답변에 대하여 지극히 당연하다는 듯이 다시 묻는다. 곧 누구나 다 알고 있는 그런 것을 벗어나서 그대 자신만의 답변을 해 보라는 것이다. 그러자 승은 약빠르게 '그러면 대중이 싫어하여 찾아가지 않는 곳이 좋겠습니다'고 응수한다. 비빔밥에 고추장과 같이 썩 잘 어울리는 모습이다. 대중이 싫어하여 찾아가지 않는 곳이란 수행하는 데 장애가 되는 탐욕과 불만과 게으름과 어리석음과 아만과 의심을 상징한다. 승은 그와 같은 번뇌로부터 제법 멀리 벗어나 있는 자신을 은근히 노출시키고 있다. 그것을 더위는 회피하는 것이 아니라 정면으로 느껴 보아야 한다는 것으로 표현하였다. 그럼으로써 무더운 날씨를 제대로 알아차릴 수 있음을 말한다.

승은 지금까지 이와 같은 방식으로 본래자기를 터득하는 수행을 해 왔는데 그것이 어떤가를 백미로부터 점검해 달라는 것이다. 그러자 백미는 그저 웃어 보일 뿐 침묵하였다. 승의 제스처에 고스란히 드러나 있음을 백미는 눈앞에서 직접 보고 있기 때문이다. 그래서 굳이 언설을 통해서 이러쿵저러쿵 응답하지 않는다. 이와 같은 백미의 태도가 늘 주변을 보살펴 주는 노파친절한 마음을 보여 준 것으로 두 눈썹을 아끼지 않는 것이었다면 승의 태도는 자신의 모든 것을 부모에게 맡겨 버리는 어린이와 같은 신뢰였다.

제79칙
투법신구(透法身句) – 법신(法身) –

한 승이 광덕연 선사에게 물었다. "법신조차 벗어난 일구는 어떤 것을 말하는 것입니까."
광덕이 말했다. "없는 기운에 산을 오르고 물을 건너고, 외딴집에 친구조차 끊기는 꼴이다."

擧 僧問廣德延禪師 如何是透法身句 德云 無力登山水 茆戶絶知音

만동산 광덕사의 연 선사의 법계는 동산양개 – 청림사건 – 광덕 의(義) – 광덕 연(延)으로 계승되었는데 자세한 기록은 전하지 않는다. 본 문답의 요체는 투탈법신의 묘용을 이해하는 데에 있다. 법신조차 초월한다는 투법신(透法身) 또는 투탈법신(透脫法身)은 법신의 무차별하고 무분별한 경계조차 얽매이지 않고 아득히 벗어나서 절대자유를 구가하는 모습을 가리킨다. 말하자면 승은 그와 같은 불향상사(佛向上事)에 대하여 묻고 있다. 마치 그물망을 벗어난 황금물고기처럼 자유로운 삶을 향유하는 한가한 도인의 소식과도 같다.

양주 만동산의 광덕연 선사와 관련된 문답이 있다. 광덕연 선사가 어느 날 몸이 편치 않았다. 이에 승이 물었다. "화상께서는 무슨 근심

거리라도 있는 것입니까."

광덕이 말했다. "나는 개인적인 것이 아니라면 아무것도 상관하지 않는다."

"그렇다면 화상께서 편치 않은 이유가 무엇인지 이미 알겠습니다."

"그러면 어디 한번 말해 보라. 노승의 근심거리가 무엇이더냐."

"화상께서는 말을 경우에 맞게 잘하는 것에 대해서도 핀잔을 주시는군요."

그러자 광덕연 선사가 승을 한 대 때려 주었다.

광덕이 한 대 때려 준 이유는 그와 같은 뛰어난 말주변으로도 법신 투탈의 경지와는 아득히 멀리 떨어져 있다는 것을 보인 것이다. 곧 법신의 무분별한 경지는 언어도단이라는 것이나, 마치 제아무리 좋은 약을 복용한다 해도 눈을 감지 않으면 눈병은 결코 고칠 수가 없는 경우와 같다. 여기에서 승이 물었던 법신조차 초월한다는 투법신에 대한 구절은 『신심명』의 다음 대목을 연상케 한다.

"법신은 태허와 같이 원만하고 끝이 없어서 모자람도 없고 남음도 없다. 그러나 취하고 버리는 분별심을 말미암은 까닭에 여여하지 못하다. 그러므로 세간의 인연도 따라가지 말고 출세간의 법에도 머물지도 말라. 이처럼 중도의 원리를 바로 지니면 모든 분별이 사라져 저절로 없어진다."

만약 눈곱만치라도 망정(妄情)이 남아 있어서 구애된다면 진리로 통하는 현관이 굳게 잠기고 쇠사슬처럼 꽁꽁 묶이고 만다. 그러니 어찌 자유롭게 노닐면서 수류득묘(隨流得妙)할 수 있겠는가를 표현한 말이다. 수류득묘란 바람이 부는 대로 흘러가면서도 양 언덕에 닿음도, 물속의 암초에 부딪침도 없이 자유자재하게 흘러가는 모습을 뜻한다.

곧 혼란한 가운데 들어 있으면서도 그에 휩쓸리지 않고 초월자재한 묘용을 발휘하는 것이다.

법신은 무위법(無爲法)의 차원으로서 온갖 분별과 집착으로부터 초연해 있다. 그런데 어찌 반드시 분별에 즉해야 법신의 원리가 되고[卽三而一] 법신의 원리에 즉해야 분별의 현상이 된다는[卽一而三] 경우처럼 분별[三]과 원리[一]를 따로 내세워서 접근할 필요가 있겠는가. 요컨대 질문하고 있는 승 그대 자체가 벌써 종횡(縱橫)으로 벗어나고 좌우(左右)에 걸림이 없는 그대로이다. 때문에 광덕은 "없는 기운에 산을 오르고 물을 건너고, 외딴집에 친구조차 끊기는 꼴이다"라고 말한다. 곧 굳이 아등바등하면서 높은 산에 오르고 깊은 물을 건너서 법신의 도리를 터득할 것이 없다는 것이다.

이에 적막한 산속의 외딴집에 친구 하나 찾지 않는 모습처럼 처연하고 호젓한 경지를 내보여 준다. 왜냐하면 만약 지음이라도 만난다면 곧바로 의기투합일 것이므로 투탈법신의 경지는 구태여 자신이 유력(有力)이나 무력(無力)을 분간하면서 산에 오르고 물을 건너며 캐고 줍고 묻고 따지면서 터득한 것이 아니라는 것이다. 외딴집에서 적막하게 봉창만 바라보고 있노라면 참으로 적적할 터인데 바로 그러한 경우에야말로 신통을 유희하고 묘용을 끝없이 부려 보는 시절이다. 이럴 즈음에는 비록 온갖 곳에서 자신을 마음대로 작용하더라도 그 어느 누구도 손도 대지 못한다.

또한 온갖 곳에 자신이 처해 있을진댄 그 누가 전신방하(全身放下)의 도리를 이해할 수가 없다. 다만 광덕이 말한 바처럼 없는 기운에 산을 오르고 물을 건너니 외딴집에는 친구조차 끊기는 꼴이란 투탈법신구라 해도 좋고 투탈법신구가 아니라고 해도 좋다. 투탈법신구에

대한 집착이 사라지는 그날이 되어 다시 찾아오거든 그때 그대한테
분명하게 다음과 같이 말해 주겠다는 심산이다. 대나무는 곧고 대추
나무는 휘었으며, 학은 희고 까마귀는 검으며, 물이 깊으면 배가 커지
고 진흙이 많으면 불상이 커진다.

제80칙
석문가풍(石門家風) – 가풍(家風) –

한 승이 석문헌온 선사에게 물었다. "화상의 가풍은 어떻습니까."
석문이 말했다. "온갖 반연을 벗어나서 홀로 천리마를 타고 노닐며,
만년 묵은 노송 아래서 금종을 두드리는 모습이다."

擧 僧問石門蘊禪師 如何是和尙家風 門云 物外獨騎千里象 萬年松下
擊金鐘

석문헌온(石門獻蘊, 大哥和尙) 오대의 사람으로 그 법계는 동산양개–
청림사건–석문헌온으로 협서성 경조(京兆) 출신이다. 남악의 난야에
서 주석하다가 호남성 담주로 옮겼다. 그것에서 초왕(楚王) 마(馬) 씨
와 인연이 깊었다. 호북성 양주에서 석문사를 개창하였다. 헌온은 늘
상대를 대할 때마다 '매우 좋구나. 대가(大哥, 큰형)여'라고 말하여 대
가화상(大哥和尙)이라 불렸다.

석문헌온은 자신의 가풍에 대한 질문에 대하여 "준마를 타고 높은
다락에 올라 쇠로 만든 채찍이 닳도록 오랑캐한테 길을 일러 준다"고
답하였고, 또 석문의 경계에 대한 질문에 "온 세상의 황금은 같은 색
인데 오가면서 노는 아이들이 그것을 찾지 못한다"고 답하였다. 이것

을 하루에 천 리를 걷는 코끼리와 은은한 소리가 누리에 진동하는 금종으로 바꾸어 표현하였다.

본 문답은 곧 코끼리와 금종의 공능을 통하여 일체 유위법의 갈등을 초월한 자재무애한 경계가 석문의 가풍임을 보여 준 내용으로 본래성불에 바탕을 둔 조사선의 전형적인 가풍이 엿보인다. '물외에서 홀로 타고 노니는 하루에 천리를 가는 코끼리'는 유위전변을 초월한 모습이고, '만년송 아래에서 금종을 친다'는 것은 구원의 생명으로 살아가는 모습을 상징한다.

청림은 애써 조작하지 않고 분별하지 않으며 기다리지 않고 들먹이지 않는 납자의 가풍을 보여 준다. 이에 헌온은 그와 같은 청림의 안목을 이해하고 은근히 나아갈 길을 보여 준 은혜에 감사를 드린다 다음의 일화에는 스승과 제자가 의기투합하는 모습이 잘 나타나 있다.

양주의 석문헌온 선사는 경조(京兆) 출신이다. 일찍이 청림(青林)을 참문하여 물었다. "어떻게 수행을 해야만 삼세제불과 어깨를 겨눌 수 있는 겁니까."

청림이 헌온의 얼굴을 빤히 올려다보면서 양구하고 말했다. "알겠는가."

"모르겠습니다."

"그만 물러나거라. 그대는 더 이상 애쓸 필요가 없다."

이에 헌온이 예배를 드리는 찰나 수행과 깨침이 다르지 않는 도리를 곧 깨쳤다. 이후로 다시는 다른 곳을 유행하지 않고 그곳에서 원두(園頭) 소임을 보았다.

더 이상 애쓰지 말라는 것은 집착과 분별을 내지 말라는 의미였다. 그만 물러가라는 것은 수행을 점검하는 시절인연을 은근히 노출시킨 것이다. 헌온은 그와 같은 청림의 친절한 의도를 이해하고는 감사의 뜻으로 예배를 드렸다. 예배를 드리고 예배를 받는 모습은 스승과 제자의 기연이 축착합착(築著磕著)하는 소식이다. 이제 헌온은 청림의 문하에서 보림하고 있다.

그런 차제에 하루는 밭에서 일을 하고 돌아와 청림을 시립하자 청림이 물었다. "그래, 오늘은 무엇을 했는가."

헌온이 말했다. "채소밭에 파종을 했습니다."

"온 우주법계가 불신(佛身)이거늘 그대는 어디에다 파종을 했다는 것인가."

"굳이 호미로 땅을 파고 파종하지 않아도 신령스런 싹은 어디에나 발생합니다."

청림이 매우 흡족해하였다. 다음 날 청림은 밭에 나가서 헌온사리를 불렀다.

헌온이 "예" 하고 청림 앞으로 달려가자 청림이 말했다. "갖가지 채소는 물론이고 게다가 여기에는 무영수(無影樹)까지 심어 두었구나. 이후에 후인들에게 시원한 그늘이 되게 잘 가꾸어라."

"이것이 무영수라면 어찌 애써 가꿀 필요가 있겠습니까."

"그러면 가꾸지 말고 그대로 내버려 둬라. 그런데 그대는 일찍이 무영수의 가지와 잎을 본 적이 있더냐."

"아닙니다. 본 적이 없습니다."

"본 적도 없다면 어찌 가꿀 필요가 없다는 줄을 아는가."

"본 적도 없었기 때문에 가꾸어 본 적도 없습니다."

"그래, 그렇구나. 그대는 참으로 제대로 공부를 했구나."

이것은 분별의 그림자를 남기지 않는 무영수는 청림이 헌온의 깨침을 단적으로 드러낸 표현이다. 무영수는 분별을 초월한 수류득묘(隨流得妙)의 풍모이다. 수류득묘는 바람이 부는 대로 흘러가면서도 양 언덕에 닿음도, 물속의 암초에 부딪침도 없이 자유자재하게 흘러가는 모습을 뜻한다. 곧 혼란한 가운데 들어 있으면서도 그에 휩쓸리지 않고 초월자재한 묘용을 발휘하는 것이다. 이제 헌온이 터득한 무영수를 잘 활용하여 널리 선풍을 펼치고 숱한 사람을 제접하라는 부탁이다.

그러나 헌온은 일찍이 무영수를 본 적도 없다는 말로 무영수에 대한 분별마저 초월했다고 말한다. 곧 향상일로(向上一路)의 삶을 살아가는 길에는 그림자는커녕 그 나무조차 없다는 것이다. 마치 총림의 삶에서 바릿대를 세척하여 정리하면 곧 잠깐의 휴식시간이 주어지는 것처럼 온갖 반연을 곧장 단제하고 온갖 공업을 잊으면 하늘가의 흰 구름처럼 마음대로 오고 가는 모습이다. 이것이야말로 청림과 헌온의 문답이 상응하고 의기가 투합되는 납승의 기품이다.

따라서 '화상의 가풍은 도대체 어떤 것이기에 알 수도 없고 보기도 어려운 것입니까'라고 묻는 질문에 헌온은 '온갖 반연을 벗어나서 홀로 천리마를 타고 노닐며, 만년 묵은 노송 아래서 금종을 두드리는 모습이다'고 답변한다. 천리마와 금종은 향상일로의 가풍을 상징한다. 향상일로는 부처의 경지에 도달하고서 다시 그 경지를 초월하는 작용이다. 구체적으로 말하면 '그대가 다만 일체시중(一切時中) 및 동지기거(動止起居)에서 올바른 안목만 갖추고 있으면 육근과 육진의 부림을 당하지 않고, 속(俗)에 즉해서 진(眞)을 구명하고 사(事)를 인하여 이(理)를 드러낼 줄 안다면 의로(意路)에서 쓸데없이 헤매지 않는다'는 것이다.

이로써 납자들의 시험대인 현관을 뛰어넘어 자성을 자각하는 헌헌

대장부가 된다. 때문에 그 승에게 헌온은 "온갖 반연을 벗어나서 홀
로 천리마를 타고 노닐며 만년 묵은 노송 아래서 금종을 두드리는 모
습이다"고 말한다. 이처럼 고구정녕하게 부촉하고 온갖 힘을 기울여
이끌어 주니 쓸데없이 다른 곳을 찾아다니면서 이리저리 헤매서는
안 된다는 것을 꼭 명심하라는 주문이다. 이에 단하자순은 천방지축
으로 헤매는 모습과 어떤 사려분별에도 흔들리지 않는 모습을 싸잡
아서 중의적(重義的)인 모습으로 다음과 같이 읊었다.

야명렴 밖에는 크고 밝고 둥근 달이요　　　　夜明簾外月朦朧
코끼리 타고서 몸을 날려 보종을 치네　　　　騎象翻身擊寶鐘
큰 종소리 높이 올라 삼계 벗어나지만　　　　洪韻上騰三界外
귀먹은 사람 여전히 낮잠만 자고 있네　　　　聾夫何事睡猶濃

　야명렴과 보종은 어떤 사려분별에도 흔들리지 않는 모습이고, 보
름달과 큰 종소리는 천방지축으로 헤매는 모습이다. 여전히 낮잠만
자고 있는 귀먹은 사람은 야명렴과 보종의 본체와 보름달과 큰 종소
리의 현상 그 어디에도 흔들리지 않는 불향상일로(佛向上一路)에 나아
가는 모습이다.
　후한의 명제가 광명전(光明殿)을 지었다. 구슬로 벽을 치장하고 금
과 옥으로 난간과 계단을 만들어 놓으니 그 화려한 구슬과 고운 옥빛
으로 주야에 어두운 적이 없었다. 비록 안개와 구름이 자욱한 날씨에
도 의연히 별빛과 달빛처럼 휘황찬란하였다. 그러나 그 빛을 자세히
들여다보려면 그것을 볼 수 있는 안목을 구비해야 한다. 찾아와서 질
문한 승이 이미 현묘한 도리를 궁구했다 할지라도 그것이 석문헌온

의 응연시설(應緣施設)을 벗어나지 못하였다는 것은 애써 들먹일 필요조차 없다.

가령 명문이 사해에 널리 퍼지고 명성은 구주에 가득 떨쳐서 몸이 물외에 벗어났다손 치더라도 그것은 한낱 사려분별에도 흔들리지 않는 측면의 모습일 뿐이다. 이에 속세에 교화의 손을 드리우며 큰 코끼리를 타고 건화문에 높이 올라 금종(金鐘)을 두드려 그 소리가 하늘의 경계를 벗어나고 높이 하늘에 올라 삼계를 뛰어넘고 맑은 소리가 시방에 골고루 울려야 비로소 천방지축으로 헤매는 모습이 보살도의 승화된다.

그런데도 불구하고 태어날 때부터 귀먹은 사람이 애써 보배종의 소리를 들으려고 하는 것은 괜스레 애반 쓰는 꼴이다. 친성적으로 귀먹은 사람은 무분별의 선자이다. 다만 아직 무자각의 상태일 뿐이다. 그러다가 만약 홀연히 마음으로 종소리를 듣고서 관음보살의 경지에 들어가면 보지 못하던 것을 보고 보현보살의 무궁한 작용이 터득된다. 이와 같이 깨쳐야만 비로소 거족하족(擧足下足)이 모두 조도(鳥道)와 다름이 없고, 좌와경행(坐臥經行)이 모두 현로(玄路) 아님이 없다.

산중의 노숙은 의연히 여기에 있었건만
오랫동안 책상의 능엄경 읽지 않았다네

제81칙
정중연화(淨衆蓮花) – 화과(花菓) –

한 승이 정중선사에게 물었다. "연꽃이 물 위에 피어나기 이전의 상황은 어떤 것입니까."
정중이 말했다. "연꽃 봉우리가 연못에 가득히 피어 있는 모습이다."
승이 물었다. "물 위에 피어난 이후의 상황은 어떤 것입니까."
정중이 말했다. "잎이 다 지더라도 나는 통 계절을 잊고 살아간다."

擧 僧問淨衆禪師 蓮花未出水時如何 衆云 菡萏滿池流 僧云 出水後
如何 衆云 葉落不知秋

　　정중선사는 정중귀진(淨衆歸眞) 선사이다. 그 법계는 약산유엄 – 선자덕성 – 협산선회 – 낙포원안 – 청봉전초 – 정중귀진인데　그　자세한 행적은 알려진 바가 없다. 본 문답의 안목은 납자의 경우 수행이 덜 익은 때나 수행이 완성되었을 때를 따지지 않고 어느 때나 어디에서나 어느 사람에게나 일체의 상황에서 분별심을 내지 말 것을 터득하는 데에 있다. 곧 방편에 대한 분별심을 제대로 파악할 줄 알아야 한다는 것이다. 그런 까닭에 수행에 대한 분별심과 깨침에 대한 분별심을 이해하지 못하면 열심히 어리석은 꼬락서니가 되어 버린다. 심히 고생만 했을 뿐 아무런 효과가 없다는 말이다.

마치 『참동계』의 '말을 얻었으면 종지 얻어야지, 말의 규범에 얽매이지 마라. 눈으로 보고도 도를 모른다면, 걸음이 어찌 목적지 알겠는가'라는 말이 형식에 구애받지 말라는 것과 같다. 곧 손가락에 집착하지 말고 달을 바라보라는 말처럼 접화수단에 집착하지 말라는 것이다. 그래서 임천종륜은 다음과 같이 말했다.

드러내고 숨는 것 길 달라도 끝내 그 바탕은 같다네
세세하고 면밀하게 살펴보고 정성스럽게 헤아리게나
벗어나려고 하면 더욱더 오히려 벗어날 기약이 없네
그대로 내버려두고 물에 들어가 줄기를 잡을 일이네

일찍이 한 승이 지문광조에게 물었다. "연꽃이 물 위에 피어나기 이전의 상황은 어떤 것입니까." 지문이 말했다. "그대로 연꽃일 뿐이다." 승이 물었다. "그러면 물 위에 피어난 이후의 상황은 어떤 것입니까." 지문이 말했다. "그때는 연잎일 뿐이지." 연꽃은 물속에 가라앉아 있어도 그리고 물 위에 올라와 있어도 여전히 연꽃이다. 그러나 그것을 바라보는 사람은 물속과 물 위를 분별하여 판단한다. 정작 연꽃은 그에 상관하지 않는다.

그래서 신령스러운 거북이는 모래 위에 자신이 기어 간 흔적을 조금도 남겨 두지 않는 법이다. 분별과 분별의 흔적마저 초월한 모습이다. 세간에서는 차갑고 따뜻함을 분별하여 보고 신분에는 높고 낮음이 있다. 그러나 명예와 분별을 아예 부리지 않는 사람은 저절로 어디에나 통하여 막힘이 없다. 이에 언설로 표현되는 경지는 진정한 경지가 아니고 무언의 경지야말로 진정으로 범부와 성인의 분별을 초월한 경지이다.

정중선사에게 물은 '연꽃이 물 위에 피어나기 이전의 상황은 어떤 것입니까'라는 말은 승 자신의 질문일 뿐이다. 궁금한 것은 자신이다. 정중선사가 굳이 답변해 주이야 할 의무가 없다. 구름은 하늘에 있고 물은 물병에 담겨 있는 꼴이다. 그럼에도 불구하고 정중은 '연꽃 봉우리가 연못에 가득한 모습이다'고 답한다. 연꽃이 피어나기 이전을 간주하여 하는 질문이라면 그것은 필연적으로 연꽃이 핀 이후를 생각하고 있는 것이다. 때문에 정중은 이미 그 승의 의도를 알아차리고 '이미 연꽃이 연못에 가득히 피어 있음을 보라'고 답변한다.

승이 연꽃이라는 말을 꺼내는 찰나 이미 연꽃이 피어 있는 것을 전제로 한 질문이기 때문에 승 그대 자신의 발밑을 돌아보라는 것이다. 그러나 승은 아직은 좀 덜 떨어진 상태였는지 부끄럼도 모르고 다시 '물 위에 피어난 이후의 상황은 어떤 것입니까'라고 묻는다. 답변해 주는 말에 대하여 내용을 간과하고 말의 형식에 얽매어 있다. 곧 『참동계』의 '말을 얻었으면 종지 얻어야지, 말의 규범에 얽매이지 마라'는 가르침을 통 모르고 있다.

그러자 정중은 그와 같은 분별심은 모두 내버려 두고 자신의 빛깔을 찾아서 자신의 모습으로 살아갈 것을 주문하여 '잎이 다 져도 통 계절을 잊고 산다'고 답변한다. 가을이 오는지 여름이 가는지 내 알 바가 아니다. 내가 관여하지 않아도 여전히 계절은 바뀌고 세월은 가며 나이를 먹고 밥을 먹으며 잠을 잔다. 마치 계절은 아무런 말도 없는데 가을이 되니 사람들이 시원하다고들 말하는 것과 같은 모습이다. 이것은 지문광조가 연꽃과 연잎을 가지고 연꽃이 피어나기 이전과 이후의 상황에 답변해 준 것과 마찬가지이다.

　연꽃과 연잎은 사실 같으면서 다르고 다르면서 같은 관계를 설정한 것이다. 연잎 없는 연꽃은 불가능하고 연꽃이 없는 연잎은 의미가 없다. 마치 등불 빛이 없는 등불은 의미가 없고 등불이 없이는 등불 빛이 불가능한 경우와 마찬가지이다. 질문에는 답변이 뒤따르고 답변에는 질문이 설정되어 있다. 물속과 물 위는 연꽃과 연잎처럼 그렇게 같은 듯 또 다른 듯 하지만 같지도 다르지도 않다. 곧 수행과 깨침의 관계야말로 같은 듯 다른 듯하면서도 수행은 여전히 수행이고 깨침은 여전히 깨침이라는 관계성을 파악하라는 것이다.

제82칙
동안이기(同安二機) – 대기(對機) –

한 승이 동안관지 선사한테 물었다. "하근기와 상근기의 사람이 모두 도달할 수 없는 도리에 대해서는 어떻게 가르침을 베푸시는 겁니까."
동안관지 선사가 말했다. "어긋난 도리는 결코 가르치지 않고 합당한 진리에 대해서는 반드시 가르쳐 준다네."

擧 僧問同安志禪師 二機不到處如何擧唱 安云 偏處不逢 玄中不失

홍주지방에서 활동한 동안관지(同安觀志)의 법맥은 동산양개(洞山良价: 807~869) – 운거도응(雲居道膺: 835~902) – 동안도비(同安道丕) – 동안관지(同安觀志)인데 그 자세한 전기는 전하지 않는다. 일찍이 스승이었던 동안도비 선사가 입적에 즈음하여 상당설법에서 대중한테 "다자탑의 터에서 석존과 마하가섭이 자리를 나누어 앉은 종지는 썩 훌륭하였다. 그렇지만 여기 우리의 선풍은 어떤가"라는 질문을 세 차례나 물었지만 아무도 답변하는 자가 없었다. 그러자 마침내 동안관지가 나서서 말했다. "야명렴의 그늘을 벗어나니 온 누리에 태평가 소리가 높습니다."

　　여기에서 야명렴(夜明簾)은 조동의 가풍을 계승한 동안도비의 선풍을 의미한다. 이에 도비가 말했다. "참으로 그대 같은 사람이 마침 여기에 있으니 다행이구나." 이로써 스승으로부터 법기를 인정받았다.

　　이후에 관지선사에게 어떤 승이 찾아와서 물었다. "너무나 모자라서 사람의 축에 끼지도 못하는 어리석은 사람으로부터 능력이 너무나 출중하여 하나를 들으면 열 가지를 알아차리는 사람에 이르기까지 그 어느 누구도 도달할 수 없는 성제제일의(聖諦第一義)의 가르침이 있다면 화상께서는 과연 그 도리를 사람들에게 어떻게 가르쳐 주실 겁니까." 승의 질문은 약간은 생뚱맞게 가야금으로 뜯어야 하는 곡조를 대금으로 연주할 수 있느냐를 묻고 있다. 말하자면 화상께서는 그와 같이 설법의 대상과 장소와 노리를 가리시 잃고 자유자재하게 설법할 수 있는 능력을 갖추고 있는가, 혹 그런 능력이 있다면 어디 한번 보여 달라는 것이다. 이와 같은 질문이라면 서로 간담상조(肝膽相照)하는 지음이 아니라면 결코 알 수가 없다. 일반적으로 정직한 질문에는 정직한 답변이 제격이다. 그러나 방외의 도리를 묻는 것에 대해서는 방외의 도리를 통하여 답변하는 것도 하나의 대응책이다.

　　그러나 관지는 너무나 자비로운 사람이다. 여전히 질문의 방식과 형식에 구애받지 않고 그대로 답변해 준다. 그대가 제아무리 머리를 굴려서 질문한다 해도 역시 부처님 손바닥에서 벗어나지 못하는 손오공과 마찬가지이다. 또한 그대한테 제아무리 훌륭한 가르침을 고스란히 가르쳐 준다 해도 그대는 사실을 왜곡해서 받아들일 것이다. 그러나 산승은 그와 같은 그대의 꼼수를 송두리째 파악하고 있다. 그래도 그대한테 답변으로 말해 줄 수 있는 것은 역시 가장 평범한 가르침이 가장 효과적이라는 것임을 일러 주는 것이다. 때문에 불법의 가

르침에서 조금이라도 어긋난 도리는 결코 가르치지 않고, 불법에 합
당한 진리에 대해서는 결코 침묵하지 않고 있는 그대로 정직하게 반
드시 가르쳐 주는 것이야말로 상근기와 하근기의 모든 사람이 의지
할 바이다.

일제의 질문과 납변은 마치 유구와 무구가 갈등처럼 서로 얽혀 있
는 모습과 같다. 만약 그 어느 한쪽이 어설프다면 다른 한쪽이라도
훌륭해야 한다. 양쪽이 모두 어설프면 머리에다 또 다른 머리를 얹어
놓은 것처럼 갈등만 조장되고 만다. 때문에 선문답에서 질문과 답변
가운데 선지식의 역할은 참으로 중요하다. 깨침의 안목으로 보면 돌
멩이와 일체의 대지가 황금이 되지만 어리석은 눈으로 보면 황금도
하찮은 돌멩이가 되고 만다. 따라서 선지식의 안목에는 어리석고 뛰
어난 근기가 따로 없다. 그것은 다만 질문하는 승의 분별에 불과하다.
그 분별을 초월하는 방식이 관지에게는 너무나도 정직한 분별의 모
습으로 구현되어 있다. 곧 어긋난 조리가 따로 없지만 어긋난 도리를
언급하고 합당한 도리가 따로 없지만 합당한 도리를 들먹인다.

이것은 궁극적으로 불법에 어긋난 도리 및 불법에 합당한 진리라
는 분별을 철저하게 부정한 곳에서야 비로소 불법 본래의 도리가 드
러난다는 것이다. 그 찰나 승은 자신의 무모한 법거량에 부끄러움을
느끼고 두 손을 들었다. 손바닥으로는 햇살을 막을 수 없고, 마른 모
래를 움켜쥘 수 없음을 알아차렸다. 천방지축으로 대서는 사람에게
때로는 너무나 정직한 방법이 약발을 발휘하기도 한다. 그러나 그 정
직이란 것조차 곧 질문한 승의 눈높이에 걸맞은 방편일 뿐이다.

제83칙
광덕언어(廣德言語) - 대기(對機) -

한 승이 광덕의 선사한테 물었다. "고인이 말한 '언설로 표현할 수
도 없고 시간으로도 잴 수가 없다'는 것은 무슨 도리입니까."
광덕이 말했다. "미륵보살이 열반한 지 벌써 몇 겁이나 지나 버렸
고 호명보살은 아직까지 가유성에 태어나지도 않았다."

擧 僧問廣德義禪師 古人云 言語道斷 非去來今 此理如何 德云 彌勒
涅槃知幾劫 護明猶未降迦維

본 문답은 석가모니의 보살행이 시공을 초월하여 누구에게나 적용
되는 것임을 터득하는 것에 안목이 있다. 광덕의 선사는 동산양개
(807~869) - 청림사건(?~904)의 법사이다. 호명보살은 석가모니가 아
직 성불하기 이전의 보살명호이다.

도솔천궁에서 가유라국에 내려와 부왕의 성을 따라서 석가라 하였
다. 때문에 석가모니의 고국은 가유성인데 곧 가유라위국(迦維羅衛國)
을 가리킨다. 달리 가비라파소도(迦毘羅婆蘇都), 가유라열(迦維羅閱), 가
유라월(迦維羅越), 가비라(迦毘羅), 가비라파(迦毘羅婆), 가비라파솔토(迦
比羅旛窣都), 가비라파솔도(迦毘羅旛窣都), 가이라(迦夷羅), 가유라위(迦

維羅衛), 가비라파수두(迦比羅婆修斗), 가수라위(迦隨羅衛), 가미라박사
다(迦尾囉縛娑多), 겁비라벌솔도(劫比羅伐窣堵)라고도 한다.

　문답에 인용된 문헌은 삼조승찬의 『신심명』으로 그 결구에 다음과
같은 말이 있다.

　　심신과 본심 다르지 않고
　　심신과 본심 둘이 아니다
　　언설로 표현할 수도 없고
　　시간으로도 잴 수가 없다

　승은 이 대목을 들어서 질문의 발단으로 삼고 있다. 광덕은 바로『신
심명』의 신심을 석가모니의 발심, 수행, 증득, 열반, 교화의 보살행을
가지고 답변을 설정하였다. 때문에 광덕은 언설로 표현하기도 어렵고
시간으로 헤아리기도 어려운 보살행의 속성에 대하여 승한테 초심을
저버리지 않도록 분명하게 일러 주고 있다.
　이와 같이『신심명』의 신심(信心) 곧 신(信)과 심(心)을 가지고 불퇴전의
보살행으로 간주한 것은 발심의 초심이 곧 열반의 최후심임을 보여 준
것이다. 때문에 비록 승의 질문은 광덕의 답변에 들어 있고 광덕의 답변은
승의 질문에 들어 있다손 치더라도 그것은 유의(有意)로 추구할 것도 아니고
무의(無意)로 터득할 것도 아니며, 언구로 찾거나 좇는 것도 모두 진종(眞宗)
에 어긋나고 말며, 현묘한 도리로 궁구하는 것도 묘취(妙趣)에 어긋나고
만다. 결국 질문에 대한 답변은 가장 근원적인 문제로부터 접근해야 한다.
광덕은 그 근원을 석가모니의 전생의 수행으로부터 끄집어내어 보여 준다.
　석가보살은 과거의 보살시절에 미륵보살과 더불어 같은 때에 발심

하였다. 그러나 석가보살은 인행시절에 살타왕자(薩埵王子)였는데 굶주린 호랑이에게 사신공양을 함으로써 미륵보다 11겁을 먼저 앞서갔다. 그리고 다시 설산에서는 6년 동안 고행을 함으로써 미륵보다 12겁을 앞서 갔다. 또한 연등불의 출세 시절에는 부처님께 머리카락을 진흙에 깔아서 보시함으로써 8겁을 앞서 갔다. 그리고 설산의 교족찬저사(翹足贊底沙)에 머물면서 화광삼매에 들어가 다시 9겁을 앞서 갔다. 이로써 석가보살은 미륵보살보다 40겁을 먼저 성불하였다. 광덕선사는 이와 같은 사실을 들어서 승의 질문에 답변하였다.

그러나 여기에서 광덕의 답변은 '미륵보살이 열반한 지 벌써 몇 겁이나 지나 버렸고 호명보살은 아직까지 가유성에 태어나지도 않았다'고 하여 석가보살과 미륵보살의 보살행과는 선혀 반내의 뜻으로 설정되어 있다. 이것은 곧 보살과 부처의 입장에서 보자면 소위 40겁을 먼저 깨쳤다는 것도 일종의 분별에 불과하다. 때문에 이것을 '언설로 표현할 수도 없고 시간으로도 잴 수가 없다'는 시공을 초월한 불보살의 깨침 경지에 대하여 적용하면 설령 미륵이 먼저 성불하고 석가가 나중에 성불했다고 하더라도 하등의 문제가 되지 않는다.

이에 불보살행은 빠르고 늦음이 문제가 아니라는 것을 『금강경』에서는 "여래는 온 바도 없고 또한 간 바도 없으므로 여래라 말한다"고 하였다. 승의 질문은 무한한 시간의 길이와 무한한 공간의 넓이에 얽매여 있다. 이에 대하여 질문에 충실한 답변을 하겠다고 시·공(時·空)의 영·원(永·遠)이라는 개념을 갖다 붙이면 질문한 승과 더불어 답변한 광덕선사도 마찬가지로 갈등을 부추기는 사구분별(四句分別)의 문답에 빠지고 만다. 때문에 광덕은 아예 처음부터 보살행의 초심을 들어 깔끔하게 분별의 늪으로부터 벗어나게 해 주었다.

제84칙
광덕구부(廣德久負) – 경선(鏡扇) –

한 승이 광덕한테 물었다. "오랫동안 만나지 못한 경우는 어떻습니까." 광덕이 말했다. "그런 경우라면 사립문이 열려 있어도 누구 하나 아는 사람을 만나지 못하고, 거리의 보배를 누구 하나 주워 가지 못한다."

擧 僧問廣德 久負不逢時如何 德云 扇開人不遇 陌巷莫能收

승의 질문은 곧 '오랫동안 본래의 청정한 자기 마음을 저버리고 살아온 까닭에 본래의 청정한 자기의 마음을 만나지 못한 경우는 현재 살아가는 생활의 형편이 어떻습니까' 하는 것이다. 이에 대한 답변은 곧 '그런 경우라면 본래의 청정한 마음을 일깨워 주고 그토록 간절하게 가르쳐 주어 본래심에 대한 사립문이 열려 있어도 누구 하나 아는 사람을 만나지 못한다. 그리고 한길에 무가보가 놓여 있어도 그 가치를 알아보는 사람이 없어 누구 하나 그것을 주워 가지 못한다'는 것이다. 이 문답은 본래심에 대한 회복을 일깨워 주는 방식의 다양한 모습을 말한 것이다.

때문에 어떻게 그와 같은 방법을 터득하느냐에 대한 방식이 후대에 간화선과 묵조선의 수행방식으로 출현되었다. 조사선의 기본적인 이념이기도 한 본래성불(本來成佛)의 도리를 이미 구비하고 있으면서도 현실적으로는 중생으로 살아가는 것으로부터 출발하는 수행방식이 간화선의 입장이라면 본래성불의 도리를 그대로 믿는 것으로부터 출발하는 수행방식이 묵조선의 입장이다. 때문에 양자의 경우 모두 궁극적인 목표가 깨침 내지 깨침의 실천이라는 점에서는 분명하다.

다만 그런 경지를 어떻게 진단하고 어떻게 그곳으로 이끌어 가며 어떤 살림살이를 내맡겨야 하는가는 선지식의 수완에 달려 있다. 광덕은 우선 본래의 모습에 대한 자각을 일깨워 주려는 답변으로 '누구에게나 사립문이 활짝 열려 있어도 누구 하나 아는 사람을 만나지 못하고, 누구에게나 공개되어 있는 보배를 활용하는 사람이 없다'고 진단한다. 아니 본래심의 구슬을 가두어 놓고 있는 사립문이란 아예 없고 보배의 주인이 없다고 말한다. 나아가서 자각과 미혹을 분별하지 않는다. 그와 같이 본래부터 법이(法爾)하다는 모습에 대하여 단하자순은 다음과 같이 노래하였다.

> 법신의 묘체가 당당하니 화신의 상호가 완전하고
> 높고 짙푸른 하늘에 홀로 금강 연꽃 밟고 오르네
> 넓고 화려한 연꽃잎에 앉아서 오로지 좌선하노니
> 옷은 해지고 모자는 구멍나서 맨속살이 드러나네

모든 중생이 갖추고 있다는 본래심은 뇌뇌낙락(磊磊落落)하고 외외당당(巍巍堂堂)하여 마치 부처님의 서른두 가지 대인상과 같아서 그로부터 일체의 만덕이 널리 드러나 있는 모습이다. 그렇다고 해서 이것은 그저 하루아침에 갑자기 이루어진 것이 아니다. 오랜 수행으로 말미암아 자신의 청정심을 자각하고 그것을 객관의 대상에 투영시켜 회광반조함으로써 가능한 처사이다. 법신의 묘체라는 것은 육안으로 보이는 것은 아닐지라도 부처님의 자비와 덕성으로 중생에게 가피하는 빕이다. 때문에 화신의 상호는 법신의 바탕과 덕성이 그대로 드러난 것임을 나타낸다. 이로써 태어나고 머무르며 입멸하는 세 가지 모습으로 살아가는 보살의 모습이야말로 석가모니여래께서 보여 주신 가르침이다.

그런데도 불구하고 그러한 줄을 까마득하게 모르고 살아가는 중생이야말로 진리의 사립문이 활짝 열려 있음에도 한길에 끊임없이 오고 가는 사람들을 한 사람도 만나지 못하는 신세이고, 비바람 맞고 있는 보배구슬을 아는 사람이 없는지 그대로 네거리에 방치되어 있는 모습이다. 대개 이와 같은 어리석음은 무시이래(無始以來)로 모든 사람에게 형성되어 있는 번뇌의 탓이지만 그 이면에는 여전히 순수하고 청정하며 맑고 깨끗한 본래성품을 지니지 않은 사람이 하나도 없다. 다만 오랫동안 그것을 등지고 다섯 가지 번뇌에 파묻혀 있어 신령스러운 무가보(無價寶)를 잊고 살아갈 뿐이다. 광덕은 승한테 그 무가보를 어느 세월에 누구로부터 어떻게 얼마만큼이나 터득하여 온전히 자신의 살림살이에 보태 활용할 것인가 하는 가르침을 보여 주었다.

그 무가보를 자유롭게 활용하는 모습이 곧 '높고 짙푸른 하늘에 홀로 금강 연꽃 밟고 오르네. 넓고 화려한 연꽃잎에 앉아서 오로지 좌선한다네'라는 뜻이다. 그러나 그것은 '옷은 해지고 모자는 구멍 나서 맨 속살이 드러나네'라는 말처럼 번뇌로부터 활달하게 벗어난 마음의 여유를 가리킨다. 그럼에도 불구하고 아직 본래심을 자각하지 못한 자의 경우 무가보주(無價寶珠)가 옷 속에 들어 있는데 빈궁하게 지내는 모습이 참으로 가련하다는 것이다. 그러다가 어느 날 아침에 문득 술에서 깨어난 후에야 비로소 자기의 본래심이 자신을 저버리지 않은 줄을 알았다면 그것이야말로 광덕이 바라던 바이다. 이런 상황에서 무가보를 지니고 있으면서도 다 닳아빠진 옷의 가치는 몇 푼이나 될까.

제85칙
광덕파랑(廣德波浪) – 주즙(舟楫) –

한 승이 광덕주 선사에게 물었다. "파랑 속에서는 어찌해야 묘행을 터득할 수 있는 겁니까."
광덕이 말했다. "노를 던져 버리고 그냥 가만히 있으면 벗어나는 법이다. 우왕좌왕하였다가는 끝끝내 물속에 가라앉고 만다."

擧 僧問廣德周禪師 波浪之中如何得妙 德云 橈棹不施兼底脫 往來終不借浮囊

광덕주는 동산양개(洞山良价) – 청림사건(青林師虔) – 광덕의(廣德義) – 광덕연(廣德延) – 광덕주(廣德周)로서 조동종의 제5대 조사인데 자세한 전기는 전하지 않는다. 마음의 근원은 까마득히 아득하고 성품의 바다는 고요하고 맑디맑다. 그런데 분별식지로 인하여 심하게 요동치는 까닭에 그 업풍에 의하여 표류하고 만다. 이에 육도사생의 중생들이 생사의 바다에 빠져서 벗어날 기약이 없다. 때문에 고인은 "어리석은 돛을 자꾸만 키워 가고 무명의 흐름을 자꾸만 따라가서 끝끝내 생사의 바다에 들어가고 만다"고 말했다.

바로 광덕주에게 질문한 승의 의도는 이와 같이 다급한 상황을 드러낸 것이다. 때문에 그에 대한 대비책으로 신통묘약을 광덕주한테서 찾아보고 싶은 것이다. 이에 광덕주의 처방을 따르자면 수행이란 그 것을 받아들이는 제자의 깜냥에 적절한 방편이 있어야 한다는 것이다. 그것이 곧 '젓고 있던 노를 과감하게 내던져 버리고 그냥 파랑의 흐름에 맡겨 두어 가만히 있어야 파랑의 소용돌이로부터 수월하게 벗어나는 법이다. 그렇지 않고 괜스레 우왕좌왕하였다가는 파랑을 한 치도 벗어나지 못하고 끝끝내 물속에 가라앉고 만다.'

광덕이 말한 이 말은 승의 질문에 대한 광덕의 답변일 뿐만 아니라 질문과는 상관없이 승에게 광덕이 꼭 설해 주고 싶은 법문이기도 하다. 그 이유는 승의 경우 어떤 문제를 해결해야 하겠다는 의욕이 넘친 나머지 잠시도 가만히 있지를 못한다. 이로써 수행을 주구하는 자신의 본분을 벗어나 까마득히 먼 곳에서 가르침을 찾으려고 한다. 이에 광덕은 승한테 묘용의 작용이란 본래의 자기를 한 치도 벗어난 적이 없을 뿐만 아니라 자기의 자신이 그대로 묘용임을 일깨워 주고 있다. 이것을 알아차리는 것이야말로 가장 먼저 터득해야 하는 것임을 일러 준다. 가령 동산양개의 다음과 같은 과수게(過水偈)가 파랑 속에서 묘용을 터득했던 좋은 일례이다.

남을 따라서 찾으려 하지 말라	切忌從他覓
점점 더 자신과 멀어지고 만다	迢迢與我疏
나는 이제 또 홀로 걸어가는데	我今獨自往
가는 곳마다 항상 그를 만난다	處處得逢渠
저것은 지금 바로 내가 되는데	渠今正是我
나는 지금 바로 그것이 아니네	我今不是渠

응당 다시 이와 같이 터득해야 　　　應須恁麼會

바야흐로 진여세계 계합하리라 　　　方得契如如

저절로 바람이 불어 돛을 밀어 대면 굳이 애써서 노를 저을 필요가 없다. 그런 경우에는 닐리리야 노래하며 달빛 받으면서 고향에 도달하기만 하면 그만이다. 그리고 모름지기 길을 가다가 물을 건너려면 뗏목이 필요한 법이다. 그런데 물을 건너가고 나서야 비로소 뗏목이 더 이상 필요가 없다는 것을 안다. 그러나 동산의 경우와 같을진댄 굳이 물을 건너는데 뗏목조차 필요하지 않고 순풍조차 번거로울 뿐이다. 그것은 물의 경우 자신이 건너야 할 대상이 아니라 자신의 마음 그것이기 때문이다. 자신의 본래마음이 그대로 신통묘용임을 자각한 결과이다. 만약 이와 같은 자각이 결여된 사람이라면 이제 수많은 언구를 동원하여 달마가 서쪽에서 왔던 이유를 밝혀내야 할 것이다. 광덕이 제시한 묘용이란 지금 이 자리에 현성된 일체의 작용은 극대(極大)로부터 극소(極小)에 이르는 역량을 유감없이 발휘하고 있음을 피력한 것으로 다음과 같이 노래할 수 있다.

넓고 넓으며 또 넘치고 넘쳐

가득하고 꽉 차 흔적 없다네

끝이 없으며 또 한계도 없어

얕지 않고 또 깊지도 않다네

이와 같은 자기의 근원을 파악하고 나면 그럼 이제 어떻게 건너야 하겠는가. 넓고 깊으며 얕고 깊은 것은 분별에 불과하다. 수영을 모르는 어린이한테는 개울물도 깊지만 돌고래한테는 태평양도 깊지 않다.

광덕은 승한테 딱 필요한 만큼만 답변해 주었다.

제86칙
운광작우(雲光作牛) – 우록(牛鹿) –

한 승이 석문혜철 선사에게 물었다. "운광법사가 소로 변신한 까닭은 무엇입니까."
석문이 말했다. "거리에 나서서는 금색 말을 타지 않고 돌아오는 길에는 해진 모시적삼을 걸친 모습이다."

擧 僧問石門徹禪師 雲光作牛意旨如何 門云 陋巷不騎金色馬 迴途却
著破襴衫

석문혜철은 동산양개 – 청림사건 – 석문온총 – 석문혜철의 법맥으로 조동종의 제4대 조사인데 자세한 전기는 전하지 않는다. 본 문답의 안목은 진정한 보살행을 이해하는 것이다. 보살행은 자리이타(自利利他)가 근본이다. 이것을 조사선의 실천과 결부하면 화광동진(和光同塵)이고 타니대수(拖泥帶水)이며 이류중행(異類中行)이고 횡신초리(橫身草履)이다.

이와 같이 보살도를 실천하는 사람이라면 누구나 일상의 행동거지가 무엇을 의미하는 것인가를 분명하게 알 것이다. 곧 세상과 사람들의 형질을 추구하기보다는 도리어 현상을 지리멸렬하게 만들어 애써서 일을 벌이는 보살행이야말로 정작 자신이 나아가야 할 길인 줄을 자각한다. 변역생사(變易生死)가 곧 그것이다. 이처럼 겉모습을 변장하면 사람들이 알아보지 못하지만 그 본체는 여전히 자신일 뿐이다. 그러므로 때로는 파주(把住)를 활용하고 때로는 방행(放行)을 활용하여 자유자재하게 방편을 구사하는 것이야말로 보살의 공능이다.

가령 보살이 강아지를 제도하려면 가장 효과적인 방법은 몸소 강아지로 환생하는 것이다. 그렇지만 본래의 진성에는 아무런 변역도 일어나지 않고 조금도 줄어들거나 늘어나는 것도 없다. 운광(雲光)이라는 이름은 그대로 구름이 갖가지 모습으로 변화하듯이 운광 자신이 이류중행하는 보살행을 상징한다. 때문에 운광은 단지 부지런히 움직이느라고 육신의 피로반 느낄 뿐이시반 그것도 꿈속의 징험처럼 잠에서 일어나면 말끔히 개운해지고 만다. 보살행은 오랜 세월에도 전혀 피곤과 권태를 느끼지 않는다. 마치 하늘가에 떠다니는 구름이 수시로 온갖 모습을 만들어 내지만 곧 흩어질 뿐 아무런 불평과 피곤과 내색과 자랑도 없는 바와 같다. 일체시, 일체처, 일체사에 대하여 모든 집착을 벗어난 마음으로 살아가기 때문이다.

여기에서 승은 운광법사를 '운광이라는 사람' 및 '구름의 모습'이라는 두 가지 의미로 질문을 던지고 있다. 구름의 모습에 대해서 말하면 승이 질문한 구름은 집착이 없는 보살도를 상징하고, 구름이 만들어 낸 소의 형상은 부지런히 노력하는 보살행을 상징한다. 여기에서 보살은 굳이 자신의 행위에 대하여 어떤 평가도 내리지 않는다. 다만 중생을 대할 때마다 아무런 분별이 없이 그렇게 응수하고 이끌어 줄 뿐이다.

보살이 일체중생을 무여열반에 이르게 해 주었지만 실로 열반을 터득한 중생은 아무도 없다는 『금강경』의 말씀이다. 왜냐하면 일체중생에게는 보살과 마찬가지로 본래부터 지니고 있는 불성이 마치 밝은 보름달이 맑은 허공에 휘영청 떠 있는 모습과 같다. 때문에 구름에 가리어 있을 경우에는 달빛이 보이지 않지만 언젠가는 구름을 벗어나 밝게 온 누리를 비추어 준다. 그런 과정에서 때로는 허공에 밝은 모습으로 나타나 세상을 널리 비추어 주기도 하고, 밝은 빛을 내어 길 가는 사람들을 안내하기도 하며, 뱃길의 등대 역할을 하기도 한다.

그러나 운광이라는 사람에 대해서 말하자면 일찍이 다음과 같은 이야기가 있다. 운광법사는 세속을 초월한 도인으로서 평소에 자기의 마음이 내키는 대로 살아가면서 계율조차도 번거롭다고 간주하여 구태여 지킬 필요성을 느끼지 못했다. 이에 지공(誌公)대사가 핀잔을 주는 시늉으로 물었다. "그렇게 막행막식을 하면서 살아갈 것 같으면 도대체 출가는 뭣 때문에 한 것인가." 운광이 말했다. "나는 재계(齋戒)하지 않는 것으로써 재계하고 음식을 먹는 것으로써 먹지 않는다네." 곧 온갖 번거로운 인연으로부터 초월해 있으면서 일체를 속이지 않고 자기의 성정에 맞게 살아가는 한가한 도인의 풍모를 보여 주고 있다. 이에 지공대사는 흔쾌하게 미소를 지으면서 그럼 그렇지 하고 더 이상 대꾸를 하지 않았다.

어느 날 운광법사는 신통력을 발휘하여 크고 누런 황소로 변신하여 진흙 속에서 끙끙거리면서 수레를 끌고 있었다. 그러고는 지공을 불러서 수레를 밀어 달라고 부탁하였다. 지공이 그를 보고 말했다. "운광법사여" 그러자 황소가 번쩍 머리를 치켜들었다. 이에 지공이 말했다. "그대는 어째서 수레를 끄는 것이야말로 곧 수레를 끄는 것이 아니라고 말하지 않는가." 그러자 그 소는 눈물을 떨구고는 크게 울더니만 그만 냅다 도망가 버렸다. 운광법사는 평소에 『법화경』을 즐겨 강독하는 사람으로서 변신술에 뛰어났기 때문에 갖가지 모습으로 변하여 사람들을 웃기기도 하고 일깨워 주기도 하며 중생과 더불어 보살행을 실천했던 인물이다.

제87칙
태원수가(太原數家) – 재죽(齋粥) –

한 승이 태원은 선사에게 물었다. "여러 시주들이 동시에 초청을 하셨는데 화상께서는 어느 집에 왕림하실 겁니까."
태원선사가 말했다. "달빛은 모든 강물에 다 비추는 법이라네. 그러니 나도 모든 집에 빠짐없이 다녀와야지 어느 한 집인들 지나쳐서야 되겠는가."

擧 僧問太原隱禪師 數家檀越請 未審赴誰家 原云 月印千江水 門門
盡有僧

본 문답의 안목은 불법의 도리가 보편하다는 것을 깨우치는 것에 있다. 가령 일체중생 실유불성(一切衆生 悉有佛性)의 경우 그 뜻은 기본적으로 세 가지로 해석된다.

첫째는 불(佛)의 지혜가 유정들 가운데에 작용하고 있기 때문에 여래법신이 편만하다는 것이다. 둘째는 본성으로서 무구(無垢)인 저 진여가 불이평등하기 때문에 여래진여가 무차별하다는 것이다. 셋째는 불(佛)의 종성에는 그 과(果) 곧 불(佛)이 가설되어 있기 때문에 일체중생에게 여래종성이 존재한다는 것이다.

이와 같은 도리이기 때문에 일사(一事)·일물(一物)·일시(一時)·일처(一處)·일인(一人)의 어느 것 한 가지도 소홀히 간주되는 것이란 있을 수가 없다. 만법이 그대로 불법이고 깨침이며 자기라는 것을 터득해야 함을 말한다.

그래서 본 문답에서 말하고 있는 것처럼 기왕 여러 집에서 모두 세 차례나 초청을 받았는데 어찌 한 군데만 골라서 갈 필요가 있겠는가. 초청을 받은 것은 세 차례이지만 세 집에서 세 사람이 초청을 한 까닭에 받은 횟수마다 온전한 초청이다. 때문에 세 차례는 그대로 세 번 왕래해야 함을 제대로 이해하는 것이 중요하다. 첫째는 첫째이므로 중요하고, 둘째는 둘째대로 중요하며, 셋째는 셋째대로 중요하다. 어느 것 하나 소홀히 여길 만한 것은 없다. 곧 분별을 초월하는 것이야말로 진정한 불법의 실천이기 때문이다. 때문에 태원은 '달빛은 모든 강물에 다 비추는 법이라네. 그러니 나도 모든 집에 빠짐없이 다녀와야지 어느 한 집인들 지나쳐서야 되겠는가'라고 답한다. 처음도 좋고 중간도 좋고 끝도 좋다. 왜냐하면 모두 영원한 현재로 간주되기 때문이다. 굳이 시간과 행위를 분절하여 대응한다면 영원한 중생의 견해에 머무르고 만다.

이에 『금강경』에서는 과거심도 없고 현재심도 없으며 미래심도 없다고 말한다. 과거와 현재와 미래가 없다는 것이 아니라 시간에 대하여 그렇게 분절하여 보지 말라는 것이다. 과거는 현재의 과거이고 미래는 현재의 미래이며 현재는 현재 그대로일 뿐이다. 저 빈두로존자는 사천하에 두루 나아가서 공양을 받았지 몇 군데만으로 그치지 않았다. 늘 현재진행형으로 살아가는 모습이다.

여기에서 질문한 승은 자기의 깜냥에 국한되어 널리 통응하지 못하고 있다. 올챙이가 물속의 올챙이 차원에 머물러 있는 꼴이다. 그런 마음으로는 어느 집도 방문할 수가 없다. 만약 태원이 모든 집에 다녀오겠다는 답변이 아니었더라면 지금도 여전히 어느 집엘 들러야 할지를 분간하지 못하고 있었을 것이다. 그러나 태원의 답변을 이해하여 정량(情量)을 초월하고 언전(言詮)을 벗어나 있다면 홀연히 어묵동정(語默動靜), 견문각지(見聞覺知), 행주좌와(行住坐臥)의 모든 위의에 걸림 없이 자유로운 걸음을 누렸을 것이다. 이런 까닭에 삼조승찬 대사는 다음과 같이 말했다.

지극한 도는 어렵지 않다	至道無難
간택을 멀리 해야 한다네	唯嫌揀擇
미움과 사랑 내지 않으면	但莫憎愛
분명하게 확 트이게 된다	洞然明白

일찍이 순노부(舜老夫)가 처음에 동산에서 내려와 무창에서 걸식을 하였다. 어느 거사의 집에 도착하였는데 거사는 교양이 높아서 그 지역 사람들로부터 존경을 받고 있는 사람이었다. 거사의 마음은 자유자재하여 그 어느 누구도 따르지 못할 정도였다. 순노부는 나이가 어려서 아직 경험이 없었던 탓인지 걸상의 예법이 영 서투르자 거사가 말했다. "이 늙은이에게 한마디가 있는데 그것을 스님께 여쭈어도 되겠습니까. 다행스럽게도 스님께서 이해하신다면 설명을 부탁드리고, 만약 이해가 안 된다면 스님이 주석했던 신풍으로 다시 돌아가 주시겠습니까."

질문은 곧 다음과 같은 것이었다. "고경(古鏡)이 다 마멸되었을 경우에는 어떤 모습입니까."

"천지를 두루 비춥니다."

"고경이 다 마멸되지 않을 경우에는 어떤 모습입니까."

"흑칠과 같이 깜깜할 뿐입니다."

거사가 말했다. "스님께서는 산으로 들어가시는 것이 좋을 것입니다."

말하자면 산에 다시 가서 도나 더 닦아 보시기 바란다는 것이다. 순노부가 곧장 동산으로 돌아가서 총선사에게 자신의 경험을 말씀드렸다. 그러고는 물었다. "고경이 다 마멸되지 않을 경우에는 어떤 모습입니까."

총선사가 말했다. "여기에서 한양까지의 거리가 멀지 않다."

"고경이 다 마멸되었을 경우에는 어떤 모습입니까."

총선사가 말했다. "황학루 앞의 앵무주로다."

곧 고경의 유·무 내지 마멸·미마멸과 상관없이 앵무주와 한양은 각각 먼 곳은 그대로 멀고 가까운 곳은 그대로 가깝다는 의미이다. 애초부터 멀고 가까움은 딱히 정해져 있지 않다. 다만 출발점이 어디인가에 따라서 멀기도 하고 가깝기도 하다. 마찬가지로 고경은 원래 그대로 고경일 뿐이지만 거기에 먼지가 묻었는가 아니면 고경이 망가졌는가에 따라서 만물을 비추기도 하고 비추지 못하기도 한다. 태원선사가 답변한 달빛은 우리네 본디의 불성을 상징한다. 천 년 이전에도 그리고 만 년 이후에도 나아가서 지금의 현재에도 여전히 불성 그대로이다.

제88칙
양산일용(梁山日用) – 대기(對機) –

한 승이 양산연관 선사에게 물었다. "화상의 일상생활은 어떻습니까." 양산이 말했다. "벽옥에 흠집이 있으니 유리(琉璃)의 빛깔이 혼탁해 보이고, 두 눈에 먼지가 들어가니 보이는 것이라곤 온통 모래사막 뿐이라네."

擧 僧問梁山觀禪師 如何是日用事 山云 碧玉點破琉璃色 滿目紅塵不見沙

양산연관(梁山緣觀)의 법맥은 동산양개(洞山良价: 807~869) – 운거도응(雲居道膺: 835~902) – 동안도비(同安道丕) – 동안관지(同安觀志) – 양산연관(梁山緣觀)으로 계승되었다. 본 문답에서는 선에서 가장 기본적인 삶의 모습을 파악하는 것에 있다. 그것은 곧 자신에 의한 삶으로서 자신답게 살아가는 것이다. 이럴까 저럴까 하는 까까인생이 아니라 이렇게도 하고 저렇게도 하는 주체적인 삶이다. 양산연관은 여기에서 그와 같은 주인공을 벽옥과 두 눈에 비유하고 있다. 벽옥과 두 눈은 본래적인 모습을 설정한 것으로 그 누구한테도 어떤 때에도 어느 곳에서도 어떤 상황에서도 분명하게 현성되어 있는 주인공에 해당한다.

밥 먹고 국을 마시며 물을 긷고 나무를 하는 것이 모두 자신의 일상사 아님이 없고 상식에 벗어나는 것이 없다. 어느 사람이 혜충국사에게 물었다. "화상께서는 백애산에 주석하시면서 평소에 어떤 수행을 하셨습니까."

이에 국사가 시자를 불러서 머리를 어루만져 주면서 말했다. "성성할 때는 그대로 성성하다고 말하고 분명할 때는 그대로 분명하다고 말하라. 그래야만 훗날에 남한테 속아 넘어가지 않는다."

자신의 본분사를 자각하고 자기가 해야 할 도리를 일상에서 실천하면서 살아가는 조사선의 전형적인 모습이다. 수행과 깨침의 삶이란 별다른 것이 아니다. 살아 있는 동안 철저하게 자신으로 살아가고 철저하게 자신을 구가하면서 살아가니 철저하게 깨어 있는 삶이다.

그와 같은 모습을 소위 주인공이라 한다. 주인공은 자기의 삶에 주체적으로 살아가기 때문에 남한테 속지 않고 남한테 휘둘리지 않으며 자기를 속이지 않고 자기한테 후회가 없는 사람이다. 이와 같은 가르침은 고스란히 서엄사언에게서 구현되어 있다. 서엄사언은 매일 아침에 산에 올라가서 '주인공아', '늘 깨어 있거라', '남한테 속지 말거라'라고 부르짖었다. 그러고는 자신이 '예', '늘 깨어 있겠습니다', '결코 남한테 속지 않겠습니다'라고 다짐하였다. 참으로 당당하고 분명한 헌헌대장부의 기개가 넘치는 문답이다.

범부의 삶은 일상에서 매너리즘에 빠져 버리기 쉽다. 반면 주인공으로 살아가는 사람이라면 일상의 삶이야말로 자신을 있는 그대로 가장 잘 구현하는 수행과 깨침과 교화의 마당이다. 때문에 일상의 삶은 철저하게 자신이 주인공이 되어 있다. 이것이야말로 두두물물에 깨침이 원만하고 훤칠하게 나타나 있는 모습이다. 그런 경지에서는 자신과 타인의 거처와 행리처와 나아갈 길이 분명하게 제시되어 나타난다.

바로 이런 삶에서는 하루 종일 밥을 먹었는데 일찍이 한 톨의 쌀도 씹은 적이 없고, 일 년 내내 옷을 입고 있었지만 일찍이 한 올도 걸친 적이 없다. 이와 같이 종횡으로 수류득묘(隨流得妙)하고 좌우로 걸림이 없이 자유자재하게 노닐었다. 수류득묘란 바람이 부는 대로 흘러가면서도 양 언덕에 닿음도, 물속의 암초에 부딪침도 없이 자유자재하게 흘러가는 모습을 뜻한다. 곧 혼란한 가운데 들어 있으면서도 그에 휩쓸리지 않고 초월자재한 묘용을 발휘하는 것이다. 밥을 먹으면서도 밥 먹는 행위에 집착이 없고, 일상의 삶을 상징하는 옷에도 분별이 없이 탕탕무애한 삶이 잘 묻어나 있다.

벽옥에 흠집이 생기면 벽옥의 본래 가치를 상실하고 만다. 마음에 번뇌가 끼어들면 정념(正念)이 흐트러지기 때문에 올바른 안목이 형성되지 못한다. 곧 두 눈에 먼지가 가득히 들어가면 눈에 보이는 것이라곤 온통 모래사막처럼 보여 다른 것들과 분별이 불가능하여 거저 모래만 있을 뿐이므로 숙맥도 분별할 수가 없다. 심지어 눈에 가득 차 있는 먼지마저 보이지 않는다. 눈에 보이는 것, 귀에 들리는 것, 코에 냄새나는 것, 몸에 닿는 것이 온통 뒤범벅이 되어 똥과 오줌을 못 가린다. 과연 이런 경우에 주인공과 같은 삶의 비법이 무엇일까. 보려고 하고 들으려고 하며 냄새 맡으려고 하고 몸으로 느끼려는 일체의 행위에 대하여 자신을 통째로 들이미는 것이다. 곧 온전히 자신으로 살아가는 것이다.

제89칙
양산조의(梁山祖意) – 조교(祖敎) –

한 승이 양산에게 물었다. "조의와 교의는 같습니까, 다릅니까."
양산이 말했다. "태양이 동쪽에서 떠오르니 중생들이 모두 고귀하
고, 달이 서쪽으로 기울어 가니 불조마저 모두 미혹하네."

擧 僧問梁山 祖意敎意 是同是別 山云 金烏東上人皆貴 玉免西沉佛
祖迷

　본 문답의 안목은 조의이건 또 교의이건 간에 중요한 것은 진정으
로 그 핵심을 파악하느냐 또한 체험하느냐에 달려 있음이 중요하다
는 것을 알아차리는 것이다. 만약 조의를 안다면 곧 교의를 알고, 만
약 교의를 안다면 곧 조의를 안다. 기실 조의와 교의는 본래 다른 것
이 아니다. 생각에 막힌 즉 가는 길마다 막히지만 도리에 계합하면
묘용이 늘 자유자재하다. 이에 운문은 어느 날 상당하여 다음과 같이
말했다.

　"그대들이 만약 아직 깨우치지 못했다면 여기에서 출신활로에 통
하는 길이 무엇인지 찾아보라. 미진수와 같이 많은 제불이 모두 그대
들의 짧은 혀끝에 달려 있고, 부처님의 일대시교도 모두 그대들의 발

뒤꿈치에 붙어 있다. 그러나 그와 같은 것들은 모두 마음을 깨치는 것만 못하다. 그대들 가운데 깨친 자가 있거든 어디 한 번 이리로 나와서 대중을 향해서 한마디 말해 보거라."

운문이 제시한 그것이 무엇인지 알아차리는 사람에게는 자신의 일상의 삶의 모습이 매일매일 새롭다. 나아가서 그것이 자기 이외의 다른 무엇이 아님을 자각한다. 때문에 해가 떠오르고 달이 기울어 가는 것도 그것을 알아차리는 자신의 모습과 똑 닮아 있다. 해는 동쪽에서 뜬다. 우리는 그것을 매일 경험한다.

그러나 경험에 따라서는 해가 단순히 동쪽에서만 떠오르는 것은 아니다. 두두물물 일체가 자신이 마주하는 자연에게서 해가 뜨듯이 매일 자신에게 다가온다. 봄이 오고 겨울이 가고 풀잎이 나고 감이 익어가는 그것을 알아차리는 것이야말로 자신에게 봄과 겨울과 풀잎과 감이 자신에게서 떠오른다. 굳이 언제라고 또 어디라고 한정지을 필요는 없다. 왜냐하면 일상적인 입장으로 보면 해가 동쪽에서 뜨듯이 해는 서쪽으로 기울어 간다. 그러나 동과 서는 존재가 아니다. 단지 그렇게 가설할 뿐이다. 이쯤 되면 해가 뜨는 곳을 굳이 동쪽이라 할 필요가 없고 해가 지는 것을 서쪽이라 할 필요가 없다. 서쪽이라 해도 여전히 해는 떠오르고 동쪽이라 해도 여전히 해는 진다.

해가 뜨고 지는 방위가 중요한 것이 아니라 해가 뜨고 진다는 사실을 자각한다는 것이 보다 중요하다. 그 다음에는 방위는 아무래도 상관없다. 동쪽이니까 해가 뜨는 것이 아니라 해가 뜨는 곳을 동쪽이라고 정했다는 것이 사실이다. 마찬가지로 때가 되니까 밥을 먹는 것이라기보다 배가 고파서 밥을 먹는 순간이 곧 밥을 먹는 때이다. 이것은 사실과 인식의 괴리가 아니라 사실과 인식의 일여(一如)이다. 사실과 인식은 선후가 없다. 사실의 체험에 근거한 인식 그리고 인식의 결과 지금 자신에게서 자각되는 현실이 둘이 아니기 때문이다.

마치 깊은 산길에서 혼자 맹수를 만났을 때 등골에 땀이 났다는 경우와 같다. 맹수가 무섭다는 평소의 인식 때문에 땀이 난 것인가, 땀이 나는 것을 통하여 자신이 지금 두려움에 떨고 있음을 인식하고 있는 것인가. 그 땀이 나는 사실과 두려움이라는 인식의 관계는 선후의 문제가 아니라 상의상관의 문제이다.

때문에 비록 춘란과 추국의 향미는 다를지라도 밤중의 달빛과 아침 햇살의 광명은 다르지 않다. 또한 드러나고 감추어진 모습이 경우 드러나면 드러난 대로 감추어지면 감추어진 대로 그대로 온전하다고 말할지라도 대저 옳고 그름은 매한가지이다. 봉황은 오동나무가 아니면 앉지 않는 법인데 제삼자가 나서서 괜스레 잘하니 못하니 이러쿵저러쿵 시비분별을 늘어놓는다.

때문에 양산은 '조의와 교의가 같고 다른가' 하는 물음에 대하여 '태양이 동쪽에서 떠오르니 중생들이 모두 고귀하고, 달이 서쪽으로 기울어가니 불조마저 모두 미혹하네'라고 말했다. 해가 뜨는 것은 지혜가 열린 것이고 달이 기우는 것은 번뇌에 빠지는 것이다. 조의는 번뇌를 지혜로 활용하는 것이고, 교의는 지혜마저도 번뇌로 물들이는 것을 상징한다. 그러나 조의와 교의는 본래 딱히 정해져 있는 것이 아니다. 다만 지혜로운 사람에게는 모든 시방세계가 그대로 건곤대지인 것처럼 번뇌에 빠져 있는 사람에게는 일언일구조차 소화시키지 못한다.

제90칙
양산공겁(梁山空劫) – 법기(法器) –

한 승이 양산연관에게 물었다. "공겁 이전의 도리란 어떤 것입니까."
양산이 말했다. "허공을 뽑아서 크게 휘둘러 수미산의 북을 두들겨
도 당시의 사람들은 그 소리조차 듣지 못하는구나."

擧 僧問梁山 如何是空劫已前事 山云 擊動乾坤鼓 時人聽不聞

본 문답은 공겁의 북소리가 상징하는 것을 알아차리는 안목을 겨냥하
고 있다. 시간과 공간의 어떤 개념에도 얽매이지 않는 목마는 위음왕불
이전까지 멀리 뛰어 오르고 다리도 하나 없는 돌장승은 공겁 이후까지
아무도 몰래 홀로 걸어간다. 이것은 참으로 상식을 초월한 모습으로서
무분별과 무집착을 경험한 참선납자의 진정한 소식을 토로한 모습이다.

그와 같은 입장에서 자기의 마음대로 노닐고 생활하는 사람이 이
와 같은 소식을 경험한 연후에야 비로소 묘유(妙有)가 원래 유(有)가
아니었고 진공(眞空)도 본래 공(空)이 아닌 줄을 터득할 것이다. 아침
에 일어나서 이불을 개고 마당을 청소하며 하루 세 끼 밥을 거르지
않고 예불을 모시는 일상사가 일 년 삼백 예순 날 하루도 흐트러짐이

없이 여법하게 살아가는 그런 사람이라면 세상 천지에 누구하나 의지할 바 없고 무엇 하나 기댈 곳이 없어도 자신의 생활을 꿋꿋하여 역겁도록 엮어 갈 수가 있다.

때문에 알아야 한다. 바로 그와 같은 도리는 정작 공(空)도 아니고 유(有)도 아니며 일(一)도 아니고 이(二)도 아니며 동(同)도 아니고 별(別)도 아니며 즉(卽)도 아니고 리(離)도 아니면서 공(空)이고 유(有)이며 일(一)이고 이(二)이며 동(同)이고 별이며 즉(卽)이고 리(離)이다. 그런 경우에는 무엇이라 말할라 치면 곧 어긋나 버리고 무어라 비교할라 치면 곧 어그러져 버린다. 그러면서도 늘 면전에 아른거린다.

수행과 깨침이란 바로 이런 것이다. 그럼에도 불구하고 수행과 깨침을 다른 세상에 멀리 있는 무엇으로 간주한다거나 반대로 그토록 심원한 도리가 모두 자기에게서 드러난다고 간주하는 사람이라면 참으로 안타까울 뿐이다. 양산은 바로 그와 같은 무리들의 안타까운 모습을 '허공을 뽑아서 크게 휘둘러 수미산의 북을 두들겨도 당시의 사람들은 그 소리조차 듣지 못하는구나'라고 제대로 보여 주고 있다. 귀가 있어도 열려 있는 깨침의 북소리를 듣지 못하는 사람들이야 달이 본래 하늘에 걸려 있는 줄 모르고서 물속에 어려 비친 달을 잡으려는 꼴이기 때문에 참으로 불쌍한 존재들이다.

마치 꽃잎에 가시가 없음에도 불구하고 공연히 꽃의 속잎만 골라 따려는 것처럼 어리석고, 코끝에 스치는 향기를 맨손으로 잡으려는 것처럼 아둔하며, 거울 속의 자신의 모습을 진실한 것처럼 착각하여 있는 힘을 다하여 영상 속에서 자신의 모습을 끄집어내려고 버둥거리는 모습이다. 때문에 그와 같이 어리석은 모습을 보고서 임천종륜은 "중생에게는 비록 귀가 달려 있을지라도 어찌 그것으로 지음의 도리가 가능하겠는가”라고 말한다. 단하자순은 다음과 같이 게송을 붙였다.

허공은 큰북이고 수미산은 북을 두드리는 망치라네
망치 드는 자는 많아도 소리를 듣는 자는 드물다네
밤중에 해골이 북소리를 듣고 깜짝 놀라 잠을 깨니
허공에 휘영청 보름달빛 무심하게 집안에 스며드네

일찍이 항주의 염과제안 선사가 다음과 같이 시중설법을 하였다. “허공은 북이고 수미산은 북을 치는 망치이다. 자, 어느 누가 그 북을 쳐 볼 수 있겠느냐?” 그러나 아무도 대꾸하지 못했다. 이 소식을 들은 남전보원이 말했다. “나는 찢어진 북은 결코 치지 않겠다.” 이것은 도 대체 처음부터 북을 칠 의욕이 전혀 없다는 눈먼 중생의 심보인지, 아니면 처음부터 찢어진 북을 가지고 어리석은 놈들한테 장난친 줄 을 알아차리는 영리한 놈인지 분간할 수가 없다.

그러나 적어도 북을 치면 소리가 울린다. 나무로 만든 북이든 구리 로 만든 북이든 은으로 만든 북이든 금으로 만든 북이든 지간에 모두 북이라는 사실까지 부정할 수는 없다. 소승과 중승과 대승과 일불승의 여하에 관계없이 북소리는 개개인에게 본유한 불성의 도리를 상징한 다. 그럼에도 불구하고 북을 치지 못하는 사람은 아직 발심하지 못한 사람이고, 북을 치더라도 그 소리를 듣지 못하는 사람은 아만에 가득 차 있는 사람이며, 북소리를 듣더라도 그것을 북소리로 제대로 듣지 못하는 사람은 외도의 가르침을 잘못 착각하는 사람들에 해당한다. 여 기에서 양산은 각자 모두가 직접 북을 두드리고 북소리를 들으며 북소 리를 남한테 들려주는 보살도의 법기(法器)를 간절하게 바라고 있다.

제91칙
대양상당(大陽上堂) – 시중(示衆) –

대양명안 선사가 다음과 같이 상당설법을 하였다.
"만 길 높이의 험준한 절벽은 새들도 넘나들기 어렵다. 그러면 칼날저럼 얇은 얼음판을 거뜬하게 건너갈 자 누구이겠는가. 종승의 묘구는 언설로 진술하기가 어렵다. 그래서 불이법문에 대하여 유마거사는 침묵을 지켰고, 달마대사조차도 서래하여 9년 동안 면벽한 연후에야 비로소 지음을 만날 수 있었다. 근데 나 대양은 오늘도 무단히 생트집만 잡은 꼴이구나. 그럼 안녕."

擧 大陽明安禪師上堂云 嵯峨萬仞 鳥道難通 劍刃輕冰 誰當履踐 宗乘妙句 語路難陳 不二法門 淨名杜口 所以達磨西來 九年面壁 始遇知音 大陽今日也太無端 珍重

대양명안(大陽明安) 선사는 대양경현(大陽警玄: 943~1027)으로 그 법계는 동산양개–운거도응–동안도비–동안관지–양산연관–대양경현으로 중국 조동종의 제6대 조사이다. 호북성 강하(江夏) 출신으로 속성은 장(張)씨이다. 숙부였던 금릉 숭효사(崇孝寺)의 지통(智通) 스님에게 19세에 출가하고 『원각경』의 가르침을 들은 후에 여러 곳을 유행하였다. 호북성 양산(梁山)에서 연관(緣觀)을 참문하고 무상도량(無

相道場)에 대하여 문답하고 현지를 깨우쳐 사법하였다. 후에 호북성 영주(鄂州) 대양산의 혜견(慧堅)에게 참문하고 그 법석을 이었다. 대중상부(大中祥符: 1008~1016) 연간에 국휘(國諱)를 피하여 경연(警延)으로 개명하고 대양산에 주석하였다. 후에 섭현귀성(葉懸歸省)의 법을 이었던 부산법원(浮山法遠)에게 피리(皮履)와 직철(直裰)을 맡기면서 인연 있는 자가 나타나면 자신의 법맥을 잇게 해 달라고 후사를 부탁하였다. 열반게송을 시랑이었던 왕도(王睹)에게 부탁하고 천성 5년 7월 19일 입적하였다. 시호는 명안대사(明安大師)이다.

종승(宗乘)은 중생을 제도하여 불지에 이르게 하는 가르침으로서 달마의 종지를 계승한 조사선의 가풍을 말한다. 명안이 여기에서 구체적으로 말하고자 한 묘구(妙句)는 곧 대양삼구(大陽三句)를 가리킨다. 제일구는 평상무생구(平常無生句)이고, 제이구는 묘현무사구(妙玄無私句)이며, 제삼구는 체명무진구(體明無盡句)이다. 곧 모든 납자들이라면 반드시 이 삼구를 통해야 한다는 것이다. 제일구는 진리 그대로의 삶은 번뇌가 일어나지 않는 것이고, 제이구는 본래의 진리는 시비분별을 초월해 있다는 것이며, 제삼구는 정법안장이란 좌선으로 몸소 자각해야 한다는 것을 말한다.

그런 입장에서 바로 위에서 말한 '만 길 높이의 험준한 봉우리 및 얇은 얼음'이라는 구절은 지(智)와 식(識)의 경계를 초월한 불조향상사(佛祖向上事)를 가리킨다. 때문에 그것을 눈으로 볼라 치면 눈이 현란하고 머리로 생각할라 치면 마음이 어지럽다. 그와 단적인 종승의 묘구는 감각 및 언설로 표현하기 어렵다. 때문에 『유마경』에서는 보살의 불이법문에 들어가는 것이 무엇인지를 묻는 문수의 질문에 대하여 유마거사는 은밀하게 침묵으로 보여 주었다. 이에 문수는 진실로 불이법문에 들어가는 도리는 언어문자로는 도달하지 못한다는 것을 보여 준 유마에 대하여 찬탄하였다. 또한 달마대사는 양나라 무제를 만나서 행했던 문답에서 '모르겠습니다[不識]'라고 말하고는 장강을 건너 숭낙으로 가서 소림사에 주석하였다. 그곳에서 구 년 동안 면벽하여 침묵하고서 비로소 신광(神光)이 입설단비(立雪斷臂)하여 구도하는 인연을 만났다. 이후에 안심의 법문으로 깨침을 인가하고, 마침내 피육골수(皮肉骨髓)의 문답으로 전법을 하였다. 이에 달마는 서쪽에서 중국에 도래한 사명을 완수할 수 있었다. 그 사명이란 정법안장을 계승할 후계자를 찾는 일이었다. 여기에서 대양이 말한 지음(知音)이란 바로 그 신광 곧 혜가를 가리킨다. 대양이 무단히 생트집만 잡은 꼴이 된 것은 바로 그때 그 자리에서 어느 누구도 대양에게 지음이 되지 못했음을 암시한다.

<table>
<tr><td>함부로 이러쿵저러쿵 발설하지 말라</td><td>不挂唇皮一句奇</td></tr>
<tr><td>소림사 면벽구년은 자비 그것이었네</td><td>少林冷坐最慈悲</td></tr>
<tr><td>정법안장은 언설로 전하지 못하므로</td><td>須知此道非傳授</td></tr>
<tr><td>설중단비했던 신광도 억지 부렸다네</td><td>立雪神光已強爲</td></tr>
</table>

언설로 미주알고주알 드러내는 것은 괜스레 입술만 부르트게 할 뿐이다. 직접 온기도 없는 차가운 냉골에 앉아서 나물 먹고 찬물 마시며 팔베개를 하면서도 좌선하여 본래 자가한테 정법안장이 구족되어 있는 줄을 자각하는 것이야말로 신광이 진즉 터득했어야만 하는 도리였다. 생각으로 할 수 있는 것을 말로 하지 못하고, 말로 할 수 있는 것을 몸으로 하지 못하며, 몸으로 할 수 있는 것을 말로 하지 못

하고, 말로 할 수 있는 것을 생각으로 하지 못한다. 모름지기 몸과 말과 생각으로 일치하여 행지면밀(行持綿密)하고 용의주도(用意周到)하며 주도면밀(周到綿密)해야 비로소 종승의 묘구를 조금은 맛보았다고 할 수가 있다. 이에 단하자순은 구도심에 철저했던 신광마저도 설중단비(雪中斷臂)했던 것이 도리어 억지 부린 것이었다고 말한다. 본 문답은 실참실구의 중요성을 파악하는 것에 있다.

제92칙
대양가풍(大陽家風) - 가풍(家風) -

한 승이 대양한테 물었다. "화상의 가풍은 어떤 것입니까."
대양이 말했다. "물이 가득 차 있는 병을 기울여 쏟아 보아도 물 한
방울 흘러나오지 않고 천하대지에는 굶주린 사람이 하나도 없다."

擧 僧問大陽 如何是和尚家風 陽云 滿缾傾不出 大地沒飢人

이 문답에서는 만병(滿缾)의 속성과 그 활용을 제대로 이해하는 것
이 중요하다. 곧 누구나 본래성불이고 자성청정이기 때문에 불법이라
는 점에서는 병에 가득 찬 물처럼 조금의 부족함도 없고 어떤 경우에
도 사라지거나 변하지 않는다. 불성이 없는 사람은 눈을 씻고 다시
찾아보아도 찾을 수가 없다는 것이다. 곧 모든 사람 모든 중생이 불
성을 소유하고 있다는 것에 대하여 일찍이 황벽희운은 대당국에 깨
치지 못한 사람을 찾아보아도 결코 찾을 수가 없었다고 말했다. 누구
나 구비하고 있는 본연자성의 도리를 표현한 말이다. 불안(佛眼)으로
는 불세계를 보고 축안(畜眼)으로는 축생계를 본다.

때문에 결정적으로 중요한 것은 그것을 자각하여 자기의 것으로

만들지 않으면 말짱 도루묵이라는 것이다. 때문에 자각하여 활용하기 이전에는 일체중생에게는 아무도 불성이 구비되어 있지 않다고 말해야 한다. 그만큼 깨침의 경험 곧 본래성불의 자각 내지 평상심으로 살아가는 것을 강조한 말이다. 그것을 자각하는 행위가 곧 수행이고 깨침이며 보살행이다.

각 문중에서 시설한 기관(機關)은 참으로 천차만별하다. 그렇지만 근원적인 도리에서 말하자면 하나로 통한다. 가령 세존께서 능가산에서 대혜(大慧) 보살에게 말했다.

"일체찰토에 언설이 있는 것은 아니다. 언설은 귀로 듣는 행위일 뿐이다. 가령 어떤 불찰에서는 눈으로 쳐다보는 것으로 법을 드러내고, 어떤 불찰에서는 형상을 보이는 것으로 법을 드러내며, 어떤 불찰에서는 눈썹을 치켜세우는 것으로 법을 드러내고, 어떤 불찰에서는 눈동자를 굴리는 것으로 법을 드러내며, 어떤 불찰에서는 노래를 하는 것으로 법을 드러내고, 어떤 불찰에서는 하품을 하는 것으로 법을 드러내며, 어떤 불찰에서는 기침을 하는 것으로 법을 드러내고, 어떤 불찰에서는 국토를 생각하는 것으로 법을 드러내며, 어떤 불찰에서는 동요하는 것으로 법을 드러내기도 한다. 내지 그와 같은 다양한 설법을 통해서 무생법인 및 뛰어난 삼매를 터득한다. 이에 파리·모기·개미·벌레에 이르기까지 무언으로 각각 법을 분별한다."

그러자 기제개(棄諸蓋) 보살이 세존에게 여쭈었다.

"선문의 비요(秘要)는 일문(一門)입니까 다문(多門)입니까. 만약 다문이라면 법에 둘이 있다는 것이고, 만약 일문이라면 어찌 무량하고 무변한 중생사를 모두 수용할 수 있겠습니까."

세존이 말했다. "선문의 비요는 일문도 아니고 다문도 아니다. 일체중생의 자성은 허공과 같다. 비록 자성이 허공과 같지만 신(身)과 심(心)마다 각각 선문이 있어서 진실로 동일하게 수행하는 것이 아니다. 왜냐하면 숨 쉬는 입으로 말을 하지 않더라도 도리에 계합되면 입이 선문이고, 보는 눈으로 분별하여 혼합되어도 도리에서 벗어나지 않으면 눈이 선문이 되며, 귀로 듣는 소리가 허망함을 안다면 필경에 적멸이 되어 귀머거리의 귀도 선문이 되고, 내지 신(身) 및 의(意)도 또한 그와 마찬가지이다. 선남자여, 모든 진로(塵勞)를 섭수하여 불이법문에 들어가면 청허(淸虛)에 훤히 투철하고 담연하게 선정에 안주한다.”

　이것은 일체의 생명 및 낱낱의 존재에게 불성이 깃들어 있을 뿐만 아니라 불성이 직접 작용하고 있음을 보여 준 것이다. 때문에 대양이 발한 “물이 가득 차 있는 병을 기울여도 쏟아보아노 물 한 방울 흘러 나오지 않고 천하대지에는 굶주린 사람이 하나도 없다”는 말은 지극히 간명직절하고 단순명쾌하면서도 심심상인(心心相印)하고 조조상전(祖祖相傳)하는 도리로서 묘용이 자유자재한 모습을 고스란히 보여 준 수단이었다. 그러나 거기에는 반드시 인과의 도리가 철저하게 포함되어 있어 일체시(一切時)·일체사(一切事)·일체인(一切人)·일체간(一切間)에 조금도 무시되어 있지 않아 생자필멸과도 같다. 아침나절에 구름이 간간히 보이더니만 저녁나절에는 아예 빗방울 소리 들리네.

투자종풍(投子宗風) – 법촉(法屬) –

한 승이 투자의청 선사에게 물었다. "스님께서는 어떤 가풍을 주창
하시는 겁니까. 그리고 또한 누구의 종풍을 이은 겁니까."
투자가 말했다. "나는 위음왕불 이전의 가풍을 주창한다. 그런데
그 가풍은 한꺼번에 두 개의 관문을 투과한다."
승이 물었다. "스님은 어떤 법을 부촉받으신 겁니까."
"회수의 달빛을 고스란히 쬐였고 영주의 햇살을 몽땅 전승하였다."
투자가 말했다. "그렇다면 직접 물속에 들어가서 스승을 친견하셨
군요."
투자가 말했다. "그대의 깜냥으로는 다만 형산의 옥이 바뀐 줄로만
잘못 알았을 뿐이지 어찌 초 문왕의 마음인들 제대로 헤아릴 수 있
겠는가."
승이 예배를 드리자 투자는 곧 불자로 선상을 한 번 내려쳤다.

擧 僧問投子靑禪師 師唱誰家曲 宗風嗣阿誰 子云 威音前一箭 射透
兩重關 僧云 如何是相付底事 子云 全因淮地月 得照郢陽春 僧云 恁
麼則入水見長人 子云 祇知荊玉異 那辨楚王心 子隨後以拂子敲禪床
一下

투자의청(投子義靑: 1032~1083)은 산동성 청주(靑州) 출신으로 속성
은 이(李)씨이다. 7세 때 묘상사(妙相寺)에서 출가하였고 15세 때 득도

(得度)하였다. 그동안 『백법론』 및 『화엄경』을 배웠다. 성암사(聖巖寺)의 부산법원(浮山法遠, 浮山圓鑒) 문하에서 두각을 드러내어 청화엄(青華嚴)이라 불렸다.

부산법원은 임제종에 속했으면서도 조동의 종지에 정통했다. 투자의청은 부산법원의 가르침을 받아 조동의 종지에 묘계(妙契)하였다. 이에 부산법원은 후사가 없었던 조동종의 대양경현(大陽警玄)의 부탁을 받아서 그의 초상화[頂相]과 가죽신발[皮履]과 가사[直裰]를 지니고 있다가 투자의청으로 하여금 조동종의 법맥을 잇도록 하였다. 여산(廬山)의 혜일(慧日)에 이르러 대장경을 두루 열람하고 1073년에 서주(舒州)로 돌아와 백운산 해회선사(海會禪寺)에 8년 동안 주석하였다.

이후 부자산으로 옮겨 그곳에서 선풍을 신삭하었나. 두사산의 가람은 일찍이 자제대사(慈濟大師)가 개산했던 가람이었다. 자제대사는 입적이 즈음하여 '나의 탑이 붉어지면 나는 다시 올 것이다'는 예언을 하였다. 때문에 후에 그곳의 마을 사람들이 그 탑을 마노색으로 칠했는데 얼마 지나지 않아 투자의청이 그 가람에 도착하였다. 때문에 투자의청은 자제대사의 환생으로 알려져 있다.

서주 투자산의 의청선사는 처음에 장산원 선사에게 참문했지만 계합하지 못했다. 이후에 다시 부산법원 선사에게 의탁하였다. 그런데 부산법원은 일찍이 훌륭한 청요(青鷂)를 한 마리 얻는 꿈을 꾸었다. 이에 투자의청이 찾아와서 참문한 것을 보고 말했다. "그대야말로 상서로운 꿈에 딱 부합하는 사람이다. 그러므로 그대한테 외도문불(外道問佛)의 인연을 참구토록 하겠다." 이로써 투자의청은 3년 동안 다음과 같은 외도문불의 인연을 참구하였다.

"어떤 외도가 석존에게 다음과 같이 물었다. '유언(有言)으로도 묻지 않고 무언(無言)으로도 묻지 않겠습니다. 자, 이럴 때 어찌하시겠습니까.' 이에 석존은 유언으로 답하지도 않고 무언으로 답하지도 않으면서 침묵을 지켰다. 그러자 외도는 석존의 그와 같은 침묵에 대하여 극구 찬탄하면서 말했다. '석존께서는 대자대비하신 마음으로 마침내 저의 어리석음을 깨우쳐 주셨습니다.'"

어느 날 부산법원이 말했다. "그대는 아직도 외도문불의 인연을 기억하고 있는가. 어디 한 번 외도문불(外道問佛)의 인연에 대하여 말해 보라."

투자의청이 바야흐로 외도문불의 인연을 언급하려고 하자 부산법원은 다짜고짜로 손으로 투자의 입을 틀어막아 버렸다. 그 찰나 투자가 홀연히 대오하였다.

부산법원은 일찍이 영주의 대양명안 선사의 경현을 친견했었는데 서로 기연이 계합하는 바가 있었다. 때문에 명안은 법원에게 후사를 부촉하였다. 그러나 법원은 그것을 사양하면서 말했다. "저는 이미 섭현귀성으로부터 법을 받았습니다."

그러자 명안이 한탄하면서 말했다. "우리의 법맥은 마침내 사람이 끊겨 버렸구나."

법원이 말했다. "동상의 종풍은 실로 잇기가 어렵게 되었군요. 화상의 연배가 높으신데도 그 뒤를 이을 사람이 없다니 말입니다. 제가 이 의신(衣信 곧 皮履와 直裰)을 맡아 가지고 있다가 반드시 다른 사람한테 부촉시키겠습니다."

이에 명안이 그렇게 하라고 말하면서 다음과 같이 부탁하였다. "훗날 사람을 얻으면 내 전법게송으로 증명을 해 주게나."

그러고는 마침내 다음과 같은 전법게송을 써 주었다.

양광산에 피어난 무성한 풀들은	陽廣山頭草
그대로 인하여 값이 높아지리라	憑君待價焞
무성한 임제의 종지를 빌려다가	異苗䕺茂處
심밀하고 신령스런 뿌리 내리네	深密固靈根

그리고 그 끝에다가 다음과 같은 말을 붙였다. "득법한 이후에 십년 동안은 숨어 있다가 법을 펼치거라."

이묘(異苗)는 조동종의 대양경현이 후사가 없이 입적하자 임제종의 부산법원을 통하여 그 제자였던 투자의청으로 하여금 대부상승했던 일화를 가리킨다. 곧 조동종의 입장에서 보면 임제종이라는 다른 싹을 빌려나가 소동종의 법맥이 난설되지 않도록 뿌리내린 것을 가리킨 말이다. 이에 투자의청이 찾아온 인연으로써 이미 부산법원은 명안의 의신(衣信) 및 전법게가 서로 계합되어 투자의청에게 부촉하여 말했다. "나를 대신하여 명안의 종풍을 이어서 잘 호지하거라. 이(咦)!"

이로써 지금에 이르도록 조동의 후손이 끊이지 않고 번성할 수 있었다. 이것이야말로 타종 곧 임제종의 종지가 무성하리라는 법원의 참언에 계합된 것이었다. 때문에 본 문답에서 한 승이 종지와 종풍에 대하여 이렇게 물으니 투자는 종지와 종풍에 대하여 저렇게 답했다. 투자가 말한 종중(宗中)의 가풍이야말로 분별사량을 초월한 전기(轉機)로서 마치 그 모습은 그릇의 몸통과 뚜껑이 딱 들어맞듯이 하였고, 그 도리는 화살 끝과 화살 끝이 서로 꼭 마주치고 창끝과 창끝이 서로 꼭 들어맞듯 하였다. 이에 단하자순은 다음과 같이 말했다.

| 산호 가지마다 구슬꽃 탱글탱글 피어나니 | 珊瑚枝上玉花開 |

바람 일 때마다 청향이 우주에 가득 피네   風遞淸香遍九垓
천지의 성·주·괴·공을 말하지 마라   勿謂乾坤成委曲
운문은 목주를 친견하고서 곧장 깨쳤다네   韶陽親見睦州來

음양으로 헤아리지 못하는 것을 신(神)이라 말한다. 여기에서 임제종의 사람을 데려다가 조동의 뿌리로 삼은 것은 봄소식을 누설한 것이요, 담복(薝蔔: 치자나무)도 수풀 속에서는 금과수(金果樹)로 자란다는 격외의 소식이다. 옮겨 심었던 풀에서 피어난 꽃과 잎사귀는 늘 푸르러 이로부터 조동의 종지와 세력이 총림에 두루 하였고 그 향취와 깨침의 소식이 천하를 뒤덮었다.

이와 같은 일화는 이전에도 있었다. 일찍이 소주 운문산의 문언선사가 처음에 목주 진존숙을 참문하여 그 문을 두드렸을 때 진존숙이 물었다. "그대는 누구인가."

운문이 말했다. "문언입니다."

그러자 진존숙은 문을 열고는 다짜고짜로 멱살을 붙잡고는 다그치면서 말했다. "자, 말해 보라. 한마디 말해 보란 말이다."

운문이 아무런 말도 못 했다. 그러자 진존숙이 말했다. "이 도락찬([輚]輅鑽) 같은 놈아!"

도락찬은 진나라 시황제 때 만리장성을 쌓던 도구로서 만리장성이 완성된 이후에는 더 이상 쓸모가 없는 애물단지를 가리킨다. 그리고 나서 진존숙은 마침내 열어 주었던 문을 도로 닫아 버렸다. 그 틈에 운문의 오른쪽 다리가 부러졌다. 운문이 이를 계기로 대의(大意)를 발명하였다. 진존숙이 그 사실을 알아차리고 다시 문을 열고는 운문에게 설봉에 가서 참문할 것을 권유하였다. 이로써 운문은 설봉으로 갔다.

어느 날 설봉이 상당설법을 하는 차에 갑자기 운문이 대중 앞에 나서서 말했다. "머리 위에 300근이나 나가는 철로 만든 칼이[鐵枷] 씌워져 있거늘 어째서 그대들은 그로부터 벗어나지 못하고 있는가."

그러자 설봉이 법좌에서 내려와 운문의 멱살을 붙잡고는 말했다. "그대는 무슨 인연으로 그와 같은 경지에 도달했는가."

운문이 손으로 자기의 눈을 한 번 쓱 닦았다. 곧 새로운 안목이 열려 있다는 것을 드러낸 제스처였다.

이에 의기투합하여 운문은 설봉의 인가를 받았다. 운문은 후에 설봉의 법을 이었는데 그 가르침이 총림에 파다하였다. 후에 운문으로 옮겨서 주석하였는데 그 이름이 천하에 널리 퍼졌다. 여기에서 투자와 운문은 이파(異派)이지만 동류(同流)이다. 때문에 지금까지도 그 가르침이 지속되고 있어서 불조의 혜명을 잇고 있다. 조계의 도가 크게 현창된 것은 모두 이 두 사람으로부터 비롯되었다. 도력이란 바로 이런 것이다. 이와 같은 모습에 대하여 임천종륜은 다음과 같이 노래하였다.

널리 금침을 들고 끊긴 실을 이어서	笑把金針穿斷線
은근하게 후손에게 법을 부촉한다네	殷勤分付到兒孫

본 문답은 정법안장의 전승이 얼마나 주도면밀하고 용의주도하게 이루어지는가 하는 점을 엿볼 수 있는 것으로 스승과 제자 간에는 반드시 친밀과 인가가 없어서는 안 되는 도리를 보여 주고 있다. 선의 궁극은 깨침이다. 그러기 위해서는 그에 상응하는 일정한 행위 곧 수행이 필요하다. 때문에 오랜 수행을 통하여 자신이 깨침을 터득하고 나면 반드시 그것을 스승한테서 인가를 받아야 한다. 반면 스승은 반

드시 깨침을 터득한 제자에게만 인가를 하고 전법을 부촉한다.

그러나 가령 깨침을 터득한 제자를 배출하지 못한 경우에는 결국 그 법맥이 단절되고 만다. 그러나 이와 같은 경우에도 법맥의 상승이라는 것은 불조의 혜명을 계승한다는 대명제를 완수하기 위하여 다른 종파의 인물을 초청하여 자종의 법맥을 상승시키는 사례가 있었다. 투자의청의 경우가 그랬다. 투자의청은 본래 임제종에 속하는 선자였다. 그리고 대양경현에게는 깨침을 터득한 제자를 배출하지 못하였다. 이에 경현은 임제종파에 속하는 섭현귀성의 제자인 부산법원에게 주신의 법맥을 계승해 달라고 부탁하였다.

그러나 부산은 이미 임제종맥을 계승한 까닭에 수락하지 못하였다. 부산은 대신에 경현이 입적할 무렵 경현의 부탁으로 경현의 초상화와 가죽신발과 가사를 보관하고 있다가 이후에 투자라는 제자를 얻었을 때 경현의 법맥을 대신 잇도록 하였다. 때문에 투자의청은 임제종에서 조동종으로 법계를 바꾸어 경현의 법맥을 상승하였다. 이것을 대부상승(代付相承)이라 한다. 위의 문답은 이와 같은 배경을 깔고 전개된 내용이다.

투자의청이 주창하는 가풍과 계승한 종풍은 굳이 법맥으로 분별하자면 조동종의 가풍이랄 수 있겠지만 본래사의 입장에서는 위음왕불이전의 가풍일 뿐이다. 위음왕불 이전의 가풍이란 선의 본래적인 면모이고 불교 본래의 모습을 드러낸 말이다. 때문에 종파와 지역과 스승이라는 분별이 없다. 다만 본래자성에 대한 자각과 그 실천을 의미한다는 입장에서 두 개의 관문을 투과한다고 말했다.

그러나 다시 '어떤 법을 부촉받으신 겁니까'라는 물음에 대하여 이제는 앞의 경우와는 달리 구체적으로 무분별의 분별이라는 현실의 입장에서 답변을 한다. 곧 정법안장을 후대에 분립된 법맥으로 말하자면 '회수의 달빛을 고스란히 쬐었고 영주의 햇살을 몽땅 전승하였다'는 것이다. 이것은 하남성 동백산(桐柏山)에서 발원하여 안휘성과 강소성을 거쳐 황하로 흘러드는 회하(淮河)와 호북성의 영주(郢州)는 투자의청의 스승이었던 부산법원이 주석했던 지역과 관계가 있다는 것을 보여 준 것으로 부산법원의 임제선법을 계승했다는 것이다.

그러나 물은 건너봐야 알고 사람은 지내보아야 알 수가 있다는 말처럼 부산법원의 선법을 제대로 계승했다는 선법의 진리에서는 조동종과 임제종의 구별이 따로 없다. 때문에 물속에 들어간다는 것은 곧 명안종사의 곁에서 몸과 마음으로 직접 가르침을 받은 것을 가리킨다. 이것에 대하여 투자는 '그대의 짐작으로는 나만 형산의 옥이 바뀐 줄로만 잘못 알았을 뿐이지 어찌 초 문왕의 마음인들 제대로 헤아릴 수 있겠는가'라고 아름다운 비유를 언급한다. 『한비자』에 다음과 같은 이야기가 있다.

중국 전국시대 때 초(楚)나라의 변화(卞和)라는 사람이 형산의 곤강 계곡에서 옥돌을 하나 주웠다. 그는 옥돌을 감정하는 사람이었다. 때문에 옥돌의 가치를 알고 여왕(厲王)에게 바쳤다. 여왕이 옥을 다듬는 사람에게 감정하게 하였더니 보통 돌이라고 했다. 여왕은 화씨가 자기를 속이려 했다고 생각하여 왼쪽 발뒤꿈치를 잘랐다. 여왕이 죽고 무왕(武王)이 즉위하자, 화씨는 또 그 옥돌을 무왕에게 바쳤다. 무왕이 옥을 감정시켜 보니 역시 보통 돌이라고 하는 것이었다. 그러자 무왕 역시 화씨가 자기를 속이려 했다고 생각하고는 오른쪽 발을 자르게 하였다. 무왕이 죽고 문왕(文王)이 즉위하자, 화씨는 초산 아래에서 그 옥돌을 끌어안고 사흘 밤낮을 울었다. 나중에는 눈물이 말라 피가 흘렸다. 문왕이 이 소식을 듣고 사람을 시켜 그를 불러 "천하에 발 잘리는 형벌을 받은 자가 많은데, 어찌 그리 슬피 우느냐"고 까닭을 물었다. 화씨가 "나는 발을 잘려서 슬퍼하는 것이 아닙니다. 보옥을 돌이라 하고, 곧은 선비에게 거짓말을 했다고 하여 벌을 준 것이 슬픈 것입니다"라고 말했다. 이에 문왕이 그 옥돌을 다듬게 하니 천하에 둘도 없는 보옥이 모습을 드러냈다. 그리하여 이 보옥을 그의 이름을 따서 화씨지벽(和氏之璧)이라 하였다.

형산의 옥은 개개인이 본래부터 구비하고 있는 깨침의 속성으로서 곧 불성을 상징한다. 그 불성은 본원(本源)을 궁구한 상태에서는 털끝만치도 어긋남이 없다. 따라서 역대조사들의 분종(分宗)에서 보자면 눈곱만치도 증상만이 없다. 투자의 깨침의 소식은 임제종이라 하건 조동종이라 하건 하등의 차이가 없다. 괜스레 분별의 눈으로 보고서 그렇게들 법맥을 분류할 뿐이다. 이미 그와 같은 상태는 모두가 본래부터 그래 왔던 것으로서 후천적으로 새롭게 형성된 것이 아니다. 그러한 사람들의 경지를 조금이라도 맛보고자 한다면 분별과 집착을 멀리해야 가능하다는 것을 보여 준다.

제94칙
투자시중(投子示衆) - 비주(飛走) -

투자의청이 다음과 같이 시중설법을 하였다.
"만약 깨침의 소식에 대하여 논하자면 다음과 같다. 마치 난새와 봉새가 하늘을 날아가지만 그 흔적을 남기지 않은 것과 같고, 영양이 뿔을 나뭇가지에 걸고 잠을 자기 때문에 그 종적을 찾을 수 없는 것과 같으며, 또한 금룡은 깊은 물만 고수하는 것이 아닌 것과 같고, 옥토끼는 달그림자에만 서식하는 것이 아닌 것과 같다. 혹여 현상[賓]과 본체[主]가 대립하는 경우일지라도 그것은 모름지기 위음나반의 경계를 아득히 벗어나 있고, 문답으로 인하여 언설이 필요한 경우일지라도 그것은 현로이기 때문에 다만 방제(傍提)로써만 주창될 뿐이다. 만약 이러할진댄 깨침의 소식에 절반은 접근한 것이다. 이 밖에 다시 자세히 눈여겨본다 할지라도 더 이상 논할 것이 없다."

舉 投子示衆云 若論此事 如鸞鳳冲霄不留其跡 羚羊挂角那覓其蹤 金龍不守於寒潭 玉兔豈棲於蟾影 其或賓主若立 須威音路外搖頭 問答言陳乃玄路傍提為唱 若能如是 猶在半途 更乃凝眸 不勞相見

　　여기의 시중법문은 깨침의 속성에 대하여 주목한 것이다. 깨침은 망상이 아니고 신비도 아니며 꿈과 같은 허무한 경험도 아니다. 깨침은 철저하게 현실을 벗어나지 않는다. 때문에 깨침은 현실 그대로의 모습으로 출현한다는 도리를 자각하지 못하면 깨침과는 영원한 이방인으로 남을 뿐이다. 그래서 고인은 평상심(平常心)이라 말했고 즉심시불(卽心是佛)이라 말했으며 대기대용(大機大用)이라 말했고, 체로진상(體露眞相)이라 말했다. 이와 같은 말은 모두 무분별하고 무집착한 자성에서 지금[卽時]·여기[卽間]·이것[當體]을 현성시키는 묘용의 발휘를 피력한 것이다.

지극한 도리는 분별정식(分別情識)을 초월해 있기 때문에 분별의 언설로는 제대로 추구할 수가 없다. 때문에 비유와 상징을 담은 언어 내지 몸의 제스처 내지는 할과 방을 통하여 문답을 하기도 한다. 제아무리 그렇다손 치더라도 결국 한계는 있게 마련이다. 왜냐하면 어떤 방법과 수단을 활용한다 하더라도 어떤 행위가 드러나기 때문이다. 그런데 지극한 도리는 본래 감각의 행위를 벗어나 있기 때문이다. 그러나 결국 그것을 알아차리고 터득하는 방식은 감각의 분별 내지 체험을 통한 사유의 종합으로 접근하는 수밖에 없다.

여기에서 수행과 깨침의 종적을 남기지 않는 것이 묘용이라 할지라도 막상 그것을 점검해 보면 딱히 기특할 것도 없이 너무나 일상적인 모습으로 드러나 있다. 배가 고프면 밥을 먹고 피곤하면 잠을 자는 행위이다. 그런 경지에서는 편(偏)과 원(圓)이 호환(互換)하고 사(事)와 이(理)가 두루 구비되어 있으며 마주 하는 것마다 자유롭고 종횡으로 걸림이 없는 도리인 까닭에 어떤 짐적(朕跡)에도 국한되지 않고 어떤 편방(偏方)에도 치우치지 않는다. 온갖 산과 산봉우리는 모두 푸른 허공에 의지하여 솟아 있는 법이고, 하늘에 떠 있는 밝은 태양도 동녘 산봉우리를 의지하여 붉게 떠오르는 법이다. 이로써 바야흐로 산봉우리는 고금에 높다고 말하고 태양은 천지에 밝다고 말한다.

이와 같은 일상의 삶을 제대로 영위하자면 부단히 새로워져야 한다. 봄에 잎이 피고 여름에 우거지며 가을에 단풍이 들고 겨울에 나목이 되는 계절의 섭리가 그것을 잘 보여 주고 있다. 때문에 고여 있어 썩은 물이라면 반드시 새 물로 갈아 주어야 한다. 애써 걸음을 옮겨서 몸을 움직이려 하지 않으면 죽은 모습이다. 그러나 결코 신훈(新熏)에 머물러서도 안 되고 사방으로 나대서도 안 된다. 마찬가지로 깨침의 모습이란 난새와 봉새가 하늘을 날아가지만 그 흔적을 남기지 않은 것과 같고, 영양이 뿔을 나뭇가지에 걸고 잠을 자기 때문에 그 종적을 찾을 수 없듯이 용의주도한 일상의 삶을 보여 준다.

그래서 깨침의 소식이란 현상[賓]과 본체[主]가 대립하는 경우에도 위음나반의 경계를 아득히 벗어나 있는 까닭에 언설이 필요한 경우에도 방제로써만 주창될 뿐이다. 방제(傍提)는 진리를 표현하는 하나의 수단으로서 일상의 차별현상 속에서 원리적인 측면으로만 은밀하게 나타내는 방식이다. 따라서 깨침의 소식은 누구에게나 언제나 어디에나 무엇에나 그대로 현성되어 있음에도 불구하고 좌선을 통한 자각의 경험이 없으면 아무에게도 없고 어느 때에도 없으며 어디에도 없고 무엇에도 없다. 이런 까닭에 깨침의 소식에 대하여 동산양개는 눈에 소리가 들리고 귀에 색이 보이는 걸림 없는 마음의 묘용이라 말하였다.

제95칙
투자염향(投子拈香) – 제왕(帝王) –

한 승이 투자화상한테 물었다. "아까 전에 향을 들고 천자를 위하
여 축수를 하셨습니다. 그렇다면 지금 계시는 황제폐하의 수명은
과연 얼마나 되겠습니까."
투자가 말했다. "달 속의 붉은 계수나무는 멀리 보이고 별들 가운
데 북두성이 가장 높이 떠 있다."

擧 僧問投子和尚 適來拈香祝壽 且道當今皇帝壽年多少 子云 月籠丹
桂遠 星拱北辰高

본 문답은 문답의 묘미와 문답을 통하여 제시하는 접화수단의 가
능성을 여실하게 보여 주고 있다. 무릇 질문은 답변에 들어 있고 답
변은 질문에 묻어 있는 법이다. 문답이 오고 가니 특별히 신경 쓸 필
요가 없다. 비록 그와 같이 언설마다 진리를 드러내고 구절마다 종지
를 초월해 있다만 그것을 얼마나 시의적절하게 제시하느냐가 관건이
다. 마치 움직이는 목표물을 겨냥하는 화살이 활의 시위에서 튕겨 나
가는 시간을 조절하지 못한다면 말짱 헛일이기 때문이다.

스승이 제자를 일깨워 주는 경우에도 마찬가지이다. 간명직절하고

상징적인 문답을 통하여 제자의 깜냥을 파악하는 것이 중요하다. 더불어 제자에게 구사해야 하는 답변을 언제 어떤 내용을 어떤 방식으로 보여 주느냐 하는 것도 중요하다. 따라서 때로는 제자의 질문은 질문 이상으로 중요하기도 하지만 때로는 질문은 차라리 질문하지 않은 것만 못한 경우도 허다하다. 제자가 당장 그 자리에서 무슨 생각을 하고 있으며 무슨 답변을 기대하는가를 파악하여 그에 상응하는 답변을 통째로 먹여 주어야 한다. 어느 날 어떤 법회에서 투자는 설법을 시작하기 전에 관례에 따라서 늘 하다시피 향을 들어서 천자를 비롯한 모든 사람들의 건강과 안녕과 국태민안을 염원하는 축원을 올렸다. 그것은 너무나 자연스럽고 당연한 행위였다.

그런데 승이 그것을 언급하여 질문을 한다. 천자를 위하여 무병장수하시기를 축원하였는데 과연 그 축원대로 천자는 무병장수할 것인가, 무병장수한다면 그 축원이 몇 년이나 약발을 발휘할 것인가, 천자는 투자화상께서 하는 축원을 알아주기는 할 것인가. 투자는 이미 축원을 깔끔하게 마치고 설법을 시작하던 참이었다. 그와 같은 질문을 받은 투자는 또 그렇듯이 답변을 한다. 참으로 당연스러운 행위이다. 묻고 답변한다. 그 이상 아무것도 아니다.

선문선답(禪問禪答)이란 그렇다. 질문을 했음에도 불구하고 답변을 하지 않는다든가 질문도 하지 않았는데 다짜고짜로 답변이랍시고 불쑥 해답을 던진다든가 하는 경우는 아무래도 자연스럽지 못하다.

투자는 타고난 문답의 달인이다. 천자의 축수에 대하여 '달 속의 붉은 계수나무는 멀리 보이고 별들 가운데 북두성이 가장 높이 떠 있다'는 표현은 참으로 안성맞춤이었다. 계수나무는 달을 바라보는 사람이라면 누구에게나 보인다. 그리고 북두성은 하늘의 중심으로서 늘 그 자리에 있다. 천자의 모습은 모든 인민에게 달과 별과 같은 존재이다. 달과 별은 일면불과 월면불처럼 무량수하고 무량광하다. 굳이 앞으로 몇 년을 더 살 것이고 몇 년이 지나면 수명이 다할 것이라는 수식과 설명이 필요가 없다. 하물며 천자의 이름도 들먹여서는 안 되는 법이다. 그만큼 지존의 대상이다.

때문에 천자에 대하여 그 생몰을 논하는 것은 불경스럽다. 천자는 금륜을 잘 굴려서 세상에 은혜를 베풀기 때문에 모두가 우러러보아야 하는 존재이다. 인민의 깜냥으로 미주알고주알 평가를 내릴 수가 없다. 감히 황제폐하의 수명에 대하여 수치를 들이밀어 그 장단을 논한다거나 육갑을 짚어 가며 길흉화복을 점치는 것이란 용납되지 않는다. 이에 투자는 승의 질문이 지니고 있는 자칫 위험한 요소를 적절하게 수용하면서 그것을 조금은 벗어나는 방식으로 포월(包越)하여 응대해 주었다. 만약 질문에 그대로 응수하여 모 년 모 월 모 일 모 시에 일진이 좋지 않다는 식으로 답변했던들 그것은 미래를 점치는 것에 불과하다. 감히 천자의 수명을 가지고 왈가왈부할 수는 없는 시절이었다. 그러므로 방외지사에 해당하는 통방납자인들 어찌 거기에 대하여 눈곱만치라도 의심을 품을 것이며, 본분종사인들 어찌 불경스러운 언사를 초래하겠는가. 이에 다만 천자의 옥체가 천지처럼 영원하길 축수하는 것이다.

제96칙
천녕수가(天寧誰家) - 법촉(法屬) -

한 승이 동경 천녕사의 도해화상에게 물었다. "스님께서는 어떤 가풍을 주창하시는 겁니까. 그리고 또한 누구의 종풍을 이은 겁니까." 천녕선사가 말했다. "금봉은 그믐날 밤에 그림자 없는 나뭇가지에 깃들이고, 산봉우리는 또 짙은 운해에 가려서 보일락말락한다네."

擧 僧問東京天寧楷和尙 師唱誰家曲 宗風嗣阿誰 寧云 金鳳夜棲無影樹 峰巒纔露海雲遮

본 문답의 안목은 수행과 깨침은 순수하게 본래적이라는 것을 알아차리는 것에 있다. 눈곱만치의 사사로운 감정이나 일시적인 편의에 따르지 않는 것임을 잘 보여 주고 있다. 이 문답은 도해의 품성과 관련하여 진리의 법이(法爾)를 다루고 있다. 깨침은 누가 깨친다고 해서 증장하는 것도 아니고, 누가 깨치지 못한다고 해서 감소되는 것도 아니며, 누가 설명한다고 해서 저절로 드러나는 것도 아니고 감추어 둔다고 해서 언제까지나 숨어 있는 것도 아니다. 깨치고 깨치지 못하는 것과는 하등의 상관이 없는 실상진여는 그것을 활용하는 사람에 따라서 현성(現成)되기도 하고 잠밀(潛蜜)되기도 할 뿐이다. 곧 진여의

본체적인 입장이 아니라 그 작용의 체험 여부에 따라서 드러났다고
도 말하고 드러나지 않았다고도 말한다.

동경 천녕사의 부용도해 선사는 기주(沂州) 출신으로 속성은 최(崔)
씨이다. 어려서부터 곡식은 입에도 안대고 솔잎, 대추, 밤 따위만 날로
조금씩 먹는 벽곡(辟穀)으로 생활하면서 이양산에서 은둔생활을 하였
다. 후에 경사에 나아가 술대사(術臺寺)에 승적을 올렸다. 『법화경』의
시험을 통하여 득도하고 해회에서 투자에게 참문하였다. 이에 "불조
들의 언구는 일상의 다반사에 불과합니다. 그것을 벗어나서 별도로 사
람을 위하여 가르쳐 준 도리가 있습니까"라고 물었다.

투자가 말했다. "그대는 환중천자의 조칙을 묻고 있는데, 그것은
모두 요왕·순왕·우왕·탕왕의 가르침을 빌려 온 것이 아니더냐."

도해가 어떤 답변을 하려고 하자 투자는 불자를 들어 도해의 입을
틀어막았다. 그리고 말했다. "그대가 말을 하지 않고 뜻을 보인다 하
더라도 30방을 맞아야 하겠다."

이 말에 도해는 곧 개오하였다. 이에 도해는 거듭 감사의 예배를
드리고는 그 자리를 박차고 나가 버렸다.

투자가 말했다. "어서 다시 돌아오너라."

그러나 도해는 뒤도 돌아보지 않았다. 투자가 말했다. "그대가 도
달한 깨침의 경지는 정녕 의심의 여지가 없구나."

그러자 도해는 두 손으로 귀를 막았다. 이후로 투자 문하에서 수년
동안 머무르고 투자의 법을 이었다. 개당한 이후에는 자주자주 대찰
(大刹)로 옮겨 다니면서 순수한 조도(祖道)의 가풍을 크게 일으켰다.

다음과 같은 일화가 전한다. 대관 2년 봄에 개봉윤 이효수는 도해
의 도행이 총림에 모범이 됨을 알고 그 덕을 드러내고자 황제에게 주

청을 드렸다. 이에 황제는 자방포(紫方袍)를 하사하고 정조선사(定照禪師)라는 호를 내렸다. 이에 내신이 칙명을 가지고 도래하자 도해가 감사하게 맞이하고 말했다. "빈도는 부모의 곁을 떠나서 출가하여 일찍이 다음과 같은 서원을 세운 적이 있습니다. '저는 명리를 따르지 않고 오로지 학도에 매진하여 그것을 구족을 위하여 활용할 것입니다. 진실로 제가 바라는 것은 신명을 다 바쳐서 구도할 것입니다.' 이에 부모가 출가를 허락하였습니다. 그러므로 만약 그와 같은 본지(本志)를 지키지 못한다면 그것은 구슬을 탐내서 그 빛을 따르는 것이므로 불법은 배신하는 것입니다."

그러고는 황제가 하사한 자방포와 호를 사양하였다. 그러자 개봉윤 이효수가 다시 권유하였지만 도해는 돌아보지도 않았다. 이로써 명을 거역한 죄로 산동성 치주(緇州)로 유배생활을 하였다가 이듬해에 해금되었다.

이와 같은 도해의 선풍이야말로 주도면밀하고 행지면밀한 조동종 가풍의 전승이라는 것이 '금봉은 그믐날 밤에 그림자 없는 나뭇가지에 깃들이고, 산봉우리는 또 짙은 운해에 가려서 보일락말락한다네'라는 답변에 잘 드러나 있다. 그림자 없는 나무는 분별과 식정이 통하지 않는 여실한 경지를 상징하고, 그곳에 깃드는 금봉은 무분별의 세계에 노니는 도해 자신이다. 운해에 가려진 산봉우리는 분별과 집착의 눈으로는 도저히 엿볼 수 없는 깨침의 속성을 상징하고, 보일락말락하는 봉우리의 본래모습은 도해의 선법이 어디에서나 현성되고 있으면서 어디에도 걸림이 없는 자유로운 작용이다. 이와 같은 도해의 선풍이 진작됨으로써 당시까지 실낱같이 위태로웠던 조동의 법맥은 다시 도해를 통하여 중흥되었으며 조동의 가풍이 튼실하게 뿌리가 내릴 수 있었다.

제97칙
천녕야반(天寧夜半) – 대기(對機) –

한 승이 천녕한테 물었다. "'한밤중인데 도리어 대낮처럼 밝고, 여명이 밝았는데 아직도 깜깜하네'라는 게송에서 아직도 깜깜하다는 말은 무슨 뜻입니까."
천녕이 말했다. "텅 빈 고깃배에 달빛만 가득 싣고서, 어부는 갈대꽃 수풀에 잠을 청하네."

舉 僧問天寧 夜半正明 天曉不露 如何是不露底句 寧云 滿船空載月
漁父宿蘆花

수행과 깨침의 관계는 반상합도(反常合道)의 도리임을 알아차리는 것이 중요하다. 무엇을 위해서 수행을 하고 또한 깨우쳐서는 무엇을 하는지 도통 이해를 못 하는 사람에게는 반상(反常)일지라도 수행과 깨침의 도리를 아는 사람에게는 합도(合道)의 도리이다. 때문에 선수행에서는 늘 역설의 원리가 드러나 있다. 아니 그와 같은 방식으로 납자를 길들여 교화를 한다. 그러나 정작 역설로 끝나는 것은 아니다.

산이 높으면 골이 깊고 물이 깊으면 고요하다. 지극히 초월적인 도리는 오히려 지극히 일상적이다. 그것은 철저한 본각(本覺)의 입장에 근거하여 전개되는 삶이기 때문이다. 깨침이 어려운 것도 아니고 깨침의 원리가 심오한 것도 아니다. 다만 미리부터 깨침 내지 수행이라는 어떤 분별과 정의를 만들어 놓고 그에 상응하지 않는 것은 모두 부정해 버리는 독단과 선입견으로부터 벗어나지 못할 뿐이다. 때문에 수행을 하고 깨침을 터득하는 자체가 어려운 것이 아니라 그와 같은 상으로부터 벗어나지 못하는 것이 어렵다. 그래서 고인은 "다만 그대의 안목이 바른 것을 중요시할지언정 겉으로 드러난 그대의 행위를 중요시하지 말라"고 말한다. 이런 까닭에 평범함이 곧 진리라는 가르침은 조사선의 가풍에서는 새삼스러울 것도 없다.

다음과 같은 노래가 있다. "호미를 들고 있는 텅 빈 손안에다 올가을에는 기을걷이가 풍년이라네. 무소에 올라타고서 맨발로 섣고 있는 발길은 잠시도 멈출 줄을 모르네." 이와 같은 게송은 중국에 본격적으로 선법이 전래되던 일찍부터 늘 인구에 회자되었던 말이다. 일상의 분별적인 상식으로는 접근할 수 없는 깨침의 속성 내지 공능에 대한 역설의 도리를 잘 보여 주고 있다. 그러나 선자의 입장으로 보자면 이것은 지극히 일상적이다.

마치 가을날이 되어 곡식이 잘 익었는데 추수할 생각을 하지 않는다. 늦가을이 지나도록 바람이 불면 부는 대로 내버려 두고 비가 오면 오는 대로 개의치 않는 게을러빠진 농부의 삶에 비유되곤 한다. 굳이 가을이라고 해서 곡식을 거두어들여야 한다는 원칙은 없다. 그것은 곡식으로 배를 채우려는 사람의 관심사일 뿐이다. 선자의 눈에는 사람이 먹느냐 아니면 새나 들짐승이 먹느냐 관심을 두지 않는다. 배가 고파서 먹고 싶은 경우에 처한 쪽에서 눈치코치 보지 않고 그저 그렇게 자연스럽게 뜯어 먹는다.

봄날에 밭을 갈고 씨를 뿌리는 이유가 추수에만 있는 것은 아니기 때문이다. 반드시 왜 그래야만 한다는 것이 없다. 그것은 한낱 조작이고 분별이며 공능이고 집착에 불과하다. 자연법이에 따르는 가장 좋은 방법은 자연법이를 자신의 맘대로 운용하면서 살아가는 것이다. 우리네 삶에서 어떻게 살아야 하고 무엇을 해야 하며 도덕을 따라야 하고 예의를 지켜야 한다는 규칙을 정해 두는 것은 막상 가장 여법하게 살아가기 위한 방편이다. 그러나 오히려 그 규칙에 치여서 본래성을 상실해 버리고 지키기 위한 규칙으로만 남게 되는 경우가 허다하다. 마치 누에가 자신의 몸에서 실을 뽑아서 만든 자신의 고치에 갇혀 버리는 예가 있다. 결국에는 고치를 뚫고 비상해야 함에도 불구하고 그 속에 갇혀서 죽어 가는 누에고치처럼 자승자박(自繩自縛)이 되어 버린다. 가장 자유롭고 효율적인 생활을 위해서 제정한 계와 율이라 할지라도 마음이 자유롭지 못하면 도리어 계와 율에 얽매여서 벗어나지 못하고 번뇌만 치성해지고 만다.

 '한밤중인데 도리어 대낮처럼 밝고 여명이 밝았는데 아직도 깜깜하네'라는 게송에서 한밤중과 깜깜하다는 말은 무분별의 경지를 상징한다. 반대로 대낮처럼 밝고 동이 터 오는 여명은 분별을 상징한다. 따라서 무분별의 경지야말로 정작 고깃배를 저어 강으로 나갔으면서도 물고기를 잡으려는 생각이 없는 어부의 모습으로 나타나 있다. 더군다나 해가 기울면 집으로 돌아가 잠을 자야 한다는 것조차 번거로울 뿐이므로 바람이 그치고 배가 멈추는 강가의 갈대꽃이 만발한 곳에서 아침까지 코를 골면서 잔다. 이와 같은 어부의 삶은 바람이 부는 대로 흘러가면서도 양 언덕에 닿음도, 물속의 암초에 부딪침도 없이 자유자재하게 흘러가는 수류득묘(水流得妙)의 모습을 뜻한다. 곧 번거로운 세상을 살아가면서도 그에 휩쓸리지 않고 초월자재한 묘용을 발휘하는 것이다. 그러다가 어부는 배를 곯지는 않았을까.

제98칙
천녕상당(天寧上堂) - 법신(法身) -

천녕이 다음과 같이 상당설법을 하였다.

법신이란 그 도리가 오묘하여 언설로는 미치지 못한다. 그 법신은 그대들이 지니고 있는 근심을 모조리 초월해 있다. 선지식들이여, 허깨비 같은 이 육신을 떠나서 별도로 법신이 있겠는가, 아니면 허깨비 같은 이 육신이 곧 그대로 법신이겠는가. 만약 그와 같은 법신의 도리를 안다 할지라도 그것은 모두 법신이라는 개념에 의거하여 일으키는 이해로서 한낱 몽매한 분별심일 뿐이지 아직 법안이 밝게 열린 것은 아니다. 다음과 같은 이야기를 들어 보지 못했는가. [한 승이 협산선회 선사한테 물었다. "법신이란 무엇입니까." 협산이 말했다. "법신에는 형상이 없다." 승이 물었다. "법안이란 무엇입니까." 협산이 말했다. "법안에는 흠집이 없다. 때문에 도오원지 선사께서는 다음과 같이 말했다. '몇 안 되는 납자 가운데 어떤 자가 다짜고짜로 노승한테 법신이 무엇이냐고 물었지. 이에 노승은 염소는 마른자리에서 잠을 잔다고 말해 주었지. 또 어떤 법안이 무엇이냐고 물었지. 이에 노승은 나귀는 젖은 곳에다 오줌을 싼다고 말해 주었지.'" 또 다른 승이 물었다. "형상이 없는 그 법신이란 무엇입니까." 협산이 말했다. "모자를 사려면 머리의 사이즈를 살펴야 한다." 승이 물었다. "흠집이 없는 그 법안이란 무엇입니까." 협산이 말했다. "구덩이는 그대로 구덩이이고 또 언덕은 그대로 언덕이다."] 만약에 이 일화를 점검해 보자면 협산은 무릇 그 가르침[學處]을 분명하게 제시해 두지 않았다. 세간에서는 여염집 규

방의 물건은 함부로 밖에 내다 버리지 않는 법이다. 그런 까닭에
일단 마음[情]이 굳게 닫혀 버리면 그 어떤 개념[識]으로도 쉽사리
열지 못한다. 만약 노승이 오늘 햇살처럼 분명하게 드러내 주지 않
는다면 후학들이 그 지귀(旨歸)를 알기가 어려울 것이다. 그대들한
테 권한다. 진리를 추구하려고 하지 말라. 오직 분별견해만 없애면
그만이다. 모든 분별견해가 사라지면 어리석음[昏霧]이 다시는 발
생하지 않는다. 그래서 자연히 지혜의 거울이 밝아져서 다시는 남
한테 휘둘리지 않는다. 그대 선지식들이여, 잘들 알겠는가. 양구하
고 말했다. 구슬 속에도 불이 들어 있는 줄을 믿어야 한다. 몸소 하
늘을 향해 태양이 무엇인지 물어야 한다.

擧 天寧上堂云 法身者理妙言玄 頓超終始之患 諸仁者 莫是幻身外別
有法身麼 莫是幻身便是法身麼 若也恁麼會去 盡是依他作解 蒙昧兩
岐 法眼未得通明 不見僧問夾山 如何是法身 山云 法身無相 <僧問>
如何是法眼 山云 法眼無瑕 所以道吾云 未有師在 忽有人問老僧 如
何是法身 羊便乾處臥 如何是法眼 驢便濕處尿 更有人問 作麼生是法
身 <山云> 買帽相頭 作麼生是法眼 <山云> 坑坎堆阜 若點檢將來
夾山祇是學處不明 如流俗閨閤裏物不能捨却 致使情關固閉 識鎖難
開 老僧今日若不當陽顯示 後學難以知歸 勸汝諸人 不用求眞 唯除息
見 諸見若息 昏霧不生 自然智鑑洞明 更無他物 諸仁者 還會麼 良久
云 珠中有火君須信 休向天邊問太陽

　　본 문답은 법신과 법안에 대하여 올바르게 이해할 것을 보여 주고
있다. 법신이나 법안은 예로부터 언어도단(言語道斷) 심행처멸(心行處
滅)이라 말해 왔다. 그러나 정작 궁극적으로 언설을 초월해 있는 것도
아니고 심행을 벗어나 있는 것도 아니다. 언설 속에 있지만 언설에
구애되지 않고 심행 속에 있지만 심행으로 분별되지 않는 도리를 철
저하게 인식할 것을 주문하고 있다. 때문에 아직 안목이 트이지 못한
사람에게는 법신·보신·화신의 삼신에 대한 시비도 다만 여러 사람
의 논쟁거리일 뿐이고, 체대·상대·용대의 삼대에 대한 번뇌도 모두
억지로 만들어 낸 개념일 뿐이다. 황금이 비록 귀하다 하나 황금가루

가 눈 안에 들어가면 먼지가 되어 눈병을 일으킨다.

그러나 지혜의 안목이 열린 사람에게는 삼신과 삼대가 그대로 삼신이고 삼대로 작용한다. 돼지의 눈에는 돼지만 보이고 부처의 눈에는 부처만 보인다는 말과 같다. 그러므로 마음의 반연을 벗어나서 일절 사량계탁하지 말아야 하고, 언설의 분별을 벗어나서 시비논의를 멈추어야 한다. 그런 사람이라면 활활 타오르는 불덩어리를 집어삼켜도 혓바닥이 조금도 불에 타지 않는다. 그런 사람에게는 허깨비 같은 이 육신과 영원불멸의 법신이 따로 없다. 왜냐하면 협산의 말마따나 법신에는 형상이 없고 법안에는 흠집이 없기 때문이다. 형상이 없고 흠집이 없으므로 변화가 없다. 변화가 없으므로 영원하다. 영원하므로 번뇌가 없다. 번뇌가 없으므로 시비분별을 벗어나 있다. 때문에 노오원지는 법신이 무어냐는 물음에 대하여 염소는 마른자리에서 잠을 잔다고 말해 주었고, 법안이 무어냐는 물음에 대하여 나귀는 젖은 곳에다 오줌을 싼다고 말해 주었다.

이것은 양이나 마귀나 모두 평소 하던 버릇대로 하면서 살아간다는 것으로 지극히 상식적으로 당연한 도리를 말한 것이다. 그리고 형상이 없는 그 법신에 대하여 협산은 모자를 사려면 머리의 사이즈를 살펴야 한다고 말했고, 흠집이 없는 그 법안에 대하여 구덩이는 구덩이이고 언덕은 언덕이라고 말했다. 곧 법신과 법안은 온갖 개념적인 분별과 집착을 벗어나 있음을 말한 것이다. 이것은 법신과 법안의 경우 실상의 차원 그대로의 모습으로 작용하고 있음을 피력한 것이다. 모자를 선택하고 그에 맞는 머리를 찾는 것이 아니라 머리의 사이즈를 재고 나서 그에 맞는 모자의 치수를 고르듯이 자연스러운 모습이고, 구덩이는 구덩이대로 땅이 낮게 파인 부분이고 언덕은 언덕대로 땅이 높이 솟아 있는 부분이다. 오리의 다리는 짧고 학의 다리는 길다. 짧으면 짧은 대로 진리이고 길면 긴 대로 진리이다.

그러면서도 천녕선사는 협산의 그와 같은 가르침에 대하여 그 가르침[學處]을 분명하게 제시해 두지 않았다고 평가한다. 법신과 법안이 기실 진리의 모습 그대로이기는 하다만 그것도 역시 하나의 개념과 언설에 불과하다. 이와 같은 입장에서 분별의 언설과 사량의 개념에 장애되지 않는 것은 비유와 상징으로 드러내는 방식이 있다. 그래서 천녕은 세간에서 여염집 규방의 물건을 함부로 밖에 내다 버리지 않는 것에 비유하였다. 규방의 은밀한 비밀은 법신과 법안의 은밀한 진리를 상징한다. 그것은 분별의 범부심으로는 알 수가 없는 것이기에 분별사식의 범부에게는 꽁꽁 닫혀 있는 모습이다. 그 어떤 분별개념으로도 접근할 수가 없다. 분별과 개념을 떨쳐 버리지 못한다면 그어떤 가르침으로도 일깨워 주기가 어렵다는 것이다.

이에 천녕은 선지식들한테 진리를 추구하려고 하지 말고 오직 분별견해만 없애면 그만이라고 가르친다. 진리를 추구하려는 행위가 분별이기 때문이다. 진리를 추구하려는 그와 같은 분별마저 사라지면어리석음이 다시는 발생하지 않기 때문이다. 달빛은 고요한 밤중에잘 보이고 샘물소리는 깊은 밤에 잘 들린다. 밤이 되면 시계 소리는더욱더 크게 들리고 편안하면 온갖 망상이 피어오른다. 구슬 속에도불이 들어 있는 줄을 믿어야 한다는 것은 본성 가운데 본성의 작용이구비되어 있는 줄 믿어야 한다는 것이고, 몸소 하늘을 향해 태양이무엇인지 물어야 한다는 것은 본래성품이 구비되어 있으면 곧 본성에서 자각해야만 한다는 말이다.

그렇지만 반대로 경전에만 의거하여 뜻을 이해하면 삼세제불과 원

수가 되지만 그렇다고 해서 경전에서 한 글자라도 벗어나기라고 한
다면 그것은 곧 마설이 되고 만다. 때문에 파주(把住)하면 곧 진금일
지라도 고유한 색을 잃어버리고 방행(放行)하면 곧 장벽와력일지라도
찬란한 빛을 낸다. 파주는 억지로 무언가를 성취하려는 공용심이고
방행은 있는 그대로 긍정하는 무공용심이다. 여기에서 방행으로 일관
한다 할지라도 그로부터 한 걸음 더 나아가는 향상의 일규가 있다는
것을 알아야 한다. 그와 같은 저 향상일규(向上一竅)의 도리는 불향상
사(佛向上事)와 같은 의미이다. 곧 부처의 경지에 올라 있으면서도 그
에 안주하지 않고 그로부터 다시 초월하는 선기를 말한다. 이에 그와
같은 모습을 일상의 생활에서 드러내자면 외딴 암자에서 바라보건대
지 멀리 원숭이 우는 곳에도 또 나른 향상일규의 노리가 하늘에까지
뻗쳐 있는 꼴이다. 만약 이와 같은 도리를 알아차린다면 그것은 법신
이라는 개념에 의거하여 일으키는 이해도 아니고 또한 몽매한 분별
심도 아니다. 그러므로 만약 법안을 밝게 열어젖히고 싶다면 이와 같
은 개념과 분별을 벗어나서 터득해야 한다.

그러려면 우선 눈 밝은 선지식을 참문해야 한다. 처음 발심했을 때
부터 본분작가를 참문하지 못하면 끝내 쓸데없는 쓰레기가 되고 만
다. 때문에 천녕은 숱한 선지식을 찾아다니는 데 머뭇거리지 않았으
며 온갖 고난도 마다하지 않았다. 이로써 바위에다 꽃을 심었고 허공
에다 말뚝을 박았다. 여기 법신과 법안에 대한 상당법문은 그와 같은
경험으로부터 납자들을 번뇌의 속박으로부터 해탈시켜 주었을 뿐만
아니라 온갖 집착으로부터 벗어나게 해 주는 법어이다. 그러면서도
세속의 추언(麤言)으로 계교하지도 않았고 또한 개념으로 도리를 천
착하지도 않았다.

　그래서 천녕은 감히 협산의 가르침의 방식마저 과감하게 꾸짖을 수 있었다. 천녕은 여기에서 납자를 제접하는 즈음에 핵심적인 도리를 직절하게 설명해 주기 위하여 입술을 아끼지 않고 지시해 주었고, 양구(良久)를 통하여 재삼 수고를 마다하지 않고 고구정녕(苦口叮嚀)하게 그것이 그대의 본유진성임을 설해 주었다. 이것은 밖을 향해서 찾느라고 치달리지 말라는 것이었다. 그와 같은 모습에 대하여 단하자순은 다음과 같이 게송으로 말한다.

깨침은 평상에 계합하여 이단을 벗어나 있는데　道合平常絕異端
수행납자는 어째서 어려운 길 찾아가려 하는가　行人何必歷艱難
이제부턴 결코 손자의 병법에도 의지하지 말고　從今莫買孫賓卜
거북이 껍데기는 영험이 없으므로 부수지 말라　龜殼無靈不用鑽

　단하자순의 가풍에서는 가담항설의 추언(麤言) 및 세어(細語)가 모두 제일의(第一義)이므로 기실 깨침이 평상에 계합되고 평상이 깨침에 계합된다. 진정으로 평상심을 실천하는 사람이라면 하필 바쁘게 죽장을 짚어 가며 번거롭게 아등바등할 필요가 없다. 동서남북으로 이리 뛰고 저리 뛰면서 죽도록 헤맨들 필경에 무슨 결과가 있겠는가. 그런 자세로는 물 한 모금도 소화시키지 못하고 길흉화복을 점치느라 바쁘게 손자병법에만 의지할 뿐이고, 거북이 등껍데기를 불에 구워서 점치는 일에나 매달리는 꼴이다. 법신과 법안은 대자유인의 눈에는 별것도 아니지만 그저 아무것도 아닌 것은 더욱 아니다. 눈을 뜨면 한낮이지만 눈을 감으면 밤중이다.

대홍보수 선사가 상당하였다. 이에 주장자를 들고 말했다.
세상에 태어날 때부터 세간을 아득히 초월하였고
처음에 올 때부터 잎도 없었고 또 뿌리도 없었네
이따금씩 징검다리 끊어진 시냇물을 겨우 지나서
몇 차례나 밝은 달빛 벗 삼아 집으로 돌아왔던가
비록 그렇다고는 하나 또 허물이 없을 수는 없다. 이에 다짜고짜로
향대를 한 차례 내려치고 나서 법좌에서 내려왔다.

擧 大洪保壽恩禪師　上堂拈拄杖云　得自天台絶比倫　從來無葉又無根
有時扶過斷橋水　幾度伴歸明月村　雖然如是　也不得無過　擊香臺一下
便下座

　본 문답은 대홍보수(大洪保壽, 大洪報恩)가 들고 있는 주장자야말로
수행과 깨침이 결국 자신으로부터 시작하고 자신으로 되돌아와야 함
을 보여 준 것이다. 그러나 완전한 자신이 되기 위해서는 자신 이외
의 온갖 방편을 훌륭하게 활용하지 않으면 안 된다.

　수주 대홍산의 보은선사는 위지의 여양 출신이다. 속성은 유(劉)씨
이고 대대로 무관을 지낸 가문으로 불사를 즐겨 하였다. 어머니가 득

남기도를 하였는데 꿈에 부처님을 친견하였는데, 아라한이 무동을 태워 준 이후에 태기가 있었다. 태어났을 때부터 과연 특이한 풍모였다. 갓을 쓰기도 전에 급제하여 북도(北都)에서 관리 노릇을 하였다. 그러다가 홀연히 속세를 벗어나고 싶어서 조정에 관리를 사퇴하고 세간법을 벗어날 것을 청하자 황제께서 그 까닭을 물었다. 선사가 사뢰었다. "신의 조상께서는 죽어서도 황제를 섬겼습니다. 그러나 어찌 그것으로 황제의 큰 은혜에 보답할 다할 수가 있겠습니까. 오직 부지런히 수행을 닦는 것이야말로 참으로 큰 명복을 비는 것입니다." 신종황제가 그 뜻을 갸륵하게 여기고 여법한 의식을 갖추어 보은(報恩)이라는 이름을 하사하였다.

이에 서울의 복수사(福壽寺)에서 수계를 받고 투자한테 나아갔다. 투자가 물었다. "날이 밝았는가." "예, 밝았습니다." "날이 밝았으면 이제 발을 걷어라." 이에 선사가 발을 걷다가 홀연히 깨침을 터득하였다. 투자한테 참문하자 투자가 선사를 인가하였다. 투자가 입적한 후에 몇 년 동안 그 탑을 지켰다. 승상이었던 한 공이 청하여 소림에 주석토록 하였다. 황제가 칙명을 내려 대홍율사(大洪律寺)를 대홍선사(大洪禪寺)로 바꾸고 그곳의 초대 주지로 모셨다. 숭녕 2년에 조칙을 내려서 서울의 법운사에 주석토록 하였다. 숭녕 5년에는 다시 대홍선사로 옮겨서 선풍을 크게 진작하였다. 하루는 상당하여 주장자를 들고서 다음과 같이 말했다.

세상에 태어날 때부터 세간을 아득히 초월하였고
처음에 올 때부터 잎도 없었고 또 뿌리도 없었다
부처님은 세상의 중생을 위해서 지극히 간절하고

철두철미하게 대자 대비심을 깊고 넓게 베풀었다
이에 그대들은 이 주장자 끝을 향하여 살펴 보라
본분자리에는 비록 가지도 없고 이파리도 없으며
뿌리 및 싹마저 이미 이리가 모두 뭉개버린 것을

또 다음과 같이 말했다.

다리 끊어진 시냇물을 겨우 지나서
밝은 달빛 벗삼아 집으로 돌아오네

이에 대하여 단하자순은 다음의 게송을 들어 평가하였다.

이 나무는 천지를 인연하여 발생한 것이 아니다　此樹不從天地生
산 오르고 물 건너서 바야흐로 깨친 공능이라네　登山涉水承渠力
이제야 비로소 번거로운 수행을 벗어던지고나니　如今擲向亂峰前
총림에서 정해둔 제반의 규구를 벗어날 수 있네　免致叢林爲軌則

여기에 등장하는 보수의 상당법어에는 의기투합하여 주고받는 문답을 토로한 모습으로서 그 어느 것 하나도 어그러질 것이 없다. 따라서 온몸을 그대로 내던져도 아무런 흠이 없이 완전하거늘 어찌 굳이 이러쿵저러쿵 미주알고주알 따지고 자시고 할 것이 있겠는가. 자칫하면 어그러질 판에 어떤 질문을 하고 어떤 답변을 해야만 자신의 몸을 하나도 상하지 않고 안전하게 건사할 수 있겠는가. 궁극에는 자신에게서 찾아야 한다. 그와는 달리 과연 자기를 내버려 두고서 남한테서 깨침을 터득할 수 있을 것인가. 비록 그렇다면 또한 허물이 없을 수는 없다. 이런 까닭에 향대를 한 차례 탁! 내려치고는 아무런 미련도 없이 법좌에서 그냥 내려올 수밖에 없었다. 여기에서 대홍보수 선사는 깨침이란 어디까지나 자기의 고향집을 향해서 돌아가고 또 돌아가는 것임을 믿을 것을 요구한다. 그렇지 않고 남의 언구를 추구하거나 밖을 향해서 찾으려 한다면 자기의 마음은커녕 그 그림자조차 끝끝내 터득하지 못한다.

'세상에 태어날 때부터 세간을 아득히 초월하였다'는 말은 깨침과 수행은 유위의 노력을 통해서 성취되는 것이 아님을 말한 것이다. 사람은 태어날 때부터 사람으로 태어났다. 토끼나 말의 과정을 거쳐서 사람이 된 것이 아니다. 곧 수행과 깨침이 본수(本修)이고 묘수(妙修)이며 진수(眞修)이며 본증(本證)이고 묘증(妙證)이고 진증(眞證)임을 보여 주고 있다. 이와 같은 본래적인 자성의 모습을 강조한 것은 보리달마 이래로 조사선에서 내려오는 전통적인 사유방식이다. 때문에 '처음에 올 때부터 잎도 없었고 또 뿌리도 없었네'라고 말한다. 잎과 뿌리는 후천적인 유위의 조작적인 훈수(勳修)이고 작수(作修)이며 신수(新修)이며 작증(作證)이고 훈증(勳證)이며 신증(新證)임을 말한다.

이런 입장에서 실천하는 수행과 깨침은 분별의 상식으로는 전혀 접근할 수 없는 모습으로 나타난다. 그런 모습이 곧 '이따금씩 징검다리 끊어진 시냇물을 겨우 지나서'라는 말이다. 이러한 도리를 아는 사람에게는 상식이지만 모르는 사람에게는 뚱딴지같이 무모하고 수수께끼같이 아리송할 뿐이다. 그러나 막상 자신이 경험한 눈으로 바라보면 '몇 차례나 밝은 달빛 벗 삼아 집으로 돌아왔던가'라는 말처럼 지극히 당연한 처사이다. 자신이 돌아올 곳은 결국 고향이다. 고향은 처음의 출발점이자 더불어 궁극의 도착자이다. 고향의 모습을 찾은 사람은 삼세제불과 삼세제보살과 더불어 노닌다. 여기에서 대홍보수 선사는 다시 불향상사(佛向上事)를 찾지 않으면 안 된다고 말한다. 그것이 곧 '비록 그렇다고는 하나 또 허물이 없을 수는 없다'는 당부이다. 불경계 및 보살경계에도 머물지 않는 조사선의 가풍을 유감없이 보여 주고 있다.

일찍이 운문문언의 법을 이은 기주(蘄州) 북선암(北禪庵)의 오통적(悟通寂) 선사가 어느 날 상당하여 주장자를 들고서 다음과 같이 말했다.

[과거 미래 현재의 제불과 미진수의 보살이 이 주장자 끝에서 동시에 대법륜을 굴리면서 그대들의 콧구멍 속으로 통과하고 있다. 그대들은 그것이 분명히 보이는가. 만약 보인다면 산승한테 보여 달라. 그러나 만약 그것을 보지 못한다면 그대들은 서 있는 송장과 같을 뿐이다. 양구하고 말했다.

바람이 멎어드니 물결이 고요하다
그대들은 그만 승당으로 돌아가라]

이것은 대법륜을 굴리면서 교화하는 삼세의 제불과 제보살에 대한 모습이다. 이에 대하여 임천종륜은 다음과 같이 게송으로 말했다.

그대로 그냥 놓아주자니 너무나 위태롭고
그렇다고 거두자니 너무나 서대는 꼴이다
결국 이러지도 저러지도 못하는 형편이니
그것은 용처가 제각각 달라진 까닭이로다

곧 자신에 대한 철저한 자각과 각자가 그에 상응하는 보살행을 실
천할 것을 노래한 것이다. 그러려면 우선 자신에 대한 자긍과 스승에
대한 신뢰가 뒤따라야 한다. 이와 같은 모습에 대하여 임천종륜은 또
다음과 같이 말했다.

모든 사람은 본래부터 자성을 구비하고 있는데	人人本有箇箇不無
음양의 조화를 말미암아 성취한 것이 아니라네	匪假陰陽而可生成
그러니 어찌 제반의 수행을 의탁하여 터득하랴	豈干造化而能製就
모름지기 안거 동안 내내 허투루 보내지 말게나	不須九節何用過頭

제각기 갖추고 있는 본래의 자성은 그림자도 없고 형체도 없어서
그 수명에 길고 짧은 것으로 논할 바가 아니다. 그렇지만 자신의 자
성을 문병하고 또렷하게 자각하기 위해서는 부득불 가파르고 험난한
산을 넘고 산골의 깊디깊은 물을 건너면서 눈 밝은 선지식의 가르침
을 말마암지 않으면 안 된다. 오히려 본래부터 자기의 것이었기 때문
에 자기의 것으로 온전하게 활용하기 위해서는 그것을 활용할 수 있
는 충분한 능력을 가꾸고 준비해 두지 않으면 안 된다. 그러기 위해
서는 총림의 번거로운 규구에 얽매이지 말고 그것을 오히려 자신의
발판으로 활용할 줄 아는 지혜가 필요하다. 그렇지 않고서야 규구에
얽매여 벗어나지 못한다면 마치 장벽와력(牆壁瓦礫)과 같이 아무런 공
능도 발휘하지 못하고 그저 그런 대로 이리 휩쓸리고 저리 휩쓸리면
서 평생 동안 꼭두각시와 같은 신세로 살다가 갈 뿐이다.

제100칙
삼계유심(三界唯心) – 시중(示衆) –

보수선사가 상당하여 다음과 같이 말했다.
삼계는 오직 분별심[心]이 드러난 것이고
만법은 오직 분별식[識]이 드러난 것이다
아득한 경계 밖에서 먹구름이 일어나더니
가까운 처마 끝자락에서 빗방울 떨어진다
계곡의 짙푸른 물결은 쪽빛처럼 맑디맑고
산야의 꽃다지는 흐드러지게 피어나 있다
이런 시절에도 근원을 궁구하지 못할진댄
당래의 미륵보살을 기다려 물어야 하리라
이제 내 말을 듣고서 잘들 이해가 되는가
오랫동안 서서 있느라고 수고들 많았구나

擧 保壽上堂云 三界唯心 萬法唯識 檻外雲生 簷頭雨滴 澗水湛如藍
野花開似織 此時若不究根源 謾向當來問彌勒 還會麼 不勞久立

본 문답은 일체유심과 만법유식의 도리를 관념으로 간주하지 말고 일상의 체험으로 느끼고 경험하며 향유하고 실천해야 한다는 것을 가르쳐 주고 있다. 유심과 유식에 대하여 자칫 일체의 행위 및 현상을 마음의 장난으로 삼아서 모든 것을 해결하고 치부하며 이해하고 주장하려는 것은 큰 잘못이라는 것을 보여 준다. 마음이란 그와 같이 편협하고 자기식대로 함부로 이해해서는 안 된다는 도리를 깨우치지 않으면 안 된다. 마음에 대한 올바른 이해는 관념과 망상과 같은 분별사식으로는 통달할 수가 없다. 때문에 혹자는 마음에 대하여 크기로 말하면 너무나 커서 그 겉을 감싸 안을 수가 없고, 미세하기로 말하면 너무나 미세하여 그 속에 들어갈 수가 없다고 하였다.

일찍이 신정인(神鼎諲) 선사가 어렸을 때 몇 명의 노숙과 함께 남악에 유행하였다. 어느 날 객점에서 한 승과 더불어 삼계유심(三界唯心) 만법유식(萬法唯識)에 대하여 토론을 하였다. 신정인 선사가 물었다. "스님이 말씀하셨듯이 삼계는 유심이고 만법은 유식이라고 합시다. 이 경우에 유식과 유심인 까닭에 눈으로 소리를 듣고 귀로 색을 본다는 말은 누구의 말에서 인용한 겁니까."

승이 말했다. "법안문익 대사의 게송에 나오는 말이다."

인선사가 말했다. "그러면 그 말의 뜻은 무엇입니까."

승이 말했다. "유심이기 때문에 근(根)과 경(境)이 상도(相到)하는 것도 아니고, 유식이기 때문에 소리와 색도 제각각이다."

인선사가 말했다. "그러면 혀로 맛보는 경우에도 근(根 곧 혀)과 경(境 곧 맛)이 제각각이 되는 겁니까."

승이 말했다. "그렇다."

그러자 인선사가 젓가락으로 나물을 집어서 입속에 넣고는 말했다. "그렇다면 지금 이 도리는 입과 나물의 상입(相入)이 아닙니까."

곧 스님의 말대로라면 입은 근이고 나물은 경으로서 입과 나물이 동일한 것이 아니냐는 질문이다. 그러나 여전히 입은 입이고 나물은 나물일 뿐이다. 이에 그 토론을 지켜보던 몇 명의 노숙을 비롯하여 주변의 다른 사람들이 깜짝 놀라서 아무런 대꾸도 하지 못했다. 그러자 인선사가 말했다. "길을 가는 즐거움에 빠져 있으면 끝내 집에 도달할 수가 없습니다. 그리고 안목이 작으면 견도(見道)했다고 말할 수가 없습니다. 참구는 모름지기 실참(實參)이어야 하고 깨침은 모름지기 자각적인 체험이어야 합니다. 그러면 염라대왕도 그와 더불어 유쾌하게 토론할 것입니다."

양약은 입에 쓰고 충언은 귀에 거슬린다고 하였다. 인선사의 그 말이야말로 유식과 유심의 종지를 관념이 아니라 실제적으로 체험을 통한 도리라는 것을 단적으로 요달한 증거였다. 이런 까닭에 보수선사가 말했다. "아득한 경계 밖에서 먹구름이 일어나더니 가까운 처마 끝자락에서 빗방울 떨어진다. 계곡의 싯푸른 물결은 쪽빛처럼 맑디맑고 산야의 꽃다지는 흐드러지게 피어나 있다."

이 말은 지금 눈앞에 펼쳐지고 있는 현상이 관념과 꿈이 아니라 실제로 보고 들으며 느끼고 아는 도리임을 피력한 것이다. 여기에는 구름에서 비가 내리듯이 인과법만큼이나 명쾌한 사실이 엿보인다. 그래서 영명연수 선사의 『유심결』에서도 역시 다음과 같이 말하였다.

뜨락의 바위에 자란 나무 그 가지는 끝없이 오묘하게 자랐고
원숭이의 울음과 지저귀는 새소리가 모두 불이의 원음이로다
巖樹庭柯各挺無邊之妙相
猿吟鳥噪皆談不二之圓音

이것이야말로 진진(塵塵)이 유심의 도리이고 제법이 유식의 도리이다. 만약 이러한 도리에서 어그러지고 만다면 돌미륵불상도 고개를

돌려 앉을 것이다. 그런 연후에야 비로소 보수는 "이제 각자 흩어지거라. 오랫동안 서서 있느라고 수고들 많았다"고 말하였다.

보수의 가르침은 일체의 사물이 그대로 깨침의 현현이라는 현성공안(現成公案)의 도리를 언급하고 있다. 때문에 산하대지의 온갖 사물에 이미 진여가 감추어짐이 없이 있는 그대로 드러나 있으니, 매를 기르는 사람은 매한테 굳이 멀리 신라에까지 날아가는 방법을 가르쳐 줄 필요가 없다. 또한 눈에 보이는 일체의 삼라만상에 진리가 뚜렷하게 작용하고 있으니, 방 안에 갇혀 있는 미욱한 파리한테 굳이 창호지를 뚫고 밖으로 탈출하는 방법을 가르쳐 줄 필요가 없다. 각자 자기의 깜냥만큼만 이해하고 받아들이며 실천하고 판단한다.

보수가 상당하여 이와 같은 현성공안의 도리를 제아무리 힘들이고 애써서 일러 주고 이끌어 주느라고 부지런히 세상의 사람들한테 노파심으로 가르쳐 준대도 아무도 알아주는 사람이 없으니 참으로 답답한 모양이다. 그러니 어쩌겠는가. 진리가 노천으로 깔려 있는 줄을 아는 사람이라도 알아야 하지 않겠는가. 때문에 이와 같은 보수의 간절한 마음을 조금이라도 헤아릴 줄 아는 안목을 지닌 사람이라면 보수가 궁극적으로 제시하려는 것이 무엇인지를 잘 살펴보아야 한다. 보수의 능수능란한 가르침이 수단은 마치 한마디 말도 하지 않았는데 그 뜻이 천고에 분명하듯이 썩 훌륭하다고 단하자순은 다음과 같이 찬탄하였다.

신통방통한 도리가 삼세에 걸림 없으니	靈然不涉去來今
삼계의 모두가 마음에 불붙은 꼴이라네	三界都盧一點心
저 멀리 복사꽃 피는 봄에 나비 춤추고	檻外桃花春蝶舞

문전 버들가지에 새벽 꾀꼬리 지저귀네   門前楊柳曉鶯吟

　유식의 도리와 관련하여 일찍이 한 승이 낭야혜각 화상한테 물었
다. "제법이 청정본연인데 어째서 홀연히 산하대지가 발생한 겁니
까." 혜각이 말했다. "그래, 제법이 청정본연인데 어째서 홀연히 산하
대지가 발생한 것일까." 이것은 곧 미혹할 때는 삼계가 유(有)이지만
깨쳤을 때는 삼계가 공(空)하다는 것을 말한 것이다. 곧 물음에 대하
여 물음과 똑같은 말로서 답변을 하고 있다. 질문 곧 답변이다. 이것
을 비유하면 도적의 말을 빼앗아 타고 도적을 쫓아가는 격이고 도적
의 창을 빼앗아 도적을 붙잡는 격이다. 또한 먼저 간 사람은 아직 도
착하지 않았는데 나중에 간 사람은 벌써 지나쳐 버렸다고도 한다. 이
것은 산하대지가 그대로 본래해탈이고 청정본연이 그대로 육취사생
(六趣四生)이며 청정본연이 유위제법(有爲諸法)이고 망상이 곧 진여인
도리이다. 미혹한 눈으로 보면 일체가 미혹하지만 지혜의 눈으로 보
면 일체가 진리이다. 미혹하면 삼계육도가 있지만 깨치면 일체공이
다. 이것이야말로 선의 격외도리를 여실하게 드러낸 선의 풍모이고
깨침의 본래면목이다.

　이러한 모습은 마치 일체법은 인연으로 말미암아 생겨나지만 도리
어 일체법은 인연으로 말미암아 사라지는 격이다. 같은 인연이건만
같은 인연이 아니다. 정각과 미혹이 따로따로인 듯하지만 청정본연하
여 바탕에 차별이 없고, 질문과 답변이 별개인 듯하지만 질문 없는
답변이 없고 답변 없는 질문이 없다. 그래서 청정본연하기에 산하대
지가 생겨난 것이다.

　단하가 말한 '저 멀리 복사꽃 피는 봄에 나비 춤추고, 문전 버들가

지에 새벽 꾀꼬리 지저귀네'와 같은 상황에는 무심하게 나비가 훨훨 춤을 추는 대로 바라보고 꾀꼬리는 꾀꼬리대로 지저귀는 소리를 들어 주면 그만이다.

그런데 여기에다 나비는 왜 춤을 추고 무슨 춤을 추며 꾀꼬리는 왜 지저귀고 무슨 소리를 지저귀는가 하고 분별하는 것은 망상이다. 나비의 춤이 보여도 보지 못하고 춤이 보여도 진의를 보려고 하지 않고, 꾀꼬리의 노랫소리가 들려와도 듣지 못하고 노랫소리가 들려와도 진의를 들으려 하지 않는 꼴이다. 소리와 색이란 본래 순수한 진여의 상태 그대로여서 결코 이념(異念)이 없다. 무심하게 보고 들으면 산과 강의 초목은 진제를 고스란히 드러내고 꽃과 달은 누대에서 부처님의 설법을 토하는 법이다. 왜냐하면 분별심으로 경계의 대상물을 추구하면 생각이 자꾸만 밖으로 치달리는데, 이런 경우에 터럭 끝만치라도 틈이 벌어지면 하늘과 땅만큼 크게 어그러지고 말기 때문이다. 짝퉁도 자꾸 발전하여 정교해지면 마침내 진품이 된다. 아니 진품처럼 대접을 받을 뿐이다. 그러나 여전히 진품은 진품이고 짝퉁은 짝퉁이듯이 사실은 어디까지나 사실이다. 배고픈 소한테는 꼴을 주는 법이다.

1. 고사미(高沙彌): 약산고(藥山高)로서 도오원지(道吾圓智)와 운암담성(雲岩曇晟)과 더불어 약산유엄(藥山惟儼)의 제자이다. 후에 약산의 휘하를 떠나서 초암을 짓고 머물면서 오고 가는 길손들을 제접하였다.

2. 곡산도연(洞山道延, 谷山道延: ?~922): 복건성 복주(福州) 장락현(長樂縣) 출신으로 속성은 유(劉)씨이다. 조산본적(曹山本寂: 840~901)의 법사로서 처음에는 녹두(鹿頭)에 주석하였다. 이후 오(吳)의 무의(武義) 2년(920)에 동산에 3년 동안 주석하여 그곳의 제4세가 되었다. 시호는 홍과대사(洪果大師)이다. 곡산도연은 신라의 백엄양부(伯嚴楊孚) — 정진긍양(靜眞兢讓: 878~956)으로 계승되어 지증도헌(智證道憲: 824~882) — 백엄양부 — 정진긍양 시대에 형성된 소위 희양산문(曦陽山門)의 법계와 깊은 관계가 있다.

3. 광덕의 선사는 동산양개(807~869) — 청림사건(?~904)의 법사이다.

4. 광덕주 선사는 동산양개(洞山良价) — 청림사건(靑林師虔) — 광덕의(廣德義) — 광덕연(廣德延) — 광덕주(廣德周)로서 조동종의 제5대 조사인데 자세한 전기는 전하지 않는다.

5. 구봉도건(九峰道虔)은 당말 오대의 선자로서 복건성 후관현(候官縣) 출신으로 속성은 유(劉)씨이다. 제방을 편력한 후에 석상경제(石霜慶諸)로부터 인가를 받았다. 후에 강서성 균주(筠州)의 구봉산에 주석하였다가 강서성의 늑담(泐潭)의 보봉선원(寶峰禪院)으로 옮겼다. 시호는 대각선사(大覺禪師)이다. 그 법계는 약산유엄 - 도오원지 - 석상경제 - 구봉도건이다.

6. 금봉종지(金峰從志)는 생몰연대가 알려져 있지 않다. 조동종파 조산본적의 제자로서 강서성의 무주 금봉산 금봉보은원(金峰報恩院)에서 조동종의 종풍을 이었다. 현명대사(玄明大師) 또는 원광선사(圓廣禪師)라 불렸는데『조산어록』을 편찬하기도 하였다.

7. 나산도한(羅山道閑)은 오대(五代)의 선자로서 암두전활(巖頭全豁)의 법사이다. 복건성 장계(長谿) 출신으로 속성은 진(陳)씨이다. 구산(龜山)에서 출가하고 구족계를 받은 이후에 제방을 유행하였다. 석상경제(石霜慶諸) 및 암두전할에게 참문하였다. 청량산 민왕(閩王)이 그 법을 찬탄하고 복건성 복주에 청익하고 법보선사(法寶禪師)라는 호를 내렸다. 그 법계는 덕산선감(德山宣鑒) - 암두전활(巖頭全豁) - 나산도한(羅山道閑)이다.

8. 남전보원(南泉普願: 748~834)은 하남성 정주(鄭州) 신정(新鄭) 출신으로 속성은 왕(王)씨이다. 율과 경학을 공부한 후에 마조도일을 참문하여 그 법을 이었다. 48세부터 안휘성 지양(池陽)의 남전산에 주석하여 선원을 구축하고 소를 키우며 나무를 하고 밭을 개간하면서 섭법을 고취하였다. 스스로 왕노사(王老師)라 칭하면서 30년 동안 산을 내려오지 않았다. 지양의 태수를 지냈던 육긍(陸亘) 대부(大夫)가 스승으로 예우하였다. 마조도일의 제자로서

백장회해와 서당지장과 더불어 마조의 삼대사(三大士)로 알려진 인물이다.

9. 능담명 선사는 오대에 구봉도건의 법을 이어 강서성 홍주의 능담에 주석하였다.

10. 단하자순(丹霞子淳, 德淳: 1064~1117)은 녹문자각과 함께 부용도해의 제자이다. 속성은 가(賈)씨이고 사천성 검주 재동현 출신이다. 27세 때 구족계를 받고 진여모철·진정극문·대홍보은 등을 역참하였다. 후에 대양산 도해에게 참문하고 그 법을 이었다. 숭녕 3년(1104) 남양의 단하산에 주석하였다. 이후 당주의 대승산 및 수주 대홍산에서 선풍을 진작하였다. 정화 7년(1117)에 3월 11일 입적하였다. 문하에 진헐청료·천동정각·대승이승·대홍경예 등이 뛰어났다. 『단하자순선사어록』 2권, 『허당집』 3권 등이 널리 유포되었다.

11. 담주 운암담성(雲岩曇晟: 782~841) 선사는 종릉(鐘陵) 건창(建昌) 출신으로 속성은 왕(王)씨이다. 석문(石門)에게 출가하고 백장회해(百丈懷海)에게 20년 동안 참문하였지만 인연이 없었던 탓인지 깨치지 못하였다. 후에 다시 약산유암에게 참문하여 그 법을 이었다. 위의 문답은 법을 잇게 된 계기와 관련된 것이다. 호남성 담주(潭州) 운암산(雲巖山)에 주석하면서 선풍을 진작하였다.

12. 대광은 석상경제의 법사인 대광거회(大光居誨, 大光居讓: 837~903)이다. 장안 출신으로 속성은 왕(王)씨이다. 석상경제에게 2년 동안 사사하고 북탑(北塔)의 주(主)로 있을 때 인가를 받았다. 20여 년 이후에 담주(潭州) 대광산에 주석하면서 선법을 거양하였다.

13. 대양명안(大陽明安) 선사는 대양경현(大陽警玄: 943~1027)으로 그 법계는 동산양개-운거도응-동안도비-동안관지-양산연관-대양경현으로 중국 조동종의 제6대조사이다. 호북성 강하(江夏) 출신으로 속성은 장(張)씨이다. 숙부였던 금릉 숭효사(崇孝寺)의 지통(智通) 스님에게 19세에 출가하고 『원각경』의 가르침을 들은 후에 여러 곳을 유행하였다. 호북성 양산(梁山)에서 연관(緣觀)을 참문하고 무상도량(無相道場)에 대하여 문답하고 현지를 깨우쳐 사법하였다. 후에 호북성 영주(郢州) 대양산의 혜견(慧堅)에게 참문하고 그 법석을 이었다. 대중상부(大中祥符: 1008~1016) 연간에 국휘(國諱)를 피하여 경연(警延)으로 개명하고 대양산에 주석하였다. 후에 섭현귀성(葉懸歸省)의 법을 이었던 부산법원(浮山法遠)에게 피리(皮履)와 직철(直裰)을 맡기면서 인연 있는 자가 나타나면 자신의 법맥을 잇게 해 달라고 후사를 부탁하였다. 열반게송을 시랑이었던 왕도(王眺)에게 부탁하고 천성 5년 7월 19일 입적하였다. 시호는 명안대사(明安大師)이다.

14. 도오는 도오원지(道吾圓智: 769~835)는 도오종지(道吾宗智)라고도 한다. 강서성 예장현 해혼 출신이다. 속성은 장(張)씨이고 어려서 열반화상(涅槃和尚)에게 출가하였다. 후에 약산유엄(藥山惟儼)에게 가서 참문하고 인가를 받아 그 법을 이었다. 호남성 장사부 도오산에서 선풍을 크게 드날렸다. 수일대사(修一大師)라는 시호를 받았다.

15. 도오원지(769~835)는 道吾宗智라고도 하는데 강서성 예장(預章)의 해혼(海昏) 출신으로 속성은 장(張)씨이다. 어려서 열반화상(涅槃和尚)에게 출가하고 약산유엄을 참문하고 그 법을 이었다.

후에 제방을 유행하고 호남성 장사부(長沙府) 도오산(道吾山)에 주석하면서 선풍을 진작하였다. 시호는 수일대사(修一大師)이다.

16. 동경 천녕사의 부용도해 선사는 기주(沂州) 출신으로 속성은 최(崔)씨이다. 어려서부터 곡식은 입에도 안 대고 솔잎, 대추, 밤 따위만 날로 조금씩 먹는 벽곡(辟穀)으로 생활하면서 이양산에서 은둔생활을 하였다. 후에 경사에 나아가 술대사(術臺寺)에 승적을 올렸다. 『법화경』의 시험을 통하여 득도하고 해회에서 투자에게 참문하여 법을 이었다. 개당한 이후에는 자주자주 대찰(大刹)로 옮겨 다니면서 순수한 조도(祖道)가 가풍을 크게 일으켰다.

17. 동산도전(洞山道全: ?~894)은 강소성 상주(常州) 출신으로 속성은 선(宣)씨이다. 동산양개의 법사로서 호북성 준수(篤水)의 중산(中山)에 주석하여 중산화상(中山和尙)으로 알려졌다. 882년에 진남절도사(鎭南節度使) 종전(鍾傳)의 초청을 받아 동산에 주석하여 그곳의 제2세가 되어 중동산(中洞山)이라 불렸다. 893년에 대상서(戴尙書)의 부탁으로 용안원(龍安院)에 주석하였다.

18. 동산양개(洞山良价: 807~869)는 절강성 월주 출신으로 속성은 유(兪)씨이다. 오설영묵(五洩靈黙)에게 출가하고 숭산의 예(睿)율사에게 구족계를 받았다. 남전보원(南泉普願) 및 위산영우(潙山靈祐) 등을 참방하고 운암담성(雲岩曇晟)의 문하에서 공부하였다. 운암을 떠나서 길을 가다가 개울을 건너는 인연으로 깨침을 터득하고는 다시 운암으로 돌아와 그 법을 이었다. 회창파불(會昌破佛) 때는 신분을 일시적으로 감추었으나 이후 강서성 예장현 고안의 동산 신풍동에 들어가 주석하여 신풍노인(新豐

老人)이라 불렸다. 이때 뇌형(雷衡)이 귀의하고 동산광복사 곧 보리선원을 건립하여 시주하였다. 시호는 오본대사(悟本大師)이다. 훗날 그 조산본적이 동산의 정편회호(正偏回互)와 도합군신(道合君臣)의 도리를 계승하고 발전시켰기 때문에 동산과 조산 부자의 선풍을 일컬어 조동종(曹洞宗)이라 하였다.

19. 동산양개(洞山良价: 807~869)는 절강성 월주 출신으로 속성은 유(兪)씨이다. 오설영묵(五洩靈黙)에게 출가하고 숭산의 예(睿)율사에게 구족계를 받았다. 남전보원(南泉普願) 및 위산영우(潙山靈祐) 등을 참방하고 운암담성(雲岩曇晟)의 문하에서 공부하였다. 운암을 떠나서 길을 가다가 개울을 건너는 인연으로 깨침을 터득하고는 다시 운암으로 돌아와 그 법을 이었다. 회창파불(會昌破佛) 때는 신분을 일시적으로 감추었으나 이후 강서성 예장현 고안의 동산 신풍동에 들어가 주석하여 신풍노인(新豊老人)이라 불렸다. 이때 뇌형(雷衡)이 귀의하고 동산광복사 곧 보리선원을 건립하여 시주하였다. 시호는 오본대사(悟本大師)이다. 훗날 그 조산본적이 동산의 정편회호(正偏回互)와 도합군신(道合君臣)의 도리를 계승하고 발전시켰는데 동산과 조산 부자의 선풍을 일컬어 조동종(曹洞宗)이라 하였다. 동산은 조동종의 개조인 동산양개로서 오위(五位)·삼종삼루(三種滲漏)·동산삼구(洞山三句)·삼종강요(三種綱要) 등 많은 방편을 제시하여 주도면밀하고 용의주도하게 학인을 제접하였다.

20. 동안도비(同安道丕)는 당나라 시대 운거도응(雲居道膺: ?~902)의 법사로서 조동종 제3세이다. 강서성 홍주 출신으로 속성과 생몰연대가 미상이다. 이후에 홍주 봉서산(鳳棲山) 동안원(同安院)에

주석하였다.

21. 동안상찰의 법계는 청원행사-석두희천-약산유엄-도오원지-
석상경제-구봉도건-동안상찰로서 송대 초기의 사람이다. 홍
주(洪州) 봉서산(鳳棲山)의 동안원(同安院)에 주석하였다.

22. 만동산 광덕사의 연 선사의 법계는 동산양개-청림사건-광덕 의
(義)-광덕 연(延)으로 계승되었는데 자세한 기록은 전하지 않는다.

23. 목평선도(木平善道)는 당대 말기의 선사로서 낙포원안(洛浦元安)
에게 참문하였지만 깨치지 못하다가 후에 반룡산(盤龍山)의 가
문(可文)에게 참문하여 깨우치고 가문의 법을 이었다. 육계(肉
髻)에는 비단무늬가 있었는데, 강서성 원주(遠州) 목평산에 주석
하면서 선풍을 진작하였다. 그한테 처음 찾아온 납자가 있으면
누구든지 참배하는 것을 허락하지 않고 대신 우선 세 짐 분량
의 흙을 운반시켰다. 금릉의 이씨가 그 명성을 듣고 정중하게
초청하여 공양을 올리고 스승으로 예우하였다. 또 법안문익(法
眼文益)은 두 게송을 보내 그 선풍과 인품을 찬탄하였다. 입멸
후에 문도들이 탑을 만들고 돌에다 진영(眞影)을 새겨 넣었다.
시호는 진적선사(眞寂禪師)이다.

24. 무주(撫州) 황산월륜(黃山月輪) 선사는 속성이 허(許)씨로서 처음
에 삼봉평(三峰平) 화상에게 참문하였다. 그러나 기연이 계합되
지 않아 마침내 협산의 문하가 번성한 것을 듣고는 협산에게
참문하였다.

25. 백마돈유(白馬遁儒, 白馬遯儒)는 당대 말기의 선자로서 동산양개
의 법사이다. 하남성 낙경(洛京)의 백마사(白馬寺)에 주석하면서
조동종의 선풍을 진작하였다.

26. 백미하 선사는 조산혜하(曹山慧霞)로서 복건성 천주(泉州) 포전
    현(蒲田縣) 출신으로 강서성 무주 조산본적의 법사이다. 무주의
    조산에 주석했기 때문에 중조산(中曹山)이라 불렸다. 동산양개
    와 조산본적이 완성한 『오위현결(五位顯訣)』을 편집하여 조동의
    교의를 널리 현창하였다. 시호는 요오대사(了悟大師)이다.

27. 백수본인(白水本仁)은 동산양개의 법사로서 고안(高安)의 백수본
    인을 가리킨다. 처음에 절서(浙西)에서 선법을 폈다. 이후에 만
    행하면서 천복연간(901~904)에 강서성 균주 고안현의 백수선
    원을 개창하여 선풍을 진작하였다.

28. 백운장은 경조(京兆)의 백운선장(白雲善藏)으로서 그 법계는 청
    원행사―석두희천―약산유엄―도오원지―석상경제―대광거
    해(大光居海, 大光居讓)―백운선장이다.

29. 봉상석주(鳳翔石柱)는 석상경제(石霜慶諸)의 법사로서 협서성(陝
    西省) 봉상부(鳳翔府)의 석주(石柱)이다.

30. 북암은 악주(鄂州)의 북암명철(北巖明哲) 선사인데 백암(栢巖)이
    라고도 하는데 약산유엄(藥山惟儼: 751~834)의 법을 이었다.

31. 사선선사는 협산선회(夾山善會)의 제자로서 『전등록』 권16에 전한다.

32. 상람초는 상람영초(上籃令超) 선사이다. 홍주의 상람영초 선사는
    서주(瑞州) 상람산에 주석하였다. 협산선회(夾山善會)의 선풍을
    계승하자 납자들이 모여들었다. 후에 홍정(洪井)에 선원(禪苑)을
    창건하고 상람(上籃)이라는 명칭을 붙였다. 교화를 받은 사람들
    이 점점 대성황을 이루었다. 그 계보는 약산유엄―선자덕성―협
    산선회―상람영초―남평왕종으로 계승된다.

33. 석두는 석두희천(石頭希遷: 700~790)으로 광동성 단주(端州) 고요

(高要) 출신으로 성은 진(陳)씨이다. 혜능에게 득도하였으니 혜능이 곧 입적하자 사형인 청원행사에게 사사하였다. 40대 초반에 형주의 형산(衡山)의 남사(南寺)에 가서 절의 동쪽에 있는 큰 바위에 암자를 짓고 좌선수행에 몰두하였기 때문에 석두(石頭)라는 별명이 붙었다. 호남지방에서 큰 활약을 했기 때문에 호남(湖南) 진금포(眞金鋪)라 불렸는데 당시에 강서에서 활약했던 마조도일의 강서 잡화포(雜貨鋪)로 널리 회자되었다. 시호는 무제대사(無際大師)였으며, 청원행사와의 문답에서 기린의 뿔 하나면 충족하다는 의미로 일린족(一麟足)이라 불렸다.

34. 석문철은 동산양개-청림사건-석문온총-석문혜철의 법맥으로 조동종의 제4대 조사인데 자세한 전기는 전하지 않는다.

35. 석문헌온(石門獻蘊, 大哥和尙) 오대의 사람으로 그 법계는 동산양개-청림사건-석문헌온으로 협서성 경조(京兆) 출신이다. 남악의 난야에서 주석하다가 호남성 담주로 옮겼다. 그것에서 초왕(楚王) 마(馬)씨와 인연이 깊었다. 호북성 양주에서 석문사를 개창하였다.

36. 석상경제(石霜慶諸: 807~888)는 강서성 길주 신감(新淦) 출신으로 속성은 진(陳)씨이다. 강서성 남창현 홍주의 서산소감(西山紹鑑) 곧 서산소란(西山紹鑾)에게 출가하고 숭악에 가서 구족계를 받고 계율을 익혔다. 도오원지(道吾圓智)에게 참문하여 그 법을 이었다. 20년 동안 석상산에 주석하면서 오로지 좌선수행으로 일관하였다. 많은 대중들이 장좌불와 수행을 했기 때문에 그 모습이 마치 고자배기와 같다고 해서 고목중(枯木衆)이라 불렸다. 또 장사성(長沙城)의 유양현의 도가방(陶家坊)에 숨어 살았기

때문에 유양수(瀏陽叟)라고도 불렸다. 시호는 보회대사(普會大師)이다.

37. 선자덕성(船子德誠)은 강자덕성(舡子德誠)이라고도 불렸는데 생몰 연대와 고향 및 속성이 모두 알려져 있지 않다. 다만 약산유엄(藥山惟儼: 745~828)에게 30년 동안 참문하여 그 법을 이었다. 후에 절강성 수주(秀州)의 화정(華亭)에서 뱃사공 노릇을 하면서 왕래하는 사람들을 상대로 많은 설법을 하였다. 때문에 화정의 선자화상(船子和尙)이라 불렸다. 협산에게 법을 전한 후에는 강물에 스스로 배를 뒤집어 입적하였다.

38. 소산광인(疎山光仁, 疎山匡仁, 矮師叔, 矬師叔, 矮闍梨: 837~909)은 강서성 여릉(廬陵)의 감양(淦陽) 출신으로 속성은 이(李)씨이다. 키가 작았지만 언변이 뛰어났다. 어려서 출가하여 삼장에 통달하였다. 향엄지한(香嚴智閑) 등을 참문하고 동산양개(洞山良价)의 법을 이었다. 다시 위산대안(潙山大安) 등을 참문하고 883년에 강서성 무주 임천(臨川)의 소산(疎山)에서 개당하였다.

39. 소산환보(韶山寰普)는 당대 말기 청원계통의 승려로서 협산선회(夾山善會)의 법을 이었다. 이후 낙경(洛京)의 소산에 주석하면서 선풍을 진작하였다. 그 법맥은 약산유엄－선자덕성－협산선회－소산환보로 계승되었다. 시호는 무외선사(無畏禪師)이다.

40. 수주 대홍산의 보은선사는 위지의 여양 출신이다. 속성은 유(劉)씨이고 대대로 무관을 지낸 가문으로 불사를 즐겨 하였다. 어머니가 득남기도를 하였는데 꿈에 부처님을 친견하였는데, 아라한이 무동을 태워 준 이후에 태기가 있었다. 태어났을 때부터 과연 특이한 풍모였다. 신종황제로부터 보은(報恩)이라는

이름을 하사받았다. 이에 서울의 복수사(福壽寺)에서 수계를 받고 투자한테 나아갔다. 투자가 입적한 후에 몇 년 동안 그 탑을 지켰다. 승상이었던 한 공이 청하여 소림에 주석토록 하였다. 황제가 칙명을 내려 대홍율사(大洪律寺)를 대홍선사(大洪禪寺)로 바꾸고 그곳의 초대 주지로 모셨다. 숭녕 2년에 조칙을 내려서 서울의 법운사에 주석토록 하였다. 숭녕 5년에는 다시 대홍선사로 옮겨서 선풍을 크게 진작하였다.

41. 신라국 백암선사는 곡산장(谷山藏)의 법사이다. 그 법계는 청원행사－석두희천－약산유엄－도오원지－석상경제－곡산장－신라백암(新羅百巖, 新羅泊巖)이다. 백암에 대한 자세한 전기는 전하지 않는다. 신라 말기에 백암은 서암(瑞巖)·대령(大領)과 함께 만법 그 자체가 존재하는 그 모습 그대로 깨침이라는 곡산의 선법을 해동에 전승하였다.

42. 신라의 대령선사의 법맥은 청원행사－석두희천－약산유엄－도오원지－석상경제－곡산장－대령으로 계승되었다. 그 자세한 전기는 전하지 않는다. 다만 『전등록』 권17에 간략한 문답이 보일 뿐이다. 석상경제 문하의 법제자로서 신라에서 입당유학한 선사로는 흠충(欽忠)·행적(行寂)·법허(法虛)·도연(道緣) 등이 있고, 그들 법손으로 대령(大嶺)·백암(百巖)·서암(瑞巖)·주해(周解)·신종(信宗)·와룡(臥龍)·충담(忠湛) 등이 신라 말기에 해동에 선법을 전승하였다.

43. 신라의 운주선사의 전기에 대해서는 알려진 바가 없다. 다만 그 법맥은 동산양개－운거도응－운주로 전승되어 10세기 초에 형미(逈微), 이엄(利嚴), 여엄(麗嚴), 경유(慶猷), 혜(慧) 등과 더불어

신라 말기 및 고려 초기에 중국의 조동선풍을 해동에 수용한
인물이다.

44. 신산승밀(神山僧密)은 동산양개(洞山良价: 807~869)와 오랫동안
절차탁마(切磋琢磨)했기 때문에 동산의 제자들은 신산승밀을 밀
사백(密師伯)이라 불렀다.

45. 아육통(阿育通) 선사는 조산본적(曹山本寂: 840~901)의 제자 육
왕홍통(育王弘通) 선사이다.

46. 약산유엄(745~828)은 산서성 신강현의 강주(絳州) 출신으로 속
성은 한(韓)씨이다. 후에 강서성 남강(南康) 신풍현(信豊縣)에 주
석하였다. 17세 때 광동성 조양의 서산에 주석하고 있던 혜조
(慧照)에게 출가하고, 29세 때 형악사의 희조율사(希澡律師)에게
구족계를 받았다. 후에 호남의 석두희천에게 참하여 깨침을 얻
고 그 법을 이었다. 다시 호남성 풍주의 약산(藥山, 苟藥山)에 주
석하여 선풍을 크게 드날렸다. 저술 내지 어록조차 남기지 않고
오로지 좌선수행으로 일관하여 운암담성(雲岩曇晟: 782~841)을
비롯한 많은 제자를 배출하였다. 시호는 홍도대사(弘道大師)이다.

47. 양산연관(梁山緣觀)의 법맥은 동산양개(洞山良价: 807~869)－운거
도응(雲居道膺: 835~902)－동안도비(同安道丕)－동안관지(同安觀
志)－양산연관(梁山緣觀)으로 계승되었다.

48. 영천은 영천귀인(靈泉歸仁)으로 송나라 때 무주의 소산광인의
법사이다. 경락(京洛) 영천원(靈泉院)에 주석하였다.

49. 오봉은 오봉상관(五峰常觀)으로 강서성 고안현 서주(瑞州) 출신
이다. 후에 강서성 균주(筠州) 오봉산(五峯山)에 주석하였다. 도
오는 약산의 제자이다.

50. 용아거둔(龍牙居遁: 835~923)은 강서성 무주(撫州) 남성(南城) 출신으로 성은 곽(郭)씨이다. 14세 때 강서성 길주(吉州) 만전사(滿田寺)에서 출가하였다. 후에 숭악으로 가서 계를 받고 제방을 유행하였다. 취미(翠微)와 덕산(德山)을 참하였고, 동산양개를 참하여 그 법을 이었다. 호남 마(馬) 씨의 청을 받아 용아산의 묘제선원(妙濟禪院)에 주석하였는데 증공대사(證空大師)라 불렸다.

51. 용천경흔(涌泉景欣·忻)은 천주(泉州)의 선유(仙遊) 출신이다. 처음에 백운산에서 수행을 하다가 석상경제(石霜慶諸: 807~888)의 가르침을 받고 단구(段丘)의 용천사에 주석하였다.

   운거도간(雲居道簡)은 소화선사(昭化禪師)라고도 불리는데 당나라 말기에 하북성 범양(范陽)에서 태어났다. 출가하여 강서성 남강(南康) 운거산에서 운거도응(雲居道膺)의 법을 잇고 운거산 제2세가 되었다.

52. 운문문언(雲門文偃, 跛脚子: 864~949)은 운문종의 개조로서 절강성 가흥현 사람이다. 도솔사의 지징율사를 따르다가 17세 때 출가하였다. 율을 공부한 후에 목주도종(睦州道蹤)을 참하였고, 다시 설봉의존을 참하여 그 법을 이었다. 오대(五代) 남한(南漢)의 조정에서 종종 입내설법을 하여 광태선원(光泰禪院)이라는 칙액을 받고, 광진대사(匡眞大師)라는 호를 받았으며, 대자운광성굉명선사(大慈雲匡聖宏明禪師)라는 시호를 받았다.

53. 운암담성(雲岩曇晟: 782~841)은 강서성 종릉(鐘陵)의 건창(建昌) 출신으로 속성은 왕(王)씨이다. 석문(石門)에 출가하고 백장회해(百丈懷海: 749~814)에게 20년 동안 참문하였으나 백장의 배려로 약산유엄(藥山惟儼: 751~834)의 법을 이었다. 호남성 담주(潭

州)의 운52. 암산(雲巖山)에 주석하며 선풍을 진작하였다. 시호
는 무주대사(無住大師)이다.

54. 점원중흥(漸源仲興)은 처음에 도오원지(道吾圓智: 769~835)의 문
하에서 전좌(典座)였다고도 하고 혹 그 시자였다고도 하는데 자
세한 기록은 없다. 호남성 담주(潭州)의 점원산(漸源山)에 주석하
였다. 점원의 법계는 다음과 같다. 청원행사－석두희천－약산
유엄－도오원지－석경제·점원중흥

55. 임천종륜(林泉從倫)은 중국 조동종 제15세로 법맥은 다음과 같다.
동산양개(洞山良价: 807~869)－운거도응(雲居道膺: 835~902)－동
안도비(同安道丕)－동안관지(同安觀志)－양산연관(梁山緣觀)－대
양경현(大陽警玄: 943~1027)－투자의청(投子義靑: 1032~1083)－
부용도해(芙蓉道楷: 1043~1118)－녹문자각(鹿門自覺: ?~1117)－
청주일변(靑州一辨, 希辨)－대명 보(大明 寶)－왕산 체(王山 體)－
설암 만(雪巖 滿)－만송행수(萬松行秀: 1166~1246)－임천종륜(林
泉從倫) 임천종륜은 호가 임천(林泉)이고 연경 보은선사에 주석
한 만송행수(萬松行秀: 1166~1246)에게 참문하여 깨침을 인가받
고 사법하였다. 만수사에서 출세하였고 만송을 이어 보은선사
를 계승하고 발전시켰다. 원나라 세조 9년(1268) 조칙을 받아
입내(入內)하여 제사(帝師)와 도를 논하여 선학의 대요(大要)를
발휘하였다. 종밀의 『도서』에 대하여 자세한 설명으로 상주(上
奏)하였다. 세조 18년(1277)에는 대도(大都) 연경의 민충사(憫忠
寺)에서 도장(道藏)의 위경이 철저하게 소각되었는데 이때 종륜
에게 불을 붙이도록 하였다. 종륜은 투자의청의 송고 100칙 및
단하자순의 송고 100칙에 대하여 각각 수시·착어·평창을 가

하여 『공곡집(空谷集)』 및 『허당집(虛堂集)』을 편찬하였다.

56. 정중선사는 정중귀진(淨衆歸眞) 선사이다. 그 법계는 약산유엄-
    선자덕성-협산선회-낙포원안-청봉전초-정중귀진인데 그
    자세한 행적은 알려진 바가 없다.

57. 조계혜능(曹溪慧能: 638~713) 중국선종의 제6대 조사로서 성은
    노(盧)씨이고 광동성 신주(新州)에서 태어났다. 24세 때 홍인에
    게 출가하여 정법안장을 계승하였다. 39세 때 중국선종의 제6
    대조사로 등극한 이후 약 76년에 걸친 교화를 하고 713년에 입
    적하였다. 당 헌종은 816년에 대감선사(大鑑禪師)라는 시호를
    내렸다. 송 태종은 978년에 대감진공선사(大鑑眞空禪師)라는 시
    호를 내렸고, 송 인종은 1032년에 대감진공보각선사(大鑑眞空普
    覺禪師)라는 시호를 내렸으며, 송 신종은 1082년에 대감진공보
    각원명선사(大鑑眞空普覺圓明禪師)라는 시호를 내렸다. 그 설법
    집은 『단경』이라는 이름으로 널리 유통되었다.

58. 조산본적(曹山本寂, 曹山耽章: 840~901)은 복건성 천주(泉州)이
    포전현(蒲田縣) 출신으로 속성은 황(黃)씨이다. 동산양개를 참문
    하여 그 법을 잇고 유유자적(悠悠自適)하면서 강서성 임천현(臨
    川縣) 무주(撫州)의 하옥산(荷玉山)에 주석하면서 조산(曹山)이라
    고쳐 부르고 선풍을 드날렸다. 동산과 더불어 조동종(曹洞宗)의
    개조이다. 동산의 사상을 충실하게 계승하여 오위(五位)의 종지
    를 현창하였다. 시호는 원증대사(元証大師)이다.

59. 지공은 금릉의 보지선사(寶誌禪師, 寶誌, 寶志, 保志: 418~514)로
    서 성은 주(朱)이고 협서성 금성(金城) 출신이다. 어려서 출가하
    여 강소성 건강(建康) 도림사(道林寺)에 주석하면서 선정을 닦았

다. 태시(泰始: 465~471) 원년에 문득 정처 없이 유랑하면서 머리를 기르고 음식도 거르면서 유행하였다. 제(齊)나라 영명(永明 7년, 489) 무제(武帝)는 세상사람을 현혹시킨다는 이유로 감옥에 가두었다. 양 무제는 즉위(502)하여 풀어 주고 지공에게 십이연기(十二緣起)의 도리와 정심안락(淨心安樂)에 대한 법문을 묻고 심요(心要)를 터득하였다. 이 무렵『대승찬(大乘讚)』24수를 지어 황제에게 헌납하였다.『십이시송(十二時頌)』,『십사과송(十四科頌)』 등 작품이 있고, 갖가지 신이를 드러내어 중생을 교화하였다. 이에 고구려의 왕도 그 명성을 듣고는 사신을 보내 비단을 보냈다고 한다. 양 무제 천감(天監) 13년, 514) 겨울에 화림원(華林園) 불당(佛堂)의 금강신상(金剛神像)을 불당의 밖에 내놓도록 하고는 그곳에서 열흘 만에 입적하였다. 세수 97이고, 칙령으로 독룡부(獨龍阜)에 장례 지냈다. 묘지 주변에 개선사(開善寺)를 세우고, 광제대사(廣濟大師)라 시호하였다. 후당(後唐)의 장종황제는 묘각대사(妙覺大師)라는 시호를 가호(加號)하고, 그 후에도 지속적으로 역대 황제에게 존숭되어 도림진각보살(道林眞覺菩薩)·도림진각대사(道林眞覺大師)·자응혜감대사(慈應惠感大師)·보제성사보살(菩濟聖師菩薩)·일제진밀선사(一際眞密禪師) 등으로 가호되었다. 각종 송·찬(頌·讚) 이외에『문자석훈(文字釋訓)』30권의 저술이 있었다고 전한다. 또『보림전(寶林傳)』과『조당집(祖堂集)』에서는 달마가 양 무제와 기연이 맞지 않아 이별한 후에 무제에게 달마야말로 불심인을 전한 관음대사였다고 주청드리기도 하였다.

60. 천개유는 천개산유(天盖山幽)로서 협산선회의 법사로서 협서성 봉상부(鳳翔府)에 주석했던 인물이다.

61. 청림은 동산양개의 제자로서 청림사건(靑林師虔, 靑林處虔: ?~904)
은 속성은 진(陳)씨이고 절강성 항주 출신이다. 동산양개의 법
사로서 한동(漢東)의 청림(靑林)에 주석하였고, 이후에 강서성
동산(洞山)의 제3세가 되었다.

62. 청봉전초는 낙포원안의 법사로서 청봉의 개산조이다. 감숙성
경주(涇州) 출신으로 그 법계는 약산유엄(藥山惟儼) - 선자덕성
(船子德誠) - 협산선회(夾山善會) - 낙포원안(落浦元安, 樂普元安) -
청봉전초(靑峰傳楚)이다. 성품이 순박하고 얼굴이 점잖으며 눈
은 세모의 모습을 지니고 있었다. 청봉(靑峰)은 협서성 봉상부
(鳳翔府) 보계현(寶雞縣) 부근의 지명이다.

63. 청원행사(靑原行思: ?~740)는 강서성 길주 안성 사람으로 성은
유(劉)씨였다. 어려서 출가하여 육조혜능을 참문하고 그 법을 이
었다. 강서성 길주의 청원산 정거사(靜居寺)에 주석하자 문도들
이 운집하였다. 그 문하에서 후에 소위 조동종(曹洞宗)·운문종
(雲門宗)·법안종(法眼宗) 등이 출현하였다. 희종은 홍제대사(洪濟
大師)라는 시호를 내렸다.

64. 촉주서선(蜀州西禪)은 촉천서선(蜀川西禪)으로서 조산본적(曹山本
寂: 840~901)의 문하인으로서 구체적인 전기는 전하지 않는다.

65. 태원부상좌는 당대 및 오대 무렵 설봉의존의 제자이다. 출가한
후에 제방을 유행하였는데 경산법흠에게도 참문하였다. 설봉산
에서 해원(廨院)으로 있던 장경혜릉의 질문을 받고 설봉의존에
게 답변하여 인정을 받아 그 법을 이었다. 그러나 끝내 욕실(浴
室)을 지키면서 철저하게 수행으로 일관하면서 출세하지 않았
다. 이에 태원부상좌(太原孚上座)로 불렸다.

66. 투자의청(投子義靑: 1032~1083)은 산동성 청주(靑州) 출신으로
속성은 이(李)씨이다. 7세 때 묘상사(妙相寺)에서 출가하였고 15
세 때 득도(得度)하였다. 그동안 『백법론』 및 『화엄경』을 배웠
다. 성암사(聖巖寺)의 부산법원(浮山法遠, 浮山圓鑒) 문하에서 두
각을 드러내어 청화엄(靑華嚴)이라 불렸다.

67. 패수성(稗樹省)은 선주(宣州)의 패수혜성(稗樹慧省)을 가리킨다.
간혹 어떤 기록에는 비수혜성(椑樹慧省)이라고 기록한 것도 있
다. 약산유엄(藥山惟儼: 745~828)의 제자라는 것 이외 자세한
기록이 없다. 법맥으로 보자면 패수는 동산에게 사숙뻘 되는
인물이고 동산은 조산의 스승이다.

68. 풍주의 낙포원안(洛浦元安, 落浦, 樂普, 蘇谿: 834~898)은 청원행
사 계통의 선사이다. 속성은 담(淡)씨이고 협서성 봉상현 인유
(麟遊) 출신이다. 20세 때 출가하여 생국(生國)의 회은사(懷恩寺)
의 우(祐)율사에게 구족계를 받았다. 취미무학과 임제의현에게
참문하고 협산선회의 법을 이었다. 후에 호남성 풍주의 낙포(洛
浦, 樂普) 및 호남성 낭주(朗州)의 소계(蘇谿)에 주석하면서 선풍
을 진작하였다. 임종 무렵에 언종상좌(彦從上座)를 제접하고 고
고(苦苦)라 칭했던 공안은 예로부터 총림에 널리 알려졌다. 법
맥은 청원행사-석두희천-약산유엄-선자덕성-협산선회-
낙포원안이다.

69. 하옥광혜(荷玉光慧, 荷玉匡慧)는 동산양개(洞山良价: 807~869)와
더불어 조동종풍을 드러낸 조산본적(曹山本寂: 840~901)의 법
사로서 조동종의 종지를 계승한 선사이다.

70. 협산선회(夾山善會: 805~881)는 하남성 한광(漢廣) 현정(峴亭) 출

신으로 속성은 요(廖)씨이다. 호남성 담주(潭州) 용아산(龍牙山)
으로 출가하였다. 후에 강소성 진강부 경구(京口)에 주석하였다.
약산의 제자인 도오원지(道吾圓智: 769~835)의 권유에 따라 강
소성 제중(澉中) 화정현(華亭縣)의 오강(吳江)에서 뱃사공으로 살
아가는 선자덕성(船子德誠)에게 참문하고 그 법을 이었다. 법맥
은 약산유엄－선자덕성－협산선회이다. 그 후로 호남성 풍주
(灃州)의 협산에 주석하면서 선풍을 가양하였다. 시호는 전명대
사(傳明大師)이다.

71. 호국수징 선사는 당 말기에 태어나 오대 초기까지 살았던 조동
종의 선사로서 소산광인(疎山匡仁: 837~907)의 법사(法嗣)이다.
호북성 수주(隨州)의 호국원(護國院)에 주석하였고, 사호(賜号)는
정과대사(淨果大師)이다.

72. 홍주지방에서 활동한 동안관지(同安觀志)의 법맥은 동산양개(洞
山良价: 807~869)－운거도응(雲居道膺: 835~902)－동안도비(同安
道丕)－동안관지(同安觀志)인데 그 자세한 전기는 전하지 않는다.

73. 흠산문수(欽山文邃)는 석상경제(石霜慶諸)의 법사로서 호남에 주
석하였다. 『전등록』 권16에 그의 전기 및 법어가 전한다.

김호귀

동국대학교 선학과 졸업
동 대학교 대학원 석 · 박사 졸업
동 대학교 불교학술원 HK연구교수

『묵조선연구』
『선문답의 세계』
『금강선론』
『금강삼매경론』
기타 다수의 저술과 논문

kimhogui@hanmail.net

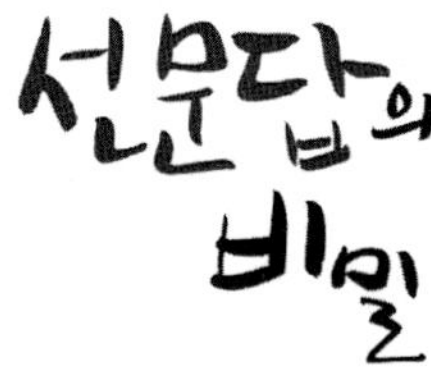

초 판 인 쇄 | 2012년 9월 21일
초 판 발 행 | 2012년 9월 21일

지 은 이 | 김호귀
펴 낸 이 | 채종준
펴 낸 곳 | 한국학술정보㈜
주   소 | 경기도 파주시 문발동 파주출판문화정보산업단지 513-5
전   화 | 031) 908-3181(대표)
팩   스 | 031) 908-3189
홈 페 이 지 | http://ebook.kstudy.com
E - m a i l | 출판사업부 publish@kstudy.com
등   록 | 제일산-115호(2000. 6. 19)

ISBN   978-89-268-3717-7 93220 (Paper Book)
          978-89-268-3718-4 95220 (e-Book)

이담Books는 한국학술정보(주)의 지식실용서 브랜드입니다.